中国乳洞巖石刻の研究

戸崎哲彦

白帝社

は　じ　め　に

　本書は中国広西壮族自治区桂林市轄興安県の乳洞巌に存する或いは存した、民国期までの古代石刻および石像に関する、現地調査に基づいた研究である。

桂林の山水と乳洞巌
　今日、"桂林山水甲天下"という成句は日本においてもすでに人口に膾炙している。この句七文字自体は南宋の広西路提点刑獄であった王正功（1133-1203）の詩「知府經略提刑大中丞公宴賀之詩」（嘉泰元年1201）に見えるものであるが、明・清の人は宋代の代表的文豪・范成大（1126-1193）の評価に始まると考えていた。范成大は乾道九年（1173）に知静江府・広西経略安撫使として桂林に赴任し、次の任地に向かう途中で著した『桂海虞衡志』（淳熙二年1175）の第1篇「志巌洞」に「余嘗評桂山之奇、宜爲天下第一。士大夫落南者少、往往不知、而聞者亦不能信。……其怪且多如此、誠當爲天下第一」という。詳しくは拙稿「成句"桂林山水甲天下"の出自と典拠について」（『島大言語文化』14、2003年）。今の桂林市は唐・北宋では桂州、南宋・紹興三年（1133）二月に静江府に昇格。范成大はかく前置きした後で、桂林の読書巌・伏波巌・栖霞洞など三十余所の巌洞を紹介するが、それらはいずれも桂林の城内あるいはその近郊に存在するものであり、その後に続けて次のようにいう。

　　　以上所紀、皆附郭可日渉者。餘外邑巖洞尚多、不可皆到。興安"石［三？］乳洞"最勝、余
　　　罷郡時過之。上・中・下亦三洞、此洞與"栖霞"相甲乙、他洞不及也。

ここに「附郭」つまり静江府城の周辺である臨桂県「餘外邑」以外の景勝地として静江府「興安」県の「石［三？］乳洞」を最初に挙げて「最勝」というのが、今日、"乳洞巌"（Ru3dong4yan2）と呼ばれている鍾乳洞群である。宋の「興安」県は今の広西壮族自治区桂林市轄興安県、唐代の全義県。"乳洞巌"は単に"乳洞"とよばれたり、"乳洞岩"と書かれることもある。「岩」は「巌」の簡体字。なお、「巌」は『説文解字』に「崖也、山邊謂之崖」というように山崖を意味するが、それだけではなく、北宋・韓拙『山水純全集』の「論山」に「崖下曰巖、巖下有穴、而名巖穴也。……巖者洞穴是也、有水曰洞、無水曰府」というように洞穴を指すことがあり、更にカルストが発達している広西地方では一般に鍾乳洞の類を指す。『桂海虞衡志』の「志巌洞」に「龍隱洞・龍隱巖：皆在七星山脚。……有大洞門、高可百丈、鼓棹而入、……別有洞門可出。巖在洞側」というのはトンネル状の長い横穴"洞"と石室・石屋の類"巌"を区別したものである

1

が、「疊綵巖：……太半有大洞門、入洞行十許歩、則曲轉、穿出山背」、「雉巖：亦江濱獨山、有小洞」、「佛子巖：……一山崒起莽蒼中、山腰有上・中・下三洞」というように、「巖」岩山には「洞」があることから、「巖」が「洞」と同義で使われるようになったのではなかろうか。明・王済『君子堂日詢手鏡』に「與客坐閑談橫州山水佳勝、……彼人呼"洞"曰"巖"」という。また、「石乳洞」あるいは"乳洞"は、本来は鍾乳洞をいう普通名詞であるが、ここでは転じて固有名詞として使われている。大江・大山が大きな江・山を指す普通名詞から当地で特定の江・山をいう固有名詞に転じるのと同じである。

宋代を代表する大文豪であり、南遷した宋朝にあって北を含む天下の名山水を知ると自負する范成大によれば、興安県の「乳洞」は、今日に至っても鍾乳洞で世界的に有名である桂林にあって、また今日に至っても桂林で最も有名である「栖霞」洞（今の七星公園七星岩）と較べて「相甲乙」甲乙つけがたいとまでいう、高い評価をあたえている。そうならば、興安県乳洞も世界に誇れる景勝地であるといってよい。しかし今日その存在を知る人さえ少ない。中国国内はおろか、当地桂林にあっても殆ど知られていないのが現状である。

乳洞巖もかつては栖霞洞と拮抗する名勝として訪れる人が多く、当時の常として、景勝を訪れた詩人・官僚たちは詩文・題名などを石に刻して残している。清の石刻学者・葉昌熾はその著『語石』（1901年）に「桂林山水甲天下、唐宋士大夫度嶺南來、題名賦詩、摩崖殆遍」・「唐宋題名之淵藪、以桂林爲甲」というが、乳洞巖のある地は唐の桂州に属し、今の桂林市の北に在って桂林への南下・北上の経路に当たる、つまり「唐宋士大夫度嶺南來」の必経の地であった。先に筆者は桂林石刻の調査を行ったが（詳しくは拙著『桂林唐代石刻の研究』白帝社、2005年）、その結果に立っていえば、桂林およびその周辺で唐宋石刻が最も集中して現存しているのが興安県乳洞巖である。しかもそれは、若干のものを例外として、いずれも摩崖石刻である。摩崖石刻の現存数量は中国全土で桂林市が最も多いが、桂林市区には唐代のものは少なく、また乳洞巖のように集中して存在していない。したがって乳洞巖は唐代を多く含む摩崖石刻の数量の上から、中国随一であるともいえる。しかも乳洞巖のそれは洞内に多い。石刻の分類は、葉昌熾『語石』や楊殿珣『石刻題跋索引』（商務印書館1940年）等がそうであるように、内容から行う方法が主流であるが、形状からの分類も可能であり、必要である。たとえば、清・馮雲鵬『金石索』が「古者方曰"碑"、圓曰"碣"、就其山而鑿之曰"摩崖"、亦曰"石刻"」といい、また『辞源』（商務印書館1981年修訂本）・『漢語大詞典（7）』（漢語大詞典出版社1991年）の「石刻」に「刻有文字・圖畫的碑碣或石壁」という。この定義と分類は形状・存在状態に注目したものであり、実際に民国・徐乃昌『安徽通志稿』の「金石古物考」では「石刻」を「碑誌」と「摩崖」に二分して著録しており、最近でも何華軍「廣西歷史石刻档案述略」（『廣西民族学院学報』25、2003年）では「碑刻」と「摩崖石刻」の「兩大類型」に分けた上で細分を試みている。つまり石刻は石板を素材とする碑碣・碑誌の類

と岩山等の岩面に直接刻される摩崖の類に分けることができる。ただし後述するように摩崖も洞の内外によって細分する必要があろう。今、「碑誌」と「摩崖」の二大分類でいえば、乳洞巖の摩崖石刻の現存数は、唐代はもとより、宋代のものを含んでも、桂林市区内にいくつかある摩崖集中地点よりも多いのではなかろうか。そうならば、この点からも中国随一であるといえる。しかし乳洞巖はすでに景勝地として知られることはなく、したがってその唐宋石刻の存在を知る人もほとんどいなく、かつて民国時代や文化大革命前後に調査されたことはあるが、今日に至るまで学術的な研究はなされていない。乳洞巖の石刻を研究対象とした所以である。

乳洞巖石刻の価値と特徴

前に触れたように、乳洞巖は桂林の近くにあってそこには唐・宋の石刻が集中して現存している。しかしその存在はすでに清代においてあまり知られなくなっていたと思われる。たとえば広西の石刻を集めて有名な清・謝啓昆（1737-1802）『粤西金石略』15巻（同人『廣西通志』215-229「金石略」）に著録する乳洞巖の石刻は、わずかに宋・李邦彦「三洞記」の一点のみである。しかし、詳しくは本書の考証する所であるが、現在確認できるものでも唐代の石刻は六点ある。また、宋代の石刻に至っては、現在少なくとも二〇点もの存在が確認できる。中には僧侶をはじめ、無名の詩人文士の作もあるが、范成大の題名や張孝祥の題榜、方信孺の題詩など、高官名人の作も数多く現存している。また、それらは一つの山中に散在しているのではなく、極めて狭い地、いわば一個所に集中しており、しかも今から千二百年から七百年前の唐宋時代の摩崖石刻が約三〇点現存しており、かつて四〇点近くが存在していたと思われる。このような例は全国的に見ても極めて珍しいであろう。

このように興安県乳洞巖は唐宋人の石刻が集中して見られる地であるが、その存在は今日までほとんど知られていなかった。したがって当然ながらその作は清の勅撰『全唐詩』・『全唐文』に収められていないばかりか、さらに最近発見された石刻等の新資料によって整理・補足された『全唐詩補編』や『全唐文新編』・『全唐文補遺』・『全唐文補編』にも収められていない。現存する石刻は、既に唐・宋つまり一千年前後も古いという歴史文物としてだけでなく、実際に『全唐詩』・『全唐文』等を補遺する資料であるという意味において極めて貴重である。宋人の石刻は唐代に較べれば爆発的に多くなり、また時代が下っているために現存率も高い。したがって一般的にいって、唐刻よりも稀少価値は低いわけであるが、乳洞石刻の資料・史料としての価値は高い。宋代の乳洞石刻も著名人のものは多くが新編の『全宋詩』・『全宋文』などに収められているが、それによってかなりの部分を校勘することができる。また、当然それらに収められていないものもあり、無名の人の作はもとより、著名人の作も少なくない。そこで『全宋詩』・『全宋文』、特に前者をかなり補足することができる。さらにそれらを史料として、詩人・文人・官僚等の事跡

を知り、あるいは史書の記載の欠を補い、誤りを正すこともできる。

　石刻史料が第一次資料としてテキストの校勘や史書の補正に資するものであることは贅言を要さないが、乳洞石刻の特徴と価値は、多くが唐宋の摩崖石刻であること、しかもそれらが一個所に集中しているところにある。そもそも唐代の石刻は桂林および周辺においてのみならず、中国国内においても数は少ない。今日、石刻の収蔵数量を比較するならば、西安市の"碑林"に蔵するものが圧倒的に多いとはいえ、その大半が岩石を加工した石板に刻した碑誌の類であり、収蔵の多さは久しく古都であったこととも関係する。ちなみに『西安碑林博物館碑刻總目提要』（線装書局2006年）では"碑石"556点・"墓誌"1053点・"造像題記"70点・"經幢"63点・"2005年度入藏碑誌"100点に分類し、2,000点近くを収蔵している。いっぽう桂林は地方にあり、しかも唐代においては文化果つる地、流罪の地であって、墓誌・石経などの石版の類は逆に少なく、岩山の石面に直接刻したもの、いわゆる摩崖石刻が圧倒的に多い。石刻が移動できるか否かという形態上の特徴で分類するならば、移動可能なものは後人によって容易に収蔵され、保存され、また西安"碑林"のように、一個所に回収することが可能であるが、摩崖の類はそれが極めて困難である、あるいは不可能である。このような存在形態上の特徴によって碑誌と摩崖を区別するならば、最も摩崖が多い地は西安の碑林ではなく、桂林である。しかし唐代の摩崖に至って、范成大がいう「附郭」、今の桂林市城区内にあっても、現存するものはそう多くはない。また、現存していても狭い範囲に集中していることは珍しい。而るに乳洞の石刻は殆どが唐・宋の摩崖であって、しかも多くが巌洞内に在る。先に石刻を二つに大別する必要について述べたが、摩崖石刻に至っては存在場所の上からさらに二つに細分すべきであろう。一つは一般に知られている摩崖、つまり洞外を含む広く岩山の石面に刻されている類であり、今一つは巌洞の内部に刻されている類である。数量の上では前者が断然多い。両者は刻されている内容から見れば区別すべき顕著な特徴はないともいえる。しかし地志等に記載のある石刻の存在の有無や存在地点を特定して現地で調査を行う、あるいは記載のないものを山谷を跋渉して発見してゆくというフィールドワークから研究を始める者にとっては、存在する場所が洞の外か内かということは、ある意味において碑誌か摩崖かという区別以上に重大である。いわば墓誌が出土しているのか、まだ土中に在るのかというのと同じような違いがある。今、乳洞巌石刻は多くが摩崖であり、多くが洞内に存在する。石刻の存在する広西の巌洞は多くが鍾乳洞であり、その内部は往々にして深くて暗く、かつ起伏・凹凸があり、屈折湾曲している。そのために洞内摩崖を見つけ出すことは容易ではない。中には洞内の全長が数百米に及ぶものもあり、漆黒の闇の中で石刻を探すことは大変な危険をともなう。乳洞巌の"上洞"がそうである。一般的にいって洞内摩崖は洞外摩崖よりも見つけにくい。その一方、洞内摩崖は風雨に曝されていない分、保存状態は洞外摩崖よりも往々にして良好である。ただし新たに溶解した炭酸カルシウム質が石面に付着して判読が困難になっている場

合が多いという別の問題もある。

　このように、乳洞石刻は単に石刻であるから貴重であるのではなく、また唐刻を多く含むからだけでもなく、さらに一個所に集中しているからだけでもなく、洞内に存在している摩崖石刻"洞内摩崖"が多いという点において珍しく、貴重である。

乳洞巌石刻が知られなかった理由
　では、乳洞巌はすでに唐代から景勝地として、また恐らく宋代には民間信仰の地としても有名であったが、それにも関わらず、これらの石刻がほとんど知られることがなかったのは何故なのか。
　まず考えられるのが存在地の険悪な地理環境である。今日に至るまで、広西の石刻を最も多く著録しているものは清・謝啓昆『廣西通志』の「金石略」十五巻、あるいはそれを独立させた『粤西金石略』であり、乳洞巌石刻に至ってはわずかに宋刻「三洞記」一点を著録している過ぎず、皆無に等しいといってよい。『廣西通志』229「金石略十五」、つまり「金石略」の末に「待訪目録」があり、それに「謹案：粤西金石之文、著録者、得四百八十有三種。然崖谷榛莽中、捜討有所未及。又其石已亡而世或有拓本者、并存其目、以待後之君子」といっている。つまり「崖谷や榛莽の中」にあって「捜討」探し求めることができなかったものもあるが、拓本や旧書に著録されているものはこれを「待訪」と称して巻末に収録したということである。しかしどれほど「捜討」の努力をしたのか、甚だ疑問である。少なくとも桂林府城外の近郊に存在する石刻については網羅的であり、博捜したことを認めるとしても、周辺の州県に至っては極めて粗略であり、調査は杜撰であったといわざるを得ない。これらに関してはほとんど新しい調査を行っておらず、ただ旧志に基づいているのみであるようにさえ思われる。ちなみに乳洞巌には「三洞記」以外にも多くの宋刻が容易に発見できる洞口周辺に在る。謝啓昆の「捜討」はどうも南宋初に范成大が「皆附郭可日渉者、餘外邑巌洞尚多、不可皆到」といった程度と余り変わっておらず、「餘外邑巌洞」については徹底していない。
　しかし乳洞巌が当地でもあまり知られなかったのは、「崖谷榛莽中、捜討有所未及」・「不可皆到」という存在地や距離だけの問題ではなかろう。調査の不徹底の他にも大きく二つのことが考えられる。一つは先に特徴として挙げた存在形態の問題である。謝啓昆らが洞口に刻されている宋・張孝祥の大字題榜等を知らなかったのは調査不足に過ぎないが、他の多くの石刻についていえば、それらが洞内に刻されていたことが最も大きな原因ではなかろうか。中でも唐代の石刻はいずれも洞内のかなり奥、しかも多くが天井に近い高い位置にあり、それらを見つけるのは今日でも容易ではない。ちなみに筆者は1991年に当地のガイドブックの類『霊渠風光』（1990年）で乳洞に唐代石刻が存在することを知ったが、それを実際に確認するに至ったのは二回目に調査した

時であり、しかも予期せぬ所に在ったために脚立・梯子の類を準備しておらず、本格的な調査はできなかった。これまで十回近く訪れているが、その度に新しい発見があり、まだ未発見のものがあるのではないかと思っている。そもそも唐代の摩崖石刻は千百年の星霜を経て浸食が激しく、また新たに溶解物が付着して、ほとんど凹凸がなくなっている。これも今日までほとんど知られることが無かった一因である。

　また、別の原因としては、乳洞巖が民間信仰を集めた聖地として開発されたことが考えられる。今日でも乳洞は民間の信仰の対象であるが、古くはさらにそうであり、そのために唐宋人の石刻は忘れられたであろうし、それを鑑賞する、あるいは調査するために中に入ることも容易ではなかったのではなかろうか。今日に至っても村人が災厄の除祓のために鶏を宰してその生き血を洞口の石壁に塗ったり、赤い護符を貼ったりしているのに何度も遭遇した。また、洞内には今日でも三洞とも石佛が複数置かれており、祭壇のような石段も設けられている。洞内は祠廟として機能していたのである。このような建造物を配置した宗教的聖地化は、恐らく南宋の後期から始まる、あるいは盛んになったのではなかろうか。その根拠としては南宋・張孝祥の題榜「上清三洞」(乾道二年1166) という道教思想による"洞天"化を早い例として挙げることができるが、その約百年後の宝祐元年 (1253) に王慈敬を中心とする宗教的グループが三洞を道場として開発したことの影響が最も大であったと思われる。実際にいくつかの王慈敬等の石刻は前人の石刻の上に重ねて作られている。それら唐宋人の石刻は乳洞の景勝を称えるものであるが、王慈敬等は全くその存在を無視して新しく佛教修行実践の道場として開発しているのである。また、このように神聖化された空間となったために乳洞には容易に近づくことができなくなった、あるいは容易に洞内に入れなくなったことも考えられる。ちなみに范成大等の題名は広い面積を占め、比較的大きな字で刻されいるから容易に発見できるのではあるが、中洞=第二洞の奥にある。つまり洞内に入らない限り知られない。清末の張運昭修・蔣方正纂『興安縣志』(道光十四年1834)「金石」は「題名」石刻で宋刻四点を録しており、それらはいずれも比較的見つけやすい位置にあったはずであるが、謝啓昆『粤西金石略』にはまったく著録されていない。また、筆者の調査によれば、明人の石刻は発見されず、文献資料でもそれを確認することができない。つまり存在する石刻は唐宋人のものであって明代以前は景勝地と広く開放された状態にあったといえる。これが特殊なことであることは桂林市内の景勝地の洞に現存している石刻と比べればよくわかる。市内の石刻には明・清のものが最も多い。ちなみに桂林文物管理委員会『桂林石刻』(1981年) は唐宋のもの (上冊384p)、元明のもの (中冊258p)、清代のもの (下冊468p) に分冊している。しかるに乳洞巖には唐宋の石刻が集中している、逆にいえばそれ以後の石刻がほとんどない。これは南宋後期から始まった巖洞の変化、道場化・宗教的利用とは無関係ではなかろう。

　さらに、桂林・広西に限らず、中国における士大夫の、山水に対する興味の持ち方・審美観そ

のものが唐宋と元明清との間に変化しているのではなかろうか。元代以後は唐宋人のように奇異なる自然に興味を抱き、発見するのを喜びとすることが少ないように思われる。元以後は唐宋の発見した景勝地が名勝として確認される、それによって唐宋人を懐古する傾向が強いように思われる。明人が唐宋の文人詩人の遺跡を復旧するようになるのもそのためである。しかしこの点については、明清までの全体の流れを視野に入れて多くの資料によって詳細な検討を加えるべき問題であり、今後の課題としておく。

今日までの乳洞巖石刻の調査と記録

このような様々な原因理由によって乳洞石刻はほとんど知られなくなったと考えられる。しかし清初の考証学・金石学の流行を受けた謝啓昆『廣西通志』（嘉慶五年1800）「金石略」以後、乳洞巖に存する石刻を記録する者は多くなって来る。管見によれば、最も早いのは清末の県志である。以下、筆者の知り得た、比較的詳細な記述の見える文献資料を年代順に配して紹介する。

01　清・張運昭（知県）修・蔣方正（邑人）纂『興安縣志』（道光十四年1834）13「勝蹟・金石」

同書は全十八巻・首一巻。桂林図書館蔵。一般的にいって県志は通志・府志とは違って当地の記録により詳細である。この『〔道光〕興安縣志』は約一世紀前に出た黄海修（知県）・蔣若淵（邑人）纂『興安縣志』（乾隆五年1740）を継ぐものであり、その1「輿志・山川」にも「乳洞巖」の条はあるが、内容は極めて簡略であり、それは明・曹学佺『廣西名勝記』や明・黄佐『廣西通志』等とほとんど同じ内容であるから、おそらくそれら旧志によったものであろう。なお、『〔道光〕興安縣志』の半世紀後に沈秉成修・蘇宗経等纂『廣西通志輯要』（光緒十五年1889）3「興安縣」が「金石」（48b）を「増輯」しているが、この内容も謝啓昆『廣西通志』と全く同じである。謝啓昆『廣西通志』の影響のほどが知られると同時に、その中にあって『〔道光〕興安縣志』の記録がいかに貴重であるかが知られる。また、桂林の石刻については謝啓昆『廣西通志』の後、「金石志」をもつ呉徴鰲・黄泌『臨桂縣志』（臨桂県は桂林の附郭）三二巻（光緒三一年1905）が出るが、『〔道光〕興安縣志』はそれよりも約七〇年も早い。

02　林半覚輯『廣西石刻志稿』（1940年代？）

道光年間『興安縣志』の約五〇年後、民国時代に至って、桂林在住の学者である林半覚（1907-1983）等によって本格的に調査され、拓本をとる等の資料収集が行われた。今、洞内には「民國卅六年」に探訪した林氏らの題名が刻されている。林半覚は1940年から広西の古碑を調査して『廣西石刻志』を編纂、1946年に「廣西石刻展覧」（拓印碑刻1300余点）を開催。その中に乳洞の石刻も含まれていると思われるが未見である。今、桂林図書館に「民国手抄本」の林半覚輯『廣西石刻志稿』が蔵されている。ただし『廣西石刻志稿』所録の数量は少なく、乳洞に限ってみても、唐刻を始め、著録されていない現存石刻は多い。林半覚の乳洞における唐刻の調査と発見は民国

三六年（1947）のことであるから、『廣西石刻志稿』はそれ以前の成稿であろう。詳しくは本書の「民国三六年（1947）林半覚等題名」の考察を参照。

03　桂林市文物管理委員会編著（張益桂執筆）『桂林文物』（広西人民出版社1980年）「興安・乳洞石刻」（p124）

　その約四十年後、日中戦争と中国の社会主義建設・文化大革命を経た後の学術的な図書。乳洞に関してはわずか一頁余という少ない紹介であるが、桂林文物委員会の調査による報告として公開された最も早いものとして貴重である。執筆は張益桂（1938-）、広西全州県人、桂林博物館館長・広西師範大学歴史系兼任教授・桂林市志編纂委員会委員副主編・広西歴史学会理事等々を歴任、広西・桂林の歴史文化に関する多くの論文・編著書がある。『桂林市（下）』（中華書局1997年）「文物志」の「文物調査」（p3035）によれば、文革直後の1977年に市文物管理委員会によって桂林市区歴史石刻の調査が行われているから、『桂林文物』はその時の調査に基づいたものであろう。ただし後掲の新編『興安縣志』（2002年）「文物古迹」の「文物調査」（p545）によれば、興安県の文物古跡の調査は民国三六年（1947）に広西省文献委員会によって行われているが（『興安縣古迹採訪報告書』）、全面的な調査は新中国成立後の1957年に広西省文物管理委員会が組織して行ったのが最初であり（『興安文物古迹普査報告』）、その後、1960年に再調査が行われたが、古代人洞穴遺跡と民国22年の瑤族起義情況に重点を置いたものであり、文革（1966-76）になってからは、多くの文物が「四旧」（旧思想・旧文化・旧風俗・旧習慣）の対象とされて破壊され、また県文物管理委員会所蔵の文物も散佚してしまい、次に県内文物の全面的な調査が行われたのは1989年であるという。そうならば『桂林文物』（「前言」は1979年）中の「興安」部分で資料となっているものは1957年の調査報告ではなかろうか。なお、張子模等『桂林文物古迹』（文物出版社1993年）は『桂林文物』の内容をほぼ襲うが、「乳洞」については採られていない。また、桂林市文物管理委員会編（林半覚・張益桂主編）『桂林石刻』三冊（編輯説明1977年、後記1981年）は「1974年から桂林石刻を調査し、拓印・抄録・校対・編輯して五年の久しきに及ぶ」（p467）成果であるが、当時の桂林「市内」の石刻を集めたものであり（p2）、したがって興安県のものは載っていない。

04　蒋太福・羅廷坤著『靈渠風光』（広西人民出版社1990年）「乳洞岩小記」（p71-p75）

　劉英主編『桂林攬勝叢書』の一つ。霊渠を中心とした興安県の名勝古跡を紹介したガイドブックの類であるが、乳洞巖の章を設けてその存在を広く世に知らしめた。口絵に下洞の洞口を撮った「乳洞岩」の写真あり。ただし本書に「也看了興安縣文物管理所編写的『靈渠簡介』、乳洞岩的五景吸引着我們」（p71）というから、すでに『靈渠簡介』なる書に紹介されていたことも考えられるが、興安県文物風景管理委員会『靈渠簡介』（22p、地図3枚、出版年不明）には乳洞についての記載は見えず、また莫傑『靈渠』（広西人民出版社1981年）にも載っていない。「乳洞岩的五景」とは"龍田吐珠"・"乳洞噴雷"・"乳洞駐雲"・"景陽双鐘"・"乳洞飛霞"。その中の"噴雷"・"駐

雲"・"飛霞"は南宋・李邦彦の命名による下・中・上三洞の名でもあり、かつて各洞にその題字石刻があった。なお、筆者が乳洞の唐代石刻の存在を知ったのも本書である。1991年秋に霊渠に立ち寄った際に購入したが、当時の目的は別にあり、まだ石刻には興味をもっていなかったために現地を訪れることはしなかった。筆者が初めて乳洞を訪れたのは1998年。

05　曽有雲等著『桂林旅游大典』（漓江出版社1993年）「乳洞巖」（p202）「乳洞石刻」（p294）

桂林市政府文化研究中心・桂林市海外旅游総公司の主編の巨冊。桂林市の政府関係部署および専門家を総動員して執筆されたもので、学術書ではないが、現地調査による資料と一定の研究成果をふまえており、貴重である。乳洞に関しては1977年の市文物管理委員会による調査が基になっていると思われる。ただし「乳洞巖」に「摩崖……題名・題詩14件」とするが、「乳洞石刻」には「有石刻19件」といっており、整合しない。この問題については後文で取り上げ、さらに本書中での考察をふまえて「おわりに」で再考する。

06　桂林市地方志編纂委員会編『桂林市志』（中華書局1997年）中冊「山水志」（p1263）

新中国になって企画され文化大革命（1966-76）後に出版された新編方志の一つ。その「附：桂林市区周辺（陽朔・臨桂・靈川・興安・龍勝・資源）各景区」の「興安縣」には簡単ではあるが「乳洞」の紹介がある。内容は前書『桂林旅游大典』等とほとんど同じであり、「今猶存……題刻14件」という。

07　桂林旅游資源編委会編『（中国旅游資源普査文献）桂林旅游資源』（漓江出版社1999年）「乳洞」（p410）・「乳洞摩崖石刻」（p696）

国家旅游局「中国旅游資源普査規範」に拠って桂林市人民政府・旅游局等が中心となって委員会を組織して調査し、編纂したものであり、現在のところ、最も整理されており、国家事業として公開されたものとして信頼性が高い。全878頁の巨冊。なお、同じく桂林市旅游局編に『桂林旅游志』（中央文献出版社1999年、370p）があるが、これには「乳洞」あるいはそれに関する項目はない。

08　興安県地方志編纂委員会編纂『興安縣志』（広西人民出版社2002年）「乳洞岩」（p484）

いわゆる新編の方志であるが、県志でありながら乳洞巖に関しては『桂林旅游資源』ほどには詳細でない。「附録」の「二、紅軍評語・歴代詩詞・楹聯・絶句選録」（p700）・「四、游記・散文・回憶録選録」（p711）に乳洞巖に関する文献資料が若干紹介されている。この他、「旅游資源・乳洞巖」（p484）によれば、1990年に興安県の関係部門と「台商」台湾商社によって乳洞内の調査が行われており、全長など内部の状況に関する簡単な調査結果が紹介されている。

以上が、筆者が知ることができた乳洞石刻について具体的な記述の見える文献資料である。この他に北京図書館・広西壮族自治区博物館・桂林石刻博物官等が乳洞石刻の拓本を所蔵しており、『北京圖書館藏中國歴代石刻拓本匯編』（中州古籍出版社1989年）・『中國西南地區歴代石刻匯編・廣

西省博物館巻』（天津古籍出版社1998年）・『中國西南地區歴代石刻匯編・廣西省博物館巻』にその影印（計9種）を収める。各書は所在地を明記しているが、中には確かに乳洞の石刻であるのか、疑念を抱かしめるものもある。その他の資料については本書末に附録の「主要参考文献」を参照。

乳洞石刻の数量等に関する資料間の異同

　この中で最近行われた調査と記録が清代の方志等よりも正確であると思われるが、なぜか石刻の数量とその時代等について異同が多く見られる。甚だしきに至っては同一書内において記載に矛盾が見られる。

　たとえば1970年代に行われた文物管理委員会の調査に拠っていると思われる『桂林文物』（1980年）の「乳洞石刻」には「據統計、乳洞有唐宋摩崖二十九件」（p125）とするが、後の『桂林旅游大典』（1993年）「文物古迹」の「乳洞石刻」（p294）・『桂林旅游資源』（1999年）「摩崖石刻」の「乳洞摩崖石刻」（p696）によれば、乳洞にはほんらい石刻29件・観音等造像9体があったが、「文革」（文化大革命1966-76）によって石刻は10件が破壊され、造像はすべて破壊されたため、現存石刻は唐代が3件、宋代が15件、民国が1件、計19件であるという。ただし『桂林旅游大典』は「乳洞巌」（p202）の方では計14件としており、同書内で一致していない。また、『桂林市志（中）』（1997年）「山水志」の「興安縣」（p1264）も現存題刻を14件としている。14件とするのは『桂林旅游大典』の「乳洞石刻」ではなく、同書「乳洞巌」と同じであり、恐らくこれに拠った、あるいはこれと同じ資料に拠ったものであろう。ちなみに『桂林文物』・『桂林旅游大典』が挙げている石刻の題名あるいは作者を数えれば14件となり、『桂林旅游資源』は11件となる。しかしそれらの間には内容に出入りがあって必ずしも同じではない。そこで想像を逞しくすれば、『桂林旅游大典』の「乳洞巌」にいう「14」は単に「19」の「9」字の筆記体を「4」字に見誤ったもののようにも思われる。

　また、『桂林旅游資源』（p842）は末に付録している一覧表「桂林市十二縣文物保護単位」の「四、石刻及其他」に掲げる「乳洞石刻」の条では「時代」を「宋―民国」と記載しているから、唐代を含んでおらず、これも同書の「乳洞摩崖石刻」（p696）にいう所と矛盾している。「宋」刻よりも古い「唐」刻が「文物保護単位」から除外されたとはまず考えられない。また、新たな考証・鑑定が行われた結果、唐刻ではないという結論を得たということも考えにくい。「乳洞摩崖石刻」の記録は『桂林旅游大典』と同じ古い資料に拠るものであり、その後、唐代の石刻は毀損・消失してしまったようにも解せられる。しかし、今回の筆者の現地調査によれば、唐刻は確かに現存している。そのいくつかには唐代の年号があり、かつ今日でも鮮明であって容易に判読できる。『桂林旅游資源』の「桂林市十二縣文物保護単位」の「乳洞石刻」にいう「宋―民国」は明らかに誤りであり、「唐―民国」に改めるべきである。さらにいえば、今回の筆者の現地調査で

はじめに

　判明した現存している「唐―民国」の「石刻及其他」の数は「19件」にとどまらない。その倍に近いものが現存している。その他に年代未詳のものも若干あるが、それらを除いても、時代ごとの数量にも大きな相違があるように思われる。

　その他、『桂林旅游資源』(p696)「乳洞摩崖石刻」によれば、乳洞石刻は1963年に「興安縣文物保護単位として公布」されたというが、同書『桂林旅游資源』(p842)「桂林市十二縣文物保護単位」一覧表によれば、「乳洞石刻」「所在地址：興安縣護城郷董田村」は1991年1月10日に「縣級」文物保護単位として公布されたとしている。これは文化大革命前の調査による公布とその後における再調査による公布による違いではなかろうか。唐刻を含む、しかも多く含むものであるならば、県級以上の文物に指定されてよい。ちなみに桂林市内の石刻は2001年7月に「第五批中国重点文物保護単位」つまり国宝に指定されている。ただし最も古い石刻・唐刻の数は面積・存在箇所数の上で按分すれば乳洞よりもかなり少ない。逆にいえば国家級文物に相当するものは乳洞の方が多い。筆者の調査と考証によれば少なくとも乳洞には六点の唐刻があり、そのうち五点は同一洞内に存在する。なお、唐刻六点の内、二点は先の公的機関の発表に全く見えないものであり、筆者による新発見のものである。この他にも現存している可能性は十分ある。

　筆者は2005年9月に拙著『桂林唐代石刻の研究』(白帝社2005年)を持って桂林副市長を表敬訪問して協力を要請し、また2006年1月には桂林石刻博物館より「栄誉証書」を贈呈された。その機会に乳洞石刻が貴重であることにも言及しておいたが、当局には再度の詳細な調査と克明な記録を切望する。本書がそれに何らかの寄与することができるものであるならば、それに勝る慶びはない。

目　　次

はじめに……………………………………………………………………………… 1
　　桂林の山水と乳洞巖　*1*
　　乳洞巖石刻の価値と特徴　*3*
　　乳洞巖石刻が知られなかった理由　*5*
　　今日までの乳洞巖石刻の調査と記録　*7*
　　乳洞石刻の数量等に関する資料間の異同　*9*

1　乳洞巖の歴史地理
　1-1　乳洞巖の位置……………………………………………………………… 21
　　　興安県董田村　*21*
　　　明真寺と飛霞寺　*22*
　1-2　乳洞巖の名称と沿革……………………………………………………… 26
　　　乳洞巖の旧名と改名　*26*
　　　龍蟠山と盤龍山　*28*
　　　龍蟠山と龍山　*32*
　　　盤龍山と安子山　*33*
　1-3　乳洞巖の構造と現状……………………………………………………… 34
　　　明・清における三洞の記録　*34*
　　　三洞の現状　*35*

2　乳洞巖の石刻
　01〔存〕唐・大和八年（834）僧元約題名 ………………………………… 53
　　　僧元約の"直接石刻"とその史料的価値　*54*
　02〔存〕唐・会昌四年（844）元緤題名 …………………………………… 57
　　　元緤と元錫・元晦　*58*
　　　元緤と盧貞　*59*
　03〔存〕唐・会昌四年（844）盧貞題記 …………………………………… 61

13

　　　　盧貞の広州刺史在任期間　*63*
　　　　河南尹の盧貞について　*66*
　04〔存〕唐・会昌五年（845）趙□作「題全義乳洞」詩 ……………………………… *68*
　　　　作者「趙□」について　*73*
　05〔存〕唐・会昌五年（845）元晦題記 ……………………………………………… *75*
　　　　元晦の事跡の補正　*77*
　06〔存〕唐・大中二年（848）韋瓘題「遊三乳洞」詩 ………………………………… *79*
　　　　韋瓘「遊三乳洞」五言十韻詩　*84*
　　　　韋瓘の桂州刺史任命と召還　*86*
　　　　韋瓘「遊三乳洞」詩の作年　*90*
　07〔存〕北宋・政和三年（1113）楊書思題記………………………………………… *93*
　　　　林半覚の録文と調査に対する疑問　*96*
　　　　楊書思の事跡の補正　*98*
　08〔佚〕南宋・建炎三年（1129）李邦彦撰「三洞記」 ……………………………… *100*
　　　　李士美「龍隠巌」との関係　*105*
　　　　李邦彦の事跡の補佚　*107*
　09〔佚〕南宋・建炎三年（1129）李邦彦書"玉谿橋" ……………………………… *111*
　　　　玉谿・玉溪と霊水渓　*111*
　10〔存〕南宋・紹興三年（1133）以前（?）中洞口題記……………………………… *115*
　　　　「本州」と作年について　*116*
　11〔存〕南宋・乾道二年（1166）張孝祥書"上清三洞" ……………………………… *118*
　　　　謝啓昆『粤西金石略』「待訪目録」とその調査に対する疑問　*119*
　　　　張孝祥による改名"上清三洞"と道教的聖地化　*121*
　12〔存〕南宋・淳熙二年（1175）范成大等題名 ……………………………………… *124*
　　　　桂林における范成大の離任と送別　*127*
　　　　范成大の姪と子について　*131*
　13〔佚〕南宋・淳熙二年（1175）范成大作「題乳洞」詩 …………………………… *136*
　　　　范成大と乳洞巌　*139*
　　　　范成大『桂海虞衡志』の佚文　*141*
　14〔?〕南宋・淳熙二年（1175）范成大等題名 ……………………………………… *145*
　15〔?〕南宋・淳熙三年（1176）李景亭等題名 ……………………………………… *146*
　　　　李景亭とその題名　*146*

16〔？〕南宋・淳熙四年（1177）常演撰「桂林巖記」……………………………149
　　　常演「桂林巖記」と常璜　*149*
　　　靈巖と乳洞　*150*
17〔存〕南宋・嘉泰二年（1202）王正功作「留題乳洞」詩………………………153
　　　王正功の事跡の補正　*156*
18〔存〕南宋・嘉定十年（1217）方信孺作「乳洞」・「靈巖」詩二首 ……………160
　　　方信孺の事跡の補正　*163*
　　　李守約の事跡の補正　*170*
19〔存〕南宋・嘉定十年（1217）方信孺等題名………………………………………173
　　　陶崇の事跡の補佚　*176*
20〔存〕南宋・嘉定十三年（1220）林士玠等題名……………………………………179
21〔？〕南宋・嘉定十五年（1222）劉克莊作「題乳洞」詩…………………………180
　　　劉克莊と桂林　*180*
22〔存〕南宋・端平二年（1235）趙必益等題名………………………………………183
　　　趙必益等の事跡の補佚　*183*
23〔存〕南宋・淳祐四年（1244）謝遂作「遊乳洞」詩………………………………185
　　　謝遂の事跡の補正　*189*
24〔佚〕南宋・淳祐九年（1249）李曽伯書"噴雷"……………………………………192
　　　三洞名の題榜と李曽伯の桂林在任　*194*
25〔佚〕南宋・淳祐九年（1249）李曽伯書"駐雲"……………………………………198
26〔存〕南宋・淳祐九年（1249）李曽伯書"飛霞"……………………………………199
　　　「石匠朱宗伯造」について　*203*
27〔存〕南宋・宝祐元年（1253）王慈敬作「建橋等記」……………………………205
　　　王慈敬による乳洞の道場化　*206*
28〔存〕南宋・宝祐元年（1253）至心「登山口題記」………………………………209
　　　至心等による上洞の整備　*209*
29〔存〕南宋・宝祐元年（1253）王慈敬作「下洞道場記」…………………………211
　　　白衣大士と西天伝佛心宗　*211*
30〔存〕南宋・宝祐元年（1253）王慈敬題下洞詩……………………………………214
　　　「失名『乳洞詩』」とその作者　*215*
31〔存〕南宋・宝祐元年（1253）王慈敬作「上清眞境」詩…………………………217
32〔存〕南宋・宝祐元年（1253）趙孟蕍等題名………………………………………219

　　　　　趙孟藡の事跡の補佚　*219*

33〔存〕南宋・宝祐二年（1254）王慈敬作「中洞道場記」……………………222
34〔存〕南宋・宝祐二年（1254）王慈敬作「讃」……………………………224
35〔存〕南宋・宝祐二年（1254）「維摩詰像」題記……………………………227
　　　　　林半覚説"宋石佛像"と定説"康熙年間"　*228*
36〔存〕南宋・宝祐二年（1254）「李長者像」題記……………………………231
　　　　　李通玄『華嚴經合論』と乳洞の佛教　*232*
　　　　　乳洞巖内に現存する石像　*233*
37〔存〕南宋・宝祐二年（1254）項大受・趙立唱和詩「乳洞山遊」等四首………243
　　　　　趙立の事跡の補正　*249*
38〔存〕南宋・咸淳七年（1271）曽子良等題名……………………………253
　　　　　曽子良とその「番侍」　*253*

明代の乳洞巖……………………………………………………………255
　　　　　南宋以後の乳洞巖と明・袁袠「遊乳洞記」　*255*
　　　　　乳洞に関する明清間の方志の記載とその関係　*257*
　　　　　明・徐霞客の記録と隠山寺　*263*

39〔？〕清・康熙三十八年（1699）葉星期作「冒雨遊龍蟠」詩………………270
　　　　　作者葉星期について　*273*
　　　　　清代における乳洞の再興と董田村侯氏　*273*
40〔？〕清・康熙五十五年（1716）馬世熙「造像記」…………………………279
　　　　　広西省博物館による乳洞石刻の収蔵について　*279*
41〔存〕清・乾隆二十四年（1759）題榜「龍□」………………………………282
42〔存〕民国三六年（1947）林半覚等題名……………………………………284
　　　　　林半覚と広西石刻の調査　*285*
43〔存〕（年代未詳）下洞口外台座銘……………………………………289

おわりに……………………………………………………………………291

主要参考文献………………………………………………………………307
乳洞巖石刻関係人名索引…………………………………………………310

中国乳洞巖石刻の研究

1、乳洞巖の歴史地理

1、乳洞巖の歴史地理

1-1　乳洞巖の位置

興安県董田村

　乳洞巖に現存する唐代摩崖石刻は稀にして重要な史料であるが、それは清・謝啓昆『粤西金石略』等にも著録されておらず、今日に至ってもほとんど知られていない。そもそもその位置・地理的環境についても、先行の方志および最近の文献資料等において記載はあまり詳細ではなく、かつ異同が多く見られる。その中で、明・崇禎十年（1637）に興安県を訪れている徐霞客（1587-1641）が残している記録が乳洞に至る地理に関する最も詳細で早いものであろう。それに「西二里抵"興安南門"。出城、西三里抵"三里橋"、橋跨"靈渠"。……又三里爲"蘇一坪"、東有岐可達"乳洞"。予先西趨"巖關"。……返由"蘇一坪"東南一里、遡"靈渠"東北上、一溪東自"乳洞"夾注爲"清水"、乃東渡"靈渠"。四里、過"大巖堰"。……西向隨溪入、二里至"董田"巨村。洞即在其北〔南〕一里、日暮不及登。……至"董田"、又北〔南〕一里、至"乳〔洞〕巖"下洞・中洞・上洞。雨中返寺午飯。雨愈大、遂止不行。二十五日：天色霽甚、晨餐後仍向東行。一里、出山口」という。「一溪東自"乳洞"夾注爲"清水"」という「乳洞」は「至"乳〔洞〕巖"下洞・中洞・上洞」という同じものを指し、「一溪」はその洞内から流れている霊水のことであろう。ただしこの地理的関係からいえば、「至"董田"、又北一里、至"乳〔洞〕巖"」等の「北」は「南」の誤りである。記述は極めて簡単であり、乳洞巖の情報としては上中下の三洞があったことしか記されておらず、また誤字脱字もあって精確ではない。徐霞客は乳洞巖を探訪していないようにも思われる。この点については後の「明・徐霞客の記録と隠山寺」（p263）で再考する。

　乳洞巖は今の中国広西壮族自治区の桂林市轄興安県護城郷董田村に在る。徐霞客のいう「董田巨村」である。早くからこの名が使われていた。乾隆五一年（1786）知興安県の劉瀚「遊乳洞巖下洞詩」にも「臨源西望石如林、玉笋青螺森以蹟。中有巨英隱董田、横亘數里高千丈〔？〕」（『〔道光〕興安縣志』2「興地」）とみえる。「臨源」とは興安県の唐名。『桂林旅游資源』は「乳洞摩崖石刻」（p696）で「位于興安縣護城郷冬田村龍蟠山乳洞」というが、同書「桂林市十二縣文物保護単位」一覧表の「乳洞石刻」（p842）では「所在地址」を「興安縣護城郷董田村」とする。当地で確認したところ、「冬」と「董」の音は同じである。ただし新編『興安縣志』（p36）「地理・行政區劃」では「董田村」に作っているから、公式には「董」が採用されている。徐霞客が「董田巨村」と記載しているように、今日でも南北数キロに及ぶ大きな村である。また、『桂林旅游大典』（p294）には「桂林地區興安縣附廓郷茅坪村」、新編『興安縣志』（p484）にも「茅坪村後龍蟠山下」というが、「茅坪村」は董田村の東に隣接する自然村。

　乳洞巖は興安県城の西南約6kmの地にある。桂林市城区からは北北東に約70km。『桂林文物』

(1980年)「乳洞石刻」に「位于興安東南約六公里的龍蟠山」(p124)という「東南」は明らかに「西南」の誤りであり、また新編『興安縣志』(p484)「乳洞岩」に「在縣城南6公里的茅坪村後龍蟠山下」という「南」も正確ではなく「西南」とすべきであろう。ただし後述するように乳洞があるという場所「龍蟠山」を誤っている可能性もある。興安県城から西に向かって秦始皇帝が創設したという運河"霊渠"が通っており、霊渠の南に鉄道がほぼ並行して敷かれている。霊渠は興安県城から何度か屈曲しながら溶江鎮まで延びており、その中間あたり、霊渠の北に、有名な"古厳関"がある。乳洞巌は霊渠・鉄道を越えて厳関の東南に位置する。このあたりの地理は先の徐霞客の『記』にもつぶさである。現在の地名では、興安県護城郷董田村に属し、董田村内の南に位置する自然村"茅坪"の西南、"粉洞"の北に当たる。乳洞巌へ行く道には興安県城から西行するものと桂林市から北上して厳関鎮から南下するもの、二つのルートがあるが、いずれにしても"道冠村"を経由して南のかた董田村に向かう。道冠村から約3km、自然村の茅坪村と粉洞村の間を南北に敷かれた道に対して東西に山が走っており、その西の山麓に乳洞巌がある。道冠村から粉洞村までの道は狭く、幅約3m、舗装されていないが自動車の通行は可能。

　今日、乳洞巌のある山は、新編『興安縣志』(p484)「乳洞巌」に「茅坪村後龍蟠山下」というように、正式には"龍蟠山"とされているようであるが、当地では"安子山"とよばれている。新編『興安縣志』(p60)「巌洞・乳洞巌」によれば、海抜は約350mというが、相対高度は50mに及ばず、全長も500mほどの比較的小さな山である。茅坪村(山北)から粉洞村(山南)に通じる道を峠の手前で右(西北)に折れ、山麓に沿って石門(現在半壊)を通って自然道(道幅約1～2m)を約300m入った地点に乳洞巌がある。北緯25°34′25.05″、東経110°37′14.1″。巌洞内から小渓が麓に沿って東西に流れており、唐代では"霊水渓"、宋代では"玉谿"と呼ばれた。巌洞に行くには茅坪村と粉洞村の間の峠の道から龍蟠山の角に当たる巌の下を通って小渓に沿って行くことになる。やがて前方の林の中に小さな建物"飛霞寺"の黄色い壁が見える。寺の手前約50mに霊水にかかる石橋があり、巌洞はその左手(西)約40mにある。

明真寺と飛霞寺

　今日洞前にある山門に"飛霞"という額をもつ寺は、明・黄佐『廣西通志』(嘉靖四年1525)12「山川志上」の「乳洞」に「洞前有明眞寺藏塔院」とあるから、明代には明真寺とよばれており、それは蔵塔院をもつ比較的規模の大きなものであったと想像される。後に清・乾隆二三年(1758)の曹秀光「乳洞記」に「舊有明貞[真]寺、久廢。今、侯氏移建、小宇額曰"飛霞"。釋氏海容居之、海容性恬適、真山林中人」という。「移建」というが、今日の飛霞寺も明・明真寺とほぼ同じく「洞前」にあり、位置は大きく変わっていないと思われる。正確には洞口の直前ではなくて洞口に向かって約50m右手に在るが、洞口は東を向いており、洞内から小渓(唐名は霊水渓、宋名は玉谿)が洞口を経て東に向かって流れているから、明代の寺院も正確には「洞前」ではあり

1、乳洞巖の歴史地理

興安県乳洞巖の位置

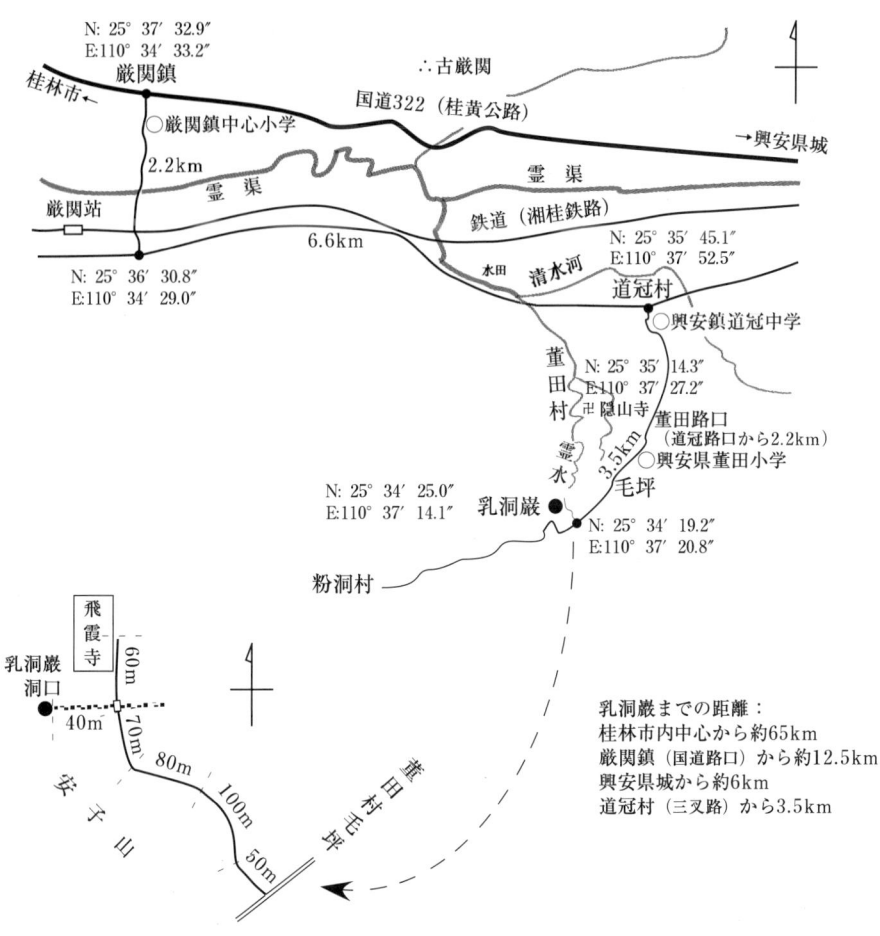

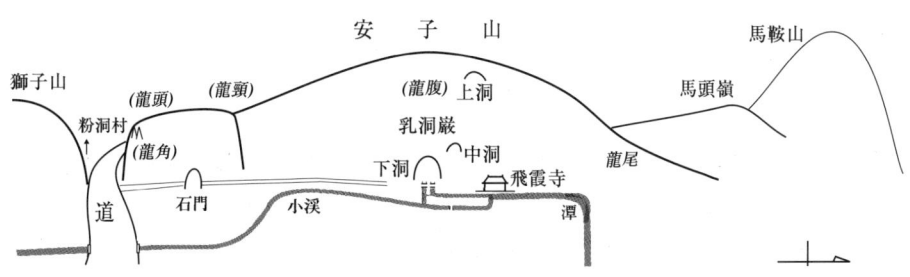

得ず、小渓を夾んでその右あるいは左に在ったはずである。今日の寺名"飛霞"は清初の侯氏に始まるが、その名は宋代に命名された乳洞巖の三洞の一つである上洞"飛霞洞"に由来する。曹秀光には「乳洞記」とは別に「贈侯氏詩」があり、またそれよりも早い葉星期「冒雨遊龍蟠詩」（康熙三八年1699）にも「二三侯氏子、少長俱琅玕」と見える。「侯氏」について詳しくは後述。

「明真寺」の名は明代方志に見えるが、創建はさらに早いであろう。たとえば嘉泰二年（1202）王正功「留題乳洞」詩に「招提鐘磬出幽深、村瞳牛羊自來去」というから、すでに南宋には梵鐘をもつ比較的大きな寺院が築かれていた。また、南宋初の建炎三年（1129）李邦彦「三洞記」に「夫擷幽花之素香、蔭脩篁之柔陰、濯玉谿之清波、歩寶坊之淨界」というのは乳洞の周辺の光景を描いたものであり、その「寶坊之淨界」も寺院を指しているように思われる。そうならば建炎年間よりも前、すなわち北宋においてすでに寺院が建立されていたのではなかろうか。宋代の寺名は未詳であるが、少なくとも明代には明真寺とよばれる寺院があり、清代には飛霞寺に改名されて今日に至っている。今の住持は尼僧（釈乾航）。

乳洞巖の周辺

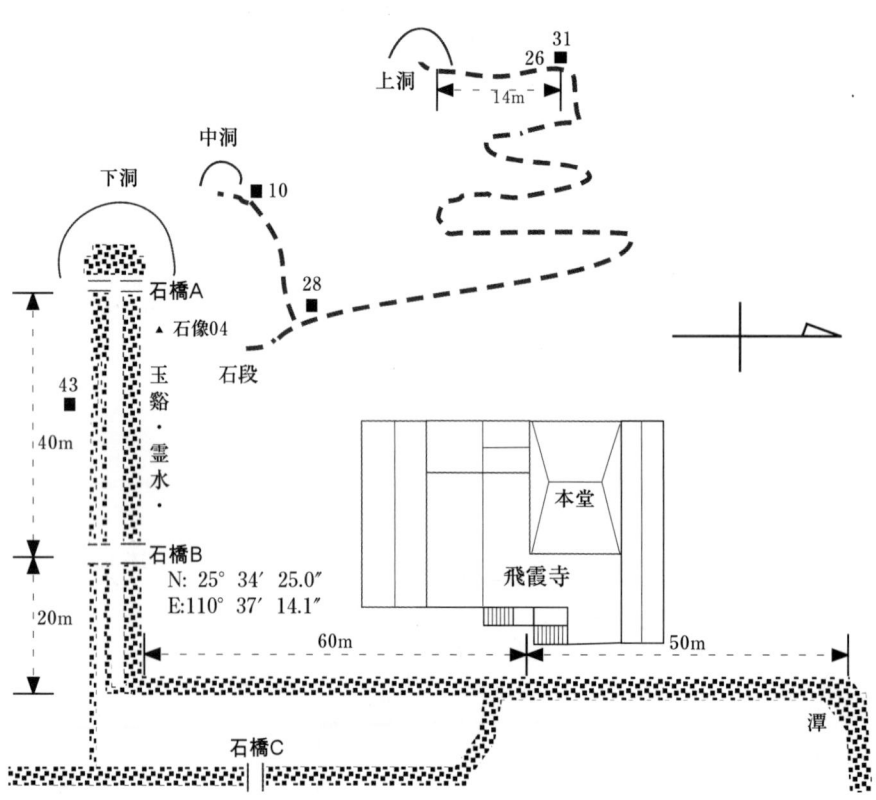

1、乳洞巖の歴史地理

飛霞寺（1）

飛霞寺（2）

1-2 乳洞巖の名称と沿革

乳洞巖の旧名と改名

　今日、"乳洞"あるいは"乳洞岩（巖）"とよばれているが、早くは乾道九年（1173）に広西経略安撫使として桂林に来た范成大はその著『桂海虞衡志』で「興安"石乳洞"最勝、余罷郡時過之、上中下三洞」といい、范成大の幕僚であった周去非『嶺外代答』（淳熙五年1178）1「桂林巖洞」条に「洞則曰"白龍"、……曰"石乳"」、また「靈巖」条に「若水東之曾公巖、興安之"石乳洞"」という。これらによれば"石乳洞"が当時の通称であったと思われる。いっぽう范成大の詩題には「興安"乳洞"有上中下三巖、妙絶南州」という。「上中下三巖」ある「興安」の「乳洞」は同じく「上中下三洞」である「興安」の「石乳洞」と同じものである。

　現在のところ最も早い例として確認できるのは、乳洞に現存する晩唐・趙某の石刻「題全義乳洞」であり、末に「會昌五年（845）八月十日題」とある。「全義」県は唐名、北宋に興安県に改名。また、その数年後の大中二年（848）に訪れた桂管観察使韋瓘（789-849？）の石刻の詩題に「遊三乳洞」とあり、詩中にも「嘗聞三乳洞」と見える。南宋の范成大・周去非らのいう「石乳洞」と晩唐の趙某・韋瓘のいう「乳洞」・「三乳洞」が同一のものを指すことは明らかであるから、「石乳洞」の「石」は「三」の誤字であるようにも思われる。また、南宋・祝穆『（宋本）方輿勝覧』（嘉熙三年1239）は『桂海虞衡志』を引いて、その「興安石乳洞最勝」を「興安之乳洞最奇」に作っている。「之」と「三」とは字体が似ており、「之」も「三」の誤字である可能性もある。つまり「石乳洞」と「之乳洞」には誤字があり、乳洞現存の唐刻題詩に見える「三乳洞」が正しく、「三乳洞」は三つの鍾乳洞の意味であるから、「乳洞」が本来の名称であったように思われる。その他、晩唐・劉恂『嶺表録異』（昭宗時889-904）にも「全義嶺之西〔南〕有"盤龍山"、山有"乳洞"」という。ただし、これには後述するように若干問題がある。しかし周去非「桂林巖洞」の「洞則曰"白龍"、……曰"石乳"」という対比表現およびそれと范成大『桂海虞衡志』中の呼称との同一から見て、やはり「石乳洞」とも呼ばれていたと認めざるを得ない。「洞則」としていう「白龍」とは南渓山西北にある"白龍洞"のことであり、今日もそのように呼ばれているから、「石乳」というのも"石乳洞"のことであろう。この例からは「石乳」が「三乳」の誤りであるとは考えにくい。したがって"三乳洞"の他に"石乳洞"の称もあった、少なくとも宋代にはあったと考えてよかろう。

　そもそも「石乳洞」とは普通名詞、"石鍾乳洞"（鍾乳洞）をいう通称であり、「三乳洞」も三つの鍾乳洞をいうものであって、いずれも民間に早くから伝わっていたものと思われる。"乳洞"は鍾乳洞を指して広く使われていた。今日、董田村の前を流れる河の名を農民に尋ねたところ、

"大江"であるという。また、方志等に記載するその名"清江"にしても本来は「清い江」という普通名詞に他ならない。"乳洞"もこの用法と同じであり、普通名詞から固有名詞となった。また、その"乳洞"には三つの洞が上下に重なる楼閣のようにして存在しているから、民間では「上洞・中洞・下洞」と呼んでいた。なお、「巌」は単なる岩石を意味するのではなく、洞穴を指すことがあり、広西地方では一般に鍾乳洞を指す。范成大の詩題に「興安乳洞有上中下三巌」という「巌」がそうである。

これらの俗称に対して、北宋・建炎元年（1108）に宰相を罷免されて建寧軍節度副使として出された李邦彦（？-1130）は翌二年に乳洞巌を訪れて「三洞記」を書き、三洞をその特徴によってそれぞれ"飛霞"・"駐雲"・"噴雷"と命名した。「三洞記」に「中有三洞、……眞天下奇偉觀也。里俗所傳、得名甚陋、不足以稱雄、因易而新之」として「其下者……因命之曰："噴雷"。中洞……因命之曰："駐雲"。上焉者……遂以"飛霞"名之」という。「甚陋」であるとされている旧名とは「上洞・中洞・下洞」のことであり、この名称は范成大等の詩文に見える。たとえば『桂海虞衡志』1「志巌洞」に「興安"石乳洞"最勝、余罷郡時過之。上・中・下三洞」、また范成大等の乳洞巌中洞題名に「歳月及道號在上洞」。おそらく「里俗」民間では更に早くから「乳洞」あるいは「石乳洞」とよび、三乳洞も「上・中・下」を以て呼んでいたであろう。たしかに"飛霞"・"駐雲"・"噴雷"という名称は「上・中・下」という方位詞で機械的に呼ぶのよりも詩情に富んでおり、文学趣味的性癖の宰相にとって「乳洞」・「上・中・下三洞」という民間の呼称は「甚陋」に思われたであろう。李邦彦は桂州で死去し、後に淳祐九年（1249）に知静江府兼広西経略按撫使として赴任してきた李邦彦の五世孫である李曽伯（1198-1268）によって三洞の名がそれぞれの洞口に刻石された。

その後、李邦彦による改名の約五〇年後の南宋・乾道元年（1165）に、知静江府として赴任した張孝祥（1132-1169）は"上清三洞"と命名して刻石している。"上清三洞"とは上清なる三つの洞という意味で、道教思想に基づく命名であろう。北宋・張君房『雲笈七籤』によれば、最高神である元始天尊から天宝君・霊宝君・神霊君の三宝君（"三清"ともいう）が分かれ、その世界はそれぞれ玉清境・上清境・太清境の"三清境"（"三天"ともいう）と呼ばれ、また説いた経典はそれぞれ洞真・洞玄・洞神と呼ばれる。しかし張孝祥がいう"上清三洞"は広く道教が霊山名洞を洞天福地とする思想にならったものであり、上清境の三つの洞天という意味で乳洞の上・中・下三洞を指した総称ではなかろうか。

これらの高級文官による改名に対して、乾道九年（1173）、つまり張孝祥の去った数年後に、同じく知静江府として桂林に来た范成大は先任長官の与えた美称を用いず、「上・中・下三洞」・「石乳洞」を使う。それは早くから民間で使われていたものである。"上清三洞"という横3m以上にも及ぶ巨大な石刻は洞口左壁に現存しており、"飛霞"・"駐雲"・"噴雷"も最近まで洞口に

存在していたが、范成大がこれらの名称を知りながら、あるいは見ながら、執拗に「上・中・下三洞」・「石乳洞」を使うのには意味がある。それは先の文官による恣意的な改名を否定する態度の現れに他ならない。范成大はかつて張孝祥が桂林の水月洞（今の象鼻山東端）を朝陽洞と改名したことに対して民間の呼称を無視して個人的趣味で改名するものであると非難している。曰く「以一時燕私、更其號"朝陽"、邦人弗從。……百世之後、尚無改也」（「復水月洞銘并序」）。ここに民間の文化あるいは伝統に対する范成大の立場が見て取れる。また、范成大は「桂海虞衡志序」に「余既不鄙夷其民、而民亦矜予之拙、而信其誠、相戒毋欺侮」ともいう。今日の呼称"乳洞"は范成大によって回復されたものである。

龍蟠山と盤龍山

　乳洞巖のある山の名についても古くから多くの説がある。まず、今日の資料では、『桂林文物』（p 124）をはじめ、『桂林旅游資源』（p 696）・新編『興安縣志』（p 484）は、乳洞巖は「龍蟠山」にあるという。これは今日公認されている名称と考えてよい。乳洞に現存する唐宋の石刻の中に山名を告げるものは見えないが、清初・康熙年間に乳洞に刻されていたという葉星期の題詩「冒雨遊龍蟠」に「龍蟠」の文字（二個所）が認められる。ただし今回その石刻の存在を確認することはできなかった。また、蒋太福・羅廷坤『靈渠風光』の「乳洞岩小記」（p 71、p 74）には「蟠龍山」というが、これは「龍蟠山」の誤りということになる。「蟠」と「盤」は同音（pan2、平声・寒韻）。ただし別に「盤龍山」という山もあった。

　興安県に"龍蟠山"なる山があったことは早く唐代の記録に多く見える。たとえば段公路『北戸録』・莫休符『桂林風土記』・劉恂『嶺表録異』など、晩唐の書に"龍蟠山"の名とその山に関するほぼ同様の記録が見える。また、同じく晩唐の李商隠「賽龍蟠山神文」にいう「龍蟠山」も興安県のそれであろう。李商隠も大中元年（847）に桂管鄭亜の下に来ていた。では、それはいかなる山であったのか。それらの史料の中で最も詳しいのは、唐代の文献資料を多く利用している北宋初の楽史『太平寰宇記』162「桂州・興安縣」であり、それに次のようにいう。

　　龍蟠山：在郡（桂州）東北一百七十里、屬興安縣、本名"盤龍山"。天寶六年［載］（747）、敕爲"龍〔蟠〕山"。有"石洞"、洞門內數里、人秉燭遊、於廻溪泥沙中、嘗見龍沙［迹］、其大如盌。洞中之水有魚、四足而有角。人不敢傷、恐致風雨。『嶺表録異』云：「全義嶺之西〔南〕有"盤龍山"、山有"乳洞"、斜貫一溪、號爲"靈水溪"、入靈川縣界。溪内有魚、皆修尾、四足、丹其腹、遊泳自若。漁人不敢捕之。『爾雅』云：鯢似鮎、〔四足〕聲如子兒。今商州山溪内亦有此魚、謂之"納［魶］魚"、即其類也。」

今日の興安県は唐代の臨源県であり、唐・大暦三年（768）に全義県に改名、北宋・太平興国二年（977）に興安県に改名された。今、『太平寰宇記』の記載には多くの疑問がある。まず、天宝六載（747）に「盤龍山」から「龍山」に勅をもって改名されたといい、後半では天宝年間から

約百年も後の作『嶺表録異』の「盤龍山」を引いているが、この条の標題は「龍蟠山」である。そうならば、「本名"盤龍山"」から「龍山」に改名されたのではなく、「龍蟠山」に改名されたはずであるから、「龍山」は「龍蟠山」の誤りであろう。ちなみに『大清 (嘉慶重修) 一統志』461「桂林府・山川」の「龍蟠山」条も『太平寰宇記』を引いており、ほんど同じ内容であるが、「天寶六載、敕爲"龍蟠山"」というように「龍山」ではなく「龍蟠山」に作っている。ただし『太平寰宇記』の「桂州」巻の部分は、宋本は伝わっておらず、通行本の「龍蟠山」条は『大清一統志』・『輿地紀勝』等に引用する『太平寰宇記』に拠った可能性がある。そうならば輯本が「蟠」を誤って脱していたということも考えられる。しかし、仮にそうであったとしても、『嶺表録異』は唐末の撰であるから、盛唐の天宝六載に「龍蟠山」あるいは「龍山」に改名されたのであれば、すでに「盤龍山」と称すべきではない。なお、天宝八載には、わが国でも有名である鑑真和上ら一行が桂州に到着している。その時の刺史は馮古璞。真人元開『唐大和上東征傳』に詳しい。

次に問題なのは位置である。「龍蟠山：在郡 (桂州) 東北一百七十里」といい、同書に「興安縣：(桂州) 北一百五十里」という。『元和郡縣圖志』37でも全義 (宋の興安) 県と桂州の間の距離は同じ。したがって龍蟠山の位置は、興安県城に近いが、それよりも二十里ほど北あるいは東北に当たる。これは『嶺表録異』の「全義嶺之西〔南〕」と矛盾する。唐の全義県と宋の興安県の治は霊渠の稍北にあってほぼ今日と同じ位置であったが、乳洞は最近まで洞前に存在していた石刻である南宋・李邦彦「三洞記」に「桂州興安縣之西南」と明記されているように、今の興安県城の西南約6km、十数里にある。つまり桂林から東北に向かっていえば、手前から乳洞・興安県城・龍蟠山の順になってしまい、本来同一であるべき龍蟠山と乳洞の位置が異なってくる。

そもそもこれらの山は異なる個別の山なのではなかろうか。南宋『輿地紀勝』103「靜江府」に「龍蟠山」の条があるが、これは『太平寰宇記』からの引用である。いっぽう李賢『大明一統志』83・黄佐『廣西通志』12・曹学佺『廣西名勝志』2・蘇濬『廣西通志』4や顧祖禹『讀史方輿紀要』107・韓作棟『廣西輿圖』1・『大清一統志』461・謝啓昆『廣西通志』96など、明代および清初の記載では、いずれも龍蟠山と乳洞を分けて載せており、乳洞の位置と内容は今日のそれとほぼ一致するが、龍蟠山とは異なる。たとえば『大明一統志』には次のようにいう。

　　龍蟠山：在興安縣東十五里。山下有石洞、洞門數重。遊者秉燭而入。水中有魚、四足而有角。人不敢傷、恐致風雨。『爾雅』云：鯢似鮎、四足、聲如子兒。今商州溪中亦有此魚、謂之"魶魚"、即其類也。

　　…………。

　　乳洞：在興安縣西南一十里。洞有三、上曰飛霞、中曰駐雲、下曰噴雷。下洞、泉流石壁間、田壆溝塍如鑿。中洞有三石柱及石室・石床。左盤至上洞。行八十步、得平地、有五色石、横亘其上。

明・黄佐『廣西通志』(嘉靖四年1525)に至ると、二山についての記載はこれとほぼ同じであるが、さらに龍山をも載せており、それぞれ次のようにいう。

　　　龍蟠山：在縣東一十五里。山下有石洞、洞門數重。遊者秉燭而入。又水産魟魚、四足而有角。『爾雅』云：鯢似鮎、四足、聲如子兒。今商州溪中亦有此魚。
　　　…………。
　　　龍山：在縣南四十里。民居環繞、唐賀蕭公家先墳在焉。
　　　…………。
　　　乳洞：在縣西南十里。有上中下三洞、……。

黄佐『廣西通志』の後の明・蘇濬『廣西通志』や清初の『讀史方輿紀要』・『廣西輿圖』等もほぼこれと同じで三つの山に分けて載せる。さらに『廣西輿圖』の「興安縣圖」にはこの三山が見えており、それによれば「縣東一十五里」の「龍蟠山」は西南から興安県城の東南で霊渠となる海陽江の外(東南)に描かれ、「縣南四十里」の「龍山」は龍蟠山の西南、県城に最も遠く、そして「縣西南十里」の「乳洞」は県城に最も近く、海陽江の内(西北)に描かれている。この三地点の関係からいえば、少なくとも乳洞に関しては今日の位置に比定してよい。後の張運昭『興安縣志』(道光十四年1834)巻首の「城郭圖」・「陡河圖」でも城郭の西南に「乳洞岩」とそこから北流して霊渠に注ぐ小渓が描かれている。ただしいずれも「乳洞」のある山の名は記されていない。

そこで、まず龍蟠山について見れば、『明統志』にいう「龍蟠山」は、位置を除けば『寰宇記』にいう「龍蟠山」の記載と近い。もし『明統志』にいう「龍蟠山：在興安縣東十五里」の「東」が「西」あるいは「西南」の誤字であるならば、乳洞のある山に近くなる。しかし『寰宇記』に「龍蟠山：在郡(桂州)東北一百七十里、屬興安縣」という距離は、「乳洞：在興安縣西南一十里」よりも「龍蟠山：(興安)縣東十五里」に近い。ちなみに『寰宇記』によれば興安県は「北一百五十里」、『元和郡縣圖志』37にも全義縣(宋の興安縣)は「南至(桂)州一百五十里」という。つまり次のような位置関係になり、乳洞のある山であるとは考えにくい。

　　　桂州←————————(150里)————————→興安県←(15里)→龍蟠山
　　　　　　　　　　　　　　　　　　　　　　　　乳洞←(10里)————↑

次に、『寰宇記』の「龍蟠山」条の後半には『嶺表録異』(昭宗時889-904)を引くが、これは恐らくそれよりもやや早い段公路『北戸録』(咸通十二年871前後の記録)に拠るもの、あるいはそれと同じ資料に基づくものであると考えられる。『北戸録』1「乳穴魚」に次のようにいう。

　　　全義(縣)之西南有山、曰"盤龍"、山有"乳洞"、斜貫一溪、號爲"靈水"。〔崔龜圖注：〕『洞記』曰：山曰靈山、水曰靈水。幽而有靈、是以名也。且地志・山經所不載。又蟲魚無大小、修尾・四足、朱丹其腹、游泳自若。漁人不敢釣之。……按『御覽』云：盤龍山、天寳六年、改爲"龍蟠山"。山有"石洞"、洞中有石床・石盆。人毎秉燭遊者、嘗見龍迹。洞中小水、

> 水有四足魚、皆如龍形。人殺之、即風雨也。然『唐韻』云：……。『山海經』云：……。『爾雅』注：鯢似鮎、四足、聲似小兒。但未見、言其可致風雨耳。公路……。

これによれば、唐の全義県つまり宋以後の興安県の西南に"盤龍山"があり、そこに"乳洞"があった。しかし『御覧』によれば"盤龍山"は天宝六載に"龍蟠山"に改名されたという。今、『太平御覧』49「地部十四・西越南越諸山」に「龍蟠山」の条があり、それに次のようにいう。

> 『桂林風土記』曰：龍蟠山、本名"盤龍山"。有石洞、深致洞中、天然石室・石床・石盆、洞門數重。人秉燭遊、常見龍迹、大如椀。洞有水、水中有魚、四足有角、如龍形。人殺即風雨、晦冥立至也。前使李渤給事改爲"隱山"、連其所也。

これも『太平寰宇記』の「龍蟠山」条の記載に近いが、今日の輯本『寰宇記』には李渤による"隱山"改名の記事は見えない。『桂林風土記』によれば、盤龍山から隱山・龍蟠山に改名されたことになるが、隱山と龍蟠山の関係が不明である。『太平御覧』が引く『桂林風土記』は晩唐の莫休符『桂林風土記』（光化二年899）を指すであろうが、今日の輯本（学海類編・四庫全書）に「龍蟠山」は見えないから、佚文であると考えられる。しかし実は輯本『桂林風土記』の「隱仙［山］亭」条に次のような一部類似の記載が見られる。

> 本名"盤龍岡"、在府（桂州城）西郭三里、與延齡寺相近。寶曆年、前使李給事、名渤、開置亭臺、種植花木。有池沼・巨巖、水深無際。……有朝陽亭・夕陽亭・連理橘。秉燭巡游、時見龍跡、大如椀。水有靈魚、龍腹・四足。人或誤捕、風雨立至。山河秀異、皆入畫圖、作屏障、爲信好之珍。有從事皇甫湜・吳武陵撰碑……。

今、下線を施した個所は『太平寰宇記』や『太平御覧』に引く所とよく似ている。おそらく『桂林風土記』に「龍蟠山」と「隱山」の二つの条があったが、隱山の旧名が「盤龍岡」であり、龍蟠山の旧名が「盤龍山」であったために混同を来したように思われる。しかしじつは『桂林風土記』にいう「盤龍岡」は隱山の旧名ではなく、宝積山の旧名であった。明・張鳴鳳『桂勝』3「寶積山」に「石屋平敞、可視龍隱、其後則翠壁上蟠、漸至峰首、有諸葛祠。……唐以前、謂西皐高起、名其地爲"盤龍岡"。諸葛之祠、無亦因岡名與"臥龍"微相似耶」という。『桂勝』の記載は他の部分が多くそうであるように、『桂林風土記』を参考にしている。今、輯本『桂林風土記』に「寶積山」の条はないが、「本名"盤龍岡"」は本来は「隱仙［山］亭」条ではなく、「寶積山」条の文であろう。宝積山・隱山は今日でもその名が伝えられて残っている。宝積山は桂林市内の中山北路を夾んで四望山の西、山頂に「諸葛之祠」址がある。隱山はさらにその西南、今の西山公園内にある。この両山については拙著『桂林唐代石刻の研究』に詳しい。

この中で最も信頼できるのは『北戸録』の「全義之西南有山、曰"盤龍"、山有"乳洞"、斜貫一渓、號爲"靈水"」である。南宋初・李邦彦「三洞記」が立てられていた今日の乳洞も唐の「全義之西南」に当たり、「一渓」が流れている。「三洞記」は「玉谿」とよぶ。乳洞のある山は

"盤龍山"と呼ばれていたと考えてよかろう。『北戸録』は晩唐の撰であり、「盤龍山」といっているから、『寰宇記』にいう「本名"盤龍山"。天寶六年、敕爲"龍蟠山"」とは別の山であり、晩唐の李商隠「賽龍蟠山神文」と同じ山を指す。あるいはこの山もかつては盤龍山と呼ばれていたが、乳洞のある盤龍山と同一であったために、龍蟠山に改名されたのかも知れない。

龍蟠山と龍山

では、"龍蟠山"はどこにあったのか。『太平寰宇記』に「龍蟠山：在郡（桂州）東北一百七十里」、『大明一統志』に「龍蟠山：在興安縣東十五里」というが、これには"龍山"との混同があるかも知れない。明・黄佐『廣西通志』は「龍蟠山」・「乳洞」の他に「龍山」を載せて「龍山：在（興安）縣南四十里。民居環繞、唐質蕭公（名介、字子方、1010-1069）家先墳在焉」といい、後の蘇濬『廣西通志』に「龍山：在縣南四十里。民居環繞。太宜山在龍山右、上有脩真觀」、『讀史方輿紀要』にも「龍山：在縣南四十里。民居環遶」、『廣西輿圖』に「龍山：在縣南肆拾里」、『大清一統志』に「龍山：在興安縣南四十里」といっており、方位・距離は全く同じである。

これらの史料によれば、龍蟠山は興安県東15里、龍山は興安県南40里に在るから、明らかに異なる山である。龍山の位置については明・曹学佺『廣西名勝志』2「興安縣」が詳しく考証しており、次のようにいう。

> 『志』云："點燈山在治西三里、……又過二三十里爲 '龍山'、唐質蕭公先塚在焉"。質之蔣生中立所撰「大宜山碑」云："宋・質蕭公先世之墓也"。然 "大宜山" 屬南郷原、不與 "龍山" 爲一。安知 "龍山" 非質蕭公塚耶。（宋）桂州提刑李師中「送唐介赴貶所」詩有 "去國一身輕似葉、高名千古重如山" 之句、即（唐）介爲興安（縣）人無疑、而墓在江側之 "龍山" 亦無疑、故（明）解縉詩曰："唐介墳前江水聲" 也。其時想必由興安（縣）順流而抵全州、故題曰 "過全州偶成" 云。

「（唐）介爲興安人無疑」というのは、『宋史』316「唐介傳」に「江陵人」という定説に対するものである。明・黄佐『廣西通志』に「黄華峰：在（興安）縣東五里、龍山北」、「太宜山：在龍山之右。上有修真觀」というのは、曹学佺のいう龍山の位置に符合しており、龍山は龍蟠山とは別の山であり、また乳洞のある山とも異なる。この龍山の近くには"状元峰"があった。明・黄佐『廣西通志』12は「黄華峰」の前に「状元峯：在縣東南九星山之西、聳秀特立、峯下唐則居焉。郷人因（唐）則父子相繼登科、遂名」といい、同書47「人物傳」(5b) に「宋・唐則、字世範、興安人。……大中祥符五年（1012）進士。……二子、叔夏・叔〔獻〕（『明統志』83）相繼登第、所居山號"状元峰"」という。唐則が大中祥符五年（1012）の進士登第ならば、唐介（1010-1069）の「先世之墳」というのに時間的にも合う。唐則・唐介は一族であったのではなかろうか。なお、『宋史』によれば唐介の父は唐拱、子は淑問（字は士憲）・義問（字は士宣）、孫は恕。やや後に明・徐霞客は興安県城からその東南に足をのばしており、「抵 "状元峯" 下、内有鄧家村、俱鄧丞相

之遺也」というから、唐家が鄧家に変わっているように思われる。鄧家村という名は今日にも残っているらしいが、新編『興安縣志』(p49)「地理」の「元状峰」に「位于漠川河西岸、隣五里峡水庫之濱、座落于湘漓郷鄧家村、海抜726m。……宋代刑部侍郎唐則居于山下、父子三人先後中進士、故郷人將此山改名状元峰」という。唐家と鄧家の関係がさだかでない。

　しかし乳洞の山を龍蟠山と考えるものも早くからあった。乳洞に刻されていたという清初・葉星期の詩「冒雨遊龍蟠」(康熙三十八年1699)に見える「龍蟠」がそうである。また明・岳和声『後驂鸞録』(万暦三十九年1611)に「發大榕。龍蟠・玉泉之勝、寄彷彿間耳。三十里至靈川縣」というのもその可能性がある。「大榕」は今の大溶江口にある溶江鎮のことであると思われるが、溶江鎮から靈川縣(今の三街鎮)に至る間に「龍蟠・玉泉」があった。「龍蟠」は龍蟠山であり、「玉泉」は乳洞から流れる"玉溪"のこととも考えられるが、明・黄佐『廣西通志』に「鳴玉洞：在(興安)縣西南十里餘、去(靈)渠岸不遠。洞門雖狹、内極廣大深邃」という鳴玉洞、あるいは范成大『驂鸞録』に「過秦城、……至滑石鋪。嶺中有龍思泉、又曰碧玉泉。……二十二里至靈川縣」という碧玉泉であろうか。いずれにしても、これによれば龍蟠山は大溶江口の近くにあると考えられているから、明らかに興安「縣東十五里」あるいは「縣南四十里」ではない。今日、『桂林文物』・『桂林旅游資源』・新編『興安縣志』等は乳洞巌のある山を「龍蟠山」とするが、その説はこのような伝承によるものと考えられる。しかし今日、当地では乳洞のある山はそのような名では呼ばれていない。「龍蟠山」の名は『太平寰宇記』以来の記録に拠って誤って伝えられたものではなかろうか。

盤龍山と安子山

　『桂林旅游資源』(p696)・新編『興安縣志』(p484)によれば、乳洞のある山の名は「龍蟠山」であり、その名は「山如龍蟠、群峰環抱」であることに由来するという。たしかに宋・李邦彦「三洞記」に「桂州興安縣之西南、有山崇峻、列嶂如屏」というように、その山は東西に延びて屏風のようであり、そこで「山如龍蟠」であるともいえよう。しかし2002年に筆者が山麓にある飛霞寺の住職に取材した所では、乳洞巌のある山は今日当地では"安子山"と呼ばれており、"龍蟠山"の名は聞いたことがないという。"安子山"とは安産信仰のある霊山を謂うもののようである。今日、洞口の岩壁には赤い紙に祈願らしきものを書いた護符を貼り、その上に鶏の生き血で円を描いた呪(まじない)のようなものを何度も目にした。恐らく安産あるいは子女にかかる災厄に霊験あらたかな山として民間の信仰を集めて来たために"安子山"と呼ばれているのであろう。ただし、"龍蟠山"という名で思い当たることはないかと住職に訊ねたところ、別に龍に関する伝承があるという。この山は全体が龍の形をしており、今の茅坪村(山北)から粉洞村(山南)に通じる峠に当たるところに露出している岩が角に当たり、乳洞岩のある部分が龍腹に、北の尾根が龍尾に当たる、と当地では考えられているということである。乳洞はちょうど龍

腹の中央に位置している。たしかに今日の山勢は龍の形に似ているともいえるが、山全体が龍が横たわっているのに似ているのであって龍がとぐろを巻いている「山如龍蟠」の形状ではない。「龍蟠」の形状ならば、山の洞（乳洞）内に10mにも及ぶ鍾乳石の棚田"龍田"が幾重にもあることを指していることも考えられる。「蟠」の意味を厳密に解すればそういうことになろう。似ているか否かは極めて主観的な問題であるが、この山について龍形の伝承があることは確かである。

今、考察して来た諸山の名称の関係とその変遷をまとめておく。〔　〕は後世に混同されて伝わった名称を示す。

　　興安県　東15里：盤龍山　　→龍蟠山（天宝六載）

　　興安県　南40里：龍　山

　　興安県西南10里：盤龍山　　→〔龍蟠山〕→安子山

　　桂州城　西３里：盤龍岡　　→宝積山

　　桂州城西北２里：〔盤龍岡〕→隠　山

今日、乳洞巌のある山は公的機関刊行の地理書等では"龍蟠山"とよばれており、その名が公認されているようであるが、当地では"安子山"と呼ばれており、また旧名を"盤龍山"といった。"龍蟠山"とよぶのは『太平寰宇記』等の誤った記載に拠っていると思われる。范成大の例にならうならば、旧名の"盤龍山"あるいは今日民間に伝わる"安子山"を用いるのがよかろう。少なくとも新編『興安縣志』（p484）は「龍蟠山」の他に現在当地で使われている名称も記載しておくべきであった。

なお、「盤」と「蟠」は同音で本来同系の語であり、早くから一般に「盤龍」は「蟠龍」とも書かれる。「盤龍」・「蟠龍」の意味も「龍蟠」と基本的に同じであり、「とぐろを巻いた龍」と「龍がとぐろを巻く」という構造が異なるだけである。一般に地名の由来は古く、あるいはこの構造上の違いは当地の少数民族の言語と関係があるかも知れない。興安県の山渓の間にはかつて壯族・瑤族等が今日以上に多く、壯語系の文法では修飾語は被修飾語の後に置かれる。つまり漢語の「盤龍」「蟠龍」は壯語では「龍盤」「龍蟠」となる。ちなみに「桂林」の附郭を「臨桂」（縣）と呼ぶが、これは漢語と壯語の違いによって表記が分かれたものであり、本来は同一のものを指していたとする説もある。「盤龍」と「龍蟠」の混乱はこのような漢語と当地民間に伝わっていた壯語の違いに関係があるかも知れない。

1-3　乳洞巌の構造と現状

明・清における三洞の記録

乳洞巌は上中下三つの鍾乳洞から成っている。三洞内およびその周辺の構造とその間の道程に

1、乳洞巖の歴史地理

については方志類に早くから記載が見られる。先に示したようにすでに晩唐の『北戸録』・『嶺表録異』等や南宋初の『桂海虞衡志』・『嶺外代答』等にも見えるが、簡単な内容であり、一定の紙幅をもって三洞に分けて比較的詳細に紹介しているものとして管見の及ぶ所で早いものは南宋・祝穆『方輿勝覧』38「靜江府・山川」である。その「虚秀洞」条（6b）の下に次のようにいう。

乳洞：上・中・下三洞、有泉凝碧、自洞中沿石壁流出、窈然深黒。水上有龍田、溝塍如鑿。每稜中常滿貯、水未嘗竭。水至洞門、觸石噴激頑洞。洞外有盤、登山至"中洞"、門［内？］有三石柱及石室・石床、雲氣常霏、衣袂清冷。自"中洞"左盤至"上洞"、入門却下入［八］十歩至平處。秉炬入、石乳玲瓏、有五色石、横亘其上、如飛霞。有淺水、揭厲可行。水中亦多石果。好事者（宋・李邦彦）名其上［下］洞曰"噴雷"、中曰"駐雲"、下［上］曰"飛霞"。此洞與"栖霞"（桂林七星山栖霞洞）相甲乙。

今、宋本に拠って引用したが、［ ］で示したように、なお明らかな誤字・脱字が見られる。これについては後ほど「三洞の現状」で再考する。その他に『大明一統志』・『大清一統志』・『讀史方輿紀要』や明・清の『通志』・『縣志』にも記載があるが、その中で最も詳しいのは明・黄佐『廣西通志』（嘉靖四年1525）12「山川志」1「興安」の「乳洞」（33b）であり、次のようにいう。

乳洞：在（興安）縣西南十里、有上・中・下三洞。其中虚明、夏涼・冬温。（下洞）内有龍田如鑿稜、曾有紆曲、水溢不涸。洞之奥、有清泉噴出、沿石壁左流成溪、窈然深黒、觸石湍激有聲。洞門（下洞口）左旋而上十歩餘、至"中洞"。地勢爽塏、内有田數畦、左有三石如柱、旁有隙可通、入石室。又承"下洞"水氣蒸潤、常有煙霧旋擁。（中洞）左有石道曲折、凡數百級、至"上洞"。入門〔却下八十歩至〕平曠、有淺水可渉。秉炬而入、石乳玲瓏。有五色石、横亘其上。行數歩、有石高十餘丈、色亦五彩。又有石床・石室、千態萬状、深入愈奇。宋・李邦彦名其洞、下曰"噴雷"、中曰"駐雲"、上曰"飛霞"、且自爲之「記」。

これらの記載と極めて類似しているものに明・袁袠（1502-1547）「遊乳洞記」があるが、おそらくこれらの史料を下敷きにしたものであろう。袁「記」と方志等の記載の関係については後ほど「南宋以後の乳洞巖と明・袁袠『遊乳洞記』」・「明清間の方志の記載とその関係」で考察を加える。

今回の調査で、ここに描かれている三洞の状態が今日でも基本的に変わっていないことを確認することができた。以下、今日の状況について上記の方志等の記載をふまえながら紹介する。また、筆者の簡単な測量に基づいて今日の洞内・洞口の構造・形状を示す地図（平面図・断面図）を作製して掲げておく。地図の洞内に記した番号は筆者の調査による石刻の所在地点を示す。これにより後人の再調査も容易になるはずである。

三洞の現状

第一洞："下洞"・"噴雷洞"

"下洞"は南宋初における范成大等が伝える民間での呼称、"噴雷洞"は同じく南宋初における

李邦彦による命名。以下、両名を並記する。

『桂林旅游大典』(p202)「山水園林」の「乳洞巌」・『桂林旅游資源』(p410)「洞穴」の「乳洞」によれば、下洞（噴雷洞）は幅26m、高さ11m、深さ128m、洞底面積約3000㎡。

洞口はほぼ真東を向き、洞内は西に向かって延びている。筆者の測量によれば、幅約25m、高さ約11m。洞内は約70m入った地点で狭くなり、やや右（北）に曲って高くなって、かつ徐々に狭くなって約20m先で行き止まりとなる。その奥の岩盤下から泉が湧き出ており、洞内を東の洞口に向かって流れる、つまり貫流している。方志にいう「有泉凝碧、自洞中沿石壁流出」「洞之奥、有清泉噴出、沿石壁左流成溪」である。また、これが『北戸録』1「乳穴魚」に「山有"乳洞"、斜貫一溪、號爲"靈水"」という霊水である。今、洞内のほぼ中央には祭壇のような長方形のステージ（東西14m、南北6.4m）が石とセメントで造られている。年代は未詳であり、また何に用いられて来たのかも不明であるが、セメントが用いられているから最近のものに違いない。ただし古い基礎があってそれを再構築した可能性も考えられる。今、洞内はこれによって大きく前後二つのエリアに分けることができる。洞内中央つまりステージの左右前後は洞の奥から湧き出た水でプールのようになっている。季節等にもよるが、水量の比較的多い時でステージの周辺は水深50cm前後。「毎稜中常滿貯、水未嘗竭」であり、かつては土砂の堆積も少なかったはずであり、「窈然深黒」であったと思われる。洞内左右の岩壁沿ってその下には洞口から小道（幅約1m）が造られている。小道は奥に延びて高くなって行くが、右の小道は中ほど（約45m）で行き止まり、左の小道はやや右に曲がりながら最も奥（約100m）まで通じる。右道とステージの間は2002年頃から土が掘り起こされており、かなり深くて（約1m）、浚渫ではなさそうである。左道の奥には棚田の如き幾重もの鍾乳石の階段「龍田」が右奥に向かって延びている。方志にいう「水上有龍田、溝塍如鑿。毎稜中常滿貯」である。また、これが"乳洞五景"中の"龍田吐珠"である。ただし今日では「龍田」は四季を通じて「常滿貯」ではないが、春期の三四月には水が溢れ出しており、近づけない。「龍田」の上、洞口の真後ろに当たる龍田の窪みには、祭壇の如き小さなステージ（約2m×2m）が築かれており、三体の石像が配置されている。そこに至る中央の「龍田」は狭く（幅役30cm）なって重なっており、天然の階段を成している。

洞口にはいくつかの小さな石橋が架かっており、渓流は二つに分かれているが、いずれも東に向かって流れている。洞口外は渓流に沿って両側に喬木（約10m）が並んで生えており、その左手（北）約50mに飛霞寺があり、右手は牧場のような空き地（約30m×40m）になっている。今日訪れる者は董田村から粉洞村に向かう道から峠の手前で右に折れ、山の尾根に従ってこの空き地の方から飛霞寺を目印とする。その間、約250m。

石刻は洞口および洞内の左の岩壁に集中しているが、唐代のものは右のほぼ中央（洞口から約30m）にある石柱と最深部の左壁にある。

1、乳洞巖の歴史地理

乳洞巖下洞（1）

乳洞巖下洞（2）

中国乳洞巖石刻の研究

乳洞巖下洞（3）

乳洞口右壁

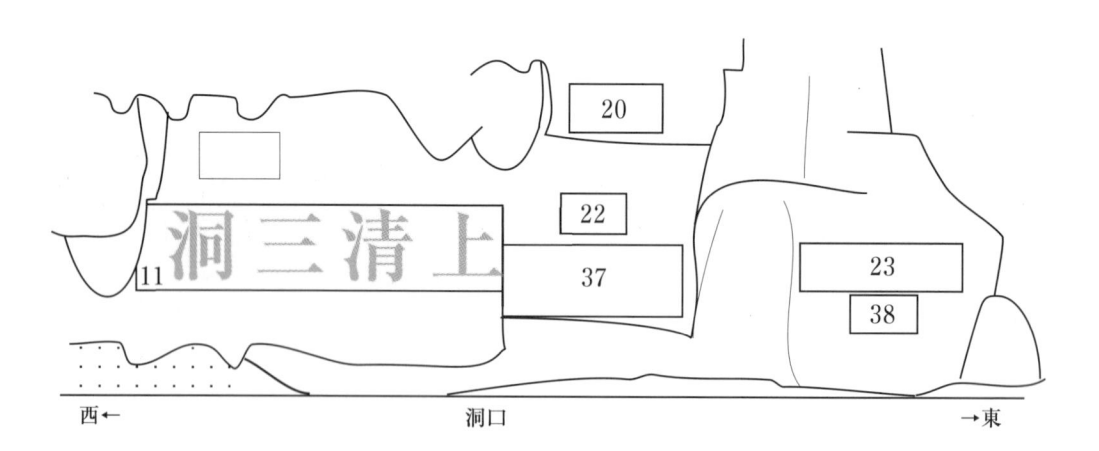

1、乳洞巖の歴史地理

乳洞巖 "下洞" の構造

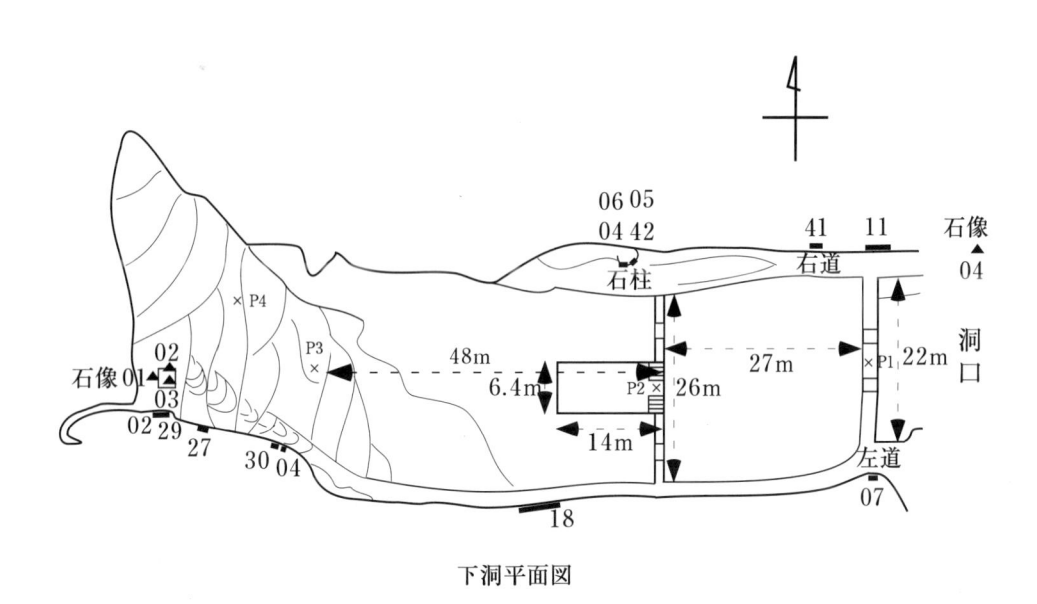

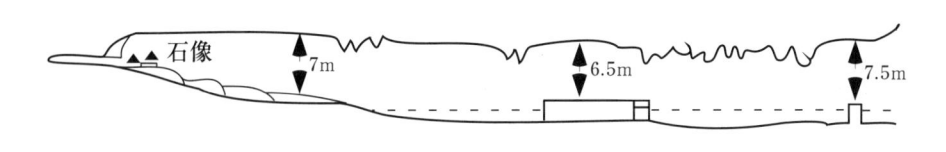

下洞平面図

下洞断面図（東西）

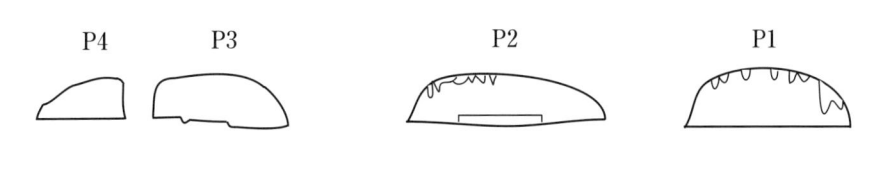

下洞断面図（南北）

第二洞：“中洞”・“駐雲洞”

『桂林旅游大典』・『桂林旅游資源』によれば、中洞（駐雲洞）は幅12m、高さ 4 m、深さ27.4m、洞底面積328㎡。

　下洞口から渓流に従って東に約10m進めば、洞口の右（北）の山下に石段（幅約50cm）の登山道が北に向かって延びている。方志にいう「洞外有盤（磐石）、登山」・「洞門左旋而上十歩餘」である。新編『興安縣志』（p486）「旅游開發」には「1987年成立旅游局後、……。補建了興安至乳洞巖的公路及乳洞巖中一洞至三洞的石級路」というから、最近敷かれたものであるらしいが、中洞の前など、一部の石段はかなり古いもののように思われる。二洞（中洞）・三洞（上洞）への石段も本来の道筋に従って敷かれたものではなかろうか。石級は約20段、約5m登った所で左（南）に折れ、さらに約 5 m進めば中洞口に至る。地上約10m。下洞から左に折れる石段の左手前方には大きな岩（約1m×2m）が露出しており、その上に道順を示していると思われる文字が刻されている。

　洞口は下洞と同じく東向き、高さ約1.5mから 3 m、洞口は三つあり、最も大きい洞口は幅約 3 m。洞内は下洞と較べてかなり狭く、天井も低い。規模は三洞の中で最も小さい。方志が「石室」とよぶ所以である。洞内は若干高低差があり、洞口から徐々に高くなっており、大きく三段に分かれる。方志にいう「内有田數畦」は洞内の中央部分から奥を指すであろう。中段は前段より約30cm高くなっており、その中央には下洞と同じく祭壇があり、石像が配されている。石刻は洞内の向かって右壁上に集中しており、左壁の方には前段部分に三つの横穴があって中で縦に通じて洞外に出られる。方志にいう「門［内？］有三石柱及石室・石床」・「左有三石如柱、旁有隙可通、入石室」のように思われるが、記載は微妙に異なっている。「門有三石柱」と「左有三石如柱」は本来同じものを指しているはずであり、三石柱は洞内左の横穴の側壁のそれのように思われる。しかし、石段の登った左手に洞口があり、今では大きな洞口（高さ約 3 m）一つとその左に小さな洞口（高さ 1 m余）一つがあり、大洞口は中央に石柱があって二分されているが、左口は数個の巨岩によって全体が塞がれており、この岩が崩落していないならば、かつての洞口は三本の石柱が門を成していたはずである。「門有三石柱」はこれを指しているように思われる。今日、大洞口の右下には磚を積んだ閾が残っている。小洞口は、大洞内左壁にある三つの横穴を縦に貫通しているものであり、大人でも屈めば通れる。小洞口の端（南）は断崖であり、脚下に巨大な下洞口とそこから東に流れる小渓を望むことができる。中洞と下洞は接近しているが、中で繋がっているわけではない。方志に「雲氣常霏、衣袂清冷」・「承"下洞"水氣蒸潤、常有煙霧旋擁」というが、今日、下洞から水蒸気のようなものは立ち昇っていない。ただ洞内は湿度が高く、夏は涼しく冬は温かい。第三洞は更にそうである。

　石刻は洞内の右手の壁に集中しており、洞口裏から奥まで大小横並びに刻されている。今日で

1、乳洞巖の歴史地理

はその中の二・三の石刻の表面が無惨にも抉られてしまっているが、小規模の中洞はあたかも画廊のようである。第一洞とは趣を全く異にする。

乳洞巖中洞（1）

乳洞巖中洞（2）

中国乳洞巖石刻の研究

乳洞巖 "中洞" の構造

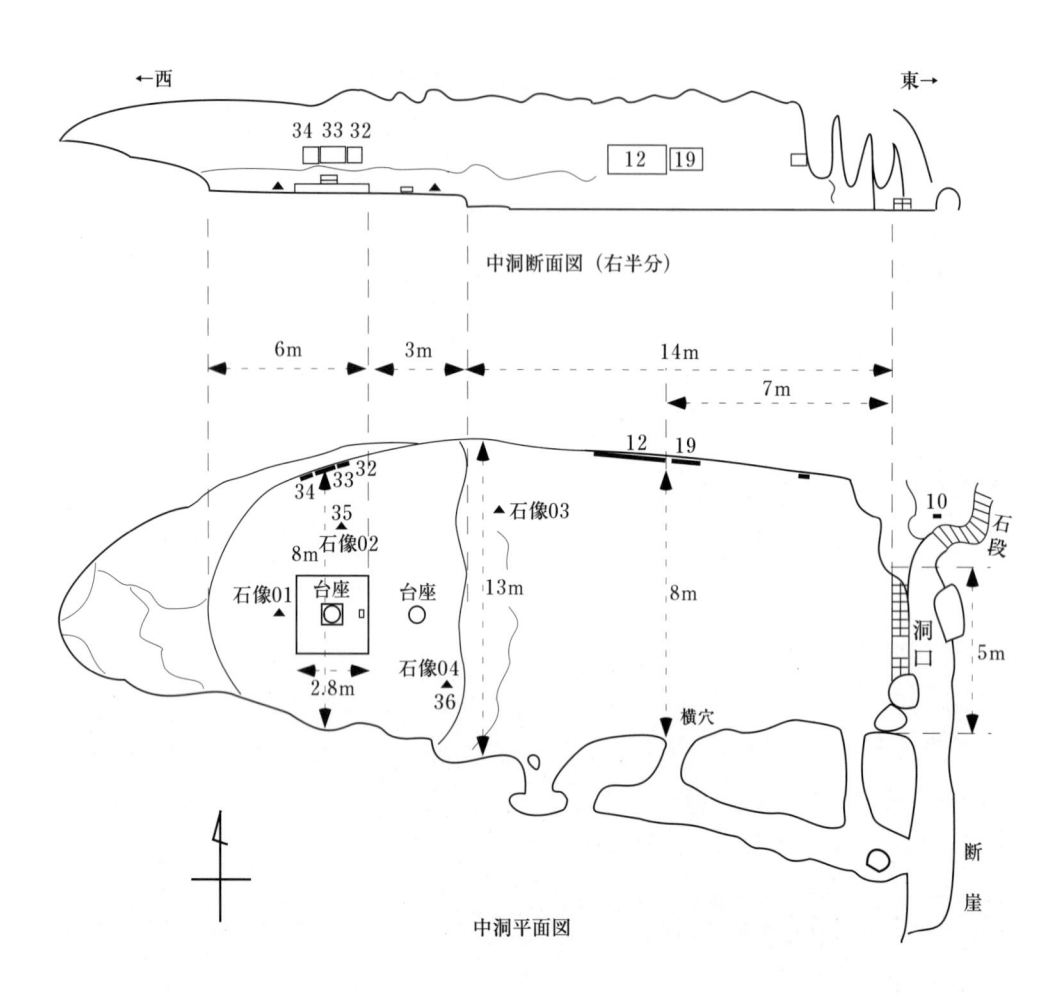

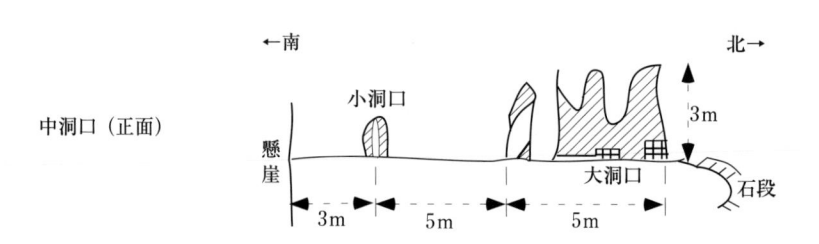

←西　　　　　　　　　　　　　　　　東→

34 33 32　　　　　　　　12　19

中洞断面図（右半分）

6m　3m　　14m
　　　　　7m

34 33 32
35
石像02　　石像03　　　　　12 19　　　10　石段
8m
石像01　台座　台座　　　　　　　　　　　　洞口
　　　　　　　石像04　13m　8m　　　　　5m
　　　　2.8m　36　　　　横穴
　　　　　　　　　　　　　　　　　　断崖

中洞平面図

←南　　　　　　北→

　　　　小洞口
中洞口（正面）　　　　　　　　　　　3m
　　　懸崖　　　　　　大洞口　　石段
　　　　　3m　5m　　5m

1、乳洞巖の歴史地理

第三洞 "上洞"・"飛霞洞"

『桂林旅游大典』・『桂林旅游資源』によれば、飛霞洞（上洞）は、駐雲洞（中洞）からさらに上へ約60m、地上約40m、洞内は高さ6～20m、幅は平均30m、最高50m、深さ235m以上。洞底面積については、『桂林旅游大典』が5842㎡、『桂林旅游資源』が11800㎡としており、大きな差があるが、それは前者が深さを235m、後者が235m以上として相異するのと関係があろう。

下洞の右（北）の山下の石段に沿って登る。登山道はつづら折りになっており、最後に左に折れて約10m行けば巨岩に当たり、行き止まりになっているが、そこから左に折れて岩に沿って約14m進んだところの右手に洞口がある。方志にいう「左有石道曲折、凡數百級、至"上洞"」である。今日では明らかに「數百級」もない。概数を示したに過ぎないであろう。洞口は他の二洞と同じく東向きであるが、間口は最も狭く、下半分が磚を積んだ壁で塞がれている。洞内の洞口下はかなりの急勾配（35度～55度）であり、約30m下ったところで洞底に到り、そこは広いホールのようになっている。この部分も方志に記載があるが、かなり異同がある。まず、南宋『輿地紀勝』に「入門却下入十歩至平處」、明・黄佐『通志』に「入門平曠」というが、清・謝啓昆『廣西通志』は「却下十歩」、『大明一統志』は「行八十歩」に作る。「入門平曠」は実状に合わず、明らかに誤りである。「入門」と「平曠」の間には脱字があり、それは恐らく「却下」あるいは「却下八十歩」であろう。『明統志』に「行八十歩」というのは今日の実際の距離に近い。大きな変化はないはずである。この点から考えても「却下入十歩」の「入」は字形の類似による「八」の誤字、「却下十」の方は正しくは「却下八十」であり、「八」の脱字と考えてまず間違いない。また、洞口下の坂を下った所の「平曠」・「平處」について「有淺水、掲厲可行」・「有淺水可渉」と続けているが、これも今日の実状に合わない。今回、春（3月）・夏（8月・9月）・冬（12月・1月）にわたって計十回近く調査しているが、「淺水」らしきものは見当たらなかった。ただし、少しぬかるんでいる部分はある。次に、「有五色石、横亙其上、如飛霞」がどのあたりを指しているのかつまびらかではないが、洞口を入った所の上壁は一面が白とピンク色・黄色を帯びた数層の岩で形成されており、あたかも夕焼け雲のようであって観る者の足を止める。ただし、それはかなり光量のあるライトで照らさなければ見えない。

洞口の下にある、崩落した大小の岩の累積する急勾配の坂を下ってさらに約5m進んだ所から巨大な石柱がほぼ縦に三つ並んでいる。方志にいう「有石高十餘丈」はこれらの石柱を指すと思われるが、「十餘丈」に当たるものは最も奥のものである。一番目の石柱（直径約4m、高さ約4m）は低いが横幅があって黒く、釣り鐘を伏せた形の土山のように見える。その約3m先に二番目の石柱（直径約6m、高さ約6m）があり、それは第一石柱よりも高くて白色を帯びており、巨大なクラゲのような形状をしている。"乳洞五景"の"景陽双鐘"はこの二石柱を指すであろう。最も奥、つまり三番目に当たる石柱は第二石柱の後約10mのところにあり、痩せているが最も高く

天井に達している。第三石柱の前には四角な祭壇があり、台座の上に三体の石佛が配されている。数回の調査を経てわかったことであるが、じつは洞口から向かって左手の壁に沿って下れば、途中から岩を削って造った階段があり、楽に下りられる。さらにその先には二本の石柱を巡るような形で石を並べた道が造られており、さらにその石畳は第三の石柱の前にある石佛まで続いている。その手前一面、特に洞口に向かって左側が最も低く、今でも少しぬかるんでおり、ここが「有淺水」の地点であったようにも思われるが、「水中亦多石果」ではない。洞内は三洞の中で最も広く天井も高い。方志に「秉炬而入」というように、今日でも懐中電灯等、光源が無ければ進めない。さらに第三の石柱の右から奥へ進むこと20〜30mの所には左手に大きくて深い陥没（15m×20m、深さ10m）がある。下洞に続いているようにも思われるが、底には少なくとも人の通れるほどの坑はない。このあたり一帯は、足を滑らさないよう、通行には十分注意しなければならない。陥没の右手は大きく隆起しており、20mほど行って登りつめれば、岩が崩落して出来たようにも思われる瓦礫の山のような地帯に入る。足を取られて危険である。奥に向かってやや進めば左手に人工的に造られた小さな道がある。それは30cmほどの幅で瓦礫が除かれているもので、20mほど行けば、瓦礫はなくなり、飛び石を敷いたような石畳の道に出る。更にそれに沿って奥へ進めば、右手の岩場の奥からあたかも竜宮・水晶宮のような広いホール（直径20m〜30m）が忽然と現れる。広い空間には多く石柱が奇峰のごとく並び、天井は低くて大小の鍾乳が累々と垂れ下がっている。ただしその多くは無惨にも先端が折り取られている。その下には棚田のように無数の畦が広がって水を湛えており、極めて神秘的な空間を成している。ここが方志にいう「有淺水、揭厲可行」・「有淺水可渉」ではなかろうか。ここには四季を通じて「淺水」があり、春期は特に多い。その後の記述「水中亦多石果」も、洞内ではこのあたり以外にそれに類似する光景はない。さらに「又有石床・石室」というが、このホールの奥、石畳の道の左手に別室のような小さな洞（直径10m〜15m、高さ2m）があり、「淺水」の中にある飛び石がその洞口まで延びている。方志に「千態萬状」・「深入愈奇」というのは恐らくこれら深部の景観を指しているであろう。

　第三洞は第一洞・第二洞とも趣を異にしている。范成大が総じて「與"栖霞"相甲乙、他洞不及也」とまで評する所以である。乳洞が今日まで桂林の鍾乳洞で最も有名である七星山栖霞洞と甲乙つけがたいといっているのは、下洞だけでなく、上洞の奥にある竜宮のようなホールまで足を延ばしていたからに違いない。

　新編『興安縣志』(p484)「旅游資源・乳洞巌」には、1990年に行われた興安県の関係部門と台商（台湾商社）の合同調査によれば、「與粉洞相通連、長約2公里」、乳洞は粉洞と繋がっており、全長は約2kmあり、「粉洞景色更奇、有地下河、河兩旁有小道、進洞人員評價、勝過七星岩和芦笛岩」という。七星岩や芦笛岩に勝るというのは、范成大の言「與"栖霞"相甲乙」を意識したものであろうか。「栖霞」洞は今日の桂林市内にある「七星岩」、「芦笛岩」も桂林の西北の郊外

にある鍾乳洞。乳洞と粉洞が中で繋がっているのであれば、「深入愈奇」というのは、あるいは粉洞を含むものかも知れないが、乳洞側からは「通連」しているような穴は見あたらなかった。粉洞は董田村の奥にある粉洞村にある鍾乳洞であり、乳洞のある安子山に連なる山の裏に位置する。乳洞との間が「2公里」くらいあることは容易に想像されるが、両洞が2kmにわたって通じているとは思われない。上洞は竜宮の如きホールあるいはその左にある小洞が最も奥であって行き止まりであるように思われる。少なくともこのあたりには更に人が入って行けるような穴はない。『桂林旅游大典』が全長を235mとするのもこのホールまでの距離に近い。あるいは第一洞=下洞の奥から流れて来る地下水が粉洞にあるという「地下河」に通じている可能性は十分考えられるが、第一洞にあっても洞内は2kmも続いているわけではない。

　詳しくは後述するが、上洞の石刻は方志をふくむ今日までの調査記録を総合すれば、少なくとも四点はあったと思われる。しかし今回の調査では洞口外に二点、洞内に一点確認できただけである。ただし洞内の一点は唐僧のもので、これまで全く記録がなく、筆者による新発見である。洞内は暗いだけでなく、急勾配の坂や硬い岩盤の隆起があって極めて危険であり、かつ刻石できるような平坦な壁面はほとんどないように見受けられる。ただ洞口を入って左の壁沿いに少し平坦な面があり、今人のものと思われる落書きの中に唐僧が直接刻石したものがあるが、下洞・中洞に見られた刻工による石刻は発見できなかった。洞内ではなく、洞外の洞口周辺に刻されていたのではなかろうか。ただし調査したのは竜宮の如きホールの奥、洞口から約240mのあたりまでである。ホールまではすでに三回入っているが、再度、丹念に洞内を調査する必要がある。

乳洞巌上洞（1）

乳洞巌 "上洞" の構造

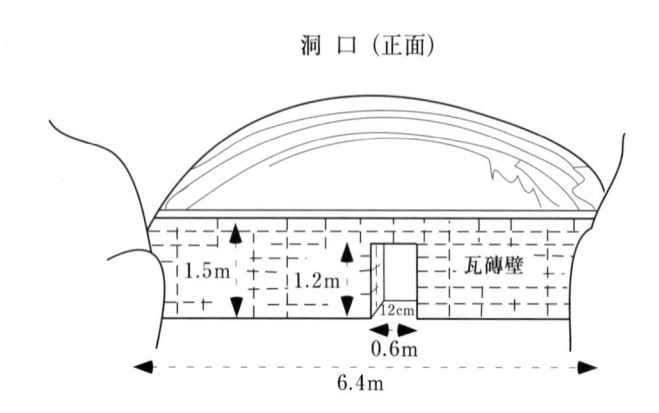

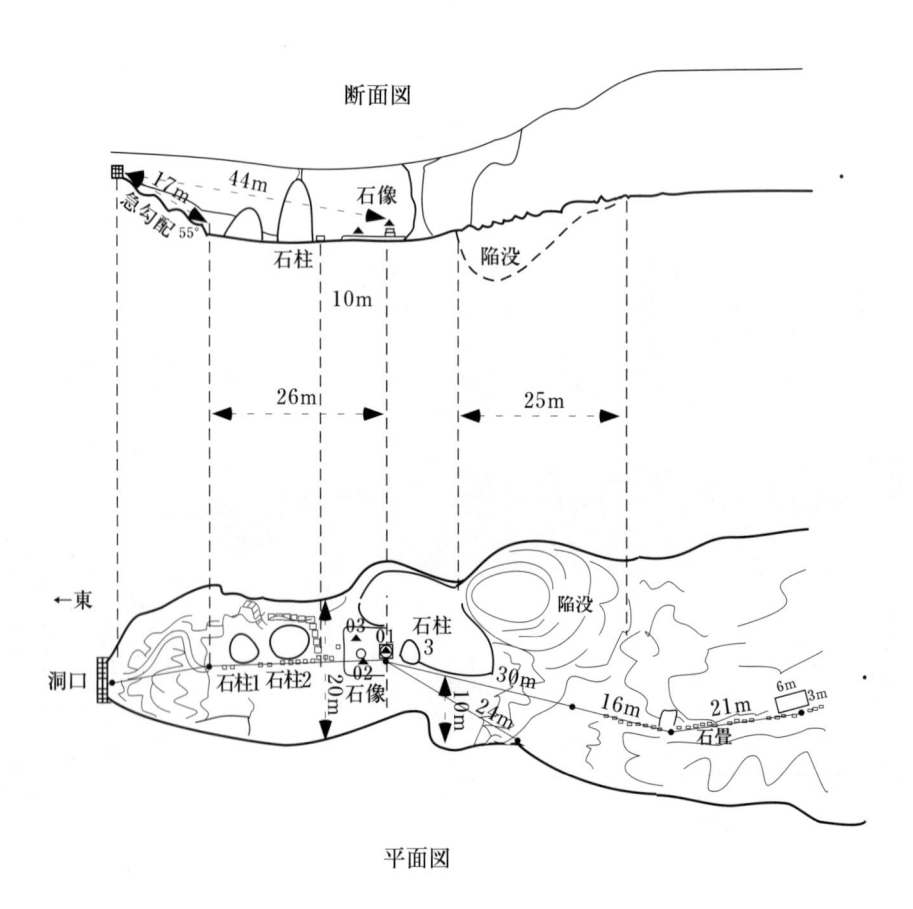

洞口（正面）

1.5m　1.2m　瓦磚壁
12cm
0.6m
6.4m

断面図

17m　44m　石像
急勾配 55°　石柱　陥没
10m
26m　25m

平面図

←東
洞口
石柱1　石柱2　石像　03 01 石柱3　陥没
02
20m　10m　30m　24m　16m　21m　6m 3m
石畳

1、乳洞巖の歴史地理

乳洞巖上洞（2）

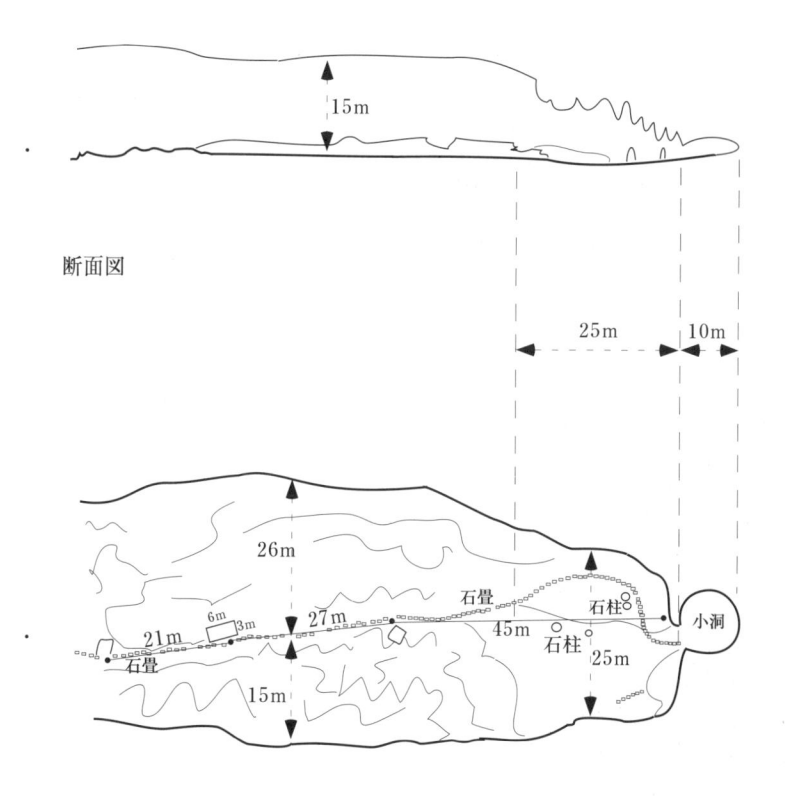

断面図

15m

25m　10m

平面図

26m
21m　6m　3m　27m　石畳　石柱　小洞
石畳　45m　石柱
15m　25m

中国乳洞巌石刻の研究

乳洞巌上洞（3）

乳洞巌上洞（4）

1、乳洞巖の歴史地理

乳洞巖上洞（5）

乳洞巖上洞（6）

２、乳洞巖の石刻

01 〔存〕唐・大和八年（834）僧元約題名

　上洞内、左壁上。洞口より左壁に沿って約10m下ったところ、石段に降りる手前。狭い洞口を抜けると急斜面になっているが、左壁下はやや平坦で緩やかであり、約10mのところには岩面を削って階段が造られている。このあたりの左壁上には平坦な面があり、落書きが夥しい。墨・炭で書いたもの、石・ナイフ等で岩に刻みつけたもの、様々であるが、それらの用具および内容・字体等から見て、ほとんどが今人のいわゆる"落書き"の類であると判断される。その中で、石段の手前、壁面高さ約1.5mのところに、「僧」「大和」「年」等の文字が比較的明確に見える。

　林半覚『廣西石刻志稿』（民国手抄本）・桂林市文物管理委員会『桂林文物』（1980年）等をはじめ、筆者の知る文献資料には未収録、それらしき言及も見えない。新発見の石刻である。

【現状】

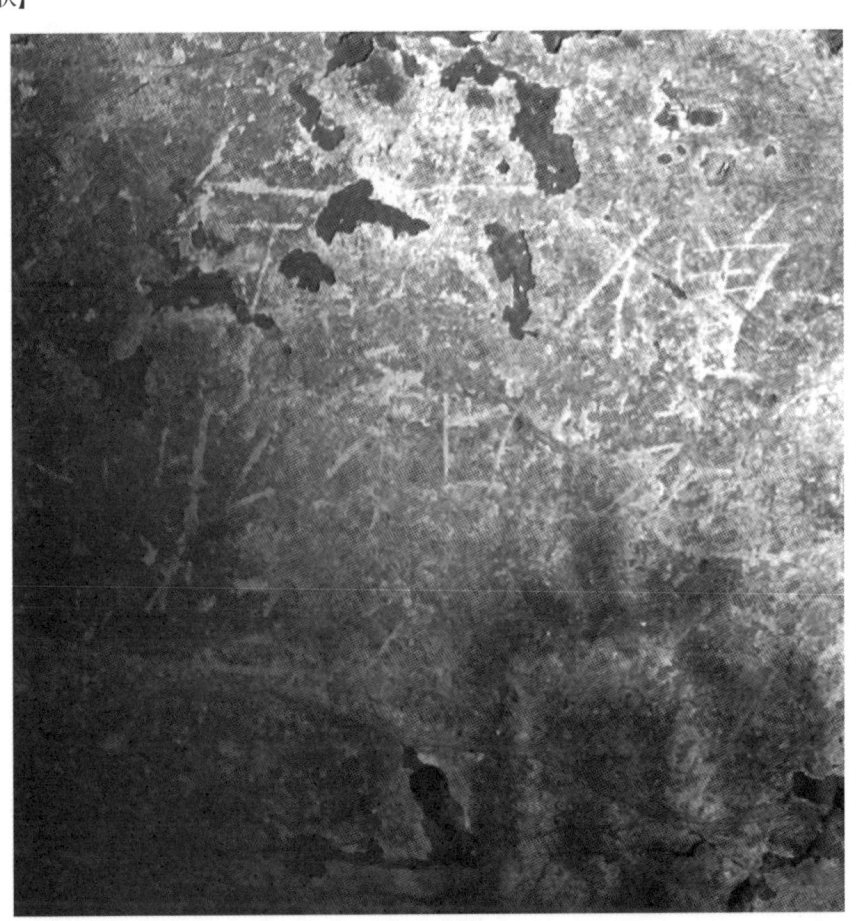

01：唐・僧元約題名

```
03  02  01
年   大   僧
遊   和   元
    八   約
    年
```

撰者元約、刻者元約。縦40cm、横50cm、楷書、字径10～12cm。縦書き、右行。今、書者が岩面に向かって右から左へ書き進めているものを"右行"、その逆を"左行"とよぶ。以下、同様。

【釈文】

03　年遊

「遊」＝「遊」の異体字。

【解読】

僧・元約、大和八年（834）遊。

僧元約の"直接石刻"とその史料的価値

「大和」は唐代後期、文宗朝の年号（827-835）である。しばしば「太和」と書かれることがあるが、墓誌をはじめ現存する石刻等ではすべて「大和」に作っており、「太和」と書くのは後人の誤りである。この石刻は「大和」に作っている。今日まで乳洞巖内で最も古い石刻は、近著『桂林旅游資源』（1999年）に「最早的石刻爲唐會昌四年（844）前廣州刺史盧貞的題名」（p 696）というように、前広州刺史盧貞による会昌四年（844）のものであると考えられてきたが、「大和八年」（834）はそれよりも十年早い。現在のところ洞内最古のものである。なお、元約の題名が未発見であったとしても、後に掲げるように、盧貞の題名は会昌四年七月二〇日の作であり、元繇の題名は同年七月十九日の作であるから、厳密にいえば盧貞題名が「最早」であるのではない。ただし元繇は嶺南節度使盧貞の部下として同行していたはずであり、両人は同時に乳洞に来ていたと思われる。

　唐・大和年間に活躍した僧侶「元約」なる人物については未詳。洞内現存の唐代石刻は、広州刺史・桂州刺史あるいはその部下など、いずれも官僚によるものであるが、この石刻によって、僧侶も訪れていたことが知られる。石刻を残しているのは訪遊者中の極一部に過ぎないから、乳洞巖はおそくとも唐・大和年間には官吏・僧侶に止まらず広く知られていたであろう。後に掲げる唐・大中二年（848）桂州刺史韋瓘「遊三乳洞」詩の冒頭に「嘗聞三乳洞、地遠□容□」というのを見ても晩唐で有名であったことは確かであるが、今、僧元約の石刻を物証として大和年間にまで遡ることができる。当時、多くの僧侶が山川の間を行脚しており、桂林にも及んでいた。桂林市の七星山・南渓山に僧侶の題刻があり、また西北約6kmにある芦笛巖の中には唐人が岩壁に筆墨で直接書き記した墨書跡がいくつかある。しかし、その多くが貞元（785-805）・元和（806-820）の頃のものであり、しかも大半が僧侶がその「遊」を記したものである。つまり桂林にあっては僧侶の深山幽谷や巖洞の探訪が盛んであったのは中唐期であった。大和年間（827-835）

2、乳洞巖の石刻

の後、武宗の会昌年間（841-846）に佛教は弾圧され、一時その勢いは衰える。乳洞巖の僧元約の「遊」もそのような流れの中でとらえることができるのではなかろうか。

　乳洞巖内に現存する石刻はほとんどが官僚の作を石工等の職人が刻したものであるが、これはここを訪れた一介の僧侶が足元に落ちている小石を拾ってそれで岩面を擦って刻みつけた、いわば"落書き"に近い。このような形態の石刻は桂林の他の巖洞でも未だ発見されていない。その意味においてもきわめて貴重である。そもそもこの石刻が芦笛巖内等に見られる墨書と異なるものであることは言うまでもないが、しかしいわゆる石刻とも異なっていて逆に墨書と共通する点もある。まず、芦笛巖内の墨書の基本形は、たとえば「柳正則・柳存讓・僧志達、元和元年二月十四日、同游」、「無等・僧懷信・覺救・惟則・文書・惟亮、元和十二年九月三日、同遊」というように、誰が、いつ、「遊」したか、人・時・行為を要件としたものであり、「僧元約、大和八年遊」というのは洞内墨書の記載形式と同じであって、その最も簡単なものといえる。しかし墨書との重要な共通性は作者と書者の一致にある。

　今、このような石刻の発見によって石刻をその完成までの工程の相違によって区別しておく必要を感じる。乳洞巖に限らず、石刻にはいくつかの過程がある。一般的にいって多くの石刻は、まず撰者が書き、それを専門の石工が岩に刻したものである。つまり間接的な創作過程をもつ。さらには撰者と書者が異なることもある。高官の墓誌・碑文などは当時著名な文士に依頼して撰文させ、さらに著名な書家に依頼して墨書してもらう。例えば西安"碑林"に蔵する有名な「多寶塔感應碑」（天宝十一年752）は"岑勛撰、顔真卿書、徐浩題額、史華刻"である。つまり石刻の完成には撰・書・刻の三つの過程があり、三者がすべて異なる場合もある。したがって撰・書・刻の間で齟齬が発生する可能性が高くなる。石刻に時として誤字・脱字が見られるのもそのためである。このようないわば本格的な石刻に対して、僧元約の例のように、同じく石に刻みつたものであっても、撰者自身が石に直接刻むものもあった。このような石刻における〈撰者＝刻者〉の過程は岩壁墨書における〈撰者＝書者〉の構造と同じでなのある。この類は〈撰者＝書者≠刻者〉あるいは〈撰者≠書者≠刻者〉の石刻のような時間と経費を必要としない。作業として手軽である。ただし桂林の唐代石刻についていえば、〈撰者＝書者≠刻者〉類は〈撰者≠書者≠刻者〉類よりも多く、また刻者はほとんどが未詳である。詳しくは拙著『桂林唐代石刻の研究』（白帝社2005年）。今、前者〈撰者＝書者＝刻者〉を"直接石刻"、後者〈撰者＝書者≠刻者〉・〈撰者≠書者≠刻者〉を"間接石刻"とよんで区別しておく。直接石刻は岩壁墨書と同じく手軽であって、気軽でもあるという性質も共通する。さらにいえば、おそらく足下に落ちていた石を拾って刻したと思われる僧元約のような直接石刻は、筆墨を使わない点において岩壁墨書よりもさらに手軽で気軽な作業である。

　今日、洞内にある今人の"落書き"の中にも石で岩に刻みつけたものが多く、元約の石刻も一

見すればその周辺に遍在する今人のものと見紛うほどである。おそらくそのために林半覚や桂林市文物管理委員会は見過ごしてしまったのではなかろうか。しかし記載の内容・形式から明らかに唐代のものであると判断される。それが今日に残っているのは洞内に刻まれたことが大きな原因であろう。直接石刻は石工に依らないため往々にして彫りが浅く、千年の風雨に耐えない。もしこの直接石刻が洞外に在ったならば、今日に残ることはなかったであろう。先に筆者はフィールドワークにおける洞内と洞外という刻石地点による区別の必要性を説いたが、このような直接石刻・間接石刻の分類上においてもその必要性を感じる。

　洞口周辺に類似の落書きは多いが、そのほとんどが今人のものである。あるいは唐宋の直接石刻の上に書かれているために判別できなくなっているものもあるかも知れない。元約の石刻は必ずしも石工によって刻まれたものだけではないことを示している。

02 〔存〕唐・会昌四年(844)元繇題名

　下洞、洞内。向かって左の壁沿いの道を約45m入った岩壁上、高さ約1.5mのところ。文字数は少なく、また彫りが浅いために、かなり注意しなければ見過ごしてしまう。向かって右には重なるようにして五言詩「靜爲天地本……騰騰超古今」が刻されており、こちらは鮮明であるから探す上での目印になる。ただしこの詩は字体・刻跡等から見て元繇の作ではない。

【現状】

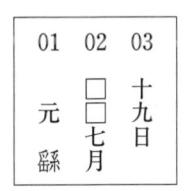

```
01 02 03
    □ 十
元  □ 九
繇  七 日
    月
```

　撰者元繇、書者元繇、刻者未詳。石面不磨、縦書き、縦25cm、横20cm、楷書、字徑7cm、左行。

　01行と02行の間に亀裂が縦に入っており、かつ全体的に彫りが浅くて不鮮明である。書体は同洞内にある「會昌五年・元晦題記」石刻のそれに似る。「元繇」は桂州刺史元晦の従弟。

【釋文】

　『桂林文物』(p125)に「桂管觀察使韋瓘以及元繇等人的題名題詩」といい、新編『興安縣志』(p484)「旅游資源」の「乳洞岩」に「元繇題名」、『桂林旅游大典』(p294)「文物古迹」の「乳洞石刻」にも「最も早いものは唐・会昌四から五年(844～845)元繇・盧貞・元晦等の3件の題名である」というが、録文されていない。

01　元繇

　「繇」＝「繇」の異体字。唐・顏元孫『干祿字書』に「繇・繇：上皐繇字、下卜兆辭、音冑」といい、唐・張參『五經文字』に「搖・揺：上『説文』、從肉從缶；下『經典』、相承隷省。凡瑤・遙之類皆從"䍃"」。

02　□□七月

　「□□」＝不鮮明であるが、「會四」二字であろう。下に「七月十九日」とあるから、上には年を示すものが来るはずである。上字には「人」「日」があり、下字は「四」のような字に見えるから、年号の「會昌」の二字のように解せないこともないが、前後の筆跡が合わない。また、「會昌」であるならば、その下には何年あるいは干支が示されるのが一般であるがそれに当たるものがない。しかし下に考証するように「會昌五年」を「昌五」と略すような例もあり、また元繇は嶺南節度使・広州刺史盧貞の部下であって盧貞は会昌四年七月二十日に乳洞を訪れているか

02：唐・元繇題名

ら、この部分は「會四」二字であって「會昌四年」のことであろう。

【復元】

01	02	03
元繇	會四七月	十九日

【解読】

元繇、會四（会昌四年844）七月十九日。

元繇と元錫・元晦

早くは『桂林文物』（p125）に「桂管觀察使韋瓘以及元繇等人的題名題詩、具有訂証和補充史籍的重要作用」という。これによれば元繇の作が題名であるか題詩であるか、明確ではない。後

の新編『興安縣志』（p484）「旅游資源」の「乳洞岩」に「有唐代廣州刺史盧貞・越州刺史元晦題記・元絲題名・桂管觀察使韋瓘的"三乳洞詩"」、『桂林旅游大典』（p294）「文物古迹」の「乳洞石刻」に「最も早いものは唐・会昌四から五年（844-845）元絲・盧貞・元晦等の３件の題名である」というのがよい。ただし「最も早いもの」ではない。

題名に見える「元絲」は元晦（801？-848？）の従弟である。『新唐書』75下「宰相世系表」・『元和姓纂』４「元」によれば、元晦は元洪の子であり、元洪の弟の元錫の子に元絲の名が見える。元絲については、管見の及ぶ所では「宰相世系表」と『元和姓纂』に記載がある。ちなみに岑仲勉『元和姓纂四校記』（中華書局1994年）・趙超『新唐書宰相世系表集校』（中華書局1998年）は多くの史料による博引傍証で知られるが、元絲についての言及は両書の域を越えるものではない。乳洞に現存する元絲と元晦の石刻はそれぞれ真跡を示す書であり、また史書を補佚する史料として貴重である。

元絲の父・元錫（？-839、字は君貺）については、『元和姓纂四校記』『新唐書宰相世系表集校』は『校記』に拠るのみ）が引くように、北宋・欧陽修『集古録目』10に録す「唐淄王傅元錫碑」（開成四年839）を始め、比較的多くの資料がある。その中で注目されるのが南宋・佚名『寶刻類編』４（11b）に「元錫」を立てて沈迥「立諸葛武侯新廟碑」（貞元十一年795）・韓愈撰「衢州徐偃王廟碑」（元和十年815）・陳諫撰「報恩寺慧嚴敏律師碑」（開成四年839）を録していることであり、これによって元錫が書を能くしたことが知られる。元絲も父の書風を継いでいるであろう。また、下に掲げる乳洞石刻「會昌五年（845）元晦題記」に見える元晦の書風にも似ている。

元錫は多くの著名人と交遊している。韋應物（737？-？）に「郡中對雨贈元錫兼簡楊凌」・「寄李儋・元錫」・「送元錫・楊凌」・「同元錫題瑯琊寺」等の詩があり、これらによって元錫が楊凌とも交遊していたことが知られる。楊凌は柳宗元の義理の父（一説に兄楊憑）。また元晦の父・元洪（？-812以後）も柳宗元・劉禹錫・韓曄ら、唐史のいわゆる"二王・八司馬"の主要な人物と交流しており、政治思想の上でも相通じる所があった。

元晦は白居易の友として知られる宰相元稹（779-830）の「姪」（おい）である。詳しくは拙稿「唐・元晦事跡考略」（『島大言語文化』18、2004年）を参照。しかし旧稿には若干訂正しなければならない点がある。

元絲と盧貞

旧稿では、乳洞の石刻「元絲題名」を、元絲は従兄元晦が桂州に赴任しているのに同行して来ていた、あるいは元晦の桂州から越州への転出を知って訪ねて来たと考えたが、どうもそうではない。施蟄存『北山集古録』（巴蜀書社1989年）３の少林寺石刻「盧貞題名」（p157）に「河南尹盧貞、前殿中侍御史内供奉元絲、前潤州參軍事盧寅。會昌五年二月廿六日、朝飯於此（少林）寺」という。これによれば元絲はかつて殿中侍御史内供奉であり、会昌五年二月に盧貞とともに河南

府にいたことがわかるが、じつは次に掲げる乳洞石刻「盧貞題記」に「前廣州刺史盧貞、會昌四年七月廿日、北歸遊此」とある。つまり盧貞は会昌四年七月に広州から北帰して五年二月にはすでに河南府尹の任に着いているわけである。当時、桂林を経て長安に至るには約三カ月を要したから、四年冬には長安に帰還して河南府尹を拝しているであろう。今、「盧貞題記」は乳洞巖下洞内の最深部の左壁に刻されており、「元繇題名」は「盧貞題記」の手前約10mの左道壁に刻されている。「元繇題名」には「元繇、□□七月十九日」とあり、「七月」の上が不鮮明であるが、「會四」のように見える。そこで旧稿では、この日付を元繇の従兄である元晦の「題記」に「會昌五年八月廿日、自此州移鎮會稽」とあるのと結びつけようとして苦しんだのであるが、元繇は桂管観察使であった従兄元晦の府下にいた、あるいは元晦を訪れたのではなく、嶺南節度使の盧貞の府下にいたと考えられる。「元繇題名」の「□□七月十九日」が「會四七月十九日」であるならば、「盧貞題記」の「會昌四年七月廿日」に近い。正確には一日早いが、盧貞およびその部下である元繇等一行が北帰の途次、乳洞を訪れてそこで一泊したことは十分考えられる。また、「會昌四年」を「會四」と略称するのは珍しいが、あり得ないことではない。たとえば浯溪の題名（原文は左行、三行）に

　　房魯」昌五中冬六」日来」

とあり、清・瞿中溶『古泉山館金石文編』（清・陸増祥『八瓊室金石補正』61、卞宝第『湖南通志』265「金石」に引く）の考証によれば、「房魯」とは房玄齢七世孫であり、「"昌五中冬"者蓋會昌五年十一月也」という。つまり「昌五」は「會昌五年」の略というわけである。そうならば「元繇題名」の不鮮明部分も「會昌四年」の略である「會四」と解して間違いなかろう。

　元繇が広州刺史盧貞の部下であったならば、それは元晦の紹介によるものであった可能性が高い。中書侍郎平章事李宗閔撰・翰林学士承旨工部侍郎柳公権書の「淄王傅元錫碑」に「位至淄王傅、贈尚書右僕射。碑以開成四年七月立」というから、元繇の父元錫は開成四年（839）七月あるいはそのやや前に死去している。下に考証するように、盧貞は開成五年（840）に広州刺史に遷り、いっぽう元晦が桂州に赴任したのは会昌二年（842）冬である。会昌二年ならば、足掛け三年の喪があけた時期に当たる。元繇は父の喪に服して官を辞しているはずであり、その喪があけた直後に元晦に同行して桂林に来てその後に元晦を介して盧貞の府下に入ったとは考えられないであろうか。いずれにしても旧稿の解釈は誤りであり、「會四」が正しい。

2、乳洞巖の石刻

03 〔存〕唐・会昌四年（844）盧貞題記

　下洞、洞内。左壁に沿った道を約90m入った奥、洞の最深部にある祭壇の横、向かって左の高さ1.5mのところに南宋・宝祐元年（1253）王慈敬作「下洞道場記」（縦38cm、横110cm、今人書丹）があり、その前半、向かって右「西天傳佛」二行（行2字）の間。

　林半覚『廣西石刻志稿』（民国手抄本）には録されていないが、『桂林文物』（1980年）「乳洞石刻」（p125）に録文（全文ではない）があり、その後、『靈渠風光』（1990年）に「唐代廣州刺史盧貞・桂管觀察史［使］韋瓘……等、在洞内留下的題名和詩篇、依然清晰可見」（p72）、また最近の『桂林旅游資源』（1999年）に「最早的石刻爲唐會昌四年（844）前廣州刺史盧貞的題名和同年桂管觀察使韋灌［瓘］的『乳洞題詩』、前者爲楷書、字徑5厘米」（p696）、新編『興安縣志』（2002年）「乳洞岩」にも「有唐代廣州刺史盧貞・越州刺史元晦題記」（p484）といってその存在を告げている。

【資料】
　1）桂林市文物管理委員会『桂林文物』（p125）（文物本と略称）

【現状】

01	02	03	04
前廣州刺史盧貞	會昌四年七月□	日北歸□此	□□從行

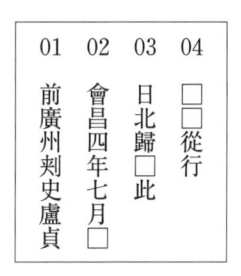

　撰者盧貞、書者盧貞、刻者未詳。縦32cm、横29cm、楷書、字径5〜7cm。縦書き、左行。

【釈文】
　02　會昌四年七月□

　「□」＝文物本は「廿」に作る。剥落していて不明。次行に「日」とあるから、闕字は一字であり、つまり「一」から「十」であるが、先の元絛の石刻が同年同月の「十九日」であるから、「廿」が適当である。文物本がよった調査の段階ではまだ剥落していなかったのではなかろうか。

　03　日北歸□此

　「□此」＝文物本は「過此」に作るが、上字は明らかに「過」ではない。この部分は剥落ではなくて「天」字が重ねて刻されているために一部分しか残存していない。まず「辶」があることは明白であり、この限りでは「過」は文脈上からも適当であるが、しかし仔細に見れば、右上には「十」と「十」に近い痕跡があるから、明らかに「過」ではなく、残存部分と文脈から推定す

中国乳洞巌石刻の研究

03：唐・盧貞題記

れば、「遊」の異体字「遊」であること間違いない。

04 □□從行

「□□」＝この石刻の存在を告げるものは少なくないが、録文を示しているのは、筆者の知るところでは、ただ文物本のみである。ただし全文ではなく、前の三行（改行なし）のみ。04行は判読しにくいが、文物本がその存在に気がつかなかったとは考えにくい。第二字は「縋」に似る。第一字は上に大字「西」が重ねて刻されているために、左半分が削られており、右半分は「易」「男」のそれに近いが、文脈上、「易縋從行」では意味不明であり、「男縋從行」ならば盧貞の子で名「縋」なるものが同行していたことを謂う。「男」の異体字「男」であろう。

【復元】

```
01        02        03        04
前廣州刺史盧貞  會昌四年七月廿  日北歸遊此  男縋從行
```

【解読】

前廣州刺史（兼嶺南節度使）盧貞、會昌四年（844）七月廿（20）日、北歸遊此（桂州全義県乳洞）。男（盧）縋從行。

「盧貞題記」の上には王慈敬「道場記」が大字（字径12cm）で刻されており、重なっていて見つけにくい。南宋・王慈敬は乳洞巖を佛教の道場として開発した人物であるが、前人の作を全く無視して刻しているといえる。「盧貞題記」から四〇〇年後の南宋にあって浸食が進んでいたために不鮮明であったことも考えられるが、その存在は更に八〇〇年経った今日でも確認可能であるから、南宋においては更に鮮明であったはずである。後述するように宝祐元年（1253）王慈敬「下洞題詩」は会昌四年（844）「元繇題名」にほとんど重なるように刻されており、また宝祐二年（1254）王慈敬作「中洞道場記」も前年に刻された宝祐元年「趙孟薀等題名」の左に接して刻されている。王慈敬は全く前人の作を無視して自らの作を刻して道場に仕立てていったようである。

盧貞の広州刺史在任期間

盧貞（778？-848？）は、両『唐書』に伝は立てられていないが、観察使等いくつかの大官を歴任した人物であり、また劉禹錫・白居易・李商隱等著名な詩人とも交遊があった。今、『全唐詩』463「盧貞」小伝に「字子蒙、官河南尹、開成中爲大理卿、終福建観察使。詩二首」として「和白尚書賦永豊柳」（また巻28「雑曲歌辭」）・「和劉夢得歳夜懷友」の二首収め、『續拾』27は『吟窗

雑録』26に拠って二句を拾遺する。また、『全唐文』303「盧貞」小伝には「開元時官度支員外郎、授汝州刺史、充本州防禦使」として「廣成宮碑記」一篇を収めるが、白居易等と交遊した盧貞は「開元」の人ではあり得ない。そのためであろう、周紹良『全唐文新編』（吉林文史出版社2000年）は「盧貞」を巻760に移して小伝の「開元」を「開成」に更正している。今、この石刻によって盧貞の事跡に関する史書等の記録について補正すべき所は多い。また、最近陸続と整理出版されている『全唐文新編』や呉鋼『全唐文補遺（1－7）』（三秦出版社1994年－2000年）・陳尚君『全唐文補編（上・中・下）』（中華書局2005年）では題名の類も収録しているが、乳洞石刻題名は収められておらず、これを継ぐ者は補遺すべきである。

　まず、盧貞の広州刺史在任期間について、呉廷燮『唐方鎮年表』7（中華書局1980年p1036）には「明・萬暦『廣東志』：唐嶺南節度使、會昌五年任」として会昌五年から六年とする。ただし同人「唐方鎮年表考證（下）」（p1453）では「按『白集』會昌四年□月有"河南尹盧貞"。『樊南文集』有『爲盧尹賀上尊號表』（注：會昌五年正月上尊號）、此（盧）貞會昌四年以前爲嶺南之證」として会昌四年以前に訂正している。いっぽう郁賢皓『唐刺史考全編（5）』（安徽大学出版社2000年）257は「盧貞：會昌五年—六年（845-846）」として「『光緒廣州府志』卷十七「職官表」稱："盧貞、〔會昌〕五年廣州刺史。據張『府志』修。"按會昌五年盧貞在河南尹任、當由河南尹轉廣州」（p3175）といって「年表考證」の訂正説を採らず、また周祖譔『中国文学家大辞典・唐五代巻』（中華書局1992年）「盧貞」に「會昌年間爲河南尹。五年正月、宰臣率百僚上徽號、盧貞曾命李商隱撰『賀上尊号表』。同年出爲嶺南節度使」（p114）というのも、会昌五年中あるいは同年正月以後に嶺南節度使・広州刺史となったとする。これは『白氏文集』や『樊南文集』が引かれているように白居易・李商隱等の研究に直接関係して来る。これについては後述する。

　今、乳洞石刻に「前廣州刺史盧貞、會昌四年七月廿日、北歸遊此」というのは、会昌四年七月二〇日に盧貞が広州刺史から北上して帰朝する途次に桂州全義県乳洞に立ち寄ったことを告げており、したがって盧貞が広州刺史・嶺南節度使であったのは会昌四年七月初頃までであったことになる。早くは『桂林文物』（1980年）が乳洞石刻に「前廣州刺史盧貞、會昌四年七月廿日、北歸過此」とあるとして、『廣東通志』が盧貞を「會昌五年任嶺南節度使」とするのが誤りであることを指摘しており（p125）、これに従うべきである。石刻には「前廣州刺史盧貞」とあるから、盧貞が広州刺史・嶺南節度使であったのは、明らかに「會昌四年七月」以前であり、したがって盧貞の広州刺史在任は「會昌五年—六年」ではありえない。正しくは「會昌？年—四年〔七月〕」ということになり、そこで会昌「五年正月」の「賀上尊号表」も嶺南に出る前ではなくて帰朝後のことでなければならない。『中国文学家大辞典』の記載を補正すれば、「會昌年間〔出爲嶺南節度使、四年歸還、〕爲河南尹。五年正月、宰臣率百僚上徽號、盧貞曾命李商隱撰『賀上尊号表』」ということになろう。すでにそうならば、『唐刺史考全編（5）』が盧貞の前任として「崔龜從：

會昌四年—五年」とするのも誤りである。恐らく崔亀従は盧貞の後任であり、その在任は「會昌四年—六年」の間であろう。

さらに、『唐刺史考全編（4）』151「福州」は『舊唐書』に拠って「盧貞：開成四年（839）」（p2165）とするが、すでに盧貞の広州刺史在任が「會昌？年—四年（844）〔七月以前〕」であるならば、盧貞が広州の任についたのは会昌三年あるいはそれ以前であるから、福州刺史は広州刺史以前の任である。つまり盧貞の福州刺史在任は開成四年前後から会昌年間の初め頃までである。今、郁賢皓『唐刺史考全編』は盧貞の後に「黎埴（黎植）：會昌中？」として「呉氏『方鎮年表』列黎植於會昌元年至三年、云："『淳熙三山志』在大中八年、恐誤。按『唐會要』：開成五年、有御史中丞黎植。"岑仲勉正補云："然開成末爲中丞、不能必其會昌初即出除福建也、宦途何常之有？"姑存疑。」（p2165）といい、呉氏・岑氏の両説を挙げて断定に躊躇しているが、黎植が開成五年（840）まで御史中丞であったことから、盧貞が開成五年中も福州刺史・福建観察使であったと考えてよい。しかし黎植が「開成末爲中丞、不能必其會昌初即出除福建也」とはいえない。むしろ開成五年に文宗が死去して武宗が即位した後、同年八月・九月の間に大幅な人事異動があり、政権交替がなされているから、これと関係があろう。唐史で有名な"牛・李の党争"で牛僧孺派の宰相が外官に左遷され、逆に外官にあった李徳裕が召還されて宰相になっており、翌年の会昌元年（841）三月に牛派はさらに遠方の地に改められている。黎植が御史中丞から福州刺史に左遷されたのも武宗・宰相李徳裕等の新政権によるものと考えられる。そうならば、黎植の左遷も開成五年八月から会昌元年初の間であろう。

広州刺史について『唐刺史考全編』は「『光緒廣州府志』卷一七『職官表』："高翬、渤海人、會昌間廣州刺史、據郝『志』修。張『府志』作會昌三年任。"」（p3174）を引いて「高翬：會昌三年（834）」とするが、これも誤りである。盧貞が会昌四年七月まで広州刺史であったということは、任命は会昌三年あるいはそれ以前であった可能性が高い。『唐刺史考全編』は「高翬」の前では『舊唐書』・『金石補正』等によって「盧鈞：開成元年—五年（836-840）」とする。つまり、会昌元年から二年まで広州刺史が記載されていないわけであるが、福州刺史から遷された盧貞がこの間に在任していたと考えれられる。

そこで盧貞は開成四年（839）から開成五年末あるいは会昌元年（841）初まで福州刺史在任、会昌元年初から四年（844）七月まで広州刺史であった、と考えて大過なかろう。盧貞の事跡を中心にして『唐刺史考全編』の開成・会昌の交における福州刺史と広州刺史を修正すれば次のようになる。

	福州刺史・福建観察使	広州刺史・嶺南節度使
開成四年（839）	盧貞	盧鈞
五年（840）	盧貞→黎植	盧鈞→盧貞

会昌元年（841）	黎植	盧貞
……	……	……
会昌四年（844）	黎植	盧貞→崔亀従

　南宋・佚名『寶刻類編』7「唐・不著年月」の「盧貞」の項に「浯溪題名：永」という。その内容は不明であるが、永州北部に位置する祁陽県を流れる湘江岸にある浯溪に刻された題名であり、乳洞石刻に「北歸遊此」とあるから、広州刺史を辞めて長安に帰還するのに、広州から漓江を遡って桂林を経て湘江を北上するルートをとって「北歸」しているのであり、また盧貞「浯溪題名」は乳洞石刻と同じ"會昌四年"中の作であり、乳洞を訪れているのが「會昌四年七月廿日」であるから、同年の七月末か八月初の頃の作であろう。少なくとも「不著年月」については、会昌四年（844）秋の題名であると断定してよい。なお、浯溪には盧鈞の題名があり、それに「戶部侍郎盧鈞、開成五年十二月十一日赴闕過此」という。これは広州刺史であった盧鈞が北上して帰朝する途次で題したものであり、その後任となった盧貞も帰途で浯溪に題名しているわけである。当時、広州から帰朝するにはこのルート、つまり桂州に入って漓江・湘江を通って北上するルートが使われていたことがわかる。

　河南尹の盧貞について

　では、盧貞は広州刺史から帰還していかなる官に就いたのか。乳洞石刻によれば、盧貞は会昌四年七月中に桂林を出発しており、当時、桂林から長安までは約三ヶ月を要したから、その歳の冬、おそくとも年末までには長安に到着しているはずである。いっぽう施蟄存『北山集古錄』（巴蜀書社1989年）3の少林寺「盧貞題名」に「河南尹盧貞、前殿中侍御史内供奉元繇、前潤州參軍事盧寅。會昌五年二月廿六日、朝飯於此寺」というから、盧貞は会昌五年二月二六日以前に河南尹に着任している。両石刻によれば、盧貞は会昌四年冬に長安到着した後に河南尹に就いたと考えられる。これは李商隠「爲盧尹賀上尊號表」が会昌五年正月の作であるのに符合する。

　これらの石刻の記載内容は李商隠・白居易等の研究にとっても重要な史料を提供するものである。たとえば張采田『玉溪生年譜會箋』（上海古籍出版社1983年）3「會昌四年甲子七月、盧貞爲河南尹」（p100）下に「陳直齋『白香山年譜』。按馮氏（『玉溪生詩詳註』「年譜」の「會昌五年」）曰：『……又曰："盧貞爲尹、在會昌四月七月"、〔其〕當有所據〔也〕。』故編是年、容再詳考。『唐詩紀事』："（盧）貞字子蒙。會昌五年、爲河南尹"。本集『賀上尊號表』在（會昌）五年正月、而云："臣幸丁昌運、方守洛京"。則（盧）貞尹河南必在前、陳（直齋）説似可據」というのに対して朱金城『白居易集箋校（四）』（上海古籍出版社1988年）は「盧尹賀夢得會中作」（p2440）で「城按：今本陳直齋『白文公年譜』無"盧貞爲尹在會昌四月七月"語、張氏謂（盧）貞尹河南必在會昌五年前、所考亦疏、蓋未引證白氏此作。據此詩、則（盧）貞會昌元年已爲河南尹"」、また「胡吉鄭劉盧張等六賢皆多年壽、余亦次焉……」（いわゆる「九老會」、「七老會」ともいう）詩（p2563）で「考

白詩、貞會昌元年已爲河南尹、其爲嶺南節度使必在會昌五年之後、『唐方鎮年表考證』謂在會昌四年前、誤」といって分かれる。朱金城の説は『唐刺史考全編（5）』の「按會昌五年盧貞在河南尹任、當由河南尹轉廣州」や『中国文学家大辞典・唐五代巻』の「會昌年間爲河南尹。五年正月、宰臣率百僚上徽號、盧貞曾命李商隱撰『賀上尊号表』。同年出爲嶺南節度使」という通説に近いが、先に考証したようにこれは明らかに誤りであり、逆に陳直齋・馮浩・張釆田の説の方が正しい。陳氏が「盧貞爲尹在會昌四月七月」というのは乳洞石刻の「前廣州刺史（嶺南節度使）盧貞、會昌四年（844）七月廿（20）日、北歸遊此」に合う。ただし厳密にいえば、七月二〇日に桂州興安県にいたから、七月初には広州を離れていたはずである。要するに、盧貞は会昌元年頃に河南府尹となり、五年に嶺南節度使に移ったとするのが今日まで定説となっているが、実際はその逆であり、会昌四年秋に嶺南節度使を離れ、冬に河南府尹に就いている。

　会昌五年の白居易「九老會」詩の序に見える同姓同名の「盧貞」について附言しておけば、詩序に「前懷州司馬安定胡杲、年八十九；……前侍御史内供奉官范陽盧貞、年八十二、……。已上七人合五百七十歳、……時秘書監狄兼謨・河南尹盧貞、以年未七十、雖與會而不及列」とあり、南宋・計有功『唐詩紀事』49「盧貞」に「字子蒙。會昌五年、爲河南尹、（白）樂天『九老會』、（盧）貞年未七十、亦與焉。時又有内供奉盧貞」というが、朱金城『白居易集箋校（四）』は「范陽盧貞」（p2565）について「即白詩中之盧子蒙。見巻三六『覽盧子蒙侍御舊詩多與微之唱和感今傷昔因贈子蒙題於卷』詩箋」といい、「覽盧子蒙」詩でも「盧子蒙侍御」（p2508）について「盧貞。即白氏『七老會詩』（巻三七）中所載之"前侍御史内供奉盧貞、今年八十三。……與"河南尹盧貞"並非一人。『唐詩紀事』巻四九「盧貞」條云："字子蒙。會昌五年、爲河南尹。"大誤。『全詩』巻四六三盧貞小傳亦誤爲兩盧貞一人」という。たしかに同一人物ではないが、同姓同名の別人でもなかろう。「覽盧子蒙」詩が会昌元年の作であれば、広州刺史となった盧貞は「侍御」ではないから、字「子蒙」ではない。白居易「九老會」詩にいう「前侍御史内供奉官范陽盧貞」と「河南尹盧貞」とが同姓同名であるのは、あり得ないことではないが、南宋・洪邁『容齋四筆』（慶元三年1197）8「狄監・盧尹」に「唐有兩盧貞（侍御史盧貞八十二歳・河南尹盧貞未七十歳）、而又同會、疑文字或誤云」というように、同姓同名の人が「同會」するということは極めて稀なことである。張釆田『玉溪生年譜會箋』は「香山『七老會』、又有一"盧眞"、字亦作"貞"」という。今、『新唐書』119「白居易傳」では侍御史の方を「盧眞」に作っているが、あるいはこれが正しいのではなかろうか。少なくとも広州刺史・河南尹であったのが「盧貞」であることは間違いない。なお、盧貞の浯溪題名について『〔古泉山館〕金石文編』（『〔光緒〕湖南通志』265「藝文志・金石」）は清・錢大昕『十駕齋養新録』13「盧貞」に引く『唐詩紀事』によって「是唐有兩盧貞。此（浯溪）題名之盧貞、恐是（白居易）『九老會』中人也」というが、九老の中の「河南尹盧貞」の方である。

04 〔存〕唐・会昌五年（845）趙□作「題全義乳洞」詩

　下洞、洞内。洞口に向かって右の壁に沿った道を約30ｍ入った地点にある、高坏の形をした石柱の上部、高さ約３ｍのことろに刻されている。図「乳洞内右道石柱周辺」(p92)を参照。

　この石刻を最も早く発見したのは林半覚であろう。その石柱の下部・洞口側に「中華民國卅六年十一月、與劉子保虚訪碑過此、留三日、得唐代摩崖。林半覺誌」と刻されている。詳しくは後の「42：民国三六年（1947）林半覚等題名」。しかし林半覚『廣西石刻志稿』（民国手抄本）には著録されていない。これは『稿』の成立年代と関係があり、該書が民国三六年以前の成稿であったからではなかろうか。

　この石刻は以下に見る元晦の題名や韋瓘の題詩の下に刻されており、容易に見つけることができ、かつ末尾に「會昌五年八月十日題」と刻されており、それは比較的鮮明である。それにも関わらず、なぜかこの唐代石刻の存在を告げる記録がない。たとえば文革以前の調査資料を見ていると思われる『桂林文物』（p125）に「桂管觀察使韋瓘以及元繇等人的題名題詩、具有訂証和補充史籍的重要作用」といい、また蔣太福『靈渠風光』（p72）にも「唐代廣州刺史盧貞・桂管觀察史［使］韋瓘・宋代宰相李邦彦・静江知府張孝祥等」、新編『興安縣志』（p484）「旅游資源」の「乳洞岩」にも「有唐代廣州刺史盧貞・越州刺史元晦題記・元繇題名・桂管觀察使韋瓘的"三乳洞詩"」、『桂林旅游大典』（p294）「文物古迹」の「乳洞石刻」にも「最早爲唐會昌四至五年（844〜845）元繇・盧貞・元晦等人的３件題名。宋刻中有張孝祥"上清三洞"題榜、范成大題詩題名、和謝逵・趙立題詩等」とまでいって詳細であるが、唐代については盧貞・元晦・元繇・韋瓘の石刻を挙げるにとどまる。ちなみに盧貞・元繇の題名は洞奥の左壁、元晦・韋瓘は洞内中間の右壁に刻されており、両者はかなり離れている。

　本来、洞内のやや高い位置に刻されていたためか、保存状態は比較的良好であるが、その上にある韋瓘題詩と同じく石刻部分のみ表面全体にわたって鑿痕が認められる。『桂林旅游資源』（p696）に「原有石刻29件・觀音等造像９尊、"文革"中石刻被毀10件、造像全毀」という。この石刻の鑿痕も文革時期に破壊に遭ってつけられたものではなかろうか。そのために判読は極めて困難である。そこで上掲の諸書が比較的見つけやすい所に在るにもかかわらず、取り上げていないのは、判読不可能と見なされたためではないかとも想像される。しかし題詩の末尾に刻されている年月日は今日に至ってもかなり鮮明であり、唐刻であることは容易に判読される。不徹底な調査による、単なる見落としとしか考えられない。

【現状】

　全面に亙って鑿痕があり、判読は困難。

2、乳洞巌の石刻

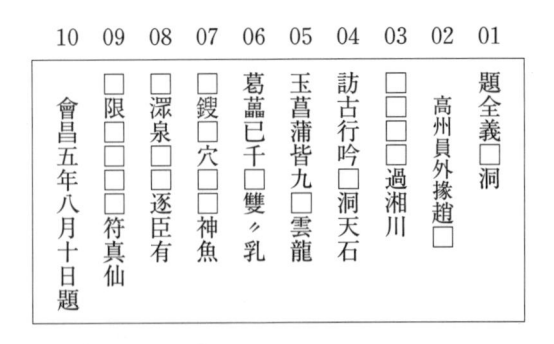

```
10                09      08      07        06          05          04        03      02          01
會昌五年八月十日題   □限□□□符真仙  □濼泉□□逐臣有  □鏁□穴□□神魚  葛藟已千□雙々乳  玉菖蒲皆九□雲龍  訪古行吟□洞天石  □□□□過湘川  高州員外掾趙□  題全義□洞
```

04：唐・趙□作「題全義乳洞」詩

撰書者趙者、刻者未詳。石面不磨、縦45cm、横65cm、楷書、字徑5cm、縦書き、右行。

【釈文】

01　題全義□洞

「□洞」＝上字は「三」にも見えるが、右に「乙」のようなものがあるから「乳」字であろう。

02　高州員外掾趙□

「趙□」＝原石の現状（以下、現存する石刻の状態を"現石"とよぶ）では下字は「苔」・「暮」や「譽」の異体字「誉」等に似る。

03　□□□□過湘川

「□□□□」＝第一字は「銀」「鎮」に似ており、第二字は「水」・「未」に似ている。第三字の

69

04：唐・趙□作「題全義乳洞」詩（左半）

上部は「十」、第四字の上部は「小」（尚頭）。

04　訪古行吟□洞天石

「□」＝「問」・「向」字に似ている。意味の上では「問」がよかろう。

05　玉菖蒲皆九□雲龍

2、乳洞巖の石刻

04：唐・趙□作「題全義乳洞」詩（右半）

「□」＝前に「九」とあり、「菖蒲」を承けるから、「節」であろう。九節の菖蒲は仙草の一種。『神仙傳』に「吾九疑之神也、聞中岳石上菖蒲一寸九節、可以服之長生」。

06　葛藟已千□雙々乳

「千□」＝上字は「千」のように見える。下字は左上に「ノ」があり、押韻の上から見て、「年」

71

が適当である。詩形および押韻の位置については詳しくは後述する。

「〃」＝明白ではないが、畳字のような点の存在が認められる。前後の押韻の字の間および対句構成から見ても畳字と考えてよかろう。

07　□鍫□穴□□神魚

「□」＝この部分は対句で構成されているはずであり、次句の「神魚」と対となるべき語であること、また「雙〃乳」を承けていることから「石」・「鐘」・「筍」を謂う類の名詞が入るであろう。ただし仄声がよい。その三字の中では刻跡・平仄ともに「筍」（仄声）が最も近い。

「□穴」＝上字は「己」に似ているが、文意不通。

「□□」＝前の句と対句になるから、仄声の語であり、下字は畳字「〃」であろう。

08　□深泉□□逐臣有

「□深泉」＝上字は詩意上「遊」のような字であろう。

「□□」＝上字は部分的には「不」に似る。

09　□限□□□□符真仙

「限□□」＝下字の上部は明らかに「林」冠であり、「埜」（「野」の異体字）・「楚」・「焚」・「梵」・「禁」・「梦」（「夢」の異体字）・「藂」（「叢」の異体字）等が考えられるが、下に「符真仙」とあるから「梵」や「焚」・「埜」は適当ではなかろう。また、桂州は越であって「楚」地方ではない。仮に「梦」字であるならば、その下字は「口」のような刻跡が見え、また平声であるはずであるから、「中」ではなかろうか。

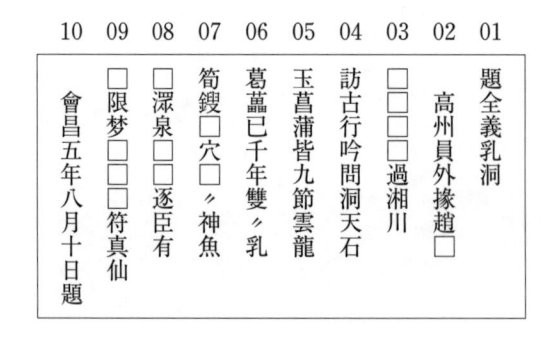

【復元】

10	09	08	07	06	05	04	03	02	01
會昌五年八月十日題	□限梦□□□符真仙	□深泉□□逐臣有	筍鍫□穴〃〃神魚	葛藟已千年雙〃乳	玉菖蒲皆九節雲龍	訪古行吟問洞天石	□□□□過湘川	高州員外掾趙□	題全義乳洞

【解読】

石刻の01行は詩題であり、02行の末「趙□」は作者を示しているから、詩句は03行から始まり、10行に年月日があるから、09行で終わっている。そこで03行の第七字が「川」、その七字目に当たる04行の第七字が「天」、09行の末尾が「仙」であることは明らかであり、これらは下平1「先」・2「仙」（同用）韻に当たるから、この作は七言詩であり、03行から09行まで計七行、一行が八字前後であることから、計56字前後から成るはずである。不明な文字がなお多いが、さら

に「川」・「天」・「仙」と同韻の「年・泉」があり、その配置と対句構成から見て、七言律詩であることはほぼ間違いないであろう。

　　　題全義乳洞　　高州員外掾趙□
　□□□□過湘川、(「仙」韻)
　訪古行吟問洞天。(「先」韻)
　石玉菖蒲皆九節、
　雲龍葛藟已千年。(「先」韻)
　雙〻乳筍鎪□穴、
　□〻神魚□潔泉。(「仙」韻)
　□□逐臣有□限、
　夢□□□符眞仙。(「仙」韻)
　　　會昌五年(845)八月十日題

「神魚」は「洞天」に棲息するもの。杜甫「秦州雜詩」其十四に「萬古仇池穴、潛通小有天。神魚今不見、福地語眞傳」、清・仇兆鰲注に「舊注：世傳仇池穴出神魚、食之者仙」。

作者「趙□」について

詩題にいう「全義」は今日の興安県のこと。唐初では桂州の臨源県とよばれ、大暦三年(768)に全義県に改名、後に北宋に入って興安県に改名されて今日に至る。この詩は会昌五年(845)の作であるから「全義」と称している。題の次行にいう「高州員外掾」は字径は小さく、作者「趙□」の官職名をいうものと思われる。「高州」は唐代の州名、嶺南道に属す。今の広東省の西南部にある高州市。桂州から漓江を下って高州に入るルートをとったものと思われる。「～州員外掾」は未詳。「州員外□」といえば、唐代では州の員外司馬を指すことが多いが、「掾」は県令以下の官吏か参軍事をいう。例えば司法参軍事を「曹掾」というが如し。あるいは「員外」ではなく、当時あった県名であろうか。「高州」の西に潘州潘水県があり、「外」字は「水」字に似ているが、その上字は明らかに「潘」ではない。また『太平寰宇記』によれば潘州が廃されて高州に編入されるのは北宋に入ってからである。疑問を残しながら暫く「員外掾」としておく。

「趙」の下字も不明であるが、「莟」・「葊」や「譽」の異体字「誉」等の字に似る。この中で人名としては「誉」がふさわしいであろう。かりに「趙」を姓と考えるならば、『新唐書』73下「宰相世系表」に趙光裔の子に「趙益」なる者が見えるが、岑仲勉『元和姓纂校記』7によれば趙益は大暦十四年(779)の卒であり、時代を異にする。また、時代的に近いものに趙蕃なる者がいるが、石刻の字影は下部は「田」には見えず、「蕃」とは字形を異にする。ちなみに『中国文学家大辞典・唐五代卷』(1992年)「趙蕃」(p562)等によれば、趙蕃は元和四年(809)に進士登第、大和七年(833)に礼部員外郎になるが、数日後に袁州刺史に出され、九年(835)に江州刺

史、開成二年 (837) に唐州に量移され、後に召還されて御史中丞に遷り、会昌中 (841-846) に太僕卿にとなり、会昌三年に西域の部族・黠戛斯（キルギス）に使節として赴いている。最終の官は国子祭酒。同一人物ではなさそうである。

05 〔存〕唐・会昌五年（845）元晦題記

　洞口に向かって右の壁に沿った道を約30m入った地点にある高坏の形をした石柱の上部、高さ約5mのところに刻されている。石柱の下部には民国36年の日付をもつ林半覚の題名が刻されており、元晦題記はその真上約3mに在る。早く『桂林文物』（p125）に録文がある。また、新編『興安縣志』（p484）「旅游資源」の「乳洞岩」に「有唐代廣州刺史盧貞・越州刺史元晦題記」という。

【資料】
　1）『桂林文物』（p125）（桂林本と略称）

【現状】

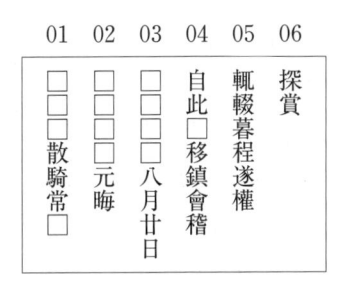

	01	02	03	04	05	06
	□	□	□	自	輒	探
	□	□	□	此	輟	賞
	□	□	□	□	暮	遂
	散	元	□	移	程	權
	騎	晦	八	鎮		
	常		月	會		
	□		廿	稽		
			日			

　撰者元晦、書者元晦、刻者未詳。石面不磨、縦40cm・横50cm、楷書、字径4cm、縦書き、左行。左上部分は破壊されているが、その痕跡は新しい。破損面は白く、周辺の色と著しく異なる。この石刻の左下に韋瓘等の題詩があり、それらも破損しているが、傷痕はそれよりも新しい。『桂林文物』（p125）に録文があるから、それ以後に破壊されたのであろう。

【釈文】
　01　□□□散騎常□

「□□□」＝桂林本に「檢校左」。「散」の上字は左部分が残存しており、また下に「騎常…」とあることによって推測は可能。

　02　□□□□元晦

「□□□□」＝桂林本に「越州刺史」。

　03　□□□□八月廿日

「□□□□」＝桂林本に「會昌五年」。

　04　自此□移鎮會稽

「自此」＝「自」の左部分を欠くが、判読可能。「此」の下字も左部分を破損しているが、推測は可能。

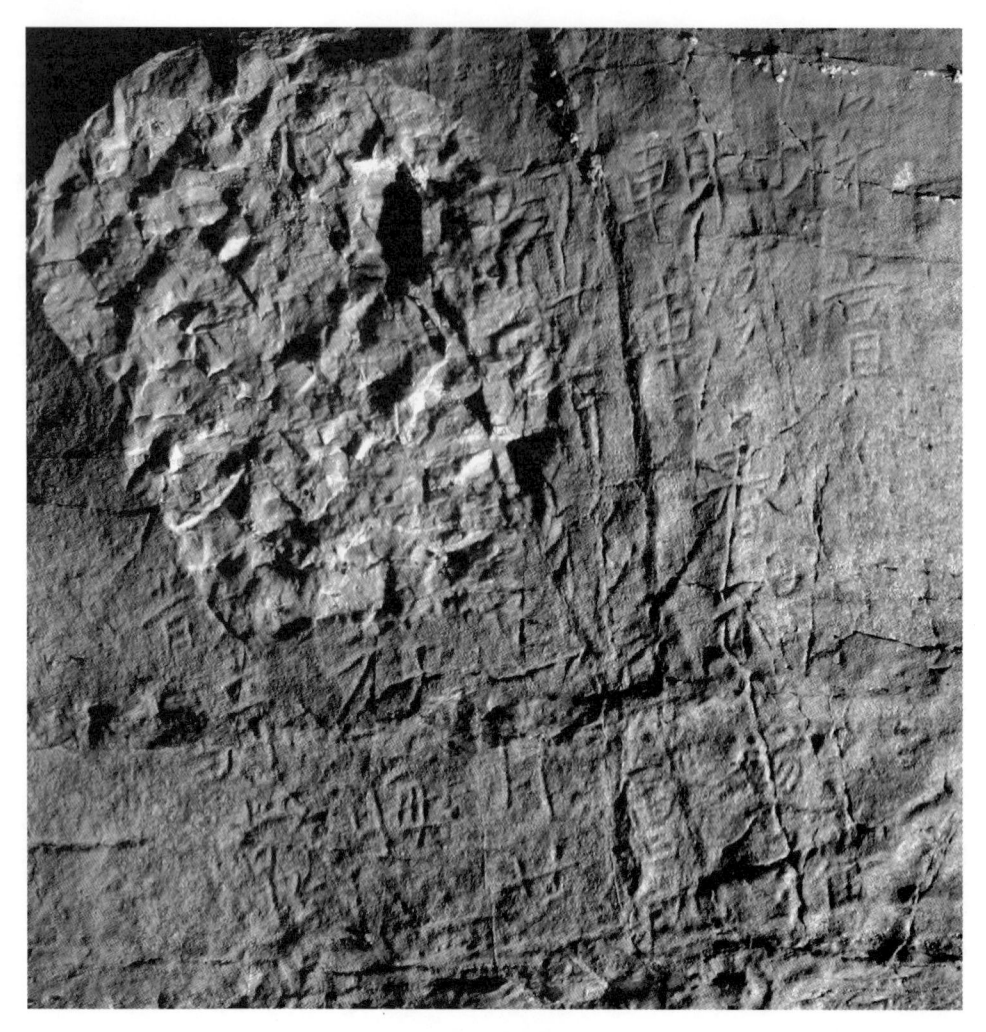

05：唐・元晦題記

「□」＝桂林本に「州」。

【復元】

```
01 02 03 04 05 06
檢 越 會 自 輒 探
校 州 昌 此 轡 賞
左 刺 五 州 暮
散 史 年 移 程
騎 元 八 鎮 遂
常 晦 月 會 權
侍    廿 稽
     日
```

【解読】

檢校左散騎常侍（從三品）・越州刺史元晦、會昌五年（845）八月廿（20）日、自此州（桂州）移

鎮會稽（越州）、輒輟暮程、遂權探賞。

元晦の事跡の補正

　元晦（801？-848？）は白居易の友としても知られる宰相元稹（779-830）の「姪」（おい）である。詳しくは拙稿「唐・元晦事跡考略」（『島大言語文化』18、2004年）。今、この石刻によって元晦が桂管観察使として会昌五年八月下旬まで桂州にいたことがわかる。ただし石刻に「越州刺史」とあるように、この時すでに越州刺史への赴任命令を受けており、越州に向けて出発した道中にあった。郁賢皓『唐刺史考全編（5）』257「桂州刺史」（p 3253）は北宋・孔延之『會稽掇英總集・唐太守題名』にいう「元晦、會昌五年七月自桂管觀察使授」を引く。なお、同文は沈作賓・施宿『會稽志』（嘉泰元年1201）2「太守」（32a）にも見える。「七月」が正しいならば、それは発令の時点を示すものであろう。少なくとも桂州を去ったのは八月中である。『元和郡縣圖志』37「桂州」によれば、桂州の治・臨桂県から全義県までは「一百五十里」。乳洞は全義県治の南西十里、今日の興安県城から西南に約６ｋｍの地点にある。また、臨桂県と全義県との間に位置する霊川県は臨桂県まで「六十里」。したがって桂州治から乳洞までは百里あまり、おそらく数日の行程であったと思われる。ちなみに宋代の例であるが、范成大『驂鸞録』に「（乾道九年1173二月）二十七日……二十七里至興安縣、十七里入嚴關。兩山之間、僅容車焉、所以限嶺南北。相傳過關、即少雪有瘴。二十三里過秦城。秦築五嶺之戍、疑此地也。二十八日、至滑石鋪、……二十三里至靈川縣、……六十里至八桂堂、桂林北城外之別圃也。……泊八桂堂十日、三月十日入城」という。27日に興安県城を出て30日に桂林城外八桂堂に到着しているから、三日を要している。乳洞は嚴関（今の古嚴関）の南やや東に位置する。元晦は八月中旬に桂州を出発したとみて間違いない。なお、八月二十日の数日前といえば、仲秋の明月の日に近い。桂州城で観月の宴を開いた後に旧友に送られて北上の途についたであろう。

　これに関連して補説しておけば、南宋『寶刻類編』5（20b）「楊漢公」に「浯溪題名：會昌五年十一月二日、永（永州）」というが、それは楊漢公が元晦に代わって桂州刺史・桂管観察使に赴任する道中で書したものと思われる。李商隠「爲滎陽公（鄭亞）赴桂州在道進賀端午銀状」（『全唐文』773）に「謹以前觀察使楊漢公封印進上」という。また、『會稽掇英總集』18「唐太守題名」（14a）によれば、元晦は桂州刺史から越州刺史に遷った後、大中元年（847）五月に中央に召還され、同年に楊漢公が代わって越州刺史に就いている。

　元晦は桂州在任中に「越亭」詩・「巖光亭」詩や「疊綵山記」・「四望山記」・「于越山記」等々、桂林の山水に関する多くの詩文とその題名をのこしている。詳しくは拙稿「唐・元晦の詩文の拾遺と復元」（『島大言語文化』17、2004年）。疊綵山には明・張鳴鳳『桂勝』が鑑定して以来、元晦の書とされている石刻がいくつか現存しており、その「疊綵山記」・「四望山記」等はいずれも隷書の作であり、この乳洞の石刻が楷書であるのと書体を異にする。「疊綵山記」等を見れば、元晦

は隷書を善くしたらしいが、じつはそれらの作にはいずれにも落款・署名がなく、元晦の作であるかどうか確証を欠く。いっぽう乳洞の石刻には元晦の署名・日付があって明らかに本人の作である。今日、元晦の作と断定できる書はこの石刻一点しか現存しないのではなかろうか。興味深いことに前掲の「元絲題名」と書風がよく似ている。元絲は元晦の従弟。

06 〔存〕唐・大中二年（848）韋瓘題「遊三乳洞」詩

下洞、洞内。洞口に向かって右の壁に沿った道を約30m入った地点にある、高坏の形をした石柱の上部、高さ約4mのことろに刻されている。前掲の石刻「会昌五年（845）趙□題詩」の上。

【現状】

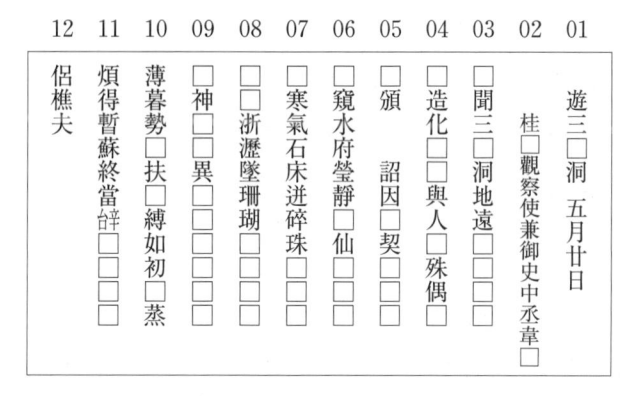

12	11	10	09	08	07	06	05	04	03	02	01
侶樵夫煩得暫蘇終當辝□	薄暮勢□扶□縛如初□蒸	□神□異□	□	□淅瀝墜珊瑚	寒氣石床迸碎珠	窺水府瑩靜□仙	頒□詔因□契	造化□與人□殊偶	聞三□洞地遠	桂□觀察使兼御史中丞韋□	遊三□洞　五月廿日

撰者韋瓘、書者韋瓘、刻者未詳。石面不磨、縦60cm、横80cm、縦書き、右行、楷書、字径5cm。石面は全体的に鋭利なもので打ち砕かれており、判読は困難。

【資料】

早く『桂林文物』（p125）に「桂管觀察使韋瓘以及元繇等人的題名題詩、具有訂証和補充史籍的重要作用」といい、また蔣太福『靈渠風光』（p72）に「唐代廣州刺史盧貞・桂管觀察史［使］韋瓘・宋代宰相李邦彦・靜江知府張孝祥等」、新編『興安縣志』（p484）の「乳洞岩」にも「有唐代廣州刺史盧貞・越州刺史元晦題記・元繇題名・桂管觀察使韋瓘的"三乳洞詩"」というが、残念ながらいずれにもその詩句は録されていない。

拓本：

1）『中國西南地區歷代石刻匯編・第四冊・廣西省博物館卷』（p5）「韋瓘遊三乳洞記」（広西本と略称）

広西本は広西壮族自治区博物館（広西博物館、広西省博物館ともよぶ）所蔵の拓本の影印である。広西本では「遊三乳洞記」とするが、『桂林文物』（p125）は単に「題名題詩」とし、『桂林旅游資源』（p696）は「乳洞題詩」とする。後の「復元」で示すように、明らかに五言の詩であり、「記」ではない。また、広西本は「楷書」、『桂林旅游資源』は「行書」とするが、広西本によっても楷書であることは識別可能。

【釈文】

01　遊三□洞　五月廿日

06：唐・韋瓘題「遊三乳洞」詩（左半）

2、乳洞巌の石刻

06：唐・韋瓘題「遊三乳洞」詩（右半）

「三□洞」＝「三」の下字は「爪」・「乙」（おつにょう）のような刻跡がある。広西本が「遊三乳洞記」とするように「乳」字であろう。しかし「洞」の下に「記」はない。下に見るように明らかに詩であり、詩形は五言律詩である。

「五月廿日」＝字径約3cm、右寄り。

02　桂管觀察使兼御史中丞韋□

「韋□」＝下字は現石では判読は困難であるが、広西本が「韋瓘遊三乳洞記」といい、早くは『桂林文物』（p125）も「桂管觀察使韋瓘……題名題詩」といって「瓘」に作る。韋瓘は大中二年三月に桂管観察使になっているから「瓘」で間違いない。詳しくは後述。この一行はやや次行よりもやや小さく、字径約4cm、前行「五月廿日」よりもやや大きい。

03　□聞三□洞地遠□□□□

「□聞」＝上字は砕かれているため判読不能であるが、広西本の字影は「甞」・「當」のように見え、下の「聞」と熟す語義から「甞」が適当である。

「三□洞」＝中字の右は「孚」に似ており、また上に「三」、下に「洞」があるから「乳」であろう。詩題01にいう「遊三□［乳］洞」に合う。

「□□□□」＝上から二字目は「客」あるいは「容」に似ている。そのいずれかであれば平仄律から見て平声の「容」がよいが、他の字である可能性も否定できない。

04　□造化□□與人□殊偶□

「□造化□」＝上字は現石では判読不能であるが、広西本では「斾」・「施」に似ている。この部分は次句の「與人世殊」と対句になるであろうから、「斾」・「施」のような動詞・名詞は適当でない。あるいは「於」であろうか。

「□與」＝上字は「定」・「完」・「穴」に似ている。「與」は「興」にも似ているが、後に「殊」があるから「與」の方が適当である。

「人□」＝下字は「世」に似ており、文意も通じる。

「偶□」＝下字は広西本では「此」に似ている。

05　□頒　　詔因□契□□□

「頒詔」＝「頒」と「詔」の間に文字の痕跡は無い。「詔」があるために通例の書式に従ってその上を空格二字にしたもの。

「因□」＝下字は上部が「益」・「茲」のそれに似る。前の「偶□」と対句であること、平声であるべきことを考えれば「茲」が適当であるが、「偶」の下字が「此」であれば「茲」とは類語であり、作詩としては稚拙になる。

「□□□」＝上字は「凤」に似るが、下の字は広西本では「圖」に近く、「凤圖」では意味が通じない。あるいは「鳳」であろうか。「圖」の下は現石では判読困難、広西本では「邃」に似る。

06 □窺水府瑩靜□仙□□□

「□」＝下部に「水」らしきものがあり、「流」・「泉」に似ているが、次句の「瑩靜」と対に成るのは「流」の方である。

「□仙□□□」＝「仙」の上字は下部に「辶」らしき字がある。「仙」の下字は左上に「土」があるから、「仙」と熟す点および詩形・押韻から見て「都」であると推測される。末尾の字は左半分が「買」に似ている。

07 □寒氣石床迸碎珠□□□

「□□□」＝下字は上部に「人」があり、下部は「分」に似る。

08 □□浙瀝墜珊瑚□□□□

「□□」＝下字は「歳」・「紫」に似る。

09 □神□□異□□□□□

「神□」＝「神」の下字は部分的に「封」・「街」に似るが、広西本では「装」・「襲」に似る。

「□異」＝上字は現石では不鮮明であるが、広西本では「怪」の異体字「恠」に似ており、「怪異」で熟す。唐・顔元孫『干禄字書』に「恠・怪：上俗、下正」。

「□□□□□」＝第一字は右が「莫」、左が「手」にも見え、また詩形・押韻から考えれば、「摸」・「模」が想起されるが、文脈上適当ではない。その下は「興」に似る。

10 薄暮勢□扶□縛如初□蒸

「□扶」＝上字は「稱」に似る。

11 煩得暫蘇終當辝□□□□

「辝」＝「辭」・「辞」の異体字。唐・顔元孫『干禄字書』に「辝・辤・辭：上・中並辝讓、下辭説、今作"辤"、俗作"辞"非也」。

「□□□□」＝上字は「蘿」あるいは「覆」・「薄」のように見え、下から二字目は「猶」のように見える。

【復元】

12	11	10	09	08	07	06	05	04	03	02	01
侶樵夫	煩得暫蘇終當辝□□□猶□	薄暮勢稱扶□縛如初□蒸	□神□□異□□興□□	□□浙瀝墜珊瑚□□□□	□寒氣石床迸碎珠□□□	□窺水府瑩靜□仙□都□	□頒 詔因茲契□圖邃	□造化□完與人世殊偶此	嘗聞三乳洞地遠□容□	桂管觀察使兼御史中丞韋瓘	遊三乳洞 五月廿日

以上によって石刻の半分以上の文字が判読可能である。中には複数の字に似て判断困難なものもあるが、八割くらいはほぼ間違いなかろう。

【解読】

判読できない字が多いが、以下に考察するように、平声上10「虞」・11「模」韻通用の五言律詩であったことはほぼ間違いなく、次のように断句できる。

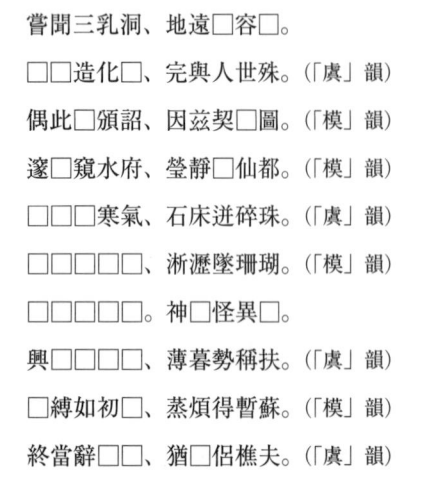

嘗聞三乳洞、地遠□容□。

□□造化□、完與人世殊。(「虞」韻)

偶此□頒詔、因茲契□圖。(「模」韻)

遂□窺水府、瑩静□仙都。(「模」韻)

□□□寒氣、石床迸碎珠。(「虞」韻)

□□□□□、淅瀝墜珊瑚。(「模」韻)

□□□□□。神□怪異□。

興□□□□、薄暮勢稱扶。(「虞」韻)

□縛如初□、蒸煩得暫蘇。(「模」韻)

終當辭□□、猶□侶樵夫。(「虞」韻)

韋瓘「遊三乳洞」五言十韻詩

乳洞は盧貞・元晦ら多くの唐人の石刻の存在が示しているように、また元晦の題記に「輒輟暮程、遂權探賞」、韋瓘の題詩に「嘗聞三乳洞」というように、景勝地として早くから有名であった。晩唐の劉恂『嶺表録異』・段公路『北戸録』にも記載が見えるが、これらはいずれも盧貞・元晦らが訪れた会昌年間よりも後の撰であるから、会昌頃から官僚・文人を通して広く知られるようになったと考えられる。宋人もこの景勝地にしばしば足を運んでいるが、韋瓘等唐人の石刻に触れているものはない。ただ南宋・王正功「留題乳洞」詩（嘉泰二年1202）に「山蹊躡履亂崎嶇、翠壁題名雜新故」と見えるが、唐人の題名等であるかどうかは不明である。韋瓘の「遊三乳洞」詩については、明・清の『廣西通志』・『興安縣志』の方志や『粤西金石略』・『八瓊室金石補正』・『粤西得碑記』等の石刻資料をはじめ、『粤西詩載』・『粤西文載』等（『粤西通載』）の広西文学作品の総集にも載っていない。恐らく最近まで全く知られなかった詩である。筆者の知るところでその存在を最も早く紹介しているものは『桂林文物』（1980年）である。その後、『霊渠風光』（1990年、p72）、『桂林旅遊大典』（1993年）「乳洞岩」（p202）等でも存在は紹介されている。ただしそのいずれにも録文されていない。

『中國西南地區歴代石刻匯編（四）廣西省博物館巻』（p5）は「韋瓘遊三乳洞記」と題しているが、明らかに「記」ではなくて「詩」であり、おそらく五言十韻の排律詩である。その理由は次の通り。

2、乳洞巖の石刻

（1）先の現状に拠れば、石刻の署名「桂管……韋瓘」以下は、一行11字で10行あり、最後の行12は三字であるから、合計102字（11×10-8）になる。詩であれば五言・七言の詩形に合わないから、「記」の可能性が考えられが、じつは05の「詔」字の前には空格が二字あるから、実際の字数は100字である。これは七言詩ではなく、五言詩の形に合う。

（2）そこでその100字を五字で断句してみれば、次のような20句になり、さらに多くの偶数句末に韻が踏まれていることも明らかである。

01　□聞三□洞　　02　地遠□□□
03　□□造化□　　04　□與人□殊　　（「殊」は「虞」韻）
05　偶此□頒詔　　06　因茲契□圖　　（「圖」は「模」韻）
07　□□窺水府　　08　瑩靜□仙□
09　□□□寒氣　　10　石床迸碎珠　　（「珠」は「虞」韻）
11　□□□□□　　12　淅瀝墜珊瑚　　（「瑚」は「模」韻）
13　□□□□□　　14　神□怪異□
15　□□□□□　　16　薄暮勢□扶　　（「扶」は「虞」韻）
17　□縛如初□　　18　蒸煩得暫蘇　　（「蘇」は「模」韻）
19　終當辭□□　　20　□□侶樵夫　　（「夫」は「虞」韻）

このように断句した上で偶数句末を見て行けば、不明である08・14の二句を除いて、04「殊」（虞）・06「圖」（模）・10「珠」（虞）・12「瑚」（模）・16「扶」（虞）・18「蘇」（模）・20「夫」（虞）はいずれも韻を同じくする。平声上第10「虞」と第11「模」は同用。これによって、石刻が詩であり、五言十韻の長詩であったことが知られる。そこで08句末に当たる「仙□」の缺字は、「水府」と対になる語であり、かつ上平10「虞」・11「模」韻でなければならないことによって「都」（模）であると推定される。また、14「異」の下は左が「莫」、右が「手」の如く読めるから、「摸」（模）のように思われるが、「怪異摸」では意味不明であり、他の字であるように思われる。

今、乳洞石刻によって不完全ではあるが韋瓘の詩を一首を拾遺することができる。また、書も韋瓘の真筆であろう。韋瓘は『新唐書』に伝が立てられている、いわば著名人であるが、その詩は「留題桂州碧潯亭」一首（『全唐詩』507）と文三篇（『全唐文』695）しか伝わっていない。詩一首は『桂林風土記』の「碧潯亭」条に見え、明・胡震亨『唐音統籤』849に収める同詩の題下注が「碧潯亭」条とほぼ同じであるから、それに拠って拾ったものであろう。ちなみに清・朱彝尊（1629-1709）『曝書亭集』44に『桂林風土記』について「雖非足本、中載張固・盧順之・張叢・元晦・路單・韋瓘・歐陽贍・李渤諸人詩。采唐音者均未著于錄、洽聞之君子亟當發其幽光也」という。また、『桂林文物』（1980年）の十数年後に出た『全唐詩續拾』29（『全唐詩補編』1992年所収）には残句（二句）を拾遺するが、これは注記されているように、『全唐文』695の韋瓘「浯溪題壁

記」中にある「因吟"作官不了却歸來、還是杜陵一男子"」という部分からの拾遺。「浯溪題壁記」について詳しくは後述。そのような中にあって乳洞石刻の「遊三乳洞」詩は韋瓘の佚詩として、また現存する真跡として極めて貴重である。「遊三乳洞」長詩は今なお二・三割の文字が不明であり、今後の再調査によって完璧を期したい。

韋瓘の桂州刺史任命と召還

　石刻「遊三乳洞」詩に「桂管觀観使兼御史中丞韋瓘」とあるから桂林に在った時の作であることは確かであるが、作年については「五月廿日」とあるのみで年が記されていない。『新唐書』162「韋瓘伝」に「會昌末、累遷楚州刺史、終桂管觀察使」、また『桂林風土記』の「碧潯亭」条に「大中初、前韋舍人剏造」という。これらによれば、中書舎人韋瓘は会昌（841-846）末に楚州刺史に遷り、大中（847-859）初には桂管觀察使の任に在り、在任中に死去しているから、大中年間の作ということになるが、では大中何年の作なのか。

　韋瓘が桂管觀察使の任に在ったことは乳洞石刻によって確かであるが、在任期間については早くから諸説があり、筆者の知る所では少なくとも次の三説がある。

　1）会昌四年（844）説：近著『桂林旅游資源』（p 696）に「最早的石刻爲唐會昌四年（844）前廣州刺史盧貞的題名和同年桂管觀察使韋灌［瓘］的『乳洞題詩』」といい、韋瓘の題詩を「同年」つまり「會昌四年」の作とする。これは明らかに誤りである。先に考証したように、会昌四年の桂管觀察使は元晦であり、現存する乳洞石刻によって元晦が会昌五年八月まで在任していたことは明らかである。

　次に、かつて浯渓に韋瓘題記が残っており、それに「今年三月有桂林（桂管觀察使・桂州刺史）之命」とある。浯渓は永州祁陽県、今の湖南省南部にあり、南下する場合にはそこから湘江を遡って桂州へ入る、あるいは逆に北上する場合には桂州から湘江を下ってここを通る。題記によれば韋瓘は桂州から召還されるが、桂州霊川県で太僕卿分司東都に改められたことを知り、桂州から洛陽に向かって北上する帰途で浯渓に立ち寄って題刻したということになる。しかし「今年」については大中二年と三年の二説がある。

　2）大中二年（848）説：早くは南宋・洪邁『容齋隨筆』（淳熙七年1180）8「浯溪留題」は節録して「太僕卿分司東都韋瓘、大中二年過此（祁陽県浯渓）」に作っており、また南宋・失名『寶刻類編』6も「韋瓘」に「浯溪題名：大中二年十二月七日、永、存」という。後に清・卞宝第『湖南通志』265「金石」7は「太僕卿分司東都韋瓘、大中二年十二月七日過此。……得喪之際、豈足介懷」に作り、『全唐文』695「浯溪題壁記」は「分司優閑、誠爲忝幸。……將歸洛中。方與猿鳥爲伍、得喪之際、豈足介懷。大中二年十二月七日」に作る。『全唐文』が何に拠ったのかは不明であるが、本来の形に近いのは『湖南通志』の録文の方である。また、『全唐文』には闕字が多く、そこで『全唐文補編』76は「全唐文卷六九五收此文、僅存九十二字」として『湖南通志』

によって再録している。しかし最も多く闕字を補注しているのは陸増祥『八瓊室金石補正』であり、これによって再録すべきであった。

3）大中三年（849）説：清・陸増祥『八瓊室金石補正』61（27a）「浯溪韋瓘題記」に録して「太僕卿分司東都韋瓘、大中三年十二月七日過此。余大和（827-835）中以中書舍人謫宦康州、逮今十六年。去冬罷楚州刺史、……今年三月有桂林（桂管觀察使・桂州刺史）之命。……□□桂陽（郴州）、纔經數月□□無□又蒙除替。行次靈川（桂州靈川縣）、聞改此官（太僕卿分司東都）。分司優閑、誠爲忝幸。……將歸洛中」に作り、按語に「自洪容齋（『容齋隨筆』）以來、皆定爲"大中二年"。余以三四搨本諦審之、非"三年"、即"五年"。以文內"逮今十六年"句及史（『新唐書』本伝）稱"（李）德裕罷相、韋瓘坐貶"合之、則可定爲"三年"也」という。これによれば、「大中二年」ではなく、「大中三年」である。つまり「今年三月有桂林之命」は韋瓘が大中三年三月に桂管観察使・桂州刺史の任命を受けたことを謂うことになる。ただし『容齋隨筆』は「三月」を「二月」に作るが、これについての言及は見えない。なお、陸氏は洪容齋（邁）の説を引用して出自を『容齋四筆』としているが、通行本（清重校本）では『容齋四筆』（慶元三年1197）ではなく『容齋隨筆』（淳煕七年1180）の方に見える。

今、『北京圖書館藏中國歷代石刻拓本匯編（32）唐』（p24）に「韋瓘等題名」と題して収める。「等」は誤り。この拓本では「二年」に近いが、たしかに「二」は「三」や「五」のように見えないでもない。陸氏の説は三・四もの拓本に拠った鑑定であり、考証も十全であって、これに従うべきであるように思われるが、その実、「大中三年」説にはまだ考えるべき問題がある。

（1）韋瓘遷謫の原因と李德裕の関係

陸氏は「以文內"逮今十六年"句及史（『新唐書』本伝）稱"（李）德裕罷相、韋瓘坐貶"合之」というが果たしてそうであろうか。いっぽう『容齋隨筆』は「按『新唐書』："瓘仕累中書舍人、與李德裕善、李宗閔惡之、德裕罷相、貶爲明州長史、終桂管觀察使"。以題名證之、乃自中書謫康州、又不終於桂、史之誤如此。瓘所稱"十六年前"正當大和七年。是時、德裕方在相位、八年十一月始罷、然則瓘之去國、果不知坐何事也」という。『容齋隨筆』の引く『新唐書』本伝は節録であり、詳しくは「（韋）正卿子瓘、字茂弘、及進士第、仕累中書舍人、與李德裕善、德裕任宰相、罕接士、唯（韋）瓘往請無閒也。李宗閔惡之、德裕罷、貶爲明州長史。會昌末、累遷楚州刺史、終桂管觀察使」という。唐史にいう"牛李党争"、つまり晩唐に牛僧孺・李宗閔・白敏中等と李德裕が宰相となって対立するが、韋瓘は李德裕の党であった。『新唐書』に伝があるとはいえ、内容は簡単なもので、以上がすべてであり、これを読む限り、いつ、どのような経緯で韋瓘が桂林に遷謫されたのか不明である。会昌末・大中初において李德裕に関係して遷謫されたのであれば、会昌末の政権交替が背景にある。会昌六年（846）三月の武宗崩御・宣宗即位によってうまれた宰相白敏中・馬植等の新政権によって武宗の寵臣であった李德裕は権力を失って東都

留守・太子少保分司東都に追いやられ、ついに大中元年（847）七月には中央から潮州員外司馬に出され、ついで二年二月には呉湘事件によって李徳裕党が中央から一掃されてしまう。李徳裕はさらに崖州司戸参軍に貶されて三年十二月に配所で死去する。そうならば李徳裕党であった韋瓘が「今年三月有桂林之命」というのは「大中三年」ではなく「大中二年」「三月」の可能性が高い。

（2）桂州刺史鄭亜の遷謫との時間的関係

大中二年三月前後桂州刺史にも交替があった。『舊唐書』18下「宣宗紀」によれば、大中二年二月に鄭亜が桂州刺史からさらに遠地の循州刺史に左遷されている。鄭亜の左遷も呉湘事件に関連して白敏中党が行った処分であった。韋瓘は楚州刺史からさらに遠隔の地の桂州刺史となっており、それは鄭亜の後任であったと考えられる。これも「浯溪韋瓘題記」が「大中二年」であったことを支持する。なお、『容齋隨筆』は「今年（大中二年）三月」を「今年二月」に作るが、鄭亜に対する命が大中二年「二月」であれば、その後任の韋瓘に対する命も同時期であった可能性が高い。つまり『容齋隨筆』が正しいのではなかろうか。

（3）宰相馬植との関係

『新唐書』本伝はただ李徳裕との関係を記しているに過ぎず、韋瓘の伝記資料としては晩唐・莫休符『桂林風土記』の「碧潯亭」条が最も詳しい。それに次のようにいう。

> 韋舍人、年十九入闕、應進士擧、（元和四年809）二十一進士狀頭、榜下除左拾遺。於時名重縉紳、指期直上。馬相爲長安令、二十八度候謁、不蒙一見。後任廉察桂林、纔半歲而馬相執大政、尋追懷舊事、非時除賓客分司。悵望、留詩於碧潯亭曰："半年領郡固無勞、一日爲心素所操。……從此歸耕洛川上、大千江路任風濤"。

また、韋瓘「留題桂州碧潯亭」は明・胡震亨『唐音統籤』849に収められており、その題下注にも「廉察桂林……僅半載、時宰排贊皇餘党、除賓客分司、去題詩碧潯亭上」という。「贊皇」とは李徳裕の封号。なお、この注記は同詩を収める『全唐詩』507では削除されている。

今、「任廉察桂林、纔半歲而馬相執大政、尋追懷舊事、非時除賓客分司」の部分は韋瓘「浯溪題記」にいう「太僕卿分司東都韋瓘、……今年三月有桂林之命。……纔經數月□□無□又蒙除替。行次靈川、聞改此官。分司優閑、誠爲忝幸」とよく合う。「馬相」は馬植（?-857）のこと。『舊唐書』176「馬植傳」に「李徳裕素不重之。宣宗即位、宰相白敏中興（李）徳裕有隙、凡徳裕所薄者、必不次拔擢之、乃加（馬）植金紫光禄大夫・行刑部侍郎・充諸道鹽鐵轉運使、轉戸部侍郎、領使如故。俄以本官同平章事、遷中書侍郎、兼禮部尚書。（白）敏中罷相、植亦罷爲太子賓客」というように、馬植は李徳裕党と対立していた白敏中の庇護を得ていた。牛僧孺は大中元年（847）に死去しているが、白敏中は牛党を継ぐ頭目であった。『唐音統籤』のいう「時宰排贊皇餘党」とは『風土記』にいう「馬相」宰相馬植による李徳裕党の排斥を謂う。では、その時期はいつな

のか。『舊唐書』18下「宣宗紀」によれば、白敏中は宣宗即位後の会昌六年（846）四月に同中書門下平章事となり、馬植は行刑部侍郎・充諸道鹽鐵等使となるが、「六月、以戸部侍郎・充諸道鹽鐵轉運使馬植本官同平章事」、大中二年（848）三月にも「以禮部尚書・鹽鐵轉運使馬植本官同平章事」となるが、大中三年四月に「以正議大夫・守中書侍郎・同平章事・集賢殿學士・賜紫金魚袋馬植爲太子賓客、分司東都」に左遷されている。そこで『風土記』にいう「後任廉察桂林、纔半歳而馬相執大政」とは、韋瓘が桂管観察使になって半年後のことであるから、「今年三月有桂林之命」が大中二年三月であれば、「改此官（太僕卿分司東都）」は大中二年九月頃となり、これは馬植が「執大政」である同平章事・礼部尚書であった時期に合う。いっぽう大中三年三月の桂州任命であるならば、大中三年九月頃の召還となり、馬植がすでに太子賓客分司に遷されてからのことになってしまう。

　以上によって韋瓘「浯溪題記」の冒頭は「大中三年」ではなく、「大中二年」が正しいように思われる。ただしなおいくつか不明な点がある。それは『桂林風土記』にいう「尋追懷舊事、非時除賓客分司」と「浯溪題記」にいう「太常卿分司東都」との関係である。『桂林風土記』にいう太子「賓客分司」東都は「浯溪題記」にいう「太常卿分司東都」の誤であろうか。「馬相」の任官との混乱があるかも知れない。「浯溪題記」の「今年三月有桂林之命。……□□桂陽、纔經數月□□無□又蒙除替。行次靈川、聞改此官。分司優閑、誠爲忝幸」にも疑問な点がある。缺字が多くあって正確な解読は困難であるが、その中の「纔經數月□□無□又蒙除替」は恐らく「纔經數月、□□無□、又蒙除替」で断句でき、「□□無□」四字は『桂林風土記』に載せる韋瓘「留題詩」にいう「半年領郡固無勞」と同じような内容であって恐らく「領郡無勞」というような表現ではなかったかと思われる。つまりこの部分は、桂州刺史を拝命して赴任したが半年も経たない短い在任であって何の治績もあげられぬまま、「又蒙除替」されて桂林を去り、「行次靈川、聞改此官」、その道中である桂州靈川県で「此官」即ち「太僕卿分司東都」に「改」められたことを知った、という意味であろう。そうであるにしても「改」とはどういうことであろうか。当初は別の官職を拝命して帰朝の途に就いたのであるが、途中で太僕卿分司東都に改められたのであろうか。それは「賓客分司」（正三品）から「太僕卿分司東都」（従三品）なのであろうか。「賓客分司」・「太僕卿分司東都」、いずれも閑職であるが、「題記」に「聞改此官。分司優閑」というから、「優閑」閑職に改められたのであって、閑職「賓客分司」から同じく閑職である「太僕卿分司東都」に改められたのではなかろう。また、『桂林風土記』は韋瓘と間隙のあった宰相馬植が遺恨から韋瓘を「分司」という閑職に追いやったことをいうものであり、「賓客分司」は「題記」にいう「太僕卿分司」の誤りではなかろうか。『桂林風土記』の記載には不明な部分があるが、韋瓘が桂林から分司東都として帰還する時に宰相馬植が何らかの形で関わっていることことは確かであろう。

以上をまとめれば、李徳裕党であった韋瓘は大中二年二月に宰相白敏中の画策した呉湘事件の弾劾によって李徳裕党として中央から一掃され、桂州刺史に左遷された。着任後半年を待たずして召還されたが白敏中党の宰相馬植によって太僕卿分司東都の閑職に改められた。ただし当初は太子賓客分司東都であったが、帰朝の途次、桂州霊川県で太僕卿分司東都に改められたことを知った可能性もある。

韋瓘「遊三乳洞」詩の作年

では韋瓘「遊三乳洞」詩はいつ作られたのか。石刻には「五月廿日」とあるのみで、年は記されていないが大中二年五月赴任時の作であろう。

（1）韋瓘「浯渓題記」に「太僕卿分司東都韋瓘、大中二年十二月七日過此。……今年三月有桂林之命。……□□桂陽、纔経数月、□□無□、又蒙除替、行次霊川、聞改此官」という。霊川県は興安県（唐名は臨源県）の南にあり、乳洞は興安県の西南、霊川県に接する地点に当たる。韋瓘は大中二年（848）十二月七日には北上して永州祁陽県浯渓にいるから、十一月中に桂州を離れているであろう。洛陽に向けて北上するのは冬であり、乳洞石刻は春「五月廿日」であるから、帰途での作ではない。

（2）乳洞石刻には「桂管觀察使兼御史中丞韋瓘」と自署されており、北帰の道中であれば、先に掲げた盧貞の「前廣州刺史盧貞」の例のように「前」を冠するはずであり、あるいは元晦の「檢校左散騎常侍越州刺史元晦」や韋瓘「浯渓題記」の「太僕卿分司東都韋瓘」のように新任の官を冠するのが通例である。「桂管觀察使」と称しているのはすでにその命を受けていたからである。

（3）長安から桂州に到着するまでは、柳宗元等当時の例によれば、約三ヶ月を要する。韋瓘「浯渓題記」には「今年二月有桂林之命」というから、春二月に命を受けて長安より南下して桂州興安県までは、約三ヶ月後、興安県乳洞石刻にいう「五月廿日」に合う。ただし陸氏釈文の「浯渓題記」には「中書舎人謫宦康州、逮今十六年。去冬罷楚州刺史、□□泗上、旅泊□□、今年三［二］月有桂林之命、□□□□繞一千餘□、而□末□□桂陽、纔經數月□□無□又蒙除替」とあるから、楚州（今の江蘇省東北部）から南下して「桂陽」郴州（今の湖南省東南部）に至り、そこから西に向かって道州（湖南省南部）を経て桂州に入っている可能性が高い。ちなみに浯渓は道州の北に隣接する永州の北部にある。そうならば赴任時には浯渓を経ていない可能性がある。

石刻の自署に関連して卒年について附言しておけば、すでに『容齋随筆』も指摘しているように、『新唐書』本伝にいう「終桂管觀察使」は明らかに誤りである。「浯渓題記」に新任の官を示して「太僕卿分司東都」とあり、任命されてすでに桂林を離れているから、「終桂管觀察使」ではない。ただし『新唐書』がそのように記しているのは、正確ではないとはいえ、何らかの根拠がある、あるいは何かの資料に基づいてそのように判断したものと思われる。「終桂管觀察使」

と考えられたのは太僕卿分司東都に着任していた記録がないからではなかろうか。そうならば洛陽に赴任する道中で死去した可能性もある。この仮説に立てば韋瓘の卒年は大中二年十二月七日以後から三年（849）春までの間である。生年は「元和四年（809）二十一歳進士状頭」によって貞元五年（789）。

以上考察してきた所に基づいて韋瓘の晩年の事跡をまとめておく。

宣宗・大中元年（847）　　冬　　　　　　罷楚州刺史。
　　　　二年（848）　　二月　　　　　　貶桂州刺史・桂管観察使。
　　　　　　　　　　　五月二十日　　　南下赴任、至桂州興安県作「遊三乳洞」詩。
　　　　　　　　　　　十一月　　　　　在桂州作「留題碧潯亭」詩。北上帰還。
　　　　　　　　　　　　　　　　　　　至桂州靈川県、聞改爲太僕卿分司東都。
　　　　　　　　　　　十二月　七日　　至永州祁陽県浯渓、題記。
　　　　三年（849）　　初　　　　　　　未至洛陽、死去（？）。

韋瓘や先の趙某・元晦ら唐人の石刻については、後にこの地を訪れた宋代の文人・詩人等の石刻中に言及が見られず、また方志にも著録されていない。ちなみに清・張昭運『興安縣志』（道光十四年1834）13「勝蹟・金石」が最も多くの乳洞石刻を著録しているが、それにも唐代のものは全く見えない。早くから知られていなかったようであり、それはこれらの石刻の位置とも関係があろう。図「乳洞内右道石柱周辺」を参照。唐人の石刻は洞口から約30m奥にある石柱上、しかも地上3～4mの位置に集中している。つまり、宋人の石刻が比較的低い位置、多くが目の高さに刻されているのと違ってかなり高い位置に在る。筆者も最初（1998年）に訪れた時には見つけられなかった。二回目（2002年）に懐中電灯を準備して総勢五人で洞口からくまなく探した結果、発見することができた。今日、それらは懐中電灯があっても全文を目にすることは難しく、梯子等を必要とする。2002年1月の時点では石柱の南側の下が掘られており、地面の位置は宋代では今よりもやや高かったと思われるが、周囲の状況から見て1m以上も高かったとは考えにくい。では、なぜこのような人の目に触れにくい高い位置に刻したのか。それは刻してある石柱に関係があろう。刻されている石は大きな柱（径約2m）の形を成しており、洞口から約30mの位置にあって洞内のほぼ中央に当たる。しかもその石柱の上部は左右に2～3mにわたって広がってかなり平らになっている。その部分はいわば掲示板の如き形状を成しているわけであり、また唐人の摩崖石刻は石面を磨平することなく平面を選んで刻入することが多い。このような石柱は洞内にこれ一本のみであり、洞内で最も目を引く位置にあるともいえる。そこで唐人はこの石柱の平面を利用したのであろう。中で最も早いのが趙某「會昌五年八月十日」の石刻であるが、石柱上部の平面の中で一目に触れやすい好位置に刻されている。元晦の題名は「會昌五年八月廿日」とあるから、その後に趙某題詩の向かって右上の面に刻され、さらに数年後に韋瓘が平面を求め

中国乳洞巖石刻の研究

て趙某題詩の上に題詩を刻させたのである。したがって全体が高い位置になってしまい、その結果、後人に発見され難くなってしまったものと思われる。

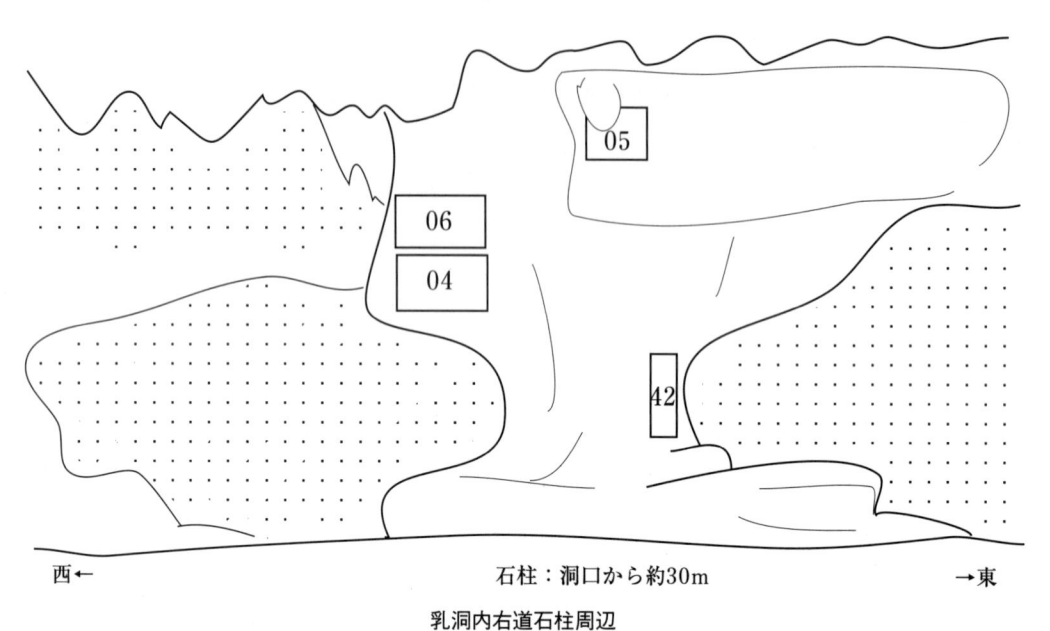

西←　　　　　　　　石柱：洞口から約30m　　　　　　　→東

乳洞内右道石柱周辺

07 〔存〕北宋・政和三年（1113）楊書思題記

　下洞、洞口、向かって左の崖上、高さ約3mのところ。林半覚『廣西石刻志稿』（民国手抄本）「宋乳洞題名」に録文して末に「右刻在興安縣乳洞之中洞」という。今日では下洞に、しかも上下の岩にの間にはめ込まれるようにして在り、中洞から移されたもののようには思われない。ただしこの石刻は乳洞にある石刻の多くが摩崖であるのとは違って石板に刻された碑誌の形をとっており、かつさほど大きくはないから、容易に移動することができる。林氏の記録が正しいならば、本来は中洞に在ったのであるが、民国後に下洞の今の位置に移されたということになる、しかし、詳しくは「校勘」で述べるが、林氏の録文には重大な誤りがあり、とても実物を見ていたようには思われない。そうならば林氏がいう「在……中洞」も疑問であり、もともと今日の位置、つまり下洞口の岩中にあったことは十分考えられる。

【現状】

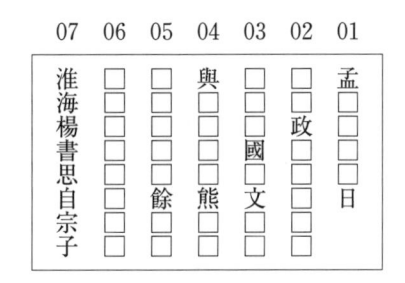

07	06	05	04	03	02	01
淮	□	興	□	□	□	孟
海	□	□	□	□	政	□
楊	□	□	□	國	□	□
書	□	□	文	□	□	日
思	□	餘	熊	文	□	□
自	□	□	□	□	□	□
宗	□	□	□	□	□	□
子	□	□	□	□	□	□

　碑面全体にわたって浸食・風化が激しく、判読は極めて困難である。洞口に在ること、また石質が乳洞内の石灰岩と違っており、かなり脆いことにも原因があろう。

　撰者楊書思、書者楊書思、刻者未詳。石板は縦66cm・横69cm・厚さ8cm。楷書、字径6cm、縦書き、左行。四辺に縁取りの装飾（幅3cm）があり、鱗型の紋様が施されている。本来は左行であるが、ここでは林氏等の録文と対照させる必要上、行番号を右行の順で示す。林半覚『廣西石刻志稿』（民国手抄本）「宋乳洞題名」に「真書徑三寸」、林半覚『廣西歴代碑目』（民国手抄本）「宋乳洞題名」に「政和三年刻、真書徑三寸」。

【資料】
録文：
　1）清・張運昭『興安縣志』（道光十四年1834）13「金石」の「乳洞題名」（26b）（張本と略称）
　2）民国・林半覚『廣西石刻志稿』（手抄本）の「宋乳洞題名」（林本と略称）
いずれも貴重な録文であるが、下に考証するように、ともに解読で重大な誤りを犯している。
拓本：

07：北宋・楊書思題記

１）『北京圖書館藏中國歷代石刻拓本匯編』42（p26）「楊書思等游乳洞題名」（北京本と略称）

北京本（顧866）は清・顧廣昕（字は千里、1766-1835）の収蔵。現状と比較してかなり鮮明であり、全文が判読可能。

【釈文・校勘】

張本は全文を録して以下のように作る。

　　政和三年癸巳孟夏二十六日尉衡陽國希文同遊乳洞興縣令寧遠熊缶縣縣至興安公餘乘興博士出
　　爲郡別駕行淮海楊書思自宗子

林本は全文を録して以下のように作る。

　　政和三年癸巳孟夏二十六日尉衡陽國希文同遊乳洞興安縣令寧遠熊缶□□至興博士出為郡別駕
　　行淮海楊書思自宗□

2、乳洞巖の石刻

　張本の録文では計54字、林本では□で示す缺字を含み計50字、また文字にもかなりの異同が認められる。現存する原石は、一行八字、七行であることは確認可能であり、したがって全文は計56字でなければならない。さらに大なる疑問は、張本・林本の録文はともに文意を成しがたいという点である。たとえば両本とも「政和三年癸巳孟夏二十六日」・「尉衡陽國希文同遊乳洞」・「縣令寧遠熊缶」・「出爲郡別駕」に作っており、この限りでは意味は通じるが、しかしいずれもその前後とは文意が通じない。両本ともに冒頭を「政和三年癸巳孟……」とするが、現存石刻では01行の最初の文字は明らかに「孟」であるから、向かって右から書かれているのではなく、その逆、左から右に向かって書かれているものと想像される。両本が断片的には意味が通じるが、全体として文脈をなさないのはそのためである。林氏が確かに実物を見ているならば右の冒頭「孟」あるいは左の冒頭「淮」から録文は始まるはずであるが、なぜ張本と同じく右第二行の第三字である「政」から始めているのか、大いに疑問である。

01　孟□□□□日

　張本・林本ともに「政和三年癸巳孟夏」に作るが、現存石刻は明らかに「孟」字で始まっている。また、張本・林本ともに「孟夏二十六日」に作っているが、北京本では明らかに「孟夏二十一日」であり、「日」の下には空格がある。

02　□□政□□□□□

　張本・林本ともに「政和三年癸巳」に作って前行「孟……」に連続させている。北京本によって「乳洞政和三年癸巳」と判読される。ただし北京本では「年」ではなく、明らかに「秊」、異体字。唐・顏元孫『干禄字書』に「年・秊：上通、下正」。

03　□□□國□文□□

　張本・林本で「尉衡陽國希文同遊」に作っている部分がこの行に当たる。北京本によっても判読可能。

04　與□□□□熊□□

　張本の「與縣令寧遠熊缶縣」、林本の「興安縣令寧遠熊缶□」がこの行に当たる。ただし林本は「縣令」とあることから、前の「與」を「興安縣」の「興」と誤解したのであろう。北京本によれば「與縣令寧遠熊缶縣」。

05　□□□□□餘□□

　張本の「縣至興安公餘乘興」、林本の「□至興」がこの行に当たる。ただし林本は全体を50字にしており、この行にかなりの脱字がある。北京本では「縣至興安公餘乘興」。

06　□□□□□□□□

　張本・林本ともに作る「博士出爲郡別駕行」がこの行に当たる。北京本では「爲」は「為」、異体字。

【復元】

```
  01 02 03 04 05 06 07
 淮 博 縣 與 尉 乳 孟
 海 士 至 縣 衡 洞 夏
 楊 出 興 令 陽 政 二
 書 為 安 寧 國 和 十
 思 郡 公 遠 希 三 一
 自 別 餘 熊 文 年 日
 宗 駕 乘 缶 同 癸
 子 行 興 縣 遊 巳
```

【解読】

　淮海楊書思、自（宗正寺）宗子博士出爲郡別駕、行縣至興安、公餘乘興、與（興安）縣令寧遠熊缶・（興安）縣尉衡陽國希文、同遊乳洞。政和三年（1113）癸巳、孟夏（四月）二十一日。

林半覚の録文と調査に対する疑問

　今、下洞に石刻「中華民國卅六年（1947）十一月、與劉子保虚訪碑過此、留三日、得唐代摩崖。林半覺誌」があり、これは林半覚が乳洞内の石刻を現地調査したことを示している。しかしこの石刻「北宋・政和三年楊書思題記」の録文については重大な問題がある。今、張本と林本の録文を石刻に照らして改行して示せば次のようになる。

	林本		張本
01	政和三年癸巳	01	政和三年癸巳
02	孟夏二十六日	02	孟夏二十六日
03	尉衡陽國希文同遊乳洞	03	尉衡陽國希文同遊乳洞
04	興安縣令寧遠熊缶□	04	與縣令寧遠熊缶縣
05	□至興	05	縣至興安公餘乘興
06	博士出為郡別駕行	06	博士出爲郡別駕行
07	淮海楊書思自宗□	07	淮海楊書思自宗子

　このように配してみれば張本・林本ともに原石の左右を逆にして録文していることは明らかである。しかし、中でも冒頭を「政和三年癸巳孟夏二十六日」と作っているのは、向かって右から二行目の第三字から始めるものであり、明らかに現存石刻と矛盾している。当時、石刻を見ているはずの林半覚までがなぜそのような誤りを犯しているのか。林半覚（1907-1983）については後掲の石刻「民國三六年林半覚等題名」での考察「林半覚と桂林石刻」で述べるように、桂林を中心とする広西の石刻研究の第一人者であり、当時現存していた多くの石刻を蒐集して解読・年代分類するなど、『桂林石刻』（1981年）三冊の基礎を築いた人である。今、林氏の録文に若干の缺字はあるものの、文意が通じないことは明らかである。「広西石刻的"活字典"（生き字引）」とま

で称される林半覚ほどの人がなぜこのような明白な誤りを犯したのであろうか。じつは林本は張本と酷似している。左右を逆にして誤読しているとしても、03行から07行までは原石にかなり近いが、01行・02行が入れ替わっている。このようなことは実際に原石を見たならばあり得ないことである。01・02両行の「孟夏二十一日乳洞政和三秊癸巳」が年号を示すものであることは明らかであるが、通常の書式に合わない。そのために林本は張本によって「乳洞」を動かし、両行を転倒したのではなかろうか。しかし「□」缺字で判読できない部分を示しているから原石を見ているようであり、必ずしも張本に拠っているとはいえない。

　張本と林本との類似はこの石刻に限らない。たとえば後述する中洞石刻「南宋・淳熙二年（1175）范成大等題名」（林半覚『廣西石刻志稿』の「宋祝元將等題名」）がそうである。張本・林本ともに録文を示しているが、いずれもかなりの誤字・脱字があり、しかもどういうわけかそのほとんどが同じである。林本「宋祝元將等題名」には「右刻在興安縣乳洞之中洞」といって存在場所を記しており、確かに中洞に存在するから、実際にそれを調査していると思われる。しかしそうならば、若干の誤字があるのは措くとしても、脱字が多いのはなぜか。今日でも比較的鮮明なものでさえ脱字されている。しかもそのような脱字と誤字までもが張本と同一であるとなれば、それはもはや偶然とはいえない。「范成大題名」は中洞のほぼ中央にあり、約3mもの長幅であるから、実際に調査したのであれば、容易に見つけられる。乳洞下洞には林氏自身の題名が刻されているから乳洞を調査していることは確かであり、また張本には見えない「中洞」等の所在地を示しているから調査が三洞に及んでいることも信じてよかろう。それにも関わらず、なぜ張本に拠ってしまったのか。

　もう一つ不可解であるのが石刻「楊書思題名」の存在場所についての記録である。林氏は中洞に在るというが、今は下洞口に在る。中洞内に在ったものが後に下洞口に移された結果、日光や風雨に晒されることとなり、そのために過度の浸食をうけていたということは十分考えられる。しかし、そうであるにしても林氏は中洞に在った時点のものを見ているわけであるから、判読はより容易であったはずである。北京本では全字が鮮明に写っているから、林氏が見た時には缺字がそれを示すようにすでにかなり判読にたえがたい状態、つまり今の状態に近いものであったのではなかろうか。そうならば、やはり石刻は中洞に在ったのではなく、今の場所、つまり下洞口に在ったと考えるべきであろう。この他に、林氏には明らかに存在地を誤っているものがある。たとえば後掲する林本の「宋謝逵題詩」の按語に「右刻在興安縣乳洞之中洞」というのがそうであり、「中洞」ではなく、「下洞」の洞口左壁に現存する。これなどは石板に刻されている「楊書思題記」とはちがって動かしようのないものである。「楊書思題記」を中洞に在ったとするのもやはり誤りであろう。

　原石がこのような判読にたえない状態にあったために林半覚は張本を参考にしてしまったよう

に思われる。しかし、そうならば01・02の不鮮明部分も「□」で示すべきである。この両行には缺字が示されておらず、しかも文意の通じるように入れ替えられてしまっている。つまり実際の状態を無視している。これは「□」をもって示している忠実な録文の態度と矛盾するものである。

　次に、林氏の収録にはかなりの遺漏があることも指摘しておかねばならない。林氏は後に掲げる南宋・王慈敬等に道場開発に関する石刻七点をはじめ、南宋の題名で収録されていないものが多い。それらは多くが容易に見つけられるところにあるが、民間の宗教的作であり、あるいは「林士玠題名」・「趙必益等題名」・「趙孟薖等題名」のように氏名を列記しただけの簡単なものであるから、宋刻ではあっても、さしたる価値の無いものと判断して除外しているようにも思われる。しかし中には「方信孺題詩二首」や「趙立等『乳洞山遊』唱和詩」のような名人大官の作もある。方詩は左壁の中央にあって3ｍ以上の大幅であり、趙詩は洞口にあってこれも横130cmもある。いずれも見逃すはずのないものである。なぜこれらの石刻を収録していないのか。林氏の取捨選択の基準は定かではないが、かなりのものが漏れていることは確かである。

　『廣西石刻志稿』は、早期の状態を記録していて貴重であるとはいえ、これらの例によってかなり杜撰であるといわざるを得ない。その録文に全幅の信頼を置くことは禁物である。

楊書思の事跡の補正

　楊書思の伝は、『宋史』等の史書には見えず、詳細は不明である。ただ管見によれば、李国玲『宋人傳記資料索引補編（三）』（1994年）（p1451）が北京本（拓本影印）および清・謝啓昆『廣西通志』220「金石略」に「朝奉郎通判桂州軍州事楊書思、政和二年九月晦來」とあるのによって収録している。今これを補足しておけば、清末の楊翰『粵西得碑記』（6b）にも「於巖（読書岩）側石上得孟簡（？-823）題名。……石旁有楊書思題名、文云：〝朝奉郎通判桂州軍州事楊書思政和二年九月晦〔來〕〟。眞書、徑一寸許。余所得宋人刻甚多、未能悉記、此題名因在孟簡題名側、拓孟簡題名必拓此、乃附記之」といって謝啓昆『廣西通志』220「金石略」と同文の記録が見える。「孟簡題名」については拙著『桂林唐代石刻の研究』（白帝社2005年）「独秀峰石刻」を参照。桂林市文物管理委員会『桂林石刻（上）』（p107）にも同石刻「楊書思独秀峰題名」を載せるが、筆者が調査したところ、今日それらしきものは見当たらない。桂林図書館蔵の桂林市文物管理委員会『桂林石刻展覧目録』（1964年）「孟簡：讀書岩題名」に「原石抗戦間擊毀」というから、楊書思題名も同時に破壊されたものと思われる。しかし楊書思の題名は多く残っており、桂林の雉山・畳彩山・龍隠洞に同遊した題名にはいずれも「淮海楊書思」といい、かついずれも政和三年（1113）春の遊であって、乳洞石刻の作が政和三年四月であるのに近い。

　乳洞石刻によれば、楊書思は政和二年頃に「宗子博士」から「郡別駕」通判桂州軍事州事に出された。宗子博士とは、宗正寺宗学の属官、位は国学博士の上。北宋徽宗の崇寧元年（1102）に諸王宮に宗学が置かれて博士が設けられ、五年に宗子博士に改名された。後、南宋高宗の紹興四

2、乳洞巌の石刻

年（1134）に至って宗学教授に改められる。

　今、『桂林旅游資源』（p696）「摩崖石刻」の「乳洞摩崖石刻」に現存石刻として「政和三年（1113）興安縣令楊書思等題名、双勾楷書」というが、誤りである。先に復元した所によってもわかるように、楊書思は「興安縣令」ではない。「縣令寧遠熊缶」というように、興安県令は寧遠県出身の熊缶である。また、新編『興安縣志』（p484）に「洞壁間歴代石刻甚多、主要有……楊思書・李景亭・方信孺・湯雨生等人的題名題詩」という「楊思書」は「楊書思」の「書思」を誤って転倒したものであろう。この部分は今日でも判読可能。原石に拠って訂正すべきである。

　当時の興安県令は寧遠（今の湖南省南部・寧遠県）出身の熊缶、県尉は衡陽（湖南省中部・衡陽県）出身の國希文。いずれも現存する明・清の『廣西通志』・『興安縣志』等の方志には見えない。熊缶が政和三年に興安県令であったのは確かであるから、本石刻に拠って補遺・補正することができる。ただ清・金鉷『〔雍正〕廣西通志』51「秩官・宋」（25b）の「永福令」に「國希文」の名が見え、後に清・謝啓昆『〔嘉慶〕廣西通志』は21「職官表・宋」の末に掲げる「年次無考者四百二十七人」の中で「國希文」を挙げて、その下に「已上倶永福令」という。「永福」は臨桂県の南に隣接する県。「令」は県令、「尉」の上司であるから、国希文は興安県尉の後に永福県令になったことが考えられる。

08 〔佚〕南宋・建炎三年（1129）李邦彦撰「三洞記」

　民国・林半覚『廣西石刻志稿』（手抄本）「宋李邦彦三洞記」は所在地について「右刻在興安縣西南十里乳洞」というのみであるが、明・袁袠（1502-1547）「遊乳洞記」に「三洞、蓋宋李邦彦名也。有碑記及張孝祥大書"上清三洞"、皆在下洞口」という。「碑記」とは直前の「蓋宋李邦彦名也」を受けているから李邦彦撰「三洞記」を指す。そうならば下洞に在ったはずであるが、今回それを発見することはできなかった。林半覚が録文しており、さらに文革後の蒋太福『靈渠風光』（1990年）に至っても「入下洞、……壁上有不少摩崖題刻、唐代廣州刺史盧貞・桂管觀察史［使］韋瓘・宋代宰相李邦彦・靜江知府張孝祥等、在洞内留下的題名和詩篇、依然清析可見」（p72）というから、最近までほぼ完全な形で下洞にあったと思われる。これは「碑記」というように摩崖石刻の類ではない。いくつか拓本も伝わっており、これによっても明らかなように、石板に刻した碑の形で存在していたから、洞内の壁上に刻されていたのではなく、恐らく下洞の洞口前に建てられていたであろう。そうならば、そのために文革期に破壊されたことが考えられるが、『靈渠風光』の記載を信じるならば、80年代に至っても現存していたようである。『北京圖書館藏中國歷代石刻拓本匯編（43）南宋』によれば、拓本は縦150cm・横80cmであるという。石板の厚さは不明であるが、重量は数百キロあったはずであるから、容易に動かせるものではない。だとすれば、上洞口にあった石板「飛霞」（縦73cm、横160cm、厚さ12cm）が寸断されて石段に利用されていたのと同じ運命をたどったのであろうか。下洞内外では道・岸・橋・石段がセメントで舗装され、補強されている。セメントの中に埋まっていないことを祈るばかりである。

【資料】

録文：

　1）清・謝啓昆『廣西通志』巻220「金石略六・宋五」「李邦彦三洞記」（謝本と略称）

　2）民国・林半覚『廣西石刻志稿』（手抄本）「宋李邦彦三洞記」（林本と略称）

　3）新編『興安縣志』（2002年）「附録」（p713）「（宋）李邦彦：三洞記」（志本と略称）

　謝本は同人『粤西金石略』6「李邦彦三洞記」（20b）と同じ。清・汪森『粤西文載』七十五巻にはなぜか漏れている。志本は簡体字に改めて録す。近刊『全宋文（154）』3320「李邦彦」（p290）は謝本によって収める。

拓本：

　1）『北京圖書館藏中國歷代石刻拓本匯編（43）南宋』（p4）「三洞記」（北京本と略称）

　2）『中國西南地區歷代石刻匯編（4）廣西省博物館巻』（p77）「大丞相李公書三洞記」（広西本と略称）

2、乳洞巖の石刻

北京本（顧880）は清・顧廣昕（字は千里、1766-1835）の収蔵で整本であるが、字はやや不鮮明。広西本の拓本状態は良好であるが下の約1/3を失っている。広西本の年代は未詳であるが、林半覚も全文を録しているから、民国以後に破壊されて下部を失ったものと思われる。

【現状】

石刻は乳洞に現存しないが、拓本では広西本は北京本よりも新しい。ここでは最も今に近い状態を知るという意味で広西本によって録文を示す。

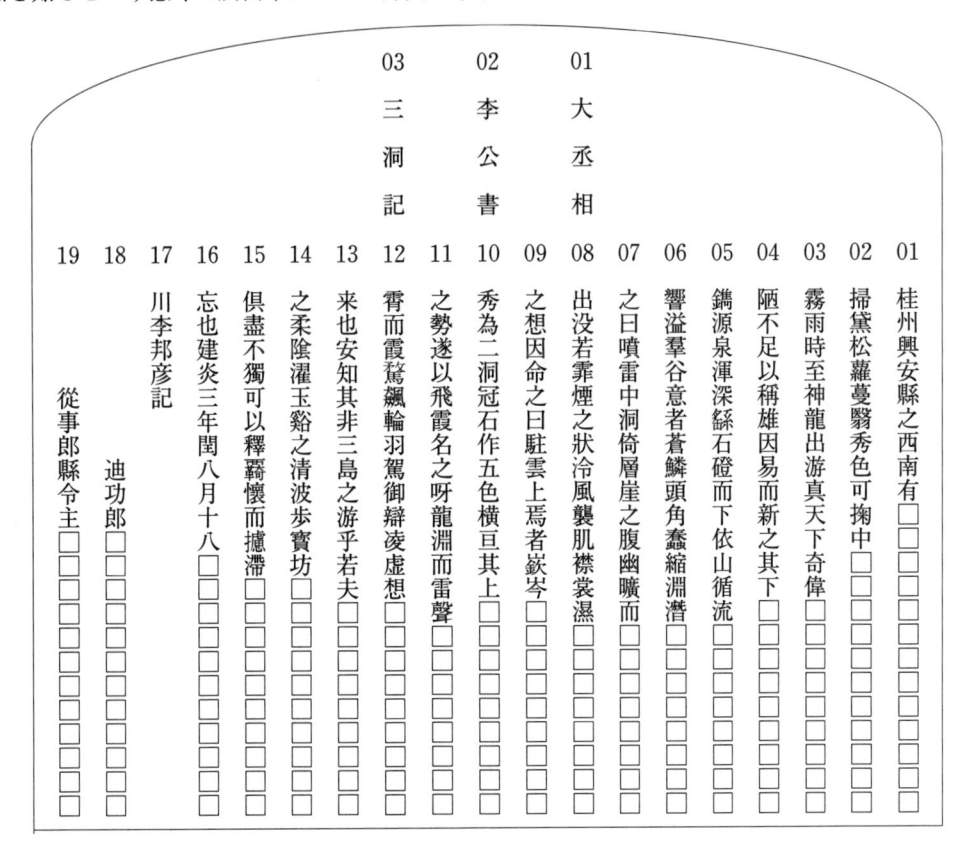

	03	02	01
	三洞記	李公書	大丞相

19	18	17	16	15	14	13	12	11	10	09	08	07	06	05	04	03	02	01
		川李邦彦記	忘也建炎三年閏八月十八	俱盡不獨可以釋覊懷而攄滯	之柔陰濯玉谿之清波步寶坊	来也安知其非三島之游乎若夫	霄而霞鶩颷輪羽駕御辯凌虛想	之勢遂以飛霞名之呀龍淵而雷聲	秀為二洞冠石作五色橫亘其上	之想因命之曰駐雲上焉者嶔岑	出没若霏煙之狀泠風襲肌襟裳濕	之曰噴雷中洞倚層崖之腹幽曠而	響溢葦谷意者蒼鱗頭角蠢縮淵潛	鐫源泉渾淰石磴而下依山循流	陋不足以稱雄因易而新之其下	霧雨時至神龍出游真天下奇偉	掃黛松蘿蔓翳秀色可掬中	桂州興安縣之西南有
從事郎縣令主□	迪功郎□	□	□	□	□	□	□	□	□	□	□	□	□	□	□	□	□	□

撰者李邦彦、書者李邦彦、刻者未詳。北京本に「拓片連額通高150厘米、寬80厘米。李帮［邦］彥撰并正書」、広西本に「殘碑拓片長105厘米、寬80厘米」、謝本に「額：眞書、徑四寸」「眞書、徑八分」、林本に「額眞書徑四寸」「（正文）眞書徑八分」、また林半覚『廣西歷代碑目』（民国手抄本）「宋李邦彥三洞記」にも「建炎三年刻、額眞書、徑四寸、文眞書、徑八分」。広西本（拓本）によれば原碑は下半分が欠損しており、その部分は北京本との差約45cm。原碑は縱150cm（扁額を含む）、橫80cm、字徑2.5cm、楷書、縱書き、右行；扁額は楷書、縱書き、右行、字徑12cm。なお、北京本は「李帮彥撰」とするが、拓本からも「李邦彥記」は判読可能。「帮」は「幇」の簡体字であり、「邦」（「幇」と同音）の誤字。

101

【校勘】

　01　桂州興安縣之西南有□□□□□□□□□□

「□……」＝北京本は鮮明であり、それによれば「山崇崚列嶂如屏飛泉鉅石噴玉」と判読可能。志本は「崇崚」二字を脱し、また「屏」を誤って「并」に作る。

　02　掃黛松蘿蔓翳秀色可掬中□□□□□□□□□

「□……」＝北京本によれば「有三洞高連浮雲俯瞰流壑」。

　03　霧雨時至神龍出游真天下奇偉□□□□□□□

「真」＝謝本は「眞」に改める。異体字。以下、原刻では行書体がやや混淆しており、謝本は正字に改めることが多い。

「□……」＝北京本によれば「觀也里俗所傳得名甚」。

　04　陋不足以稱雄因易而新之其下□□□□□□□

「雄」＝志本は誤って「頌」に作る。

「□……」＝北京本によれば「者巉嵓軒豁嵌竇如磨」。謝本・林本は「嵓」を「巖」に作る。異体字。

　05　鐫源泉渾深縈石磴而下依山循流□□□□□□□

「鐫」＝林本は「鎸」に作る。異体字。

「□……」＝北京本によれば「走石噴激訇然雷震」。謝本・林本は「走」を「之」に誤る。「走」字が行書に近いために、「之」に誤ったものであろうが、前後の文意から考えても「走」であることは明らか。

　06　響溢羣谷意者蒼鱗頭角蠢縮淵潛□□□□□□□

「□……」＝北京本によれば「欲奮而不得騁因命」。志本は「欲」字を脱す。

　07　之曰噴雷中洞倚層崖之腹幽曠而□□□□□□□

「□……」＝北京本によれば「虛明俯仰上下雲氣」。

　08　出没若霏煙之狀泠風襲肌襟裳濕□□□□□□□

「泠」＝林本・志本は誤って「冷」に作る。

「□……」＝北京本によれば「濡洒然無塵空濁惡」。志本は「洒」を誤って「渾」に作る。

　09　之想因命之曰駐雲上焉者嶔岑□□□□□□□

「想」＝志本は誤って「相」に作る。

「岑」＝志本は誤って「崟」に作る。

「□……」＝北京本によれば「崻崒據危阻深泉石之」。「崻」を謝本は「崒」、林本は「崻」に作る。異体字。前に「嶔岑・崻～」とあるから、字形としては「崻」の方がよかろう。

　10　秀為二洞冠石作五色橫亙其上□□□□□□□

「為」＝謝本は「爲」に改める。異体字。

「□……」＝北京本によれば「如飛梁如華旌有騫騰」。

11　之勢遂以飛霞名之呀龍淵而雷聲□□□□□□□

「□……」＝北京本によれば「敵靈扉而雲翔直紫」。

12　霄而霞鶩飆輪羽駕御辯凌虚想□□□□□□□□

「虚」＝謝本は「虛」に作る。異体字。

「想」－志本は誤って「相」に作る。09行の「想」も同様の誤り。

「□……」＝北京本によれば「望於縹緲之間則予之」。

13　来也安知其非三島之游乎若夫□□□□□□□□

「来」＝謝本は「來」に改める。異体字。

「三島」＝志本は誤って「三」字を脱し、「島」を誤って「鳥」に作る。

「□……」＝北京本によれば「擷幽花之素香蔭脩篁」。

14　之柔陰濯玉谿之清波歩寶坊□□□□□□□□

「陰」＝謝本・林本ともに「陰」に改める。異体字。

「□……」＝北京本によれば「之浄界則身世塵勞一洗」。謝本・林本は「浄」を「淨」に改める。異体字。

15　俱盡不獨可以釋羇懷而攄滯□□□□□□□□

「羇」＝謝本は「羈」に改めるが、原石では「网」を「両」に作る。異体字、「羈・羇」の如し。林本・志本も「羇」に作る。

「□……」＝北京本によれば「思搜奇玩幽之士宜不能」。志本は「能」字を脱す。

16　忘也建炎三年閏八月十八□□□□□□□□

「建」＝謝本・林本ともに「也」と「建」の間に空格一字分を置くが、広西本・北京本には無い。謝本・林本は直後にある「記」と「迪」（18行）の間および「功」と「從」（19行）の間に空格を置いているが、その箇所は原石では改行されており、空格で改行を示す方法をとったもの。「也」と「建」の間に原石には改行はない。

「八月」＝志本は「八」字を脱す。

「□……」＝北京本によれば「日責授建寧軍莭度副使懷」。謝本・林本は「莭」を「節」に改める。異体字。

18　迪功郎□□□□□□□□□□

「迪功郎」＝広西本の拓本で字影は確認可能であるが、不鮮明。北京本は判読可能。また、謝本・林本は前に空格一字分を置くのみであるが、原石では改行。志本は18行・19行を缺く。

「□……」＝北京本によれば「縣尉兼主簿曹禹功」。ただし姓「曹」と名「禹功」の間に空格あ

103

り。

19　從事郎縣令主□□□□□□□□□

「郎縣令主」＝広西本で字影は確認可能であるが、不鮮明。北京本は鮮明。謝本・林本は「郎」の上に空格あり、原石では改行。

「□……」＝北京本によれば「管勸農公事曹攄」。ただし姓「曹」と名「攄」の間に空格あり。

【復元】

扁額（右より）：
- 01　大丞相
- 02　李公書
- 03　三洞記

本文（右より、各行縦書き）：

01　桂州興安縣之西南有山崇峻列嶂如屏飛泉鉅石噴玉

02　掃黛松蘿蔓翳秀色可掬中有三洞高連浮雲俯瞰流壑

03　霧雨時至神龍出游真天下奇偉觀也里俗所傳得名甚

04　陋不足以稱雄因易而新之其下者巉巖軒豁嵌寶如磨

05　鐫源泉渾深縈石磴而下依山循流走石噴激欻然雷震

06　響溢群谷意者蒼鱗頭角蠢縮淵潛欲奮而不得騁因命

07　之曰噴雷中洞倚層崖之腹幽曠而虛明俯仰上下雲氣

08　出沒若霏煙之狀泠風襲肌襟裳濕濡洒然無塵坌濁惡

09　之想因命之曰駐雲上焉嶔岑崔崒據危阻深泉石之

10　秀為二洞冠石作五色橫亙其上如飛梁如華旌有蹇騰

11　之勢遂以飛霞名之呀龍淵而雷聲敲靈扉而雲翔直紫

12　霄而霞鶖飇羽龍駕御辯凌虛想望於縹緲之間則予之

13　來也安知其非三島之游乎若夫擷幽花之素香蔭脩篁

14　之柔陰濯玉谿之清波步寶坊之淨界則身世塵勞一洗

15　俱盡不獨可以釋羈懷而攄滯思搜奇玩幽之士宜不能

16　忘也建炎三年閏八月十八日貴授建寧軍節度副使懷

17　川李邦彥記

18　　　迪功郎縣尉兼主簿曹　禹功

19　　　從事郎縣令主管勸農公事曹　　攄

【解読】

大丞相李公（邦彥）書「三洞記」（以上、扁額）

桂州興安縣之西南、有山崇峻、列嶂如屏、飛泉・鉅石、噴玉・掃黛、松蘿・蔓翳、秀色可掬。中有三洞、高連浮雲、俯瞰流壑、霧雨時至、神龍出游、眞天下奇偉觀也。里俗所傳、得名甚陋、不足以稱雄、因易而新之。

其下者（下洞）、巉巖軒豁、嵌寶如磨鐫、源泉渾深、縈石磴而下、依山循流、走石噴激、欻然雷震、響溢群谷。意者蒼鱗頭角、蠢縮淵潛、欲奮而不得騁。因命之曰："噴雷"。

中洞、倚層崖之腹、幽曠而虛明、俯仰上下、雲氣出沒、若霏煙之狀、泠風襲肌、襟裳濕濡、

2、乳洞巖の石刻

　洒然無塵、望濁惡之想。因命之曰："駐雲"。

　　上焉者（上洞）、嶔岑嶕崒、據危阻深。泉石之秀、爲二洞冠。石作五色、横亘其上、如飛梁、如華旌、有騫騰之勢、遂以"飛霞"名之。

　　呀龍淵而雷聲、敵靈扉而雲翔、直紫霄而霞鶩、飆輪羽駕、御辯凌虛。想望於縹緲之間、則予之來也、安知其非三島之游乎。若夫擷幽花之素香、蔭脩篁之柔陰、濯玉谿（靈水）之清波、步寶坊（寺院）之淨界、則身世塵勞、一洗俱盡、不獨可以釋羇懷而擴滯思。搜奇玩幽之士、宜不能忘也。

　　建炎三年（1129）閏八月十八日、責授建寧軍節度副使　懷川李邦彥記

　　　　　　　　　　　　　　　迪功郎（從九品）・（興安）縣尉兼主簿　曹禹功
　　　　　　　　　　　　　　　從事郎（從八品）・（興安）縣令・主管勸農公事　曹擄

「玉谿之清波」は後の「南宋・建炎三年（1129）李邦彦書"玉谿橋"」に詳しい。それと対を成している「寶坊之淨界」とは「玉谿」と同じく乳洞の洞口近くに在った寺院の境内を謂うから、今日の飛霞寺の前身である、明・黄佐『廣西通志』（嘉靖四年1525）12「山川志上」の「乳洞」に「洞前有明眞寺藏塔院」という「明眞寺」あるいはさらにその前身の寺があった。

李士美「龍隱巖」との関係

　謝本「三洞記」の按語に次のようにいう。

　　右刻在興安縣。按『宋史』、李邦彦、字士美、河内人、建炎初以主和誤國、責〔授〕建寧軍節度副使、澪州安置。此『記』並"龍隱"題字、皆是時書。

謝本「三洞記」の按語にいう「龍隱題字」とは龍隱巖（今の桂林市七星公園内西南）の内に刻されている題榜「龍隱巖」（横170cm、縦73cm）を指す。「龍隱巖」は「三洞記」と同じ頃、建炎三年（1129）頃の作であり、龍隱巖内に存する石刻108件の中でも古いものに属する。『桂海碑林』（p12）によれば、最古のものは孫沔題名（皇祐五年1053）、次で譚掞題記（建中靖国元年1101）。石刻は龍隱洞内中央やや左、上約3mに現存しており、次のようにある。

01	河内李士美書（字徑8cm）
02	龍
03	隱
04	巖（字徑42cm）
05	門生進武副尉前宜州堰江堡主管堡事陶澄
06	同修職郎權主簿龔并
07	迪功郎桂州臨桂縣丞何儔磨崖
08	迪功郎縣令西門賞□（字徑2cm）

08：南宋・李邦彦題榜

『桂林石刻（上）』125はこれを収めるが、06「龔并」を「龔井」に、07「何儔」を「何濤」に誤る。

今、「龍隱巖」と「三洞記」の両石刻に共通して見える「李」・「書」・「龍」等の字は書風がよく似ており、李邦彦の書と見なしてよい。「三洞記」の末尾に並記する「迪功郎縣尉兼主簿曹禹功」・「從事郎縣令主管勸農公事曹摅」は立碑に関与した者であるに違いない。題榜「龍隱巖」の落款にも「迪功郎桂州臨桂縣丞何儔磨崖」とあり、「三洞記」もこれと同じ書式である。「磨崖」あるいは摸刻した者を並記しているのであろうか。なお、「何儔」について、『中国地方志宋代人物資料索引續編』（2002年）は二人録しており、その出自を検べれば『四川通志』122「選擧・進士」「紹興五年乙卯（1135）科江應辰榜」の「遂寧人、特奏名」（53a）と『湖南通志』137「選擧・擧人」「政和七年丁酉（1117）」の「湘郷人、常寧縣丞」であり、時代上からは後者が近い。

「三洞記」によっても李邦彦が文に巧みであったことが知られる。林本に「右刻在興安縣西南十里乳洞。按『宋史』："李邦彦、字士美、河南人、建炎初以主和誤國、責〔授〕建寧軍節度副使、潯州安置"。"邦彦美風姿、為文敏而工"。其人雖為士人所不許、此『記』文尚可觀也」と評する所以である。ただし作品はあまり伝わっておらず、文は『全宋文（154）』3320に「三洞記」の他に「奏」二篇と「箚子」・「碑記」・「祝文」各一篇を拾遺し、詩は『全宋詩（22）』1318に『（康熙）長沙府志』19から一首「二妃廟」、『輿地紀勝』105から残句を拾遺するのみ。

新編『興安縣志』（p484）は三洞の命名者を「李幇彦」に作るが（計二個所）、「幇」（簡体字は「帮」）は同音による「邦」の誤字。この誤字はすでに北京本の按語に見えており、安易に襲用したのではなかろうか。

碑文の末にいう「縣令西門賞」は、前行の「桂州臨桂縣丞何儔」を承けており、臨桂県の「縣令」。明・張鳴鳳『桂故』4「先政中」の「苗時中」の条に「頃於諸山所鑴得宋知臨桂者、梁庚・

2、乳洞巌の石刻

唐鐸・西門賞・陳舜韶・斛邁、其名皆不見於『郡志』、僅存『送臨桂令戴若納』一詩而已。惜無能述（苗）時中以下治邑所施行者」という。張鳴鳳が「諸山所鐫」で見たものは李士美「龍隠巌題名」であったかも知れない。県令の記載で漏れが多かった。後に清・胡虔『臨桂縣志』23「秩官」（3a〜4b）では補われている。「迪功郎縣尉兼主簿曹禹功」・「從事郎縣令主管勸農公事曹據」について、謝啓昆『〔嘉慶〕廣西通志』等には見えないが、後に張運昭『〔道光〕興安縣志』10「職官・宋」に至って「見乳洞碑」として挙げられている。「乳洞碑」とは李邦彦の石刻「三洞記」である。これは張鳴鳳にならって「於諸山所鐫得宋知興安者」「其名皆不見於『郡志』」を補遺したもの。『〔光緒〕湖南通志』134「選舉・進士」に「宣和六年甲辰（1124）沈晦榜」として「曹禹功：郴州人」（14b）と見える。

李邦彦の命名した"噴雷"・"駐雲"・"飛霞"三洞の名は、約120年後の淳祐九年（1249）に李邦彦の子孫で知静江府事となって桂林に来た李曽伯（1198-1268）によって三洞口に刻された。詳しくは後述（p192）。

李邦彦の事跡の補佚

李邦彦の伝は『宋史』352にあるが、晩年のことについては簡略である。それには理由がある。

李邦彦（?-1130）、字は士美、号は浪子、河内の人。乳洞石刻には「懐川」というが、河内と同じ地。懐州河内県（今の沁陽県）。徽宗朝の寵臣であり、宰相となったが、欽宗朝における金の進軍に際して、国土を割譲して和議することを唱え、そのために売国奴の悪名が高い。本伝は「（高宗）建炎初、以主和誤國、責建武［寧］軍節度副使、潯州安置」で終わっている。建寧軍潯州は桂林の南、今の桂平県。今、「三洞記」によって建炎三年閏八月にはすで桂州にいたことがわかる。

その生卒年について、最近出た『中国文学家大辞典・宋代巻』（中華書局2004年）「李邦彦」（p307）には「生卒年不詳」というが、それよりも早く出版されている『全宋詩（22）』（北京大学出版社1995年）1318「李邦彦」が『建炎以來繫年要録』128・673によって「建炎元年（一一二七）以主和誤國責授建寧軍節度副使、安置潯州」「四年、卒於桂州」というのがよい。これを補えば、元・楊宗瑞「重修大雄寺碑」（清・汪森『粤西文載』41「寺観碑文」）に次のようにいう。

> 創建"福善寺"殿臺、以閣規置冠一道。宋・嘉定年間（1208-1224）、始更今名（大雄寺）。歳月寖久、日就摧毀。元統甲戌（二年1334）、住持僧法榮、化縁修理、……。經略使李曾伯以其祖父（？）太宰李文和［和文］公邦彦言事忤旨、謫死桂林、遷葬靈川、建太宰祠堂於（大雄）寺。度僧以奉香火、買田永充常住。曾伯去任、屬經幹管安昌父子維持之、中更兵革（南宋末の元軍侵攻）、浸以淪没。

「靈川」県は「桂林」の治のあった臨桂県の北、興安県の南に位置する。墓碑は明代まではあったらしい。明・黄佐『〔嘉靖〕廣西通志』38「陵墓」に「宋・太宰李邦彦墓、在靈川縣西三里。

建炎四年謫□潯州、後北歸寓桂林、卒乃葬于此所。置田五百畝、入于大雄寺、儀租以爲四時祀齋。今墓湮没、墓碑尚存」（1b）という。また墓の位置については清・金鉽『〔雍正〕廣西通志』44「古蹟・靈川縣」に「宋・太宰李邦彦墓、在縣西三里龍田巖之南」といい、やや詳しい。「李曽伯」は李邦彦の五世孫であり、桂林で謫死した李邦彦の祠堂を靈川縣大雄寺に建てている。李曽伯が廣南西路経略兼転運使・知静江府事として桂林に来たのは淳祐九年（1249）、後にまた宝祐六年（1258）にも制置使として赴任している。詳しくは後の「24：淳祐九年（1249）李曽伯書"噴雷"」。「經幹管安昌」は李曽伯の部下。西山石刻に「河内李曽伯長孺領客胡實端甫・李廷龍東甫・管安昌順甫・周應和同甫同來、弟（李）曽仕教忠・子（李）杓・姪（李）根侍、淳祐庚戌（十年1250）四月十日」、浯溪の題名（『八瓊室金石補正』93「浯溪題刻五十段」1a）に「河内李曽伯自桂易荊來觀、賓客臨川羅亨祖・清湘趙倉夫（字兪仲）・管安昌・清江李攀龍・弟曽仕（字教忠）・子杓・姪根偕來、淳祐庚戌夏五（月）十有四日」、後の華景洞石刻に李曽伯が「開慶己未（元年1259）」の桂林築城防備での功勞者を挙げて「制幹清湘管安昌」と見える。李曽伯に「餞管制幹」と題する詩があり、これも同人を指すであろう。「制幹」は制置使司幹辨公事。廣南制置大使李曽伯の幕僚。「清湘」は荊湖南路全州の県であるが、興安縣の北に隣接して静江府（桂林）に近い。いわば地元の人であった。唐・北宋は桂州、紹興三年（1133）二月に静江府（今の桂林市）に改名。なお、「重修大雄寺碑」には「曾伯去任、屬經幹管安昌父子維持之」というが、浯溪題名によれば管安昌は淳祐十年の李曽伯の荊州への赴任に同行しているから、祠堂の管理を委託されたのは李曽伯が宝祐六年に再び桂林に来て離任する景定元年（1260）のことではなかろうか。

「重修大雄寺碑」に李邦彦の卒年は示されていないが、南宋・李心伝『建炎以來繋年要録』（嘉定元年1208）35には「建炎四年秋七月癸卯（3日）」に「責授建寧軍節度副使李邦彦卒於桂州」といい、その二十二日後の同月「乙丑（25日）」に「詔前宰相責授建寧軍節度副使李邦彦・責授單州團練副使李綱、並復銀青光禄大夫、……。時（李）邦彦・（耿）南仲已死、而朝廷未知也」という。李邦彦は名誉回復を果たしているが、朝廷は李邦彦がすでに死去したものとは知らなかったらしい。また、『建炎以來繋年要録』38「建炎四年冬十月庚寅（20日）」に「詔故特進李邦彦贈觀文殿學士、令桂州量給葬事、（宰相）范宗尹之庭對也。考官陸德先等言其立異。邦彦爲詳定官、取旨置乙科、故（范）宗尹德之、後諡"和文"」といい、その注記に「『日暦勘會』："李邦彦已復特進"。案今年七月乙丑、邦彦復銀青光禄大夫、不知何時再復也」という。李邦彦は建炎三年七月に銀青光禄大夫（従二品）に復しているが、死去したことはまだ知られていなかったから、訃報に接した後に特進（従一品）に復したのではなかろうか。

ここで問題となるのは、乳洞石刻「三洞記」にいう「建炎三年閏八月十八日、責授建寧軍節度副使懷川李邦彦記」との関係である。これによれば建炎三年中に「責授建寧軍節度副使」のまま桂林にいたわけである。では、「三洞記」は桂林から南下して潯州に向かう途次での作なのか、

あるいは潯州から北上して帰還する途次での作なのか。つまり「三洞記」が潯州から帰還の途次での作ならば三年閏八月以前に「安置潯州」の処分を釈かれていたことになり、また潯州に行く途次での作ならば、李邦彦が遷謫されたのは『建炎以來繋年要録』5によれば高宗即位直後の「建炎元年五月庚子（11日）」であるから、二年以上は桂林に留まっていたことになる。これは当時の「安置」処分の例に照らして一般的ではない。「安置」として流されたのであるから桂林に長く留まることはできなかったはずである。

　李邦彦が潯州まで行ったことは確かである。南宋・王象之『輿地紀勝』（嘉定十四年1221）110「潯州」の「風俗形勝」に李邦彦の「留題白石」を収め、また同書105「象州」の「詩」には李邦彦の詩句を収めている。「白石」とは葛仙翁が煉丹したと伝承される白石山のこと、同書「潯州」の「景物下」に「白石山、在州南六十里」。象州は潯州の西北、つまり桂林から南下して潯州に至る途次に在る。李邦彦の詩句に「古郡荒藉驛舍卑、歲華羈思兩依依。曉寒破曉清霜凜、暮色籠煙落月微」云々というから冬の作であり、建炎元年夏五月中に出発したならば象州に至る頃には冬を迎えていたであろう。そうならば潯州から桂林を経て北上帰還する時の作と考えねばならないが、「三洞記」にはなぜ「責授建寧軍節度副使懷川李邦彦記」とあるのか。乳洞の地は桂州に在るわけであるから、少なくとも李邦彦は建炎三年閏八月以前に「責授建寧軍節度副使懷」のまま「安置潯州」を釈かれたと考えざるを得ない。『建炎以來繋年要録』にいう「卒於桂林」が桂州のどこであったのか不明であるが、元・楊宗瑞「重修大雄寺碑」にいう「邦彦言事忤旨、謫死桂林、遷葬靈川」によれば、「桂林」から桂州「靈川」県に「遷葬」しているわけであるから、それ以外の桂林の地であり、治のあった臨桂県がまず考えられる。しかし四年七月に死去する前の三年閏八月に李邦彦は靈川県の北に隣接する興安県乳洞にいた。靈川県は臨桂県の北に隣接する。つまり臨桂県・靈川県・興安県は北上の経路であるが、興安県乳洞に遊んだ時と死去までには約一年の時間がある。乳洞のある地は帰還の途次に当たるが、乳洞に遊んだのは北上の帰途のことではない。三年八月以前から四年七月死去までの間、しばらく桂林に滞在していたと考えざるを得ない。あるいはすでに「安置潯州」が釈かれていて、帰還の詔が下される朝廷内の動きを知って桂林で待機していたのであろうか。「三洞記」の他にも桂林市内の巌洞には李邦彦の題名石刻がいくつか残っているが、いずれもその時の作であろう。

　今、李邦彦の晩年の事跡をまとめれば次のようになる。

建炎元年（1127）　　五月11日：責授建寧軍節度副使、安置潯州。

　　　　　　　　　　　秋冬　　：路経潭州、作「二妃廟」詩、象州作詩、至建寧軍潯州。

建炎二年（1128）或三年　　　　：在潯州作「留題白石」。

建炎三年（1129）　　　　　　　：李邦彦在桂州遍訪景勝、題名勒石。

　　　　　　　　　閏八月18日：李邦彦訪桂州興安縣乳洞、作「三洞記」等。

建炎四年（1130）　　七月 3 日：李邦彦卒於桂州。
　　　　　　　　　　25日：詔前宰相責授建寧軍節度副使李邦彦復銀青光禄大夫。
　　　　　　　　　　　　　李邦彦已死、朝廷未知。
　　　　　　　　　　十月20日：詔故特進李邦彦贈觀文殿學士、令桂州量給葬事、後諡"和文"。
淳祐九年（1249）　　　　　：五世孫李曽伯爲廣南西路経略兼轉運使・知静江府事來桂林。
　　　　　　　　　　　　　遷葬於静江府靈川縣、建祠堂於大雄寺（舊名福善寺）。

09 〔佚〕南宋・建炎三年（1129）李邦彦書 "玉谿橋"

林半覚『廣西石刻志稿』（民國）「宋李邦彦題字」に「右刻在興安縣乳洞之下洞」というが、今回、下洞口および洞口前にある石橋周辺にその存在を確認することはできなかった。

【資料】

録文：

1）明・黄佐『廣西通志』12「山川志」1「興安」「乳洞」（33b）（黄本と略称）
2）明・曹学佺『廣西名勝志』2「桂林府・興安縣」（9b）（曹本と略称）
3）清・謝啓昆『廣西通志』229「金石略十五・待訪目録」（謝本と略称）
4）民国・林半覚『廣西石刻志稿』（手抄本）「宋李邦彦題字」（林本と略称）

【現状】

今、最も新しい録文である林本による。

```
01 │ 玉  谿  橋
```

撰者李邦彦、書者李邦彦、刻者未詳。林本に「隷書、徑一尺」、また林半覚『廣西歴代碑目』（民國手抄本）「宋李邦彦題玉谿橋三字」に同文が見える。字径が約30cmであるから、石刻全体は横あるいは縦が1m以上あったと思われる。

【校勘】

01　玉谿橋

「谿」＝謝本は「溪」に作る。異体字。黄本は「豁」に作るが、「谿」と字形が似ていることによる誤字。

【解読】

玉谿橋

玉谿・玉溪と霊水溪

謝本に「乳洞題名：興安。宋李邦彦名上層曰"飛霞洞"、隷書"玉溪橋"三字。又張孝祥大書"上清三洞"四字。『名勝志』」という。引用する『名勝志』とは明・曹学佺『廣西名勝志』のことであるが、これも旧志を引いたものであろう。ちなみに曹学佺『名勝志』よりも早い明・黄本に「乳洞：……宋李邦彦名其洞、下曰"噴雷"、中曰"駐雲"、上曰"飛霞"、且自爲之記。乾道間張孝祥大書曰"上清三洞"四字。范成大亦有詩刻。洞前有明眞寺藏塔院。李邦彦又書"玉豁［谿］橋"三字」といい、順序が逆になっているが、ほぼ同じ内容である。その他に、清・黄海『興安縣志』（乾隆五年1740）1「山川」の「北［乳］洞」の条は明・黄本の「乳洞」とほぼ同じ

であるが、「谿」を「谽」に作っており、清・張運昭『興安縣志』（道光十四年1834）2「輿地」の「乳洞」では「黄志」（黄海『興安縣志』）を引いて「溪」に改めている。また、『古今圖書集成・職方典』1400「桂林府部彙考二・桂林府山川考二」の記載もほとんど黄本と同じであり、それに拠ったものと思われるが、その「乳洞」条でも「溪」に作る。このように明・清の記録では「溪」に作るもの多いが、黄本が誤って「谿」に作っていること、また林本が「谽」に作っていることによって、本来は「谿」字であったと考えてよかろう。ただし、命名から約50年後に訪れた范成大の「興安乳洞有上中下三巌、妙絶南州、率同僚餞別者二十一人遊之」詩（淳熙二年1175）で諸本は「繋馬玉溪橋、嵌根谽崔嵬」に作る。後述するように、この詩も乳洞に刻されていたはずであり、林半覚らの記録によれば、范成大詩では「玉溪」に作っている。「谿」と「溪」は同語の異体字であって通じるが、李邦彦が隷書したものは「谿」字であったと思われる。最近まで残存していた李邦彦「三洞記」の拓本（広西本）には「濯玉谿之清波」とあり、橋名はこれに由来するはずである。李邦彦自身はここでも「谿」字の方を用いている。したがって「玉谿橋」が正しいであろう。范成大詩については、現存していないために確認することはできないが、これも「玉溪橋」ではなく「玉谿橋」に作っていた可能性がある。

　林本に「右刻在興安縣乳洞之下洞」といい、新編『興安縣志』（p484）「乳洞巌」に「洞口飛架一橋、名玉溪橋、系明代所建」という。この「玉溪橋」も「玉谿橋」と同じものであるはずであり、そうならば「明代所建」ではなく、すでに北宋に架けられていた。ただし現存している橋を指して「明代所建」といっている可能性もある。今、洞口周辺に石橋はいくつか現存している。まず、洞口の真下に１m弱の狭い小さな石橋があり、また洞口から約50m前（東）のところに約３mの石板を敷いた比較的大きな石橋があり、さらにその約50m前にアーチ型の石橋がある。下の図「乳洞巌前の石橋」を参照。図中の石橋A・B・Cの位置は図「乳洞巌の周辺」（p24）を参照。「洞口飛架一橋」の「明代所建」は洞口約50mの大石橋を指しているのではなかろうか。清初の記載によれば、霊渠修復を視察した時（乾隆十九年1754）に乳洞を訪れて作った査礼（1716-1783？）の詩に「臨源（唐の県名、今の興安県）城西南、山阜連硌硌。十里村塢幽、所歴如有獲。乳洞最稱奇、理我雙蠟屐。歩近玉溪橋、耳根瀉瀰渚。洞門敞而圓、鐘乳垂累百。左右兩徑通、中抱一泓碧」（『〔嘉慶〕廣西通志』96、『〔道光〕興安縣志』2）と描いている。いずれにしても今それら三カ所の石橋には文字らしきものは刻されていない。恐らくそれらの橋は宋代に築かれたものではなく、その後のものであろう。仮に宋代のものであるとしても、林半覚がその石刻を記録しているから、民国期までは存在していたはずであるが、現存する石橋にそのような石刻は見当たらない。そうならば、石橋そのものに刻されていたのではなく、石橋の欄干あるいは橋の側に石柱のようなものがあってそれに刻されていたが、破壊されてしまって現存していないということも考えられる。

2、乳洞巖の石刻

石橋A

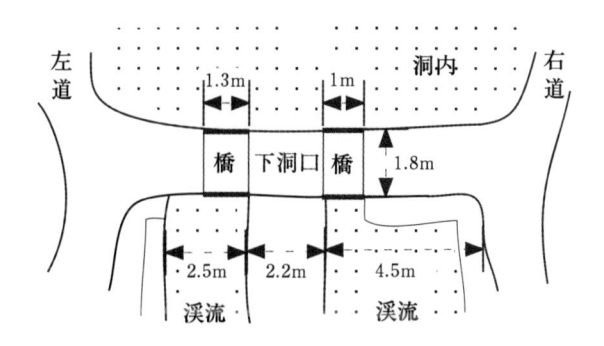

左道　　　　洞内　　　右道
　　　1.3m　1m
　　橋　下洞口　橋　　1.8m
　　2.5m　2.2m　4.5m
　　渓流　　　　渓流

石橋B

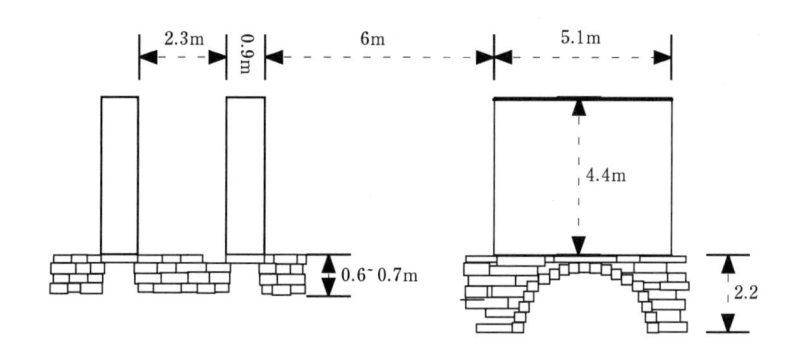

2.3m　0.9m　6m　　5.1m
　　　　　　　　　4.4m
　　　　　0.6~0.7m　　2.2

石橋C

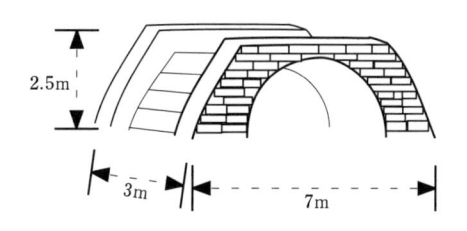

2.5m
3m　7m

乳洞巖前の石橋

橋名の"玉谿"は、李邦彦「三同記」には「濯玉谿之清波」としか見えないが、これも三洞名"飛霞・駐雲・噴雷"と同じく李邦彦による改名であろう。唐代では"霊水溪"と呼ばれていた。今日に残る記録はいずれも晩唐のものであるが、たとえば段公路『北戸録』（咸通十二年871前後の記録）1「乳穴魚」に「全義之西南有山、曰"盤龍"、山有"乳洞"、斜貫一溪、號爲"靈水"」といい、また北宋初の楽史『太平寰宇記』162「桂州・興安縣」に「『嶺表録異』云：全義嶺之西〔南〕有"盤龍山"、山有"乳洞"、斜貫一溪、號爲"靈水溪"、入靈川縣界」と、ほぼ同じ記載が見られる。『嶺表録異』は劉恂による昭宗朝（889-904）の撰。この"靈水溪"の由来について、唐末・崔亀圖の『北戸録』注に「『洞記』曰：山曰靈山、水曰靈水。幽而有靈、是以名也」というが、このあたりには"霊〜"という名が多い。たとえば霊川県がそうであり、県名の由来について拙稿「吾対唐代桂州"靈川縣"的一点認識」（『桂林文化』28、2002年12月）で紹介したように、興安県に"靈渠"、霊川県に"靈巌"がある。さらに古名の"零陵"もそうである。この霊水溪も霊渠と関係があるのではなかろうか。ただし『嶺表録異』の「山有"乳洞"、斜貫一溪、號爲"靈水溪"、入靈川縣界」の水系について唐兆民『靈渠文献粹編』（中華書局1982年）は「（『嶺表録異』作）『入靈川縣界』、誤。斜貫乳洞的靈水溪、出洞後、北流轉西約六里、注於清水河而入靈渠。這里的是興安縣境。清水河合靈渠後、西流約四十里始出靈渠口、合大溶江、又南流約七里、至兩河口與小溶江會流後、始入靈川縣界」（p90）という。唐代の興安県と霊川県の境界が今と同じであったかどうか未詳であるが、霊水溪は道冠村から西に向かって流れる清水河と合流して霊渠に注いでいる。また、乳洞の他にも"靈水"なるものがあって、霊渠の源であると考えられており、西北に流れて清水河となり、乳洞下の霊水溪と合流する。この霊水は"零水"と書かれることもあり、同様に霊渠も"零渠"と書かれることもある。唐兆民は「『離』・『灕』・『零』・『澪』・『靈』乃一音之轉。故知零水（澪水）即是灕水」（p49）という。つまり、当地には古くから *ling（>*li）の如き音があって人により時代によって「零」・「靈」・「灘」（今の漓江）等に書かれてきた。想像を逞しくすれば、その *ling は零細の意味というより、清冷の意味ではなかったろうか。霊水は合流して清水河とよばれており、また湘江の上流に清湘県がある。清らかな渓流を「零水」と呼び、それは往々にして神聖な空間から湧いているので「靈水」と書かれたのではなかろうか。「山曰靈山、水曰靈水。幽而有靈、是以名也」というのは後世の理由づけであろう。

10 〔存〕南宋・紹興三年（1133）以前（？）中洞口題記

　中洞外、洞口の手前3ｍ、向かって右の岩上。清・張運昭『興安縣志』、民国・林半覚『廣西石刻志稿』をはじめ、最近の『桂林文物』・新編『興安縣志』等に至るまで、全く記録がない。正確な年代は不明であるが、石刻には「本州」らしき字があり、それが正しいならば、南宋初期あるいはそれ以前の作であると推定される。

【現状】

字は小さく、かつ浸食が激しいために、判読は困難。

```
        04  03  02  01
       ┌─────────────┐
       │ □   □   □   □ │
       │ □   □   區   本 │
       │ 月   □       州 │
       │ □   □   □   石 │
       │ □   □   □   □ │
       │ 日   □   □   □ │
       └─────────────┘
```

撰者・書者・刻者未詳。石面不磨、外枠あり、縦30cm、横23cm、楷書、字径2cm。縦書き、右行。第二字と第三字の間および第五字の下に横線があるようにも見える。

【釈文】

02　□□區□□□□

「區□□□□」＝「區」の下字は「美」に似ており、その下字は「同」に似ているが「洞」ではなかろうか。

03　□□□□□□□□

「□□□□□□□」＝第三字は部分的に「之」あるいは「文」に似ている。

04　□□□月□□日

「□□□月」＝第四字は「舟」のように見えるが、文意と書式を考えれば「月」であろう。

【復元】

```
        04  03  02  01
       ┌─────────────┐
       │ □   □   □   □ │
       │ □   □   區   本 │
       │ 月   □   美   州 │
       │ □   □   洞   石 │
       │ □   □   □   □ │
       │ 日   □   □   □ │
       └─────────────┘
```

【解読】

□□本州石□□□□區□洞□□□□之□□□□□。□□□月□□日。

ただし第二字と第三字の間に横線があるならば次のように読むべきであろう。

本州石□□□區□洞□□□之□□□□□。□月□□日。

中洞口外に在るから内容は中洞を紹介するものであると思われるが、下洞・上洞にもこれに類似するものは見当たらない。

「本州」と作年について

石刻中で年月を記していると思われる部分は判読不能であり、したがって石刻の正確な成立年

代は未詳であるが、文中に「本州」と判読される文字があり、これがおよその年代を推定する手がかりとなる。

　一般的にいって、「本州」とはここ乳洞の在る州をいうものであり、この地を「州」で呼ぶことは唐から南宋初期までの間であった。具体的にいえば、乳洞の在る今の興安県の地は秦では"桂林郡"に属し、漢代には"零陵郡"、南朝時代には"始安郡"、隋には"桂州"・"始安郡"、唐には"桂州"、北宋では唐名を襲用していたが、南宋・紹興三年（1133）に至って"静江府"に改名され、後に元には"静江路"、明・清には"桂林府"とよばれた。南宋・李心伝『建炎以來繋年要録』（嘉定元年1208）63に「(高宗) 紹興三年（1133）二月丁亥朔、陞桂州爲靜江府、以上（今上の高宗）嘗領節度故也」。したがって「本州」とする釈文に間違いがなければ、南宋・紹興三年以前の作という可能性が極めて高い。たしかに「□本」が「州」名である可能性もないわけではないが、一般に州名は「桂州・廣州・揚州・蘇州・杭州」等々のように一字を以て呼ばれている。また、「州」の下には「石」字があるから、おそらく「石乳洞」についていうもの、少なくとも岩石についていうものであって、この石刻は"乳洞巌"という鍾乳洞に在るから、上句はこの地の巌洞に関わる語であるはずである。したがって「本州」と読むが、ここを州と呼ぶのは南宋・紹興三年以前である。つまり「本州」とは"桂州"を指すわけであるが、しかし梁あるいは唐のそれではなかろう。乳洞に現存する石刻および乳洞を記載する詩文で初期のものは、先に見たように、いずれも唐代の後半、大和・会昌・大中等、晩唐の作であるから、それよりも約三百年も前の南朝・梁（502-557）の作とは考えにくい。最も可能性の高いのは唐・宋である。

　「本州」の釈文にほぼ間違いないが、かりに「本州」ではなく別の文字であるとしても、乳洞巌には元・明の石刻は現存しておらず、また方志等の記録によっても元・明の石刻があったことは知られないから、清代あるいは唐・宋のものである可能性があり、さらに石刻は洞口前の在って風雨による浸食を受けやすいことを考慮に入れても、石面は判読できないほどに磨滅しているという浸食状態からいえば、より古い物、つまり唐・宋の可能性が高い。

　では、唐か宋かでいえば、外格を示す線が刻されていること、格内に小字で整然と書かれていること、「本州石」等の表現から考えて、いわゆる詩や遊記の類ではないと推測されることなどから、唐代ではなく、宋代の作と推定される。現存する唐代の乳洞石刻は、題詩・題名が多く、しかも比較的大きな文字で書かれており、外格を引かない。刻石の形式と僅かな文字によって推測される内容から見て、南宋・紹興三年（1133）以前において乳洞が景勝地としての定評を得てから、具体的には南宋・建炎三年（1129）李邦彦「三洞記」の後、あるいはその前後の作ではなかろうか。今、南宋初期に繋年しておく。

11 〔存〕南宋・乾道二年（1166）張孝祥書"上清三洞"

下洞、洞口。向かって右（北）の洞口壁、高さ約1mのところ。3m以上の巨大な榜書であり、洞に近づいた時に最も早く目に入る。

【資料】
　録文：
1）明・黄佐『廣西通志』12「山川志」1「興安」(33b)「乳洞」（黄本と略称）
2）明・袁袠「遊乳洞記」（袁本と略称）
3）明・曹学佺『廣西名勝志』2「興安縣」(9a)「乳洞」
4）民国・林半覚『廣西石刻志稿』（手抄本）「宋張孝祥題字」（林本と略称）

【現状】

01　上清三洞

11：南宋・張孝祥書

撰者張孝祥、書者張孝祥、刻者未詳。石面磨平、外枠あり。楷書、横列四字、右行。横340cm、縦70cm、字径60cm。今人書丹。林本に「真書、径一尺六寸」、また林半覚『廣西歴代碑目』（民国手抄本）「宋張孝祥題上清三洞四字」に同文が見える。

【校勘】
01　上清三洞
「洞」＝林本は「洞」字の下に「真書徑一尺六寸」（小字夾注二行）といい、その下に「張孝祥書」の四字が録されている。これによれば02行があり、それに「張孝祥書」四字が刻されていたことになるが、現存石刻にそれらしき痕跡は見当たらない。

【解読】
上清三洞

2、乳洞巖の石刻

謝啓昆『粵西金石略』「待訪目録」とその調査に対する疑問

　今日に至るまで広西の石刻を最も多く著録して定評のあるものは清・謝啓昆『廣西通志』(嘉慶五年1800)の「金石略」十五巻、あるいはそれを独立させた『粵西金石略』(嘉慶六年1801)十五巻であろう。『粵西金石略』は、収録の傍博と考証の精核によって知られるが、その実、本格的な調査に基づいたものではないと言わざるを得ない。なるほど謝啓昆が『廣西通志』の巻229「金石略十五」あるいは『粵西金石略』の巻15、つまり「金石略」の末に「待訪目録」を設けているのは、その徹底した調査・考究の態度をうかがわせるが、これこそ不徹底さの表れである。たとえば早くは清・葉昌熾『語石』2「廣西二則」に「謝氏『金石略』、桂林諸巖洞、不啻居全峽之八九、此外、全州湘山寺・融縣眞仙巖・富川碧雲洞、落落晨星、不足虬龍之片甲。余桂林諸刻、皆得之江都張丹叔中丞、又從廠肆拾遺補缺、十年、幾盡攬桂勝」と指摘して「如紹興庚辰『歷山王延年』・慶元丁巳『三山李君』・紹定庚寅『雙井黃杞』、題名三則、及杜昱(嘉定十二年)・趙進進(無年月)・松庵道人詩(淳祐壬子)、皆可補謝氏之缺。范文穆『經略勸諭』(乾道十年)・『祭新冢文』・『壺大觀銘』、皆刻於桂林巖壑、而謝氏亦失之」として九件を挙げているが、「謝氏亦失之」のものは遙かにそれを越える。今、乳洞巖石刻に限って見ても「金石略」は李邦彦「三洞記」しか著録しておらず、張孝祥書「上清三洞」は未収である。また、葉昌熾は現地で拓本を収集したのではなく、したがって石刻がどのような場所に在ったのかを知らないが、「落落晨星」に過ぎない不徹底は、単に結果としての数量の上からだけでなく、石刻の存在場所からも証明することができる。

　謝啓昆は「待訪目録」の中で『廣西名勝記』によって「張孝祥大書"上清三洞"四字」を挙げる。典拠は明・曹學佺『廣西名勝志』(天啓二年1622以後)を指すと思われるが、すでに明・黃佐『廣西通志』(嘉泰四年1525)に「乾道間張孝祥大書曰"上清三洞"四字」と見えている。謝啓昆『廣西通志』213「藝文志略」に黃佐『廣西通志』を「存」として末に按語を加えているから、当時存在しており、利用していてよい。また、明・袁袠(1502-1547)「遊乳洞記」(嘉泰二一年1542)にも「三洞、蓋宋李邦彦名也。有碑記及張孝祥大書"上清三洞"、皆在下洞口」とある。袁「記」は謝『志』もしばしば引用する清・汪森『粵西文叢』(康熙四十四年1705)20「記」にも収められている。典拠とする曹學佺『名勝志』は袁「記」あるいは黃『通志』等の旧志に拠ったに過ぎないのである。

　しかし「張孝祥大書"上清三洞"」は洞口のよく見える位置にあり、しかも横幅340cmの石面に字径60cmもの大字で刻されている。したがって実際に調査したのであれば、見落とすことは先ずあり得ない。今日でも乳洞に近づいた時に真っ先に目に飛び込んで来るのがこの四大字である。同様に、下で取り上げる、下洞にある方信孺の題詩や中洞にある范成大の題名も謝啓昆は録していない。これもほとんど当時のまま現存しており、しかもいずれも横約3mにも及ぶ長幅の

石刻であり、かつそれぞれ洞内で最も目につく所、ほぼ中央に刻されている。また、中には『廣西通志』の「山川略」に収める作品の石刻が現存しているにも関わらず、「金石略」には録されていないものもある。たとえば巻96「山川略・乳洞」の「謝達……來遊乳洞紀事詩」がそうであり、これも洞口の比較的よく目立つところ、「上清三洞」の近くに現存する。そもそも謝啓昆は「待訪目録」を設けた意味について「謹案：粤西金石之文、著録者、得四百八十有三種。然崖谷棒莽中、搜討有所未及、又其石已亡而世或有拓本者、并存其目、以待後之君子」という。つまり「崖谷や棒莽の中」にあって「搜討」探し求めることができなかったもの、またすでに石刻が亡佚しているが、拓本や旧書に著録されているもの、これらを「待訪」として巻末にまとめて収録したということである。「金石略」十五巻そのものは、謝啓昆以前に編纂された明・清の『廣西通志』にはなかったものとして確かに一定の評価を与えることはできる。しかし一体どれほど「搜討」の努力をしたのか、甚だ疑問である。少なくとも桂林府城外の近郊、今の桂林市区（城区・郊区）内に当たる地域については網羅的であり、「搜討」したと称することは許されるであろうが、府内の他の州県については極めて杜撰である。これらの地に関してはほとんど新しい調査を行っておらず、ただ旧志に基づいているのみであるように思われる。「搜討」の「所未及」は「崖谷棒莽中」だけではなく、また「其石已亡」でないもの、現存するものも含む。謝啓昆『金石略』は乳洞前にあった「三洞記」を録しているから、乳洞は「崖谷棒莽中」ではないが、当然、乳洞を「搜討」しているはずである。少なくとも読者はそのように考える。しかしこれほど多くの石刻を、しかも容易に発見できるものを著録していないことが今回の調査で判明した。「崖谷棒莽中」「又其石已亡」などというのは自己の不徹底を取り繕う弁解に聞こえる。

広西の石刻研究にとって謝氏『金石略』とともに基本資料であり、座右の書であるといってよいものに明・張鳴鳳『桂勝』がある。胡虔「粤西金石略敍」に次のようにいう。

　　明・萬暦中、制府劉公繼文嘗令人齋楮墨、拓崖壑之文、以貽張羽王（鳴鳳）、爲作『桂勝』。距今一百九十年而（謝）公繼之、且統粤西金石之全、畢登于書、可謂盛乎。……其幸而存者、非公好古敏求有專勤之力、惡能發其光怪璀璨、以大顯于世哉。……『金石略』得十五卷、可自爲一書者。公故先刻之、以質同好。

謝氏『金石略』は明・張鳴鳳『桂勝』を継ぎ、それを凌ぐものであると高評する。しかし先に指摘したように、さほど詳しい調査に基づいて収集したものではないことは、乳洞巖の例によっても明らかである。いっぽう張鳴鳳『桂勝』は「自序」に「參藩雲間徐公以代行藩事至、陸續抄搨、十得六七。……縣令南海何君奉檄唯謹、選諸生稽古者挟搨工與俱、廩從優厚。……所爲卷第、以先奉公授獨秀諸搨本、家灘山下、日就手寫所得次之、餘悉按抄搨至者之先後以爲卷第」というように、範囲は桂林城の周辺に限定されているものの、当時現存していた石刻の抄搨から始めている。地理的範囲は謝氏『金石略』が網羅的であったのと変わらない。また、謝氏『金石略』は清

代の作にして明の『桂勝』を継ぐものでありながら、明・清のものを収めず、『桂勝』と同じく元代で終わっている。つまり謝氏『金石略』は基本的に明の『桂勝』の域を出るものではない。『桂勝』は時代が謝氏『金石略』の二百年以上前に在り、したがって録文の史料性はむしろ『桂勝』の方が高いといえる。

　ただし謝氏『金石略』に見られる調査・収集の不徹底は謝啓昆のみが責められるべきものではないかも知れない。『金石略』にいう「崖谷棒莽中、捜討有所未及、又其石已亡而世或有拓本者」は多いに疑問であるが、そもそも謝啓昆の石刻資料の「捜討」・拓本収集の方法にも難点があった。『廣西通志』は他の州県からの報告・提出資料を基にして編纂されているわけであるから、その「金石略」に関しても他州県の調査と収集によっており、それが不徹底であったというべきであろう。たとえば胡虔「序」に「公（謝啓昆）聞之、欣然命工徧撅諸崖洞古刻、且檄郡縣訪求金石文、顧俗工不甚解其事。凡氈錘麝煤之法、架巖涸水之方、（胡）虔爲親指示之。……郡縣之以脱本來者亦日衆、于是模寫于紙、分件繫年、自晉至元、得四百八十餘種」というように、府内の他の郡県には命令を発して拓本を求めた。しかし、本来「不甚解其事」であって、拓本作成の技法は指導したものの、「架巖涸水」する作業であり、当時他の郡県において知られていないものは「崖谷棒莽中」に在ることを理由にして、徹底した調査と収集が行なわれたわけではなかったと思われる。乳洞巖石刻について見れば、乳洞の由来を記した李邦彦「三洞記」は恐らく洞外に石碑の形で、ほぼ完全な形で存在していたはずであり、『金石略』がわずかにそれのみ著録して「張孝祥大書"上清三洞"」等を著録していないということは、洞内はもとより、洞口周辺を調査するということもなかったのである。また、このような不徹底は郡県の怠慢にのみ帰せられるものではなかろう。かりに現地に行って調査をしていたとしても、どの石刻が重要であるか、いつの誰の作であるのか等、郡県においては史料的価値や年代鑑定のできる人材を欠いていたであろう。乳洞石刻の中で「三洞記」しか著録されていないのはこのように色々な原因が考えられる。いずれにしても『粵西金石略』の「待訪目録」にいう「崖谷棒莽中、捜討有所未及」と「又其石已亡而世或有拓本者」には虚偽がある。今日の学者はこの言を信じて調査の手を弛めるようなことがあってはならない。

張孝祥による改名"上清三洞"と道教的聖地化

　張孝祥（1132-1169）、字は安国、号は于湖、著に『于湖居士文集』（四部叢刊所収）がある。桂林には乾道元年（1165）に広西経略安撫使として赴任、在任期間は二年。桂林市内には南渓山穿雲巖（乾道元年二月）・南渓山五炁巖（乾道元年九月）・象鼻山水月洞（乾道二年三月）・南渓山劉仙巖（乾道二年）・屏風山（乾道二年六月）等々、多くの地に張孝祥の名を刻した石刻が現存している。中でも象鼻山の水月洞を朝陽洞に改名したことは、その七年後に同じく広西経略安撫使として赴任して来た范成大に「復水月洞銘并序」（象鼻山水月洞に現存）で「以一時燕私、更其號"朝陽"、

邦人弗從。……百世之後、尚無改也」と批判されて有名である。范成大は「桂海虞衡志序」に「余既不鄙夷其民、而民亦矜予之拙、而信其誠、相戒毋欺侮」というように、民への視点あるいは民を軽視せず、互いに愛顧信頼するという奇特な思想があった。このような范成大と張孝祥はどうも反りが合わず、政治的にも思想を異にしていたように思われる。詳しくは拙稿「成句"桂林山水甲天下"の出自と典拠について」(『島大言語文化』14、2003年)。「上清三洞」が張孝祥の作であるならば、明・黄本がいうように「乾道間」の作であり、任期からみて、その元年か二年ということになるが、張孝祥石刻の多くが二年であることによってここでは乾道二年の作として配しておく。盧貞・元晦・范成大ら、唐・宋の多くの官僚がそうであるように、北上する帰途で乳洞に立ち寄った可能性もある。

　この石刻を張孝祥の書とする者は多いが、鐫刻したのはかなり後のことかも知れない。清・謝啓昆は『廣西名勝記』によって「張孝祥大書」といい、さらに明・黄本には「乾道間張孝祥大書」といい、また民国の林本には「張孝祥書」という。現存の石刻にそのような落款・自署は見当たらない。恐らく当時から当地ではそのように伝承されており、歴代の方志等がそれを襲用して来たことは一般的に考えられることである。ただ、桂林の西山(今の西山公園内)にある石刻には次のようにいう。

　　千　山　觀
　　　歴陽張孝祥書　河内李曾伯鐫

ここにいう「鐫」とは実際に刀と鎚を持って岩石上に鐫刻した職人・石工ではなく、鐫刻を命令したり資金提供等をした主催者・事業主である。『桂林石刻(上)』(p314)によれば「高二尺五寸、寬六尺五寸、題字橫列、徑二尺三寸、款眞書徑三寸」。この題字と乳洞石刻「上清三洞」は、ともに張孝祥の書であることの他に、横書きであること、字径60cm前後の大書であることなどにおいて共通点がある。それを鐫刻した「李曾伯」とは「噴雷」・「駐雲」・「飛霞」と命名した李邦彦(?-1130)の五世孫であり、じつはその三洞の名を洞口に書刻したのは李曽伯であった。そこで、この大書「上清三洞」も李曽伯が刻したものである可能性も考えられないわけではない。そうならば「上清三洞」も李曽伯が三洞名を刻した時と同じで淳祐九年(1249)頃ということになる。

　「上清三洞」という名は、先の李邦彦の「噴雷」・「駐雲」・「飛霞」が景観上の特徴をとらえた頗る文人趣味的な命名であるのとは異なって道教思想に基づいたものである。この命名も桂林での朝陽洞と同じように、張孝祥による改名であったといえよう。東晋に成立して唐代に最も拡大した"上清派"とよばれる宗派があり、その派は"上清"を冠している経典群(主に『道藏』洞真部に収める)を伝授していったといわれる。また"三洞"とは洞真・洞玄・洞神の三種類の気の総称であり、後に『道藏』の分類に適用された。ちなみに『道藏』の要点をとって編纂された道

教の主要な経典である北宋・張君房『雲笈七籤』によれば、最高神である元始天尊から三元がわかれ、それは天宝君・霊宝君・神霊君の三宝君("三清"ともいう)とよばれ、さらに三宝君の世界は玉清境・上清境・太清境の"三清境"("三天"ともいう)から成っており、三宝君の説いたものがそれぞれ洞真・洞玄・洞神の経典であるとされる。張孝祥がいう"上清三洞"とは道教のいう上清境になぞらえたもので、かつ道教が広く霊山名洞を聖地"洞天福地"とするのにならって乳洞の上・中・下三洞を指した総称と考えてよかろう。ただし「上清～」という名称は、道教関係の建造物や岩窟などにしばしば用いられるもので、張孝祥の考案というものではない。たとえば徐鉉「大宋鳳翔府新建上清太平宮碑銘」(太平興国五年980)・蘇軾「上清儲祥宮碑」(元祐六年1091)が示すように終南山や開封に"上清～"という道観が建てられており、また池州貴池県斉山には"上清巖"があった。

　後に范成大もこの地を訪れているが、范成大は石刻題名で「上洞」という語を使っている。また范成大『桂海虞衡志』1「志巖洞」に「興安"石乳洞"最勝、余罷郡時過之。上・中・下三洞」といい、「興安乳洞有上中下三巖、妙絶南州、率同僚餞別者二十一人遊之」と題する詩もあるから、「上清三洞」あるいは「噴雷」・「駐雲」・「飛霞」を使わず、常に「上洞」・「中洞」・「下洞」を使っていた。これが当地で行われていた旧名であった。范成大の言葉でいえば「邦人弗從。……百世之後、尚無改也」なのである。李邦彦「三洞記」に「里俗所傳、得名甚陋、不足以稱雄、因易而新之。其下者……。中洞、……。上焉者……」という。民間では古くから「上中下」をもって呼ばれていたことがわかる。乳洞では、後に見るように佛教と道教の混淆が認められるが、道教の宗教空間としての認定は張孝祥に始まるのではなかろうか。少なくとも公認は張孝祥の「上清三洞」まで遡ることができる。唐代の韋瓘・趙某の詩の中に「仙都」・「符真仙」等の道教的表現は見られるが、それは単に洞内を仙境になぞらえたものに過ぎず、この地に限らず鍾乳洞の類を形容する常套の表現として用いられる。それに対して、「上清三洞」とは道教思想を背景とした具体的な名称であり、かつ当地の長官が命名したもの、いわば公式に認定したものである。後に宝祐元年(1253)に至って王慈敬によって上洞に刻されている詩題に「上清眞境」といい、また宝祐二年に趙立によって下洞に刻されている題詩に「南中三福地、此是上清天」という道教的聖地化・"洞天"化はこの「上清三洞」の命名に始まっている。王慈敬は乳洞を開発した仏教徒であるらしいがその思想には道教との融合が見られる。また、下洞に現存する趙立の詩は項大受と唱和したものであるが、項大受は詩の内容から見て恐らく道士であろう。南宋の間に乳洞が張孝祥による「上清三洞」の改名とともに道教的色彩を帯びた道場として開発・整備されていった過程がうかがえる。

12 〔存〕南宋・淳熙二年(1175)范成大等題名

中洞内、ほぼ中央、奥に向かって右手約8ｍの岩壁上約2ｍ。石刻はかなり大きな面積を占めており、かつ今人によって書丹されているために、容易に見つけられる。林半覚『廣西石刻志稿』(民国手抄本)「宋祝元將等題名」の末にある按語に「右刻在興安縣乳洞之中洞」という。

【資料】

録文：

1)　清・張運昭『興安縣志』(道光十四年1834) 13「金石」の「乳洞題名」(張本と略称)
2)　民国・林半覚『廣西石刻志稿』(手抄本)「宋祝元將等題名」(林本と略称)

張本・林本ともに後半部分にかなり脱字がある。謝啓昆『廣西通志』(『粤西金石略』)は「待訪目録」にも著録していない。

【現状】

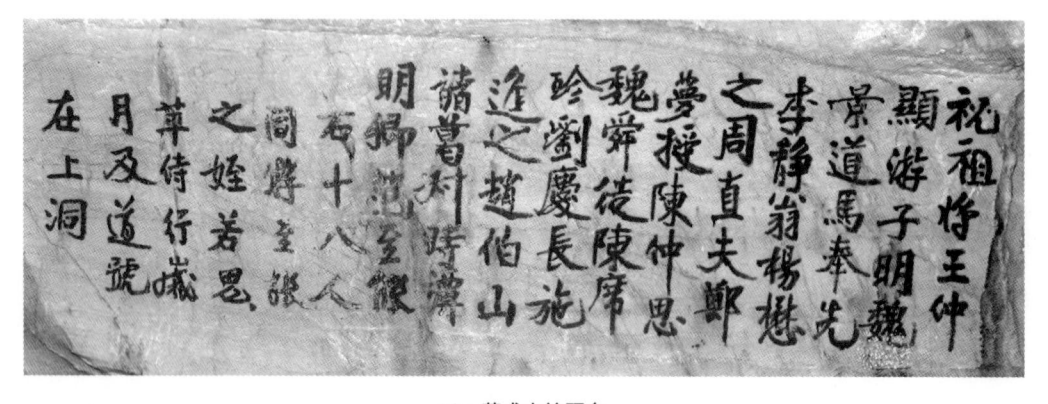

17	16	15	14	13	12	11	10	09	08	07	06	05	04	03	02	01
在上洞	月及道號	莘侍行歲	之姪若男	同游至能	右十八人	明卿范至能	諸葛叔時譚	進之趙伯山	珍劉慶長施	魏舜徒陳席	夢授陳仲思	之周直夫鄭	李静翁楊懋	景道馬奉先	顯游子明魏	祝元將王仲

12：范成大等題名

撰者范成大、書者范成大、刻者未詳。石面磨平。縦80cm、横280cm、縦書き、右行、行書、字径15cm。今人書丹、ただし誤字がある。林本は録文の末に小字で書体・字径を記すのを例としているが、この石刻にはそれが記されておらず、また林半覚『廣西歴代碑目』(民国手抄本)「宋祝元將等題名」の下でも空白になっている。

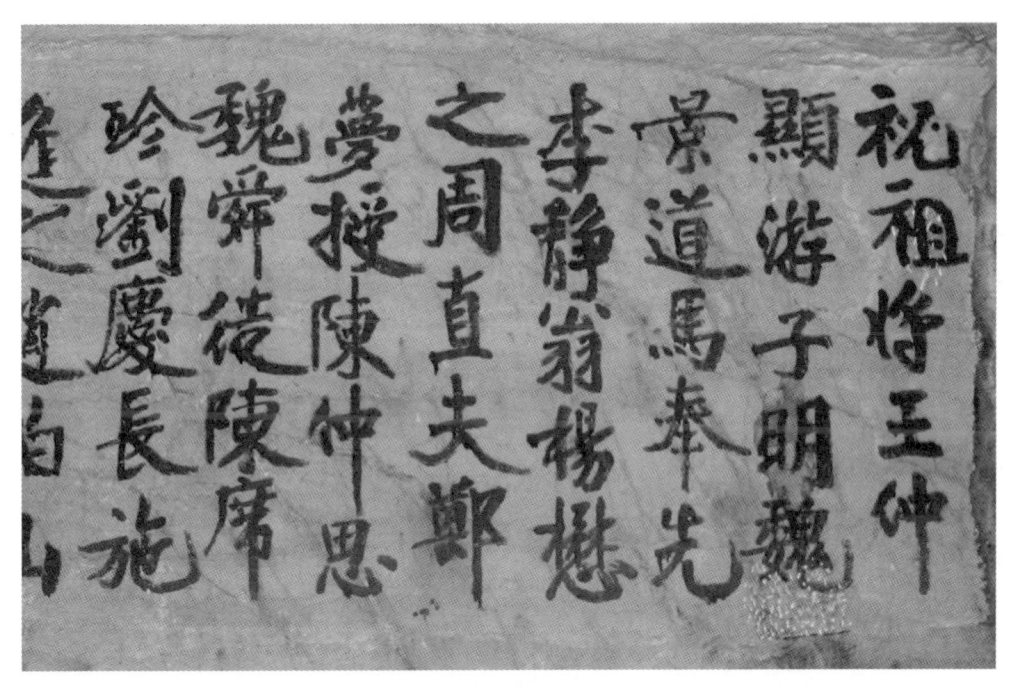

12：范成大等題名（1/2）

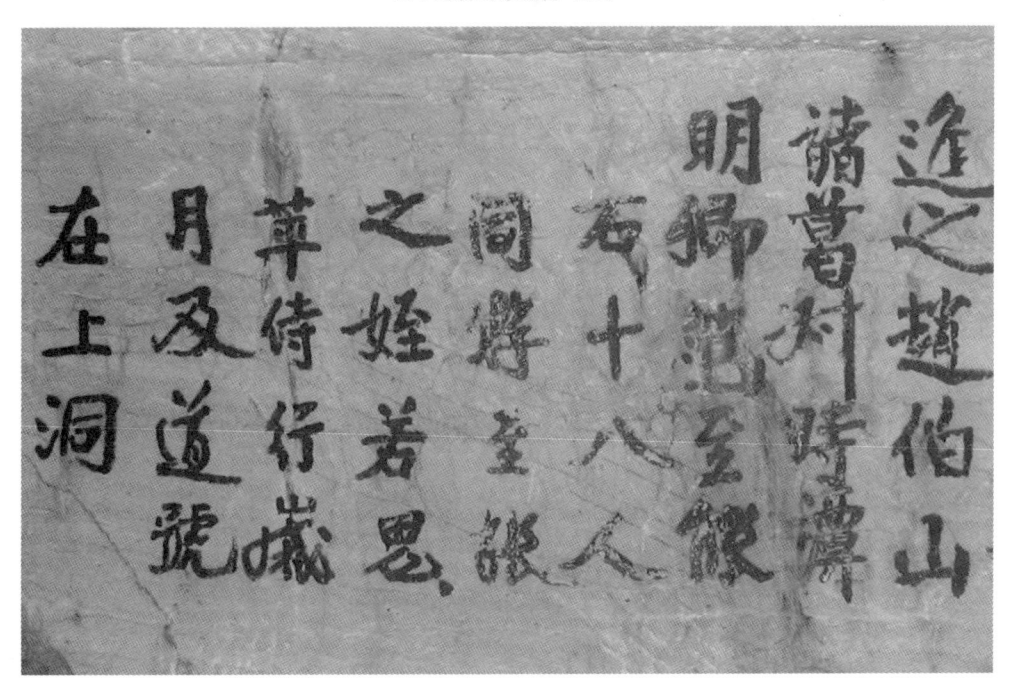

祝祖將王仲
顯游子明魏
景道馬奉先
李靜翁楊懋
之周直夫鄭
夢授陳仲思
魏舜徒陳席
珍劉慶長施
逢之道自山

12：范成大等題名（2/2）

逢之趙伯山
諸昌村時潭
明鄉范至顯
石十八人
同游童銀
之姪若思
草侍行歲
月及道號
在上洞

【校勘】
　01　祝元将王仲
「元」＝現石は今人によって書丹されているが、誤って塗って「祖」字に作られている。恐らく「元」を「示」に誤り、その右の石の肌理によって「且」があるものと見誤ったのであろう。また、新編『興安縣志』(p484)「乳洞巖」に「石崖上有宋人范成大・祝云将等18人合刻的題名」というのはこの石刻を指すが、「祝云将」の「云」も「元」を誤ったもの。
　03　景道馬奉先
「奉」＝張本・林本は「泰」に誤るが、現石では明らかに「奉」。
「先」＝林本の筆致は「光」字にも似ているが、現石では明らかに「先」。
　09　進之趙伯山
「進」＝張本・林本は誤って「逢」に作る。范成大に「施進之追路出巖關、且寫予眞、戲題其上」詩がある。
　10　諸葛叔時譚
「譚」＝今日の書丹では「潭」に塗っているが、現石の刻迹は三水ではなく、「ン」が繋がっていて「言」偏に似ている。張本・林本は「譚」に作る。
　11　明卿范至能
「至」＝張本は誤って「多」に作る。林本も「多」の如く書いた上で「至」に訂正している。「至能」は范成大の字として知られる。
　12　右十八人
「右」＝張本・林本は「右」を脱す。
　13　同游至能
「游」＝張本・林本は「遊」に作る。異体字。
「至」＝張本・林本は「至」から16「及」まで十二字を脱す。林本は張本と誤字・脱字が同じであり、これほどの類似があれば林本は張本に拠って釈文している、あるいは張本を転載していると認めざるを得ない。
　14　之姪若男
「男」＝今人によって「思」字のように書丹されているが、「男」を誤ったもの。
　15　幸侍行歲
「幸」＝今人によって「莘」字に書丹されているが、字体相似による「幸」の誤字。詳しくは後述。
【解読】
祝元将（名は大任）、王仲顯（光祖）、游子明（次公）、魏景道、馬奉先（寧祖）、李静翁、楊懋之、

周直夫（去非）、鄭夢授（爲）、陳仲思、魏舜徒、陳席珍、劉慶長、施進之、趙伯山、諸葛叔時、譚明卿、范至能（成大）。

　右十八人同游。至能之姪（范）若・男（范）莘侍行。歲月（淳熙二年1175二月）及道號在上洞。

桂林における范成大の離任と送別

　『桂林旅游資源』（p696）「乳洞摩崖石刻」に「淳熙元年（1174）、廣西經略兼知靜江府的范成大等十八人的『乳洞題名』」という。范成大（1126-1193）「乳洞題名」は「淳熙元年（1174）」の作ではなく、その翌年春、さらにいえば恐らく二月初の作である。

　『桂林石刻（上）』（p189）「宋・范成大鄭少融等四人龍隱巖題名」は「漶漫幾盡」として「淳熙元年初□日吳郡范致［至］能長樂鄭少融□□王仲顯□□祝元將□□□月□□□□來游龍隱巖□百□□□東山□□□□蓋□得之龍□水石□□□□」と釈文する。この「淳熙元年初□日」正月の石刻には范致［至］能をはじめ、王仲顯・祝元將ら、「乳洞題名」と同じ名が見えており、『桂林旅游資源』が「淳熙元年」とするのはあるいはこれに拠ったものとも思われるが、これは送別に際しての宴遊での題名ではない。離任時の状況については『桂海虞衡志』の「自序」に触れられており、「乾道九年（1173）三月、既至郡（桂林）、……居二年（淳熙元年1174）、余心安焉。承詔徙鎮全蜀（四川）、亟上疏固謝、不能留。再閱月、辭勿獲命、乃與桂民別、民觴客于途。既出郭、又留二日、始得去」という。正確には周必大「范公成大神道碑」に「淳熙元年十月、除敷文閣待制・四川制置使・知成都府」という。ただし清・畢沅『續資治通鑑』144「淳熙元年十二月」には「新四川制置使范成大改管内制置使」というから、十月に四川制置使に任命され、十二月に管内制置使に改められた。范成大に「乙未（淳熙二年）元日用前韻（「甲午除夜、猶在桂林」詩）、今年五十矣」詩と「再用前韻」詩があり、後者の自注に「時被命帥蜀」というのは、蜀への任命を固辞して「再閱月」、すでに翌年の正月になっていたことを告げている。送別の宴も淳熙二年の正月に開かれており、それは七星岩栖霞洞口にあった題名石刻（謝本223「金石略」、『粤西金石略』9）に「范至能（名は成大）赴成都、率祝元將（大任）・王仲顯（仲祖）・游子明（次公）・林行甫（？）・周直夫（去非）・諸葛叔時（？）、酌別碧虛。淳熙乙未廿八日」（行書、徑三寸許）というのによって知られる。『桂林石刻（上）』（p190）にも「部分毀」として同文を録す。「赴成都、……酌別」というのは送別の宴のことであり、それは「淳熙乙未」二年正月「廿八日」に開かれた。さらに范成大が四川時代に「五一兄」に宛てた書簡（南宋・岳珂『寶眞齋法書贊』26）にも「成大自正月起離廣西、六月七日方入成都府」という。「離」れたという「廣西」は広西地域ではなく、具体的には広南西路の治・靜江府城あるいは知府からの離任のことであり、正月中はまだ広南西路の領域内に在った。なお、范成大に替わって広南西路経略安撫使兼知靜江府になったのは著名な学者張栻（1133-1180）であり、桂林市内に題名等の石刻が多く残っている。

　范成大「乳洞題名」の作年について「歲月及道號在上洞」というが、残念ながら上洞に現存を

確認することはできなかった。栖霞洞の題名によれば、范成大が成都へ赴任する送別の宴が「淳熙乙未」二年正月「廿八日」に催されている。范成大の「題乳洞」詩に「向聞乳洞勝、出嶺更徘徊。雪林縞萬李、東風知我來。華裾繡高原、故人紛後陪」という時節に符合する。『桂海虞衡志』の「自序」に「既出郭、又留二日、始得去」というが、仮に正月二十九日に桂林を出発したとしても、その北にある興安県乳洞までは数日を要したであろうから、二月に入っていたはずである。ちなみに范成大『驂鸞録』に「（乾道九年1173二月）二十七日……二十七里至興安縣、十七里入嚴關。兩山之間、僅容車焉、所以限嶺南北。相傳過關、即少雪有瘴。二十三里過秦城。秦築五嶺之戍、疑此地也。二十八日、至滑石鋪、……二十三里至靈川縣、……六十里至八桂堂、桂林北城外之別圃也。……泊八桂堂十日、三月十日入城」というから、范成大は赴任時であるが、興安県嚴關から桂林城まで三日を要している。乳洞は「嚴関」（今の古嚴関）の南やや東、つまり興安県城と嚴関との間に位置する。したがって范成大「乳洞題名」は淳熙二年（1175）二月初の作と考えてよい。また、范成大「題乳洞」詩によって、桂林を去るに際して多くの友人・同僚等が乳洞まで見送ったこともわかる。

栖霞洞石刻中の祝元將・王仲顯・游子明・周直夫・諸葛叔時らは「乳洞題名」にも見える人物であり、これらの人士は桂林で范成大と親しく交遊していた。范成大に「興安乳洞有上中下三巌、妙絶南州、率同僚餞別者二十一人遊之」と題する詩があり、乳洞巌石刻にいう「右十八人同游」の内、「范至能」自身を除く十七名はこの「同僚餞別者二十一人」の中に含まれるであろう。他の四名については未詳。

桂林時代における范成大の交友を示す史料は幾つかあるが、「乳洞題名」が最も多くを記録している。それにいう「十八人」あるいは「二十一人」の内、多くの者がさらに全州との界まで范成大を送っていったらしい。范成大に「陳仲思・陳席珍・李靜翁・周直夫・鄭夢授追路過"大通"、相送至"羅江"分袂、留詩爲別」と題する詩があり、それに「嗟我與五君、曩如棲鳥聚。偶投一林宿、飄搖共風雨。明發各飛散、後會渺何處」という。「大通」とは范成大『驂鸞録』に「入桂林界、有大華表跨官道、榜曰"廣南西路"。……夾道高楓古柳、道塗大逵、如安蕭故疆、及燕山外城、都會所有、自不凡也。泊"大通驛"。……二十七里、至興安縣。十七里、入嚴關。……二十三里、過秦城。……至滑石鋪。……二十二里至靈川縣」と見える地。また范成大に「大通・界首驛」詩がある。そこは桂州と全州の境界の駅であり、嶺南と嶺北の境界でもあった。今、興安県の東北に"界首鎮"という地名が残っている。新編『興安縣志』（p48）によれば、県城から23km。「羅江」は全州の治である清湘県の西南にあって湘江に注ぐ江。『輿地紀勝』60「全州」に「羅水：在清湘縣西一百里、出羅氏山、北流入湘江」、『大清（嘉慶重修）一統志』461に「羅水：在全州西。源出羅氏山、東流逕州南、合灌水入湘」。また、明・徐霞客『粵西遊日記』1はこのあたりの地理を詳しく記録しており、「咸水溪（今の咸水河）自三清界發源、流爲焦川（今の蕉江）、

自南宅出山、至此透橋東南"羅江口"入湘。渡橋西南行、長松合道、夾徑蔽天、十里、板山鋪。又十里、石子鋪。從小路折而東南、五里抵界首、乃千家之市、南半屬興安、東半屬全州」という。『古今圖書集成・方輿彙編・職方典』1041「桂林府郡・桂林府城池考」の「全州」に「羅口渡：在宜郷、去城五十里」。乳洞まで見送った者は二十名の多きに達するが、さらに羅江まで来た者も少なくなかった。ちなみに乳洞は興安県に在って広南西路に属し、羅江は全州に在って荊湖南路に属した。范成大「羅江」詩に「嶺北初程分外食、驚心猶自怯晴嵐。如何花木湘江上、也有黃茅似嶺南」という。

さらに見送りは続いた。范成大に「"清湘驛"送祝賀州南歸」詩・「"清湘驛"送王柳州南歸二絶」がある。清湘駅は荊湖南路全州清湘県（唐の永州清源県、今の湖南省全州県）にあった。「元將」とは祝元将、名は大任、桂林の東に位置する知賀州の任にあり、「王柳州」とは王仲顕、名は光祖、桂林の南に位置する知柳州の任にあった。この両名が「十八人同游」の筆頭に挙げられているのも偶然ではなかろう。他の者の官職・官位は未詳であるが、この両名は知州であって職位が他の者より高かっただけでなく、上司であった范成大と最も親交があったのではなかろうか。清湘駅で元・王の二人と分かれた後の作、范成大に「"深溪鋪"中二絶、追路寄呈元將・仲顯二使君」詩があり、詩に「賀州歸去柳州還、分路千山與萬山」という。「深溪鋪」とは全州の郊外の七里店の北にあった。范成大「七里店口占」詩があり、また范成大「全守（知全州）支耀卿飲餞"七里"、倅楊仲宣攜具至"深溪"酌別、且乞余書、走筆作此、兼寄耀卿」詩に「店舍煙火寒、塵沙亭堠遠。……已張"七里"飲、更出"深溪"餞」という。『古今圖書集成・方輿彙編・職方典』1041「桂林府郡・桂林府城池考」の「全州」に「七里橋・曲溪橋・深溪橋・安道橋・雙橋、俱在北路、元・大德間（1297-1307）建」と見える。中にはさらに遠くまで同行した者もいたらしい。范成大に「湘陰橋口市別游子明」詩がある。「湘陰」とは長沙の湘陰であろうか。游子明は「十八人」中、元・王に次いで三番目に挙げられている。元・王のように知州の任にはなく、范成大幕下の比較的若い属官であったと思われる。

范成大「乳洞題名」は范成大研究の資料として重要であるが、孔凡礼『范成大佚著輯存』（中華書局1983年）の「題名」には漏れており、また張剣霞『范成大研究』（学生書局1985年）・于北山『范成大年譜』（上海古籍出版社1987年）でも利用されておらず、どうも研究者には知られていないようである。以下、「乳洞題名」に列記してある同遊者、范成大の幕僚等について桂林石刻等によって知り得た所を記しておく。

1) 祝元将：『桂林石刻（上）』(p189)「宋・范成大鄭少融等四人龍隱巖題名」にも「淳熙元年初□日、吳郡范致能・長樂鄭少融・□□王仲顯・□□祝元將・□□□月□□□□」と見える。名は大任、知賀州。于北山『范成大年譜』の「淳熙十一年（1184）」には「"深溪鋪"中二絶、追路寄呈元將・仲顯二使君」詩「"清湘驛"送祝賀州南歸」詩について「祝賀州元將、未詳」(p205)

129

とするが、范成大「寄題祝鄂州白雪樓」詩については『鍾祥縣志』（同治六年）に拠って「疑即祝大任、元將其字也」（p329）という。張仲炘・楊承禧『湖北通志』（民国十年1921）111「職官表」には「祝大任：知鄂州、淳熙十年任。孫庭堅：知鄂州、淳熙十二年任」（13a）というから、後に淳熙十年（1183）から十二年まで知鄂州であった祝大任と見なしてよい。2）王仲顯：名は光祖、睢陽人、淳熙元年から知柳州。范成大「"深溪鋪"中二絶、追路寄呈元將・中顯二使君」詩に作るものがあるが、現存する乳洞石刻および「睢陽王仲顯來碑」（『中國西南地區歷代石刻匯編（四）廣西省博物館卷』p129）・「王仲顯偕家屬及同官紀行遊」（同書p133）はいずれも「仲顯」。范成大の詩「贈臨江簡壽玉二首、簡攜王仲顯使君書來謁」・「春晚即事、留游子明・王仲顯」・「初夏三絶、呈游子明・王仲顯」・「送王仲顯赴瓊筦」等、多くの詩に見える。3）游子明：名は次公。范成大の詩集に見え、しばしば唱和している。4）魏景道：未詳。5）馬奉先：名は寧祖、関中の人。桂林隱山北牖洞の石刻題名に「淳熙五年仲秋……關中馬寧祖奉先、汎舟來游」。6）李靜翁：未詳。7）楊懋之：未詳。8）周直夫：名は去非。広南西路桂林通判、その著『嶺外代答』（淳熙八年1181）は范成大『桂海虞衡志』に倣ったもの。「序」（淳熙五年1178）に「晚得范石湖『桂海虞衡志』、又於藥裹得所鈔名數、因次序之、凡二百九十四條」という。9）鄭夢授：名は鄖。桂林疊彩山の石刻題名に「淳熙戊戌（五年）春分日……鄭鄖夢授」（『北京圖書館藏中國歷代石刻拓本匯編（43）南宋』p115）、また范成大「舉葬文」（桂林北潛洞に刻す）に「乾道九年八月……左迪功郎司法參軍鄭鄖」（また明・張鳴鳳『桂故』5「先政下」の「范成大」の伝に引く）。于北山『范成大年譜』は「舉葬文」を『臨桂縣志』24「金石志」に拠って「鄭勛」に作り、「陳仲思・陳席珍・李靜翁・周直夫・鄭夢授追路過"大通"、相送至"羅江"分袂、留詩爲別」詩に見える「鄭夢授」と別人と見なしているようであるが（p204、p461）、「夢授」は他の「陳仲思・陳席珍・李靜翁・周直夫」と同じく字であり、名は「鄖」。「勛」に作るのは誤字。また、昌彼得等『宋人傳記資料索引』5（鼎文書局1988年増訂、p3709）は『宋詩紀事』・『宋詩紀事小傳補正』によって「鄭鄖夢」を立てているが、「字夢授、建安人。乾道中、官靜江府司法參軍」というから、「鄭鄖夢」は「鄭鄖（字）夢〔授〕」による誤り。10）陳仲思：范成大に「次韻陳仲思經屬西峯觀雪」詩・「與同僚遊栖霞洞……陳仲思用二華君韻賦詩、即席和之」詩がある。11）魏舜徒：未詳。12）陳席珍：未詳。13）劉慶長：未詳。14）施進之：未詳。范成大に「施進之追路出巖關、且寫予眞、戲題其上」詩がある。15）趙伯山：伯山は字であり、『宋史』247に伝のある燕王德昭五世孫・趙子崧（？-1132）と字が同じであるが、淳熙二年（1175）以前に卒しているから別人である。范成大の桂林での作に「贈趙廉州」詩があり、廉州は広南西路の南部（今の北海市）であるが、同一人物であるかどうかは未詳。16）諸葛叔時：孔凡礼『范成大佚著輯存』に「金華人、爲獄掾」（p186）。17）譚明卿：未詳。18）范至能：名は成大。『桂林石刻（上）』（p189）「宋・范成大鄭少融等四人龍隱巖題名」は「淳熙元年初□日吳郡范致能」に作っており、「致能」と書く場合もあったように思われるが、七

星巖題名・屏風巖題名・中隠山題名等、他の桂林の石刻はいずれも「至能」に作る。ちなみに『北京図書館中国歴代石刻拓本匯編（43）南宋』(p99)の拓本「中隠山題名」に「鄭少融（名は丙）・趙養民（名は善政）・李正之（名は大正）・范至能、淳熙甲午歳（元年1174）中秋後三日同游」とあって「至」に作る。ただ『宋史』386本伝のように「字致能」に作るものもあるが、楊万里「石湖詩文集序」・周必大「范公成大神道碑」は等しく「字至能」といい、また范成大の弟・成績の字は至忠、成己の字は至一、従兄の成象（？-1180）の字は至先である。『桂林石刻（上）』の釈文は誤りではなかろうか。なお、「中隠山題名」中の「趙養民」は名は善政、転運判官、「鄭少融」は名は丙、提点刑獄、ともに「屏風巖題名」(『桂林石刻（上）』p187)に見え、また富川県碧雲巖の題名(『粵西金石略』8「趙善政題名」)に「古汴趙善政養民罷權臨賀郡丞、趨八桂、以乾道己丑二月十一日止富川」と見える。

范成大の姪と子について

石刻には「右十八人同游」以上の十八名の同遊者の下に「至能之姪若男莘侍行」という。今人は書丹して「男」を「思」字のように作り、「莘」を「苹」字に作っているが、いずれも誤りである。

まず、同遊を記した題名では一般に「子～・姪～侍行」あるいは「男～・姪～侍行」というような表記をする。たとえば西山石刻に「河内李曽伯長孺領客胡實端甫・李廷龍東甫・管安昌順甫・周應和同甫同來、弟（李）曽仕教忠・子（李）杓・姪（李）根侍、淳祐庚戌四月十日」、浯溪の題名に「河内李曽伯自桂易荊來觀、賓客臨川羅亨祖・清湘趙倉夫・管安昌・清江李攀龍・弟曽仕・子杓・姪根偕來、淳祐庚戌夏五（月）十有四日」、伏波山の題名に「……今更爲之。男杓・杞・枔、孫國華侍。景定庚申首夏二日謹識」、琴潭巖の題名に「方孚若（信孺）再至桂林……。嘉定甲戌七月廿日。同來李子凝・張玉父・林時可、子（方）左廷・左車侍」。「右十八人同游。至能之姪若・男莘侍行」というのはこのような書式に合う。

次に、范成大の子に「莘」なる者がいた。范成大の友人周必大の「范公成大神道碑」(慶元元年1195)に「妻和義郡夫人魏氏、前公幾月薨、至是祔焉。夫人……。二子：華［莘？］、承務郎（従九品）；茲、承奉郎（正九品）。女、長適從事郎新監行在車輅院張蒙；次封孺人、即沒於當塗者。公……愛二弟、教而撫之、待（范）成績尤至、今爲朝請郎（正七品）、通判建康府；（范）成己前卒。郊［効］恩官群從弟姪五人」というから、「華［莘？］」と「茲」の「二子」と「從弟・姪」が「五人」おり、乳洞題名の「姪」と「男」はその中の二人である。

「二子」について、周必大「范公成大神道碑」は長男を「華」に作るが、「華」が「莘」の誤りであることは、『石湖詩文集』の楊万里「序」(紹熙五年1194)に「公之子莘叩頭請曰」、その「跋」(嘉泰三年1203)に「莘・茲謹書」とあるのによって定説となっている。乳洞石刻の「姪若、男」の下字は「若」と同じく「艹」冠であって、その下は「平」「早」「辛」に近く、したがって「苹」・

「草」に似ているわけであるが、明らかに「華」ではない。石刻を仔細に調べたところ、最も「辛」に近い。「辛」を「立」と「十」に分解して説明すれば、「十」の「一」を「立」の下の「一」よりも長く書いた筆勢であるために、「莘」・「草」に見えるだけである。乳洞石刻には「男」というから、これによって逆に周必大「范公成大神道碑」に范成大の子を「華」に作るのが「幸」の誤りであることを証明できる。

次に「姪」については数名が知られる。范成大「藻姪比課五言詩、已有意趣、老懷甚喜、因吟病中十二首示之」詩に見える范藻は、范成大『呉郡志』（紹熙三年1192）29「進士題名」（11a）の「乾道八年（1172）黄定榜」下に「范藻：成象子」という。後に元の『〔至正〕崑山郡志』3「進士」（5a）に「范藻、（字）徳明：成象子。題名石、字孟明」、また明の『〔正徳〕姑蘇志』5「科第表上」（24b）にも「范藻：字徳明、成象子。崑山石本、字孟明」というのによれば、范藻は范成象（?-1180）の子、字は徳明あるいは孟明。范成象は成大の従兄。周必大「神道碑」に「従兄成象」、『〔正徳〕姑蘇』51「人物・名宦」の「范成大」（3b）に「従兄成象、字至先、……成大事之如嚴師。成象子藻」という。于北山『范成大年譜』はこの詩を范成大が病気のために帰省して療養していた淳熙十一年（1184）頃の作としているが、詩意から推察するにその時点で范藻は今なお幼く、おそらく十歳代のようであり、『呉郡志』によれば范藻はすでに乾道八年（1172）に進士及第しているから、淳熙十一年頃の作ではなかろう。范成大は淳熙四年（1177）五月末にも病と辞して成都を去り、故郷で療養しているから、その頃あるいはそれ以前の作であろう。いずれにしても乾道八年進士及第であり、范成大が桂林に向けて郷里呉郡を出発したのは乾道八年十二月七日であるから、随行した可能性は低い。また、後述するように、乾道九年には范藻は常州にいたと思われる。

その他、范成象の子に蔵がいた。清・銭大昕『潛研堂金石文跋尾』16（9b）に「范至先・至能・張元直同游林屋洞天。至先之子蔵及現・壽二長老倶、淳熙戊戌（五年1178）孟冬朔」と録文する。これは太湖の林屋洞に遊んだ時のものであり、淳熙五年十月は成都から帰省して療養している時期に当たる。范蔵は故郷で随行しているところを見れば、まだ仕官していないようである。藻・蔵の他にも子がいた可能性もあるが未詳。

范成大の兄弟には范成象の他に范成績と范成己の二弟がいた。成都から帰郷する道中に書かれた范成大『呉船録』の淳熙四年六月二八日の記事に「同登峯頂者、幕客簡世傑……進士虞植子建及家弟成績」というから、范成績も同行しているが、桂林での題名や詩文に全くその名が見えないから、成都在任中に、さらにいえば成都からの帰途のみに同行したのではなかろうか。范成己は「神道碑」に「愛二弟、教而撫之、待成績尤至、今爲朝請郎、通判建康府；成己前卒。郊〔效〕恩、官群従弟姪五人」と見えるが、范成大よりも早く死去している。また、桂林時代の詩に「甲午（淳熙元年1174）除夜、猶在桂林、念致〔至〕一弟使虜、今夕當宿燕山會同館、兄弟南北萬里、

感悵成詩」と題するものがある。今本『范石湖集』14は「致」に作るが、「至」の誤り。于氏『范成大年譜』は「范成己：疑即至一」（p455）といい、また范成大死去後の周必大の書簡「致龔頤正」に「幸語至忠及二孤也」とあることによって「至忠、當即成績字」（p407）という。「姪」の「若」は成績か成己の子である可能性がある。

では、翻って桂林に同行したのは誰であろうか。七星巖内北壁の石刻に「乾道癸己（九年）重九、呉人章潭邃道・范成大至能、攜家同登七星山」とあり、「家」家族が同行していた。また、郷里呉県から桂林までの道中日記である范成大『驂鸞録』に「（乾道）癸巳歳（九年）正月一日、午間至釣臺、率家人子登臺、講元正禮、……臧獲亦貪殊景、皆忍寒犯滑來登」・「（二月）二十六日、入桂林界、有大華表跨官道榜、曰"廣南西路"、家人子擧頭驚叱」とあるから、「臧獲」下僕・下女は無論のこと、「家人子」が同行していたことは確かである。この二ヶ所に出てくる「家人子」について、小川環樹訳『呉船録・攬轡録・驂鸞録』（平凡社2001年）は前者を「家族ら」（p129）、後者を「家人たち」（p161）としている。「家人子」は早く漢代の文献に見える語であり、『史記・馮唐傳』の「夫士卒盡家人子、起田中從軍、安知尺籍伍符」について唐・司馬貞は「家人子、謂庶人之家子也」、『漢書・董賢傳』の「此豈家人子所能堪邪」について唐・顔師古は「家人、猶言庶人」というが、『漢書・外戚傳』の「上家人子・中家人子、視有秩斗食云」について顔師古が「家人子者、言采擇良家子以入宮、未有職號、但稱家人子也」といい、また『史記・欒布傳』の「梁王彭越爲家人時、嘗與布游」について司馬貞が「謂居家之人無官職也」というのを見れば、単なる庶民の家の子女を謂うのではなく、無職無官で家にいる子、まだ仕官していない子や嫁いでいない女をいうのではなかろうか。ここでの用法も家長たる范成大が「率家人子登臺、講元正禮」している点、また「臧獲」と区別されている点から見て、自分の子供ではあるが、まだ家にいて独立していない子女をいうものであろう。ただしこの「家人子」には、從兄范成象の子である范藻を「姪」と呼んでいるように、兄弟・從兄弟の子「姪」（「姪子」ともいう）が含まれている可能性もある。その中には「七哥・九哥」とよばれる人がいた。

南宋・岳珂『寶眞齋法書贊』26「范參政『行臺』・『兩司』・『常州』・『成都』四帖」は范成大が「五一兄」に宛てた書簡二通を収めており、それに次のようにいう。

「常州帖」：

　　成大拜覆五一兄、……比承累書、知安慰甚。且收三哥書、知已赴常州、且得禄食以歸養。非細事、須謝祖先積善所致也。七哥・九哥在此甚安、但爲先生丁憂廢學、已議別請先生也。但未有赴試藝解者、極以爲憂耳。兄且得一子食禄、自此可以水淺長流矣。劣弟年來、多病早衰、……今略此通問。三哥不及別書、且善將息、凡事勤謹；三嫂・姪・孫安勝；大姐且安跡、不説親否。未閒、將愛爲祝。不備。九月十一日、成大拜覆五一兄座前。

「成都帖」：

成大拜覆五一兄座前、……成大自正月起離廣西、六月七日方入成都府。……新婦自遭壓後、
　　　到荊南上下、方得性命可保、又爲路中辛苦、到漢川大病、至今未能坐起、擾撓可知。……七
　　　哥・九哥、遠路一遭、却得安樂。九哥氣弱多病、全不及七哥也。前日在桂林時、先生不得人、
　　　枉壞了光陰、今已得一佳士矣。旦夕事定、敦逼兩人爲學矣。三哥曾討得權局否。新生、想甚
　　　長進。大姐、想且安跡于高氏也。……六月九日、成大拜覆五一兄座前。

後者「成都帖」は成都府到着直後の淳熙二年（1175）六月の書簡であり、前者「常州帖」は後書
との関係から桂林滞在中の九月、おそらく初年の乾道九年（1173）九月の書簡であろう。これに
よれば桂林と成都に同行した者には「新婦」の他に「七哥」・「九哥」がいた。今、孔凡礼『范成
大佚著輯存』に「此帖當爲與從兄成象者」「七哥・九哥、當爲成大之子莘・茲」（p107）といい、
また于北山『范成大年譜』でも「此函所謂五一兄、未詳」（p196）としながら「七哥、當即長子
莘；九哥、當即次子茲。據函意、彼時二子尚未成立」（p38注〔五〕）というが、どうであろうか。
「七哥」と「九哥」の二人は、乳洞の題名にいう「姪若」と「男莘」に当りそうである。そうで
あるならば、「茲」は随行していなかった可能性が高い。「七哥・九哥」は、書簡に「未有赴試藝
解者」「敦逼兩人爲學矣」というように、まだ科挙を受けておらず、しかし受験のための勉強を
する年齢ではあった。二〇歳以下と考えてよかろう。「神道碑」に「華［莘］、承務郎（從九品）；
茲、承奉郎（正九品）」というから、父の卒後の慶元元年（1195）にあっても官位は低い。当時、
官職に就いていたならば、たとえば弟の范成績について「今爲朝請郎（正七品）、通判建康府」
というように、それを明記するのが通例であるから、まだ官職についていなかった可能性もある。
後に『〔弘治〕撫州府志』8「通判題名」（30a）に「范茲：朝奉大夫（正七品）、寶慶元年（1225）」、
『〔至順〕鎮江志』17「司屬・糧料院」（30a）に「范茲：奉直大夫（正六品）、端平三年間（1236）
十二月至」。そのほか、『〔咸淳〕臨安志』51「秩官・縣令・錢塘」（2b）の「國朝」には「范華」
の名が見えるが、「神道碑」と同じく「莘」を誤った同一人物かどうかは未詳。

ただ気になるのは、「神道碑」によれば「妻和義郡夫人魏氏」との間に生まれた実子に二子・
二女がおり、長女は張孟に嫁いでいるが、次女は「没於當塗」であり、楊万里「范女哀辭」によ
れば「年十有七、紹熙三年（1192）」に父范成大に同行して当塗県で客死している。紹熙三年に
十七歳であるから、范成大の成都在任中、淳熙三年（1176）あるいはその前年の生まれである。
これが四川からの書簡にいう「新婦」であろうか。范成大は四川時代の淳熙二年（1175）で五十
歳。紹熙四年（1193）に六十八歳で卒、妻魏氏はその数ヶ月前に死去している。仮に范成大と魏
氏の年齢差が一〇歳あったとしても、魏氏は四〇歳で出産していることになる。「新婦」という
のは魏氏なのであろうか。かりに茲が「新婦」の子であるとしたならば、桂林時代にはまだ生ま
れていない可能性もある。

いずれにしても、通説が「七哥・九哥」を范成大の「二子：莘・茲」とするのは、人数が合っ

ていることによる推測に過ぎず、確証を欠く。むしろ「姪若・男幸」が同行していることは確かであるから、この二人である可能性の方が高いといえよう。そうならば、記載の順序と排行の関係からみて「姪若」が「七哥」、「男幸」が「九哥」であろう。

　「三哥」についていえば、「收三哥書、知己赴常州、且得禄食以歸養」というから、仕官を果たした者のようである。従兄范成象の子・范藻は乾道八年（1172）に進士及第しており、范成大は八年十二月に出発して翌九年三月に桂林に到着している。この書簡は九年六月に差出したものであろうから、「三哥」とは范藻であろう。また「五一兄」とは、于北山『范成大年譜』は「未詳」とするが、孔凡礼『范成大佚著輯存』が「此帖當爲與從兄成象者」というのがよい。書簡に「兄且得一子食禄、自此可以水淺長流矣」というのは「三哥」を指すであろうから、「五一兄」とは范藻の父、范成象ということになる。ただし「五一」という称が気になる。明らかに排行をいうものではない。先の書簡二通は「並草書」（『寶眞齋法書贊』）であり、「五一」は弟・成己の字「至一」の草書によく似ている。しかし書簡では「五一兄」と呼び、詩題では「至一弟」と称しているから、同一人物ではなかろう。「五一」とは、欧陽修の号を「六一居士」ともいうように、范成象の号なのではなかろうか。そこで「五一兄」に宛てた書簡を振り返れば、范成大が安否を問うているのは「五一兄」・「三哥」の他に「三嫂・姪孫」・「大姐」である。五一兄が范成象であるならば、その子には「三哥」藻の他に蔵がいたはずであるが、書簡では挙げられていない。ただし「三嫂・姪孫」の中に入っていることも考えられる。かりに「七哥」が范蔵であるならば、同行者は范蔵・范若の「七哥・九哥」と范幸の三人ということになる。そもそも通説では自分の子を「～哥」で呼んでいることになるが、このような用法が当時あったのかどうか。「～哥」は一般には兄の意から転じて自分よりも年長の者あるいは同輩の者に対する呼称として使われるが、相手の子息に対する親愛の呼称としても使えたのではなかろうか。しかし「七哥・九哥」に范成大の子・范幸が入っていないとしても、乳洞の題名には「姪若」しか記されていない。書簡によれば「九哥氣弱多病」であったから、「九哥」は乳洞の登山には同行しなかったことも考えられないこともないが、中洞まで及びその洞内は、上洞とちがって楽に登れ、また洞内も危険ではない。

　このように「姪若」が誰の子であったのか、そして「七哥・九哥」とは誰なのか、不明な点が多く、ここでは問題提起にとどめるしかない。現段階で断定できるのは、范成大の子を「華」に作るのは「幸」の誤字であること、また通説で「七哥・九哥」を范成大の「二子」とするのは誤りであり、少なくとも「姪若」を含むということである。

13 〔佚〕南宋・淳熙二年（1175）范成大作「題乳洞」詩

　明・黄佐『廣西通志』12「山川志」1「興安」の「乳洞」(33b)に「乾道間張孝祥大書曰"上清三洞"四字。范成大亦有詩刻。洞前有明眞寺藏塔院。李邦彦又書"玉豁〔豁〕橋"三字」という。乳洞巖は三洞から成っているが、張孝祥"上清三洞"四字は下洞に刻されて現存しており、「明眞寺藏塔院」も下洞の向かって右手にあり、また李邦彦書"玉豁〔豁〕橋"三字も下洞にあったはずであるから、記述上"上清三洞"四字と「洞前有明眞寺」の間に置かれている「范成大亦有詩刻」も下洞に在ったと読むべきであろう。しかし明・袁袠「遊乳洞記」(『袁永之集』巻15、嘉靖二六年1547)には「三洞、蓋宋李邦彦名也。有碑記及張孝祥大書"上清三洞"、皆在下洞口。上洞有范成大詩刻、徧讀之、小飲下洞而歸」とある。これは黄佐『通志』の記載に極めて近いが、「上洞」に作る。

　その後の記録では、清・査礼の詩（乾隆十九年1754）に「崖口多摩崖、年深苔蘚積。我固好事者、古人亦同癖。歲月易云遷、對景悲過客。搜剔石湖句、徘徊感今昔」(『〔嘉慶〕廣西通志』96、『〔道光〕興安縣志』2)という「石湖句」は范成大（号は石湖）の題した詩句のことであり、どこに刻されていたか不明であるが、林半覚『廣西石刻志稿』(民国手抄本)の「宋范成大題乳洞詩」に「右刻在興安縣乳洞之上洞」というのを信じるならば、民国末頃までは存在しており、上洞に刻されていたらしい。上洞に在ったというのは中洞に現存する范成大等題名（淳熙二年1175）の末に「歲月及道號在上洞」という所にも合う。「在上洞」であったのは、「歲月及道號」のみでなく、題詩もあったのではなかろうか。ただし林半覚の録する「宋范成大題乳洞詩」に「歲月及道號」については見えない。あるいは詩の末にそのような題名があったのかも知れない。残念ながら今日いずれも発見することはできなかった。なお、『桂林旅游大典』には「宋刻中有……范成大題詩題名」(p294)とあり、また同書(p203)では「張孝祥・范成大・謝逵・李曾伯等題名・題詩」といっており、范成大の「題詩」と「題名」が現存していたようにも取れるが、それ以前の『桂林文物』には「張孝祥・范成大・李曾伯等人的題名書榜」(p125)、それ以後の『桂林旅游資源』にも「范成大等十八人的『乳洞題名』」(p696)、『興安縣志』にも「范成大・祝云〔元〕将等18人合刻的題名」(p484)というのみであっていずれも題詩の存在には触れていない。「范成大題詩題名」は誤りであろう。

【資料】

録文：

1）清・顧氏重訂『石湖居士詩集』(四部叢刊本) 15 (2a)
　　　「興安乳洞有上中下三巖妙絶南州率同僚餞別者二十一人遊之」(集本と略称)

2）民国・林半覚『廣西石刻志稿』（手抄本）「宋范成大題乳洞詩」（林本と略称）
3）今・北京大学『全宋詩（41）』2256「范成大一五」（p25877）
　　　　　「興安乳洞有上中下三巖妙絶南州率同僚餞別者二十一人遊之」（全宋本と略称）

集本は康熙二八年（1688）顧氏愛汝堂重訂刊本。全宋本は集本を底本とする。併せて集本系と呼んでおく。林本の按語に「此詩『石湖集』未載、得此可補其缺」というが、集本にはこの詩を載せている。

【復元】

本来どのような形で刻されていたのか未詳であるが、ここでは断句した上で聯ごとに改行して示しておく。

00　　興安乳洞有上中下三巖、妙絶南州、率同僚餞別者二十一人遊之。
01　　山水敦夙好、煙霞痼奇懷。
03　　向聞乳洞勝、出嶺更徘徊。
05　　雪林縞萬李、東風知我來。
07　　華裾繡高原、故人紛後陪。
09　　繋馬玉谿橋、嵌根豁崔嵬。
11　　蕩蕩碧瑶宮、冰泉漱墻隈。
13　　芝田漑石液、深畦龍所開。
15　　匃我一掬慳、頼此炎州埃。
17　　仍呼輪袍舞、醉倒瑞露杯。
19　　但恐驚山靈、腰鼓轟春雷。
21　　薪翁雜餉婦、圜視歡以咍。
23　　茲巖何時鑿、閲世幾劫灰。
25　　始有此客狂、後會眞悠哉。
27　　南遊冠平生、已去首猶回。
29　　歳月可無紀、三洞倶磨崖。
31　　會有好事者、摩挲讀蒼苔。
33　　　　　　范成大題。

林本に「行書、徑一寸許」、林半覚『廣西歴代碑目』（民国手抄本）「宋范成大題乳洞詩」には「行書、徑一寸」として「許」を缺く。字径は約4cmで、比較的小さいが、五言十六韻の長詩であるから、一行十字（一聯）であったとしても、石刻は縦0.5m、横1.5m以上はある、かなり大きな石刻であったはずであるが、今日、上洞にはそれらしきものが刻されていた痕跡は見当たらない。

【校勘】

00　興安乳洞有上中下三巖妙絕南州率同僚餞別者二十一人遊之。

「興安乳洞……」＝集本系による。林本はただ「題乳洞詩」に作るから、石刻には集本にいうような題はなかったのであろうか。

「妙絕」＝『桂林旅游資源』(p410)に「范成大贊爲"冠絕南州"」、同書(p696)に「范成大贊其爲"冠絕南洲"」として「妙」を「冠」に作る。後者の「洲」は「州」の誤字であろう。また、『桂林旅游大典』(p202)では「乳洞有"勝絕南州"、"湘南第一洞"之譽」、『桂林市志（中）』(p1264)にも「乳洞自唐宋時即爲游覽勝地、享有"勝絕南州"、"湘南第一洞"稱譽」という「勝絕南州」は范成大のこの詩を指すであろう。

05　雪林縞萬李

「李」＝林本は「里」に作る。同音による誤りであろうか。

09　繫馬玉谿橋

「谿」＝諸本はいずれも「溪」に作るが、これは李邦彦「三洞記」の拓本に「玉谿」に作っており、また洞前には李邦彦の書「玉谿橋」が刻されていたから、「溪」は「谿」に作るのが正しいであろう。詳しくは「建炎三年（1129）李邦彦書"玉谿橋"」の考察。

12　冰泉漱墻隈

「墻」＝集本系は「牆」に作る。いずれでも通じるが、瓦磚で造られた壁があった形跡はないから、土塀を意味する「墻」の方がよかろう。

15　匃我一掬慳

「匃」＝全宋本は「丐」、異体字。『玉篇』に「匃（カイ）：同丐」、『漢書』西域傳「我匃若馬」の顔師古注に「匃、與也」、現代中国語の「給」(gei3)に当たる。

16　類此炎州埃

「炎」＝林本は「夾」に作る。字形が似ていることによる誤字。

17　仍呼輪袍舞

「袍」＝林本は「祀」に作る。字形が似ていることによる誤字。

21　薪翁雜餉婦

「婦」＝林本は「歸」に作る。「歸」は押韻との関係から適当ではない。また、「圜視歡以咍」というから、土民たちが遠巻きに見ていることであり、「婦」が善い。

23　茲巖何時鑿

「巖」＝林本は「岩」。異体字であるが、他の記録では乳洞を「〜巖」に作る。

30　三洞俱磨崖

「磨」＝林本は「摩」に作る。直後の32行に「摩挲」と使っているから、重出を避けたほうが

好かろう。また、今日の「摩崖」は、古く宋代では「磨崖」と書くことが多い。たとえば『廣川書跋』8「磨崖碑」に「『中興頌』刻永州浯溪上、斲其崖石書之」、周密『武林舊事』5「湖山勝概」の「浄慈報恩寺光孝禪寺」に「唐人磨崖八分」、『輿地紀勝』103「靜江府」に「唐大暦磨崖、在舜祠」、『容齋四筆』10「鄂州南樓磨崖」に「剥土有大石露於外、……乃磨崖二碑」、また先に「08：南宋・建炎三年（1129）李邦彥撰『三洞記』」で挙げた桂林に現存する石刻「李邦彥題榜"龍隱巖"」に「迪功郎桂州臨桂縣丞何儔磨崖」と見える。

33　范成大題

「范成大題」＝集本には当然見えないが、林本は録しているから、この四字が刻されていたらしい。ただし中洞に現存する范成大等題名（淳熙二年1175）の末に「歳月及道號在上洞」というから、刻されていたのは「范成大題」あるいはこの題詩だけではなかったはずである。先の「乾道二年（1166）張孝祥楷書"上清三洞"」においても林本は末に「張孝祥書」というが、原石には存在していないから、この「范成大題」もそれと同じで録文ではなく、林氏の注記に過ぎないのではなかろうか。

【解読】

本文省略。

范成大と乳洞巖

范成大『桂海虞衡志』1「志巖洞」に「余嘗評桂山之奇、宜爲天下第一。士大夫落南者少、往往不知、而聞者亦不能信。……有名可紀者三十餘所、皆去城不過七八里、近者二三里、一日可以遍至。今推其尤者記其略」といって読書巖・伏波巖・栖霞洞などの巖洞を挙げた後、「以上所紀、皆附郭（桂州臨桂県）可日渉者。餘外邑巖洞尚多、不可皆到。興安"石乳洞"最勝、余罷郡時過之。上・中・下三洞。此洞與"栖霞"相甲乙、他洞不及也」とい、興安県の"石乳洞"を激賞する。この「石乳洞」は范詩にいう「乳洞」とは別のものではなく、「余罷郡時過之、上・中・下三洞」というから、同洞の別称と考えてよい。あるいは『桂海虞衡志』にいう「石乳洞」の「石」は衍字あるいは「三」の誤字である可能性も考えられないわけではないが、范成大の幕僚であった周去非の『嶺外代答』1の「桂林巖洞」条に「洞則曰"白龍"、……曰"石乳"」といい、また「靈巖」条にも「若水東之曾公巖、興安之石乳洞」という。『嶺外代答』はその「序」にいうように『桂海虞衡志』を補足するものである。これらによれば"石乳洞"も当時の通称としてあったと考えられる。『桂海虞衡志』で乳洞と比較されている「栖霞」は七星山の栖霞洞。今日でも桂林の巖洞の中で最も有名。

范成大は詩題に「興安乳洞有上中下三巖、妙絶南州」といい、また『桂海虞衡志』にも「興安"石乳洞"最勝」というように、その景勝に高い評価を与えている。詩句に「向聞乳洞勝」とあり、『志』に「余罷郡時過之、上中下三洞」というから、在任期間中に訪れたのではなく、帰途

で立ち寄って伝聞を確認しているわけである。乳洞は「有上中下三巌」・「上中下三洞」という三重の洞からなるところに特徴があり、民国・林半覚『廣西石刻志稿』に「右刻在興安縣乳洞之上洞」といい、またこれは中洞に現存する范成大等題名（淳熙二年1175）の末に「歳月及道號在上洞」という所にも合うから、詩は三洞の中の上洞に刻されていたと思われるが、詩に描く所は「繋馬玉谿橋、嵌根豁崔嵬。蕩蕩碧瑶宮、冰泉漱墻隈。芝田漑石液、深畦龍所開。匃我一掬慳、頼此炎州埃」というように、主に下洞であり、そこに流れる玉谿水が中心になっている。たしかに桂林は「有名可紀者三十餘所」「餘外邑巌洞尚多」であるが、乳洞のように洞内から泉水が流れて渓を成しているものは少なく、范成大の関心もこの景観にあった。「此（石乳）洞與"栖霞"相甲乙、他洞不及也」といい、しかも「余嘗評桂山之奇、宜爲天下第一」にして栖霞洞がその代表であるならば、それと「相甲乙」するという乳洞も「天下第一」であるといることになるが、このような高い評価は、ただ洞の上中下三重の構造と規模の大きさにあるのではない。下洞の奥から渓水が湧き出るという構造が特筆されているのはそのためである。たとえば周去非『嶺外代答』（淳熙八年1181）1「地理」の「靈巌」の条に「洞穴有水、然後稱奇。桂林諸洞、無慮百所、率近在城外數里、倶有可觀。若水東之曾公巌（七星山に在り）・興安之石乳洞、皆有流水自洞而出、施直橋横檻其上、遨遊者得以徒倚其間。異于他洞者、空明幽邃而已。……融州老君洞亦通川流、……張于湖榜曰"天下第一眞仙之洞"。以是知凡洞必以川流爲貴也。雖然、二賢所賞、水深數尺、廣纔丈餘耳」というように、洞内を渓流が貫通している景勝が珍しい特徴として「奇」「貴」と評されている。

　しかし乳洞が景勝地として高い評価が与えられているのは下洞の景観の存在だけでないであろう。范成大の詩は上洞に刻されていた。たしかに詩中には上洞の描写と断定できるような記述はないが、上洞には「碧瑶宮」とよぶにふさわしい水晶宮があり、明・黄佐『廣西通志』12「山川志」1「興安」の「乳洞」（33b）も上洞について「千態萬状、深入愈奇」という。じつは「千態萬状、深入愈奇」を記録しているのが『桂海虞衡志』1「志巌洞」の「乳洞」の記載である。今の輯本『桂海虞衡志』では「興安"石乳洞"最勝、余龍郡時過之、上・中・下三洞。此洞與"栖霞"相甲乙、他洞不及也」のみの簡単な記載になっているが、今本の『桂海虞衡志』にはかなりの佚文があることが知られており、乳洞をめぐる部分にも今日まで知られていない相当の文字数の佚文がある。詳しい考証は後の「范成大『桂海虞衡志』の佚文」にまわすが、下洞だけでなく、上洞を含む乳洞の景観が「他洞不及」の所であった思われる。

　総じていえば、栖霞洞など桂林にある多くの鍾乳洞は神秘的な空間として感じられるが、乳洞内はその構造によって神秘性というよりも神聖性さえ感ぜしめる。范成大が詩に「玉溪」「碧瑶宮」「龍所開」「山靈」と詠むのもそのような空間の神聖性に対する感動を表白している。また、「此洞與"栖霞"相甲乙、他洞不及也」というが、乳洞と栖霞洞は趣を異にする。栖霞洞は洞口

が広くて洞内が深く、巨大な地底の異空間を感じさせて他を圧倒するものがあるが、奇異にして神聖な空間という意味では乳洞に及ばないであろう。構造・規模を異にする両洞を「相甲乙」というのはそのためであり、栖霞洞と異なる趣を示しているのが次に見る『桂海虞衡志』にあったと思われる乳洞に関する詳細な記述である。

范成大『桂海虞衡志』の佚文

宋本『方輿勝覧』38「虚秀洞」条の末に載せる乳洞の前後の記述と今日の輯本『桂海虞衡志』1「志巌洞」の末の記載には共通点が多く、今本『桂海虞衡志』の「上・中・下三洞」と「此洞與"栖霞"相甲乙」との間には見えないが、本来は三洞の詳細な記述があったと思われる。まず、以下に今本『桂海虞衡志』と宋本『方輿勝覧』に載せる乳洞の記載の前後を対比して掲げる。

今本『桂海虞衡志』	宋本『方輿勝覧』
以上所紀皆附郭可日渉者、	以上所紀皆附郭可日渉者、
餘外邑巌洞尚多、不可皆到。	餘外邑岩洞尚多。
興安石乳洞、	興安之［石？］乳洞、
	靈泉［川］之靈巌、
最勝。	最奇。
余罷郡時過之、	
上・中・下三洞。	乳洞：上・中・下三洞、
	有泉凝碧……。
此洞與栖霞相甲乙、	此洞與栖霞相甲乙。
他洞不及也。	
	靈巌：……。
陽朔亦有繡山・羅漢・白鶴・	陽朔亦有繡山・羅漢・華蓋・
華蓋・明珠五洞、皆奇。	白鶴・味［珠］明五洞、皆奇。
	羅漢：……。繡山：……。
	陽朔在府城之南、故余不能至。
又聞容州都嶠有三洞天、	又聞容州都嶠有三洞天、
融州有靈巌	融州有老君洞、
眞仙洞、	張舎人安國榜曰"天下第一眞仙之洞"、
世傳不下桂林、	相傳不下桂林、
但皆在瘴地、士大夫尤罕到。	但皆在瘴地、仕者尤罕到。
	曾丞相子宣「風洞詩」曰：……。

まず容易に指摘できるのが、両者の記載内容と表現上の酷似である。内容についていえば、

『桂海虞衡志』に見える項目はほとんど『方輿勝覧』の中にある。つまり『桂海虞衡志』では単に地名のみを挙げるにとどまっている乳洞・繡山・羅漢などについて『方輿勝覧』は具体的にそれらの景勝を説明している。ただ霊巌のみは『桂海虞衡志』に挙げられていないが、『方輿勝覧』は地名を挙げた上で後に説明を加えており、この形式と同じであるから、新たに加えられたものと解することもできる。次に表現については、「羅漢・白鶴・華蓋・明珠」と「繡山・羅漢・華蓋・白鶴・味〔珠〕明」、「融州有霊巌眞仙洞」と「融州有老君洞、張舎人安國榜曰"天下第一眞仙之洞"」、「世傳不下桂林」と「相傳不下桂林」、「士大夫尤罕到」と「仕者尤罕到」など、表現が微妙に異なる個所があるが、この異同は両者の相違というよりも、言い換えや誤記などによるものであって、むしろ両者の深い関係を示しているといえる。さらに、「但皆在瘴地、士大夫尤罕到」・「但皆在瘴地、仕者尤罕到」は、両書の末に共通して見えるだけでなく、じつは『桂海虞衡志』1「志巌洞」の冒頭にいう「余嘗評桂山之奇、宜爲天下第一。士大夫落南者少、往往不知、而聞者亦不能信」に対応した結びであると考えれば、「志巌洞」全体がまとまって落ちつきがよい。

中でも最も注意すべきものは『方輿勝覧』中の「陽朔在府城之南、故余不能至」という表現である。この一人称「余」は『方輿勝覧』の編者・祝穆ではあり得ない。『方輿勝覧』は祝穆自身の旅行紀ではなく、当時知られた方志・詩文などの資料を博捜して編纂したものである。では、この「余」とは誰なのか。先に指摘したように全体の内容が今本『桂海虞衡志』と極めて近いものであることから、また今本『桂海虞衡志』にも「余罷郡時過之」という表現があることから、『桂海虞衡志』の作者・范成大と考えるべきである。つまり、今本『桂海虞衡志』と『方輿勝覧』には深い関係があり、『方輿勝覧』は今本『桂海虞衡志』よりも詳細であるが、成書の年代からみて『桂海虞衡志』は『方輿勝覧』から節録したのでは固よりなく、『方輿勝覧』が『桂海虞衡志』から節録したと考えるべきである。では、なぜ基になっているはずの『桂海虞衡志』の方が簡略なのか。

じつは今日通行の『桂海虞衡志』は『古今逸史』・『古今説海』・『説郛』・『學海類編』・『知不足齋』・『百川學海』など明の叢書本によって伝わっているものであり、したがって今本には佚文が多い。たとえば厳沛『桂海虞衡志校注』（広西人民出版社1986年）は『古今逸史』を、孔凡礼点校『（范成大筆記六種）桂海虞衡志』（中華書局2002年）は『説郛』を底本しており、いずれも明代の諸叢書や方志・『永樂大典』・『古今圖書集成』・『廣群芳譜』・『本草綱目』・『蠕范』等々の引用する所によって校勘し、さらに宋・黄震『黄氏日抄』、元・馬端臨『文獻通考』、胡三省『資治通鑑注』、清・謝啓昆『廣西通志』等から佚文を多く拾っている。按ずるに、そもそも『桂海虞衡志』は二種類あったのではなかろうか。『宋史』203「藝文志」の「史部傳記類」には范成大『桂海虞衡志』を「一卷」とするが、「史部地理類」では「三卷」としている。元・馬端臨『文獻通考』4「裔

考」の「志蛮」中には今本『桂海虞衡志』に見えない佚文が相当引用されており、清・紀昀「提要」はそれだけでも「幾盈一卷」であるという。そこで「一卷」を「三卷」の誤りと考える説もある。しかし明代の叢書本の内容がほとんど一致していることを考えれば、これが一卷本なのではなかろうか。つまり今本は三卷本の残卷・輯本などではなく、ほんらい宋代からすでに三卷本と一卷本があって、明の叢書類に収めるものは「傳記類」にいう一卷本の系統であり、『黃氏日抄』・『文獻通考』・『資治通鑑注』そして『方輿勝覽』が用いているのが三卷本の系統なのではなかろうか。

　いずれにしろ宋本『方輿勝覽』に見える「乳洞」およびその前後の記載は、乳洞に関する記載部分については厳氏・孔氏ともに『古今逸史』等によるのみで、両氏の拾遺した佚文の中にも見えないが、先に挙げた『方輿勝覽』と『桂海虞衡志』の乳洞をめぐる記載の前後の同一や『方輿勝覽』中の「余」語の存在などの点からみて、宋本『方輿勝覽』（嘉熙三年1239）は同時代つまり宋代の単行本『桂海虞衡志』（淳熙二年1175）あるいはそれを収めていた可能性のある『石湖大全集』136巻本からの引用ではなかろうか。今この宋本『方輿勝覽』に引く所によってかなりの字数を佚文として拾遺することができる。ただしその中に見える「靈巖」についての記載は『桂海虞衡志』の文であるかどうか疑問である。南宋・周去非『嶺外代答』（淳熙五年1178）は「桂林巖洞」の条の後に「靈巖」の条を立てており、そこに「若夫桂之靈川縣有靈巖者、二賢未知也」という。「二賢」とは同条中の前に見えるもので、「范石湖」范成大と「張于湖」張孝祥（字は安國、号は于湖）を指す。周去非は范成大の幕僚であり、その著『嶺外代答』は范成大『桂海虞衡志』を継ぐものである。今、周去非によれば范成大は靈巖を訪れたことがなく、その奇なることを知らないというから、『方輿勝覽』の「霊巖」部分は『桂海虞衡志』にあったものではない。ちなみにその部分は『嶺外代答』の「靈巖」条の記載とほとんど同じであるから、『方輿勝覽』がそれによって補足したことが考えられる。その他、「融州有靈巖眞仙洞」は『方輿勝覽』の「融州有老君洞、張舍人安國榜曰"天下第一眞仙之洞"」に対応するが、『方輿勝覽』の文は『嶺外代答』の「融州老君洞亦通川流、……張于湖榜曰"天下第一眞仙之洞"」に近い。これも『嶺外代答』によって補足したことが考えられる。以下、宋本『方輿勝覽』によって『桂海虞衡志』1「志巖洞」の末部分を、本来あったと思われる佚文を補って掲げておく。

　　以上所紀皆附郭可日渉者、餘外邑巖洞尚多、不可皆到。興安石乳洞、最勝、余罷郡時過之。上・中・下三洞、【有泉凝碧、自洞中沿石壁流出、窈然深黑、水上有龍田、溝垤［脛］如鑿。每稜中常滿貯、水未嘗竭。水至洞門、觸石噴激湏洞。洞外有盤（磐）、登山至"中洞"、門［内？］有三石柱及石室・石牀。雲氣常霏、衣袂清冷。自"中洞"左盤至"上洞"、入門却下入［八］十歩至平處。秉炬入、石乳玲瓏。有五色石、橫亘其上、如飛霞。有淺水、揭厲可行。水中亦多石果。好事者（宋・李邦彦）名其上［下］洞曰"噴雷"、中曰"駐雲"、下［上］曰

"飛霞"。】此洞與棲霞相甲乙、他洞不及也。陽朔亦有繡山・羅漢・白鶴・華蓋・明珠五洞、
　　　皆奇。陽朔在府城之南、故余不能至。又聞容州都嶠有三洞天、融州有靈巖真仙洞、世傳不下
　　　桂林、但皆在瘴地、士大夫尤罕到。

今、【　】で示した部分が今本『桂海虞衡志』に見えない佚文である。「陽朔」の「五洞」について「余不能至」といって「又聞容州……、融州……」と伝聞を示しているのは、その前の「陽朔」について「余不能至」であるがための伝聞であることがわかるから、『方輿勝覧』に見える陽朔五洞中の「羅漢」と「繡山」についての説明は前の「靈巖」と同じく後人あるいは『方輿勝覧』が補足したものであろう。『方輿勝覧』に見える「好事者名其上［下］洞曰"噴雷"、中曰"駐雲"、下［上］曰"飛霞"」部分も『桂海虞衡志』の佚文と見なせる根拠に加えてよい。

　じつはこの「好事者」という表現こそ范成大の佚文であるという重大な証拠である。三洞の命名が北宋の宰相李邦彦であることは有名であり、したがって後人で『方輿勝覧』の同文を引く者はいずれも「好事者」を「李邦彦」に改めている。ではなぜ原文は「好事者」になっているのか。下洞前には李邦彦撰書「三洞記」の大碑（拓片は縦150cm、横80cm）が立てられており、そこを訪れている范成大はそれを見たはずであり、李邦彦の命名であることを知っていたはずである。しかしその名を挙げずに「好事者」という婉曲な表現をしている。それはそれを知りながら避けたのである。ではどうして避けたのか。故意の忌避は間接的な批判である。李邦彦はかつて金軍侵入に対して国土を割譲して和議を唱えた悪名高い宰相であり、宋朝の南遷後、李邦彦はそのために遷謫されて桂林で客死した。いっぽう范成大は北土を回復するために死を覚悟して使節として金朝に向かい、交渉を行うことになった。両者はいわば売国の徒と憂国の士ほどに政治的立場を異にしていた。また、范成大は「桂海虞衡志序」に「余既不鄙夷其民、而民亦矜予之拙、而信其誠、相戒毋欺侮」といい、「復水月洞銘并序」に「以一時燕私、更其號"朝陽"、邦人弗従。……百世之後、尚無改也」といって張孝祥の改名を批判している。范成大はむやみに名称を改めるべきではなく、民間の通称に従うべきであるという考えをもっていた。詳しくは「張孝祥楷書"上清三洞"」の項。三洞を改名したかつての宰相李邦彦を故意に「好事者」といっているのは、じつは命名者の名を知らなかったからではなく、また単に好意的に実名を隠した婉曲な表現でもなく、かつての宰相の態度に対して張孝祥のそれに対するとの同じく批判の意を暗に示したものである。文豪范成大の微言大義の筆法であった。

14 〔?〕南宋・淳熙二年（1175）范成大等題名

　中洞に現存する范成大等の題名の末に「右十八人同游。至能之姪若・男莘侍行。歳月及道號在上洞」という。これによれば、范成大が乳洞に遊んだ「歳月」と同遊者の「道號」をすでに上洞に具に書いているために中洞では略したのである。「道號」とは范成大を"石湖居士"という類の別号を指すであろう。当時、張孝祥を于湖居士、劉克荘を後村居士というように、道号をもつことが流行していた。

　先に掲げたように、林半覚『廣西石刻志稿』（民国手抄本）は「宋范成大題乳洞詩」が上洞に現存するとして全文を録しているが、録文中に「歳月及道號」に相当する部分は見えない。「歳月」と二〇名に近いものの「道號」はかなりの字数に達していたはずである。林氏が調査した当時、林氏は詩の全部を録しているから、「歳月及道號」の部分のみが破壊されて喪失していたとは考えにくい。そうならば、林氏の録する詩と「歳月及道號」あるいはそれを含む題名は別に上洞に存在していたのであろうか。いっぽう林半覚の録する上洞の詩題は集本では「興安乳洞有上中下三巌、妙絶南州、率同僚餞別者二十一人遊之」に作っているが、中洞の題名に「右十八人同游」とあり、同遊者の数が合わない。このような点から考えれば、上洞には詩「興安乳洞有上中下三巌」とは別に「歳月及道號」を記した題名が刻されていた可能性が高い。ただし上洞に遊んだ「歳月」は中洞に遊んだ日と同じはずであり、したがって中洞での同遊者「十八人」は上洞での同遊者「二十一人」の中に含まれているであろう。また、林氏は石刻の詩題を「宋范成大題乳洞詩」としているが、集本では「興安乳洞有上中下三巌、妙絶南州、率同僚餞別者二十一人遊之」に作っているから、このような長い詩題が刻されていたことも考えられる。つまり、林氏は詩の本文のみを録して「歳月及道號」および詩題を略していることも考えられる。これらの部分は史料性が高くしかも長文におよぶ。詩とともに刻されていたならば、林氏が省略したとは考えにくい。現に他の石刻については「歳月」が刻されている場合はそれも録している。詩題の相違については林氏の記録が正しいのではなかろうか。しかし石刻にはそのような題は無く、後に范成大が詩文集を編集するに際して加えられたことが考えられる。つまり林氏が「題乳洞詩」というのはそのような四字が詩の前に題として刻されていたのではなく、乳洞に題されていた詩であるから仮にそのように呼んでいるに過ぎないであろう。そうならば、やはり詩とは別に「歳月及道號」を示した題名のようなものがあったのではなかろうか。そうならば、かなり早くから、少なくとも民国以前から、失われていたことになる。

15 〔？〕南宋・淳熙三年（1176）李景亨等題名

『桂林旅游資源』（1999年）「摩崖石刻」の「乳洞摩崖石刻」に「淳熙三年（1176）李景亨等三人題名、河内常璜双勾行書石刻、54字、首次提出乳洞爲"湘南第一洞"的題名」（p696）があるという。三洞のいずれに刻されていたか未詳であるが、今日それらしきものは見当たらない。下洞に「双勾行書」の二大字を含む石刻「41：清・乾隆二十四年（1759）題榜"龍□"」があるが、「52字」もなく、また清・乾隆年間の作であると思われる。

李景亨とその題名

「淳熙三年（1176）李景亨等三人題名」は、『桂林旅游資源』が具体的に字数にまで及んで記載している所から見て、今日に至っても存在している、あるいは極最近まで存在していたものと思われる。しかし、これより早い清・謝啓昆『粤西金石略』やその後の記録、民国期に乳洞の石刻を調査している林半覚の『廣西石刻志稿』・『廣西歴代碑目』、さらにその後に文物管理委員会の行った調査に基づいて乳洞石刻を紹介している張益桂『桂林文物』（1980年）にも見えない。いっぽう新編『興安縣志』（p484）には「洞壁間歴代石刻甚多、主要有……楊思書・李景亭［亨？］・方信孺・湯雨生等人的題名題詩」という。この中の「李景亭」の「亭」は「亨」の誤字ではなかろうか。「李景亨等三人題名」とは「楊思書・李景亨・方信孺・湯雨生」と列記する中の三名に当たるようにも思われるが、「方信孺」の乳洞石刻は嘉定十年（1217）、「湯雨生」の乳洞石刻は嘉定九年（1216）であって同時期でなく、また両者は「淳熙三年（1176）李景亨等三人題名」とも時代を異にしており、現に「方信孺」と「湯雨生」は洞内でかなり離れて存在している。「楊思書」の石刻（政和三年1113）も同様である。そこで「李景亨等三人題名」と「李景亭［亨］……題名」は同じものを指すと考えてよかろう。そうならば林半覚・張益桂等が見落としたもので、彼らの後で新たに発見されたのであり、最近まで現存していたことになる。あるいは文革期に破壊されており、『桂林旅游資源』・新編『興安縣志』は文革前の記録か拓本に拠っているのであろうか。

今、その石刻を発見することはできなかったが、李景亨なる人物が淳熙間に桂林にいたことは確かである。龍隠巌の石刻に「淳熙丁酉（四年1177）中元日、李景亨・徐體仁・劉景仁、来遊龍隠巌、樂水石之勝、徜徉久之」（『北京図書館蔵中国歴代拓本匯編（43）南宋』p112）、『全宋文（268）』6063「李景亨」（p404）にはこの「龍隠洞題名」のみを収める。また白龍洞の石刻（『粤西金石略』9）にも「李景亨・王舉子謂之、以淳熙丙申（三年1176）立夏日同游」と見える。「王舉子」、名は謂之、字は文若、瑯琊の人。隠山北牖洞の黄徳琬等題名（淳熙五年1178）に見える。この他、今回は現存石刻によって確認することができなかったが、『桂林石刻（上）』（p195）に収める伏波

2、乳洞巖の石刻

15：南宋・李景亨等遊龍隱巖題名

山還珠洞の王千秋等題名に「淳熙丙申（1176）三月九日、王千秋罷攝漕鎮之官泰寧、王叟登・李壽亨・劉景仁・李靜翁・徐體仁・周道卿……」と見える「李壽亨」は「李景亨」の誤りではなかろうか。ただし『粤西金石略』9（4a）・『桂勝』1（50a）は「淳熙丙申三月九日、王千秋袁清□之官泰寧、王叟登・李壽言・劉□・李靜翁・徐體仁・官達卿……」として「李壽言」に作るから、「言」を「亨」に誤って釋文した可能性もある。いずれにしても多くの石刻に李景亨・徐體仁・劉景仁が並記されており、それらは淳熙三・四年の間にあるから、「李景亨等三人」が「淳熙三年」に乳洞を訪れた可能性は高く、かつ『桂林旅游資源』の記載は「河内常璜双勾行書石刻、54字」というように具体的であって信憑性も高い。なお、景亨は名ではなく、字であろう。

李景亨が淳熙間に乳洞を訪れたのはあり得ることではある。しかし、その石刻が「54字」であるならば題名にしては比較的長文であり、かつ石刻が「双勾」であるというから、摩崖の多い乳洞にあっては珍しく、かなり目立つはずである。それが今日見当たらないということは、最近になって、例えば文革期に破壊されたことも考えられる。しかし、そうならば張益桂や林半覚に記述があってもよい。いっぽう『桂林旅游資源』（p696）「乳洞摩崖石刻」には別に現存石刻として「政和三年（1113）興安縣令楊書思等題名、双勾楷書」というものを挙げている。「興安縣令」が誤りであることは前掲の「楊書思題名」で指摘した通りであるが、この「楊書思題名」も「双勾」であるといい、かつ実際に「54字」である。これは偶然の一致とは思われない。そこで「楊書思

題名」との混同も考えられるわけである。しかし「楊書思題名」の中に「李景亨」の名は見えず、また年代も異なる。『桂林旅游資源』の記載には何らかの混同があるのではなかろうか。

　そこで問題となるのが「題名」とその内容である。『桂林旅游資源』によれば「淳熙三年（1176）李景亨等三人題名、河内常璜双勾行書石刻、54字」の石刻は「首次提出乳洞爲"湘南第一洞"」「李景亨称其爲"湘南第一洞"」（p696）したものであり、また同書「地文景觀」の「乳同」（p410）にも「李景亨称其爲"湘南第一洞"」という同文が見る。一般的にいって「題名」には人名・官職名・年月等が記されている。ただし乳洞のような景勝地に遊んだ場合などにはさらに目的地・経由地なども記されることがある。しかしその石刻には「湘南第一洞」と称した内容で「54字」もあったという。そうならば、それは「題名」ではなく、「記」と呼ぶべきものに近い。さらに、「常璜双勾行書石刻」という「常璜」は清・張運昭『〔道光〕興安縣志』2「興地」二「山」に「縣令常演『桂林巌記』」という「常演」と似ており、かつ常演「桂林巌記」の冒頭には「桂林巌寶甲西南山水之勝」という語が見える。詳しくは次の「淳熙四年（1177）常演『桂林巌記』」で考察するが、この常演「桂林巌記」が乳洞に刻されていたならば、乳洞についていう「桂林巌寶甲西南山水之勝」が「提出乳洞爲"湘南第一洞"」と解釈されたとは考えられないであろうか。また、内容・人名が類似しているだけでなく、年代についても常演「桂林巌記」が「淳熙四年」、「常璜双勾行書石刻」が「淳熙三年」であるから、極めて近い。「常演」と「常璜」が混同されている可能性が高い。さらにいえば、「淳熙三年（1176）李景亨等三人題名、河内常璜双勾行書石刻、54字」は一つの石刻ではなく、「李景亨等三人題名」と「河内常璜双勾行書石刻」の二つの石刻なのではなかろうか。『桂林旅游資源』の記載「淳熙三年（1176）李景亨等三人題名、河内常璜双勾行書石刻、54字、首次提出乳洞爲"湘南第一洞"的題名」は文としても不自然であり、何らかの混同があるように思われてならない。

　今、仮に「淳熙三年（1176）李景亨等三人題名」が存在したとしても、乳洞に対する「湘南第一洞」というような評価は「首次」最初ではない。「湘南第一洞」が単なる順番ではなく、順位をいうものであるならば、例えばすでに范成大が詩題に「興安乳洞有上中下三巌、妙絶南州」といい、『桂海虞衡志』にも「興安"石乳洞"最勝、余罷郡時過之、上・中・下三洞。此洞與"栖霞"相甲乙、他洞不及也」といっていた。「湘南第一洞」という表現はしていないものの、このような評価はすでに范成大が述べており、この説に基づくものかも知れない。范成大詩も今日喪失していて確認はできないが、范成大詩が集本に見える「興安乳洞有上中下三巌、妙絶南州」という題とともに刻されていたならば、乳洞を訪れた李景亨は当然それを見ているはずである。ちなみに范成大が「妙絶南州」の詩を詠んだのは淳熙二年春、李景亨が乳洞を訪れたのは『桂林旅游資源』によれば「淳熙三年（1176）」、翌年のことである。

16 〔？〕南宋・淳熙四年（1177）常演撰「桂林巖記」

　清・張運昭『興安縣志』（道光十四年1834）10「職官・宋・興安縣令」に「常演：河内人、淳熙三年（1176）任、見乳洞碑」といい、同書2「輿地」二「山」に「縣令常演『桂林巖記』」を收めて錄文の末に「惟歲月不可磨滅、謹識於石。淳熙丁酉（1177）春社後二日」というから、刻石されていたはずであり、その場所は安興県の乳洞である可能性が最も高い。「記」には「桂林」と題されているが、文中に「靈巖・乳洞分布二邑」とある。「二邑」とは靈巖のある靈川県と乳洞のある興安県を指しており、かつ『興安縣志』に收める乳洞を稱える「縣令常演」興安県令の作であるから、刻されていたならば、その場所は興安県乳洞が最も適当である。ただし清・謝啓昆『粤西金石略』や林半覚の『廣西石刻志稿』・『廣西歷代碑目』および張益桂『桂林文物』や新編『興安縣志』にも著錄されておらず、また今回それらしきものを發見することができなかった。

【解読】

　今、張氏『縣志』の錄する所によって示す。『全宋文』には未収。

　　桂林巖寶甲西南山水之勝、而靈巖（今の霊川県龍巖）・乳洞分布二邑（霊川県・興安県）。融結之初、意必有待也。然賢達勝士亘古綿遠、未有品題其下者、顧何以增重後世。乾道以來、始得紫薇張（孝祥）・范（成大）二公、自帥移鎮（桂林）、相繼游觀、大書蒼崖、輝映泉石、豈物之尤者必同人而彰、待時而著耶。東魯常演仲長偕兀庵老人・皇甫中子立同登、因語峴山（晋）杜預・羊叔子之歎、臨流相顧一笑曰：″古今異時、山月異致、境與心會、人情則同、強健百歲、竟歸於盡、始適其意、以舒厥懷、又何今昔之歎哉″。久陰驟晴、石磴蘚剥、足力既窮、而目力未盡。夕照返轡、不知復會於何時、惟歲月不可磨滅。謹識於石、淳熙丁酉（四年1177）春社後二日。

常演「桂林巖記」と常璜

　張運昭『興安縣志』にいう「桂林巖記」の撰者である「常演」なる人物について、「記」中にいう「東魯常演仲長」出身地と字および張『志』にいう「縣令常演『桂林巖記』」興安県令であったこと以外は未詳である。ただ気になるのは、『桂林旅游資源』（p696）「摩崖石刻」の「乳洞摩崖石刻」に「淳熙三年（1176）李景亨等三人題名、河内常璜双勾行書石刻、54字、首次提出乳洞爲″湘南第一洞″的題名」という「常璜」に酷似していることであり、「演」と「璜」のいずれかが誤字であるように思われる。また、「淳熙丁酉（1177）」と「淳熙三年（1176）」という時期も近い。しかし常演については「記」に「東魯常演仲長」といい、いっぽう常璜については『桂林旅游資源』に「河内」の人であるという。これは張運昭『興安縣志』10「職官・宋・興安縣令」にいう「常演：河南人、淳熙三年任、見乳洞碑」（2b）と同じである。「河内」は洛陽周辺の地で

あり、「東魯」は後世しばしば孔子を指して使われるように春秋時代の魯の国の東部を指す。両者はまったく異なる地であり、したがって別人と見なさざるを得ない。また、常演「桂林巌記」は「54字」ではなく、その約四倍（218字）もの長さがある。さらに、常演「桂林巌記」には乳洞を「湘南第一洞」と称したことも見えない。

ただし、先の「淳熙三年（1176）李景亨等題名」でも触れたように、「淳熙三年（1176）李景亨等三人題名、河内常璜双勾行書石刻、54字、首次提出乳洞爲"湘南第一洞"的題名」の記載には混同があって、一石刻をいうものではなくて二石刻の内容であることも考えられる。つまり、「淳熙三年（1176）李景亨等三人題名」の内容が計「54字」であって一石刻、また「河内常璜双勾行書石刻、首次提出乳洞爲"湘南第一洞"的題名」が別の一石刻であって「桂林巌寶甲西南山水之勝」という常演「桂林巌記」と同一のものである可能性が考えられる。次に常璜と常演を同一人物と見なす立場から、常璜の出身地「河内」と常演「記」にいう「東魯」の矛盾を考えれば、「李景亨等三人題名」の中に出身地として刻されていた「河内」を誤って「常璜」に冠してしまったことも考えられる。

常演・常璜の名はいずれも清・謝啓昆『廣西通志』21「職官表・宋」の「年次無考者四百二十七人」の中にも見えない。今、常璜と常演が同一人物であれば、「演」の方が正しいのではなかろうか。少なくとも字「仲長」は「演」の字義の方に合っている。なお、桂林独秀峰の石刻に「淳熙改元冬、常恭曾遊」という九字がある。『北京圖書館藏中國歴代石刻拓本匯編（43）南宋』には拓本を収め、「常恭題名」（p103）に作るが、「常恭曾」を人名とすべきであろう。この常恭曾は常演あるいは常璜と関係はないであろうか。時間・地理は極めて近い。

霊巌と乳洞

常演「桂林巌記」の冒頭に「桂林巌寶甲西南山水之勝、而霊巌・乳洞分布二邑」という「霊巌」としては次の二つの地が考えられる。

1）霊川県龍巌。常演「桂林巌記」とほぼ同時期の作である周去非『嶺外代答』（淳熙八年1181）1「地理」に「霊巌」の条があり、それに「若夫桂之霊川縣有霊巌者、二賢（張孝祥・范成大）未知也。是巌也、大江洞其復、水闊二十丈、深當倍之。余嘗攝邑霊川……」という。明代から"龍巌"と呼ばれ、今日に至っている。桂林市の北に隣接する霊川県の霊川鎮西北青獅潭郷岩背村（自然村）に在る。南宋の地理書『輿地紀勝』103「静江府・景物」・『方輿勝覧』38「静江府・山川」に「霊巌山：在霊川縣西北三十里。山下有巌、南北相通、若堂殿、水灌其中」、早くは晩唐・許渾「和友人送僧歸桂州霊巌寺」詩にいう「霊巌」もその可能性がある。詳しくは拙稿「吾対唐代桂州"霊川縣"的一点認識」（『桂林文化』28、2002年12月）。ここで前稿を一点補足しておけば、范成大『驂鸞録』に「至霊川縣、秦史禄所穿霊渠在焉、縣以此名」というのに対して『嶺外代答』は「神龍穿破山復、以定窟宅、遂命曰"霊巌"。縣曰"霊川"、亦以是得名」という。つまり霊川

県の名の由来を范成大は霊渠に、周去非は霊巖に求めている。

　常「記」に「豈物之尤者必同人而彰、待時而著耶」という。乳洞は張孝祥・范成大を待って顕彰されたといえるかも知れないが、霊巖については范成大『桂海虞衡志』に見えず、「二賢（張孝祥・范成大）未知也」であり、その顕彰は周去非や常演に始まるといってよい。常演「桂林巖記」は「淳熙丁酉（1177）」の作であるが、周去非は「余嘗攝邑靈川」というように、乾道九年（1173）・淳熙二年（1175）に霊川県尉となっており、わずかに早い。なお、「豈物之尤者必同人而彰、待時而著耶」のような考えそのものは早く唐代に説かれており、独孤及（726-779）の持論であった。その「慧山寺新泉記」に「夫物不自美、因人美之」、「馬退茅亭記」（一に柳宗元の作とするが誤り）に「夫美不自美、因人而彰」という。詳しくは拙著『柳宗元永州山水游記考』（中文出版社1996年）。

　２）融州真仙洞。唐の桂州の西南に位置する融州にある真仙洞は"霊巖"ともよばれた。『輿地紀勝』114「融州」の「眞仙洞」に「本名靈巖山、又名老君洞。咸平中（998-1003）勅改眞仙洞」、早くは北宋・王存『元豊九域志』9「融州・融水（縣）」に「有融山・靈巖山・潯江・武陽江」。今本『桂海虞衡志』1「志巖洞」の末に「又聞容州都嶠有三洞天、融州有靈巖眞仙洞、世傳不下桂林、但皆在瘴地、士大夫尤罕到」といい、南宋『方輿勝覧』38「靜江府」の「虚秀洞」条の末に「又聞容州都嶠有三洞天、融州有老君洞、張舍人安國（孝祥）榜曰"天下第一眞仙之洞［巖］"、相傳不下桂林、但皆在瘴地、仕者尤罕到」とほぼ同文が見え、融州霊巖真仙洞は融州老君洞と言い換えられている。霊川県霊巖は「二賢（張孝祥・范成大）未知也」であったが、じつは周去非『嶺外代答』の「靈巖」条には「融州老君洞亦通川流、……張于湖榜曰"天下第一眞仙之洞［巖］"。以是知凡洞必以川流爲貴也。雖然、二賢所賞、水深數尺、廣纔丈餘。若夫桂之靈川縣有靈巖者、二賢未知也」とある。ちなみに范成大は融州の巖洞を指して「霊巖」と称しており、周去非は霊川県の巖洞を指して「霊巖」を使っている。

　常演「桂林巖記」の冒頭には「靈巖・乳洞分布二邑」の二景勝を挙げており、この「霊巖」は融州と霊川県の巖洞の両方に解することができる。しかし「桂林」が宋の静江府（唐・北宋の桂州、南宋・紹興三年（1133）に静江府に改名）を指すものならば、その西南にある融州を含まない。また、「二邑」という「邑」も一般には州ではなく、県を指すことが多い。したがって、常「記」にいう霊巖は融州のそれではなく、霊川県のそれと考えるべきである。つまり「靈巖・乳洞分布二邑」は桂州霊川県の霊巖（今の龍巖）と桂州興安県の乳洞を指す。ちなみに霊川県と興安県は南北に隣接する。後に霊川県霊巖と興安県乳洞は桂林近県の景勝として並記されることが多く、先の周去非『嶺外代答』（淳熙八年1181）の他に、嘉定十年（1217）の李閌祖や方信孺の「乳洞」詩・「霊巖」詩がそうであり、方信孺の二首は共に乳洞に刻されて現存している。詳しくは後述。

　しかし、霊川県の霊巖であるにしても、直後に「乾道以來、始得紫薇張（孝祥）・范（成大）二

張孝祥書"天下第一真仙之巖"（在融水縣老君洞）

公、自帥移鎮（桂林）、相繼游觀、大書蒼崖」とあるのと矛盾する。張孝祥は融州霊巖に「游觀、大書」しているが、范成大は行ったことがなく、また霊川県霊巖には両人ともに行ったことがない。そうならば、後文「相繼游觀、大書蒼崖」は「靈巖・乳洞」の「二邑」中で乳洞のみについていうものである。したがって常「記」の末にいう「識於石」も霊巖ではなく、乳洞であったはずである。

　常「記」は乳洞に刻石されたはずであるが、清・張運昭『興安縣志』は巻2「輿地」に「縣令常演『桂林巖記』」として全文を収めながら、巻13「金石」には著録されていない。次に示す王正功「留題乳洞」詩が興安県の乳洞を詠んだものであるにも関わらず、龍隠巖に追刻されている例もあるから、乳洞に関する石刻であっても、乳洞に刻されていたとは限らないかも知れない。そうならば『興安縣志』13「金石」に見えないこともうなづける。乳洞でないにしても桂林内であったはずである。しかし明『桂勝』や清『粤西金石略』に著録されていない。さらに不可解であるのは、清・汪森『粤西文載』（康熙四四年1705）全七五巻にも収められていないということである。「桂林巖記」は単なる題名ではなく、例えば先の「淳熙三年（1176）李景亨等題名」とは違って、200字以上もの長さをもつ「記」であるから、『粤西文載』に収められていてよい。あるいは刻石されないで終ったのであろうか。疑問を残す。

17 〔存〕南宋・嘉泰二年（1202）王正功作「留題乳洞」詩

　王正功「留題乳洞」は興安県の乳洞を詠んだ詩であるが、乳洞ではなく、今の桂林市の龍隠巖に刻されている。巖の奥、ほぼ中央に刻されている有名な北宋・蔡京「元祐黨籍碑」石刻の向かって右約5m、地上約1mのところ。龍隠巖は市内を南北に流れる漓江の東岸、今の七星公園内西の桂海碑林に在る。

【資料】

録文：

1）清・謝啓昆『粤西金石略』11（2a）・『廣西通志』225「金石略」11（謝本と略称）
2）清・張運昭『興安縣志』2「輿地」二「山」（20a）（張本と略称）
3）今・『桂林石刻（上）』(p251)「宋・王正功留題興安乳洞詩」（桂林本と略称）
4）今・『全宋詩（45）』2442「王正功」(p28269)（全宋本と略称）

拓本：

1）『北京圖書館藏中國歷代石刻拓本匯編（44）南宋』(p28)「乳洞詩刻」（北京拓本と略称）
2）『中國西南地區歷代石刻匯編（10）廣西桂林卷』(p60)「王正功留題乳洞詩」（桂林拓本と略称）

　全宋本は北京拓本に拠って拾遺されたものであるが、詩の前後にある題・序と跋文が省略されている。桂林拓本は全幅を収めるが、跋文部分は不鮮明。

【現状】

17：南宋・王正功作「留題乳洞」詩

提刑王公留題乳洞
嘉泰二年歳在壬戌正月八日
四明王正功携家還里幕中諸
友遠來餞別同遊乳洞遂為終
日之欵因成古風一章
乳穴佳名久欣慕茲遊直與心期副
今朝蕭散七枝筇衰遲未覺躋攀苦
湘南懸想碧雲横桂嶺遥瞻煙靄暮
招提鐘磬出幽深村瞳牛羊自来去
忽聞流水響潺二漸覩巖局隔煙雲
山蹊踊履亂崎嶸翠壁題名雜新故
乍曉朱墨略官箴稍覺追隨劇幽趣
絶知官裏少夷途始信閑中無窮步
人生如此信可樂誰向康莊塞歸路
共醉生前有限盃澆我胷中今與古
早知富貴如浮雲三歎歸田不能賦
先生素以詩名有約齋荊澧集傳於世茲因
解組東歸僚屬送別至興安命同遊乳洞賦古風
一篇以寫幽趣自非胷懷洞達不以欣戚累其心
安能至此思勤等歸相與謀而壽諸石後十日刻
之龍隱巖門下士豫章王思勤濟北晁子莊龍津
李之有謹跋

撰者王正功、書者王正功、跋者王思勤・晁子莊・李之有、刻者未詳。縦80cm、横150cm、行書、字径5cm、縦書き、右行。謝本は詩の下に「行書、徑一寸許」、跋の下に「真書、徑五分許」。桂林本に「高二尺三寸、寛四尺五寸、行書徑一寸二分。跋眞書徑七分」、北京拓本に「高72厘米、寛144厘米。王正功撰并行書」、桂林拓本に「高78厘米、寛150厘米。行書、字徑5厘米、跋文字徑2.5厘米」。

【校勘】

00　提刑王公留題乳洞

「提荊……」＝全宋本はこの一行を缺く。

02　四明王正功携家還里幕中諸

「四明王正功」＝全宋本はこの五字を缺く。全宋本はこの五字を省いてその前後（01～04）を詩題としている。確かにこの五字は本人の詩題としては適当でない。そこで意を以て省いたと思われるが、詩題としてはむしろ00にいう「留題乳洞」を採るべきであろう。

09　忽聞流水響潺二漸覩巖局隔煙雲

「潺二」＝桂林本・全宋本は「二」（重畳記号）を改めて「潺潺」に作る。

「局」＝桂林本・全宋本は改めて正字「扃」に作る。異体字。

「煙」＝全宋本は「烟」に作る。異体字。以下、同様。

10　山蹊踊履亂崎嶸翠壁題名雜新故

「嶸」＝桂林本・全宋本は「嶸」に改める。異体字。「崎・嵜；峰・峯；群・羣」の例に同じ。ただし前に「崎」字が使われているから、字体としては「嶸」の方がよい。

14　共醉生前有限盃澆我胷中今與古

2、乳洞巖の石刻

17：南宋・王正功作「留題乳洞」詩の王思勤跋文

「胷」＝全宋本は「胸」に改める。異体字。以下、同様。
16　先生素以詩名有約齋荊澧集傳於世茲因
「先生……」＝跋文。全宋本は全文（16～21）を略す。

【解読】

　提刑王公留題乳洞

　　　嘉泰二年（1202）、歳在壬戌、正月八日、四明王正功（1133-1203）携家還里、幕中諸友遠
　　　來餞別、同遊乳洞、遂爲終日之欵、因成古風一章。

　乳穴佳名久欣慕、茲遊直與心期副。
　今朝蕭散七枝笻、衰遲未覺躋攀苦。
　湘南懸想碧雲橫、桂嶺遥瞻煙靄暮。
　招提鐘磬出幽深、村疃牛羊自來去。
　忽聞流水響潺潺、漸覩巖扃隔煙雲。
　山蹊蹢躅亂崎嶔、翠壁題名雜新故。
　乍暎朱墨略官箴、稍覺追隨劇幽趣。
　絕知官裏少夷途、始信閑中無窘步。
　人生如此信可樂、誰向康莊塞歸路。
　共醉生前有限盃、澆我胸中今與古。
　早知富貴如浮雲、三歎歸田不能賦。

　　　先生素以詩名、有『約齋荊澧集』傳於世。茲因解組東歸、僚屬送別至興安（縣）、命同
　　　遊乳洞、賦古風一篇、以寫幽趣、自非胸懷洞達、不以欣戚累其心、安能至此。（王）思
　　　勤等歸、相與謀而壽諸石、後十日刻之龍隱巖。門下士豫章王思勤・濟北晁子莊・龍津李
　　　之有謹跋。

「招提鐘磬」というから、乳洞の近くには寺院があったようであり、「08：南宋・建炎三年（1129）李邦彦撰『三洞記』」に「濯玉谿（霊水）之清波、歩寶坊（寺院）之淨界」という寺院の前身であろう。すでに乳洞周辺にはすでに南宋時代に寺院が築かれていた。また、明・黄佐『廣西通志』12「山川志」1「興安」の「乳洞」に「洞前有明眞寺藏塔院」という明真寺、あるいはその前身ではなかろうか。唐・宋の間、しばしばこの地で送別の宴が開かれたことは范成大「題乳洞」詩にも具さである。詩にいう「村疃牛羊自來去」の光景は今日でも変わっていない。今日でも洞前には開けた地があり、牛が放牧されているのにしばしば出逢った。

　王正功の事跡の補正

　王正功（1133-1203）は多くの高官を歴任しているが、『宋史』に伝はなく、事跡については楼鑰（1137-1213）「朝請大夫致仕王君墓誌銘」（『攻媿集』100）が詳しい。それに桂林滞在中のことに

ついて次のようにいう。

　　（慶元）六年（1200）、除廣南西路提點刑獄公事。嘉泰元年（1201）、賜四品服。廣右（広西）之俗、輕于冒禁、而上官以不按吏爲從厚、君深病之、劾其貪暴之尤者、請託一無所聽、始知悚懼、而君亦寖危矣。興安（縣）令之子蹴小吏至死、逮繋郡獄、（県）令脅治獄者欲變之。君怒曰："臺治所在、可使死者抱冤乎"。劾令而移獄鄰路。令誣訴于言者、公遭論而歸、自以無慊于中、處之怡然。（嘉泰）二年冬、主管建寧府武夷山沖佑觀。三年正初（正月一日）、屬疾、癸未[亥]、終于家、享年七十有一。

李之亮『宋代路分長官通考（下）』（2003年）「提點廣南西路刑獄公事」（p1792）は、王正功の広西提刑在任を慶元六年（1200）から嘉泰元年（1201）とし、その根拠として『宋會要』74「職官」に「（嘉泰元年二月十八日）廣西提刑王正功言事」「（嘉泰元年十月二十六日）廣西提刑王正功放罷」とあることを挙げる。その一方、同書『宋代路分長官通考（中）』の「廣南西路轉運判官」（p1153）では王正功を嘉泰元年と二年に掲げており、根拠として「『廣西通志』巻二〇："王正功、四明人、嘉泰初提點刑獄。"」を挙げる。轉運判官を兼任したと解したのであろうが、期間が矛盾する。

今、王正功「留題乳洞」詩に「嘉泰二年……歳在壬戌、正月八日、四明王正功携家還里、幕中諸友遠來餞別、同遊乳洞」とあるから、嘉泰二年正月初旬まで桂林にいたことは確かである。「墓誌銘」に「嘉泰元年（1201）……公遭論而歸。自以無慊于中、處之怡然。（嘉泰）二年冬、主管建寧府武夷山沖佑觀」というのに合う。ただし、辞令は前年の冬に受けているはずであり、『會要』の「嘉泰元年十月二十六日」がそれである。また、桂林独秀峰読書巖に刻されている王正功の詩の篆額には「□府□略□刑□中□公□賀□詩」（6行、行2字）とある。今、闕字部分を推測すれば恐らく「權府經略提刑大中丞公宴賀之詩」であろう。そうならば提点刑獄で兼任していたのは権知静江府・広西経略安撫使であり、転運判官ではなかろう。

龍隱巖石刻の王思勤跋に「先生素以詩名、有『約齋荊澧集』傳於世」という『約齋荊澧集』は楼鑰「王君墓誌銘」にいう「有『荊澧集』行于時、餘藏于家」に合う。「約齋」は号ではなかろうか。今日、『約齋荊澧集』は伝わっておらず、王正功の詩は三首しか残っていない。三首とも桂林石刻であり、その中の一首は「桂林山水甲天下」の詩句で知られる。詳しくは拙稿「成句"桂林山水甲天下"の出自と典拠について——王正功の詩と范成大・柳宗元の評論」（『島大言語文化』14、2003年）。

次に明・黄佐『廣西通志』等の誤りを正しておく。『廣西通志』（1525年）12「山川志」に「乳洞：在龍隱巖後。元・王思勤詩」として詩を引き、後に明・蘇濬『廣西通志』（1599年）に「龍隱山：……乳洞在流隱巖後」、清・顧祖禹『讀史方輿紀要』（1693年後）に「七星山：……龍隱洞、山後有月牙巖及乳洞諸勝」、清・韓作棟『廣西輿圖』（1685年）1「桂林府郭臨桂縣圖説」（14a）に「乳洞：在龍隱巖後、又東貳里爲龍隱山」、清・金鉷『廣西通志』（1733年）13「山川・桂林府・

臨桂縣」(16b)にも「乳洞：在龍隱巖後」として方志に踏襲されている。詩については、清・汪森『粵西詩載』6「七言古詩」にも「元・王思勤」の作として「乳洞」詩を載せ、清・顧嗣立『元詩選』（康熙五九年1720編成）は『廣西志』によって王思勤「乳洞」を収めている。しかしこれには多くの誤りがある。黄佐『廣西通志』と汪森『粵西詩載』に収録する元・王思勤「乳洞」詩は、宋・王正功「留題乳洞」詩と本来同一のものであり、作者は王正功が正しい。現存石刻によって改めるべきである。以下に石刻の釈文を掲げ、他の諸本と異なる文字を破線で示す。『元詩選』には「見『廣西志』」といい、それは黄佐『廣西通志』を指すと思われるが、また若干文字が異なる。『元詩選』は光緒十四年（1888）補版重印本を底本にした呉申揚点校『元詩選（癸集下）』（中華書局2001年、p1836）に拠る。

　　乳穴佳名久欣慕、茲遊直與心期副。
　　今朝葉散七枝笻、衰遲未覺躋攀苦。
　　湘南懸想碧雲横、桂嶺遥瞻煙靄暮。
　　招提鐘磬出幽深、村野牛羊自來去。
　　忽聞流水響潺潺、漸覩岩扃隔煙霧。
　　山溪蹟履亂崎嶔、翠壁題名雜新故。
　　乍暎朱墨略官箴、稍覺追隨邊幽趣。『元詩選』は「乍」を「暫」に作る。
　　絶知官裏少夷途、始信閒中無窘歩。
　　人生如此信可樂、誰向康莊塞歸路。
　　苦醉生前有限盃、澆我胸中吟與古。『元詩選』は「吟與古」を「今興意」に作る。
　　早知富貴如浮雲、三嘆歸田不能賦。

黄本と汪本は殆ど同じ。大きな違いは黄本が「散」・「澆」に作るのを汪本が「敗」・「豁」に作っているくらいである。現存石刻によって以下のことがわかる。

　1）後人は「元王思勤」に作るが、この詩は王思勤の作ではなくて王正功の作であること疑い無い。後日、王正功の門下である王思勤らが摸刻して伝えたもの。その事は詩末に刻されている跋に詳しく見える。

　2）後人は「元王思勤」に作るが、「元」は「宋」の誤り。石刻に「嘉泰二年（1202）、歳在壬戌、正月八日」「後十日刻之」とあるから、王思勤も南宋・寧宗朝の人である。近刊『全宋文(297)』6766「王思勤」に「王正功乳洞詩跋」（p106）として収めるのが正しい。

　3）後人は「乳洞：在龍隱巖後」というが、これも誤り。おそらくこの詩が乳洞を詠んだものであり、また題に「提刑王公留題乳洞」とあることによって、この詩が刻されている場所あるいはその近くを「乳洞」と理解したのであろう。この詩は確かに龍隱巖の奥に刻されている。しかし「龍隱巖の後」に鍾乳洞「乳洞」はない。また、跋に「僚屬送別至興安、命同遊乳洞」という

から、「乳洞」とは明らかに興安県の乳洞のことである。謝本は「金石略」に石刻を「在臨桂龍隠巌」というのみであり、「山川略」にも「乳洞：在龍隠巌後」の一条は見えない。

　この石刻は比較的見つけやすい所にあり、今日に至っても浸食風化も少ないが、桂林の石刻をよく収集している明・張鳴鳳『桂勝』にはなぜか収められていない。また、独秀峰読書巌には「桂林山水甲天下」の句で知られる王正功の詩二首が刻され、現存しているが、これも『桂勝』には採られていない。明・黄佐『廣西通志』が作るように王正功は王思勤と同一人物と見なされた可能性も考えられるが、実際に石刻を見れば王思勤でないことは明白である。張鳴鳳は石刻を見ていないのではなかろうか。

　この詩によっても、知静江府范成大の場合と同じく、かつての部下たちが乳洞まで送別に来ていることが知られる。唐代における桂州刺史元晦の例もそうであろう。唐宋では桂州の長官を乳洞まで見送ることが慣例となっていたようである。

18 〔存〕南宋・嘉定十年（1217）方信孺作「乳洞」・「靈巖」詩二首

　下洞、洞内。洞口から向かって左の壁に沿った道を約40m入った、高さ約3〜4mのところ。石刻は縦1m以上、横3m以上の巨幅であり、しかも洞内の奥に刻されているために浸食もさほど進んでいない。下洞内で最も容易に見つけられるものである。南宋の著名人の作であるにも関わらず、なぜか清の謝啓昆『粵西金石略』や張運昭『興安縣志』をはじめ、民國の林半覚『廣西石刻志稿』・『廣西歴代碑目』および最近の調査による張益桂『桂林文物』や新編『興安縣志』等にも収録されていない。いっぽう清・張運昭『興安縣志』（道光十四年1834）13「金石」と民國・林半覚『廣西石刻志稿』（手抄本）は方信孺等の題名を収録している。しかし、この石刻はそれらの録文する題名とは内容の全く異なるもの、詩二首である。今回の調査で初めて発見された石刻といえる。方信孺の詩文集や新編『全宋詩』にも未収。

【現状】

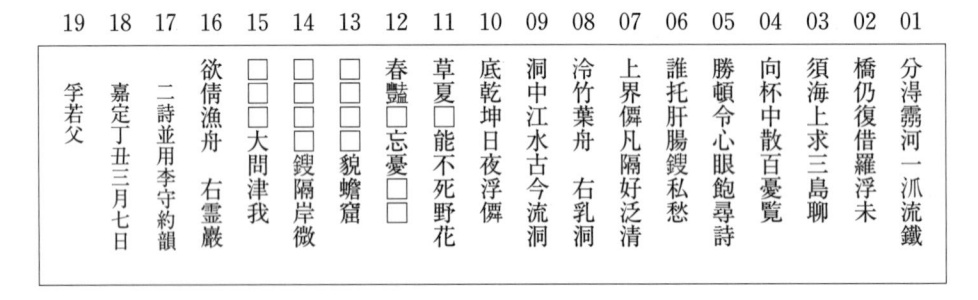

19	18	17	16	15	14	13	12	11	10	09	08	07	06	05	04	03	02	01
字若父	嘉定丁丑三月七日	二詩並用李守約韻	欲倩漁舟　右靈巖	□□□大問津我	□□□□鋸隔岸微	□□□□貌蟾窟	春豔□忘憂□	□□□能不死野花	底乾坤日夜浮儕	洞中江水古今流洞	泠竹葉舟　右乳洞	上界儕凡隔好泛清	誰托肝腸鋸私尋詩	勝頓令心眼飽尋詩	向杯中散百憂覽	須海上求三島聊	橋仍復借羅浮未	分淂靈河一泒流鐵

　撰者方信孺、書者方信孺、刻者未詳。石面磨平、縦110cm、横350cm、外格あり、縦書き、右行、行草書、字径6〜8cm。

【釈文】

　基本的には行書体であるが、後になるほど、くずし字が多く、また石面には鍾乳石粒が多く付着しているために、判読は困難。

01　分淂靈河一泒流鐵

　「靈」＝「霊」の異体字。『集韻』に「霊：古作"靈"」。「靈河」は"靈水"・"零水"とも呼ばれる、"靈渠"の上流。詳しくは「09：建炎三年（1129）李邦彦書"玉谿橋"」の考察。

　「泒」＝「派」の異体字。唐・顏元孫『干禄字書』に「泒・派：上俗、下正」。

07　上界儕凡隔好泛清

　「儕」＝「儇」の異体字。「西」の下部分が「升」に似ている。『増訂碑別字』・『碑別字拾遺』の「儇」には見えないが、「遷」に「西」の下を「升」に作る字が収録されている。「儕」もそれ

2、乳洞巖の石刻

18：南宋・方信孺作「乳洞」・「靈巖」詩二首（1/2）

18：南宋・方信孺作「乳洞」・「靈巖」詩二首（2/2）

に準じたもの。また、文義上から、つまり「～凡」が「隔」であるという表現から見ても「僊」字であること、疑いない。

10　底乾坤日夜浮僞

「僞」＝一見して「偉」の行書体のように見えるが、07「僊」の異体字の行書体。

11　草夏□能不死野花

「□」＝下半分は「衣」・「食」のそれに似ており、「衰」字であろうか。

12　春豔□忘憂□□

「豔」＝「艶」の異体字。

「□」＝左偏は「人」であり、文意から「何」が考えられる。

「□□」＝上字は「蟻」の字形にも似ている。

13　□□□□貌蟾窟

「□□□□」＝第一字は「化」の字形に似ており、第二字は「モ」の如き字がある。第三・四字は「名功」に似る。

15　□□□大問津我

「□□□」＝第二字は「龍」の草書体に似ている。第三字は「辶」がある。

【復元】

19	18	17	16	15	14	13	12	11	10	09	08	07	06	05	04	03	02	01
孚若父	嘉定丁丑三月七日	二詩並用李守約韻	欲倩漁舟　右靈巖	□□□大問津我	□□□鍥隔岸微	□□□貌蟾窟	春豔何忘憂□□	草夏衰能不死野花	底乾坤日夜浮僞	洞中江水古今流洞	泠竹葉舟　右乳洞	上界僊凡隔好泛清	誰托肝腸鍥私愁	勝頓令心眼飽尋詩	向杯中散百憂覽	須海上求三島聊	橋仍復借羅浮未	分得靈河一派流鐵

【解読】

　　　分得靈河一派流、鐵橋仍復借羅浮。

　　　未須海上求三島、聊向杯中散百憂。

　　　覽勝頓令心眼飽、尋詩誰托肝腸鍥。

　　　私愁上界僊凡隔、好泛清泠竹葉舟。　　右「乳洞」（詩）。

　　　洞中江水古今流、洞底乾坤日夜浮。

　　　僞草夏衰能不死、野花春艶何忘憂。

　　　□□□□□貌、蟾窟□□□□鍥。

　　　隔岸微□□□大、問津我欲倩漁舟。　　右「靈巖」（詩）。

162

二詩並用李守約（閎祖）韻。嘉定丁丑（十年1217）三月七日、(方)孚若父（信孺）。

方信孺の事跡の補正

方信孺については、『宋史』395に伝があり、また劉克荘「寶謨寺丞詩境方公行状」（『後村先生大全集』166）に詳しいが、今、乳洞巖等の現存石刻によって若干補うことができる。

方信孺（1177-1222）、字は孚若、号は好庵・紫帽山人・詩境、また宝謨公、莆田の人。「莆陽」を使うこともある（中隠山石刻「管定夫題名」）。『宋史』の本伝に「字孚若、興化軍人」という。莆田は今の福建省莆田市、南宋の「興化軍」莆田県。『宋史』本伝は晩年の事跡について簡略に過ぎ、桂林時代の事に至って「(嘉定三年)尋知韶州、(十一年)累遷淮東轉運判官兼提刑」とあって一言も触れられていない。いっぽう劉克荘「寶謨寺丞詩境方公行状」は全体的に詳細であり、特に晩年の桂林時代については「廣右事聞之桂州父老、故詳著之」として伝える。ただし叙述は治績が中心になっている。劉克荘（1187-1269）も莆田の人であり、「方公行状」に「克荘少時少親公、晩受公薦」という。方信孺が桂林を去った数年後の嘉定十四年（1221）に広南西路経略安撫使胡槻の属官として桂林に来ており、後に劉克荘自身も乳洞を訪れて詩を詠んでいる。詳しくは後掲の「21：嘉定十五年（1222）劉克荘題詩」。

方信孺は嘉定六年（1213）春に提点広西刑獄として赴任、後に広南西路転運判官となって嘉定十年まで在任、その五年間に多くの題刻を残している。今、『桂林石刻（上）』に収めるものだけでも24点を数える。ただし内1点「碧桂山林」は清・宣統年間の重刻。また、清・汪森『粤西詩載』には方信孺の詩12首、『粤西文載』に文4篇を収める。いずれも桂林での作である。

乳洞の石刻は末に自署して「孚若父」という。桂林の石刻では「方信孺」あるいは「方孚若」と自署することが多いが、中には乳洞石刻と同じものもある。龍隠洞の石刻「龍隠巖詩」に「莆田方信孺孚若父」、また「西江月」詩に「孚若父」と見える。号については多くが「好庵」を挙げるが、他に「詩境」・「紫帽山人」などがある。「好庵」については「方公行状」に「好庵游戯集」があったと記しており、「詩境」については劉克荘「寶謨寺丞詩境方公行状」といい、それに「嘗從山陰陸公游（1125-1210）問詩、陸公爲大書"詩境"二字。……公先卜第城南、至是奉母居焉、中堂作複閣、扁以詩境」という。これは龍隠洞石刻に「詩境：陸游書。此字始刻于韶(州)之武溪（嘉定四年）、載刻于道(州)之窊尊（唐・元結の遺跡）（嘉定五年）、三刻于桂之龍隠巖。嘉定七年正月望、方信孺孚若」というのに合う。西山の石刻では自ら「詩境甫□書于虚舟」として使い、また清秀山の張自明の題詩（嘉定七年）に「奉次詩境詩翁"扉"字韻」というのも方信孺を指す。「詩境」は方信孺の号といってよい。劉克荘が「寶謨寺丞詩境方公行状」・「詩境集序」（『後村先生大全集』97）というのもそれである。ちなみに明・張鳴鳳『桂勝』3「中隠山」の「題名」に「詩境（嘉定六年）癸酉三月三日遊」を録し、その下に張氏は「詩境、即方孚若之別號」と注しており、また清・謝啓昆『廣西通志』225「金石略」の「方信孺題名」（中隠山）の按語に

中国乳洞巖石刻の研究

も、おそらく張氏の説を受けてであろうが、「陸放翁書"詩境"二字。方信孺屢刻之、自號"詩境"」という。「紫帽山人」は方信孺「碧桂山林銘」に「紫帽山人幽尋樂之、□意終老。亟胺俸嬴、偕丹霞子小築其上」、「爲張自明作碧瑤壇銘」に「紫帽山人既作『碧桂山林銘』、丹霞子□□共絶頂」(ともに『粤西文載』60)と見える。丹霞子は張自明の號、仙道を好んだ。張鳴鳳『桂故』5「先政下」に「張自明：字誠子、江西建昌人。治行在宜州甚著。或有稱其仙去者、蓋以(張)自明雅好仙故爾。桂諸山多(張)自明所鐫詩」、清・謝啓昆『廣西通志』20「職官表・宋」の「寧宗朝」に「張自明：字誠子、建昌人、嘉定中以宜州教授攝州事」。紫帽山人は丹霞子と同じく道教風の號であり、方信孺は時に詩境あるいは好庵を稱して號を使い分けている。

このほか、桂林石刻で有名なものの一つに、画家として著名な米芾(1051-1107)の自画像がある。伏波山還珠洞に刻されて現存している。これは熙寧七年(1074)に臨桂県尉として来ていた米芾の自画像の真跡を後に方信孺が入手して自ら「記」を作り、倶に刻したものである。今、桂林市文物管理委員会編印『桂林石刻』(1979年)・桂林市文物管理委員会編『桂林石刻選』(広西人民出版社1980年)に拓本「米芾自画像」の影印を収める。ただし、これについては早くから疑問が提せられており、たとえば『桂故』4「先政中」の「米芾」に「旁有(米)芾與潘景純熙寧七年同遊名。備考其年、是時(米)芾僅十七歳、方信孺謂其尉臨桂來遊、疑無是事。史與蔡天肇所爲『(米)芾墓志』但云"尉浛光"。題名或好事者爲之。(方)信孺好奇、力辯非一」といって懐疑するが、これは米芾の生卒年を誤ったことによる。

米芾の生卒年には早くから諸説があった。『宋史』444本伝に「卒年四十九」といって生卒年を記していないが、北宋・蔡肇「故南宮舎人米公墓誌」は「享年五十有七、……大觀三年六月某日、葬丹徒長山下」というから、卒年は大観三年(1109)以前であり、生年は皇祐五年(1053)以前ということになる。北宋・程俱「題米元章墓」は生年を皇祐三年(1051)、卒年を大観四年(1110)とし、南宋・王稱『東都事略』116「文苑傳」本伝は「大觀二年(1108)卒、年四十九」、したがって生年は嘉祐五年(1060)になる。しかし後に清・翁方綱『米海嶽年譜』が北宋・黄伯思『東觀餘論』上「法帖刊誤」の序文に「(米)元章今(大觀二年六月)已物故」とあることによって卒年を大観元年(1107)と推断して以来、皇祐三年(1051)に生まれて大観元年(1107)に五七歳で卒したとするのが今日の定説になっている。『桂故』は「熙寧七年(1074)……僅十七歳」つまり嘉祐三年(1058)の生まれと考えているから、大観元年卒の四九歳説を採っていた。ちなみに皇祐三年生説であれば熙寧七年には二四歳である。たしかに「(米)芾僅十七歳」の県尉では若すぎるが、二四歳ならばあり得ないことではない。

また、中国の教材にも採られて有名なものに虞山韶音洞の石刻「古相思曲」がある。これも行書による縦52cm・横345cm・字径6cmの巨幅で、桂林市内に存する方信孺石刻の中でも最大級のものに属する。桂海碑林編『桂林石墨菁華』(漓江出版社1993年)に拓本影印「古相思曲」を収

2、乳洞巖の石刻

める。しかし乳洞に現存する方信孺題詩はこれをも凌ぐもので、恐らく今の桂林地区、方氏が滞在した南宋の靜江府にある方氏題刻の中で最大のものであろう。乳洞の石刻は書家としても知られる方信孺の行書の傑作としても貴重である。石刻の表面には鍾乳石の粒が多く付着していて不鮮明な部分（特に第二首の後半）があるが、亀裂・剥落は全くなく、ほとんど完全な形で残っている。刻工の技術も高く、鐫刻は原書に忠実であり、筆鋒の勢いを精細に写している。比較的大字で書かれているということも一因としてあるが、渇筆のかすれぐあいをこれほど忠実に写している石刻は桂林石刻の中でも珍しい。

方信孺の父は方崧卿（1135-1194）、文学史では『韓集舉正』十卷・『韓文年表』一卷等を著した唐代の文豪韓愈の研究家として有名である。方崧卿もかつて桂林に赴任したことがあり、琴潭巖石刻に「方孚若再至桂林」というから、方信孺は父に随行して来ている。「方公行状」に「紹熙間、京西公實持漕節、定鹽法、……。廣民德之、及公踐世職、父老即永寧寺西廡祠京西公」といい、呉獵「方公祠堂記」（嘉定六年1213）に「朝請大夫莆陽方公、諱崧卿、字季申、故廣南西路轉運判官也。紹熙壬子（三年1192）四月、公至□□、易節襄漢。後十年（嘉泰二年1202）、（呉）獵實來、始閱壁記、……。又十年（嘉定五年1212）、公之仲子信孺孚若來、□□刑兼□漕。……仍立祠於永寧慈氏閣下、買田供祀事」（『粵西金石略』11、11a）という。呉獵、字は德夫、長沙の人、普陀山水冷岩の張栻等題名（淳熙五年1178）に見え、また『宋史』397、明・張鳴鳳『桂故』5「先政下」に伝がある。また西山石刻の李子凝題名に「莆田李子凝、紹熙五年（1194）嘗陪漕運方公（崧卿）、東游巖竇、西泛湖山、來一寓目、後餘二十年、……嘉定甲戌（七年1214）重九日書」というから、方崧卿は紹熙三年から五年まで桂林にいた。当時、方信孺は十六歳から十八歳。永州祁陽縣浯溪の石刻（『八瓊室金石補正』92「方信孺題名」11a）には「莆田方信孺、紹熙癸丑・嘉定丁丑、三［二？］訪浯溪」とあり、これによれば方信孺は「紹熙癸丑」四年（1193）に訪れているわけであり、呉獵「方公祠堂記」にいう「朝請大夫莆陽方公、諱崧卿、字季申、故廣南西路轉運判官也。紹熙壬子（三年1192）四月、公（方崧卿）至□□［桂林？］、易節襄漢」に合わない。これについて清・瞿中溶『古泉山館金石文編殘稿』卷四（25b）は「據呉獵撰『信孺父故廣西轉運判官方崧卿祠堂記』、崧卿於"紹熙壬子四月、至桂林"、此題名云"紹熙癸丑"者、蓋信孺於壬子次年赴父任時、經浯谿也」というが、そうではなかろう。「方公祠堂記」に明らかに「紹熙壬子四月、至桂林」とあるにも関わらず、なぜ「信孺於壬子次年赴父任時」と解せるのか。これは桂林への往路で訪れたのではなく、「襄漢」へ向かう帰路で訪れたものであり、おそらく四年の冬のことであろう。南宋・葉適「京西轉判方公神道碑」（『水心先生文集』19）に「移廣西轉運判官、復移京西、紹熙五年三月二十五日終於襄陽」というから、五年の三月以前に襄陽に到着している。そうならば桂林出発はその数ヶ月前のことであり、「四年」の冬であるに違いない。方父子が桂林にいたのは紹熙三年夏四月から四年冬までの約一年半、短い期間であった。

「方公行状」に「父老即永寧寺西廡祠京西公」、「方公祠堂記」に「立祠於永寧慈氏閣下」、また七星巖内に刻されている柯夢得「方公祠堂迎送神曲」（嘉定六年）に「桂林永寧寺運判方公祠迎送神曲」という、方崧卿の祠堂のあった「永寧寺西廡」・「永寧慈氏閣」・「永寧寺」の前身は唐・開元寺。今の象鼻山の西南の麓に建てられた。詳しくは拙著『桂林唐代石刻の研究』（白帝社2005年）「象鼻山石刻」。方信孺も桂林では祠堂の近くに居を構えていた。張鳴鳳『桂勝』1「灕山」に「故宋提刑方公信孺即南壁下建精舎以居、曰"雲崖軒"」という。「灕山」は今の象鼻山。また、『桂故』5「先政下」の「方信孺」に「灕山雲崖、則親築軒于崖之陽、乘興獨往、往則必留。曾語守軒僧了真曰："先祠在永寧（寺）、去此不遠、……"」、同書7「方外」の「了真」に「方提刑信孺嘗過灕山、憩了真所居、愛其居後、青壁廻秀、毎至必臨顧良久、亡何、捐俸獨建"雲崖軒"于其處。……了真遂以（方）信孺詩刻之壁」。

方志等にはいくつかの誤りがある。清・謝啓昆『廣西通志』225「金石略」11「宋」の「方信孺題名」（中隱山）の按語に「考呉獵『方公祠堂記』言："……後二十年復來、官提刑兼判漕"。……『文載』小傳言："其由廣西轉運罷歸、復以提刑至"、『宋詩紀事』謂知真州後至廣西、皆誤也」といい、また同書245「宦績録・宋」の「方信孺」に「謹按：『文載』誤以（方）信孺先官轉運、後官提刑。今訂正之、説詳『金石略』（「方信孺題名」）」という。引く所の『文載』小伝とは清・汪森『粤西文載』63「傳・名宦」の「方信孺」の条であるが、「後從廣西轉運罷歸、復以提刑至」というのは誤りであって前句の「廣西轉運」は父方崧卿のことである。後に清・陸増祥『八瓊室金石補正』118「方信孺題」（17b）も桂林石刻によって「『粤西文載』言其"由廣西轉運罷歸後、復以提刑至"者、誤也」というが、これも謝氏と同じ誤りを犯している。なお、『粤西文載』の「方信孺」小伝は明・蘇濬『廣西通志』24「名宦志・宋」（65b）に同文が見えており、これからの転載である。ただ、嘉定六年五月の呉獵「方公祠堂記」には「後十年、（呉）獵實來、……又十年、公之仲子・信孺孚若來、□□刑兼□漕」とあり、これは謝啓昆がいう「後二十年復來、官提刑兼判漕」のことであり、また葉適「京西轉判方公神道碑」にも「二子直孺……、信孺……由韶州爲廣西提刑・運判、繼公行部」というが、いっぽう「方公行状」には「除提點廣西刑獄、……轉朝奉郎、除轉運判官、……弭節四年」といい、また桂林南渓山劉仙巖（東洞内西壁上）に現存する石刻（縦175cm×横94cm、字径11cm）には「嘉定癸酉（六年）、先瑞慶節（寧宗の誕生日、十月十八日）卅日（九月中旬）（『粤西叢載』2が「之一日」に作るのは誤り）、經略安撫管湛・提點刑獄方信孺・轉運判官陳孔碩」とあるから、「提刑兼判漕」・「提刑・運判」でなかった、少なくとも赴任して間もない嘉定六年の時点で提点刑獄であって転運判官でなかったことは明らかであるから、兼任したならばその後のことであろう。今、『宋代路分長官通考（中）』（2003年）は『宋會要』4「番夷」に「嘉定四［五？］年三月十三日、詔差廣西運判陳孔碩充弔祭使」、また『宋史』488「外國・交趾［阯］傳」に「嘉定五年、龍翰［幹］卒、詔以廣西運判陳孔碩充弔祭使〔・特贈侍

方信孺等劉仙巖題名

中]」とあるのを挙げた上で「廣南西路轉運判官」の「嘉定六年」の条に管湛・方信孺の二人を入れて「按：湛與信孺皆孔碩出使時兼任」(p1154) というが、この理由も事実に合わないであろう。仮に安南国王・龍翰の卒年が嘉定五年であったとしても、弔祭使として行ったのであるから、短期間のことであって数ヵ月に及ぶものではない。また、現に劉仙巖題名によれば、嘉定六年九月に方信孺はまだ提点刑獄であり、陳孔碩が転運判官であった。方信孺が転運判官になったのはそれ以後のことであり、「米（芾）自画像記」の落款に「嘉定八年八月、朝奉郎・廣西轉運判官莆田方信孺記」といい、また広西鹿寨県の題榜「西祖巖」に「嘉定丙子（九年）六月朔日、轉運判官方信孺書」（『中国西南地区歴代石刻匯編（四）広西省博物館巻』p178)、臨桂県龍華岩の題詩「和純陽詩」に「嘉定九年十二月立春前一日、本路運判莆田方書、上石」と見える。この署衛は「方公行状」にいう「除提點廣西刑獄、……轉朝奉郎、除轉運判官」に符合する。なお、「和純陽詩」は謝啓昆『粤西金石略』11 (24b) に録されており、新編『全宋詩（55）』(p34764) はこれから拾遺して「嘉定九年十二月立春前一日本路運判莆田方信孺書」に作るが、『中国西南地区歴代石刻匯編（四）広西省博物館巻』(p176) に収める拓本「方信孺題詩」では「信孺」の二字はない。

　劉克荘の「方公行状」や「詩境集序」によれば、方信孺は四六歳という短命でありながら多くの詩集を残していたことが知られる。今日では『南海百詠』一巻・『觀我軒集』一巻（南宋・陳思『兩宋名賢小集』206）しか伝わっておらず、それらの作は合計112首 (100+12) であり、その中に晩年の作はほとんど含まれていない。「方信孺」二巻を有する新編『全宋詩（55）』は、巻2914に『南海百詠』の100首を、巻2915に『觀我軒集』の12首、および『永樂大典』から2首、『儀眞縣志』から1首、謝啓昆『粤西金石略』から二題5首を拾遺しているに過ぎない。この中に今回発見した乳洞に刻されている二首は収められていない。乳洞石刻の二首は、一首が「乳洞」詩、一首が「靈巖」詩。霊巌は今日では龍巌とよばれているもので、桂林の北、興安県の西南に隣接する霊川県にある。詳しくは「16：淳熙四年 (1177) 常演『桂林巖記』」の考察。乳洞石刻の題詩は嘉定十年の作であり、霊川県霊巌・興安県乳巌は桂林の北に在るから、桂林から北上する帰途で立ち寄って詠んだものであろう。乳洞には「嘉定丁丑（十年1217）三月七日」とあり、桂林の北、湖南省の永州祁陽県浯溪の石刻には「莆田方信孺、紹熙癸丑・嘉定丁丑三訪浯溪」とある。『古泉山館金石文編殘稿』は「此題名云"紹熙癸丑"者、蓋信孺於壬子次年赴父任時、經浯谿也。……蓋信孺於（嘉定）十年去廣西任、復經浯谿、而又兩游其地、故云"三［二？］訪"耳」といい、これに対して『八瓊室金石補正』92「方信孺題名」は「惟云"復經浯溪、而又兩游其地"、恐未必然。其再訪浯溪或在由韶至道之時歟」といって疑問を呈している。たしかに瞿氏の説は不明確である。かりに紹熙癸丑の父の赴任の時と嘉定十年の離任の時をいうものであれば、二回となり、明らかに「三訪」に合わない。あるいは方信孺の赴任の時をも入れて三回とするにしても、赴任は嘉定壬申五年であって題名にただ「紹熙癸丑・嘉定丁丑」とあるのに合わない。いっぽう

2、乳洞巖の石刻

方信孺書 "九疑山"（寧遠県）

陸氏の説ならば、韶州から道州へ移ったのは嘉定五年であり、同様に「紹熙癸丑・嘉定丁丑」に合わないだけでなく、浯渓は永州の北部にあって韶州から道州へ向かう道程では永州を経るはずはなく、また道州から桂林への道程も一般には永州を経ない。ちなみに方信孺の九疑山玉琯巖石刻に「大宋嘉定六年歳次癸酉正月旦刻。九疑山（大書）：權發遣道州軍州事莆田方信孺書。寧遠縣尉盧陵潭源監視」（写真参照、『八瓊室金石補正』101「信孺題刻」29bの録文と若干異同あり）とあるように、嘉定六年正月には道州寧遠縣におり、いっぽう先に挙げた中隱山題名に「詩境（嘉定六年）癸酉三月三日遊」とあるように、同年三月にはすでに桂林に到着しているから、永州を経てはいない。したがっていずれの説も成立しがたい。今、録文に誤りがないならば、「嘉定丁丑三訪」は嘉定丁丑三月に訪れたことをいうのではなかろうか。乳洞は同年三月七日に訪れているからその月の中旬か下旬に浯渓に到着可能である。ちなみに范成大『驂鸞録』によれば浯渓から興安県まで八日を要している。あるいは「嘉定丁丑三」と解するならば、「紹熙癸丑」の下にも月を示す数詞があってよいが、今それがないのであれば、「三」は「二」の判読の誤りである可能性も考えられる。瞿氏が「兩游其地」といっているのも「二」に判読していたのではなかろうか。いずれにしても「嘉定丁丑」中に浯渓を経ているわけであるから、乳洞は離任して北上する帰途で訪れたものと考えてよかろう。なお、桂林には二子が同行して来ていた。琴潭巖の題名に「方孚若（信孺）再至桂林……。嘉定甲戌七月廿日。同來李子凝・張玉父・林時可、子（方）左廷・左車侍」、隱山北牖洞の題名に「潮陽呉維申・方左廷・左車」。

その他、新編『全宋詩（55）』に未収の方信孺の作は多い。今、「乳洞」・「靈巖」の二首を拾遺することができるが、嘉定八年（1215）に知融州趙善湛が和韻した「真仙巖」詩があり、また、やや後に桂林に赴任して来た李曽伯（1198-1268）はしばしば方信孺の詩に追和しており、「過清湘洮陽驛、和方孚若韻」・「登逍遥樓、和方孚若韻」・「登湘南樓、和方孚若韻」・「庚戌題雪觀、用方孚若韻」・「題越觀、和方孚若韻」・「禁烟日登嵯峨閣、和方孚若韻」と題する詩があるが、いずれも方信孺詩の方は今日に伝わっていない。すべて桂林およびその周辺での作である。ちなみに逍遥楼は唐代創建、湘南楼は南宋創建、ともに桂州（静江府）城の東城上に在った。詳しくは拙著『桂林唐代石刻の研究』（2005年）「七星山石刻」の「顔真卿"逍遥樓"」。

李守約の事跡の補正

李守約について、詳しい事跡は知られていない。新編『全宋詩（56）』2958「李閎祖」（p35243）には明・馮継科『〔嘉靖〕建陽縣志』6下によって「挽蔡西山先生」一首を収録しており、また小伝には『宋元學案』69に拠って「李閎祖、字守約、號綱齋、光澤（今屬福建）人。寧宗嘉定四年（一二一一）進士、調臨桂主簿（臨桂県は今の桂林市および臨桂県）。歴古田令（古田県は今の桂林市の西南、永福県西部）、終廣西經略安撫司幹官」というのみである。曽棗庄『中国文学家大辞典・宋代巻』（2004年）には見えない。恐らくまとまった伝記としては、明・黄佐『廣西通志』（嘉靖四

年1525）58「外志九・雑事」(3b) が「出（明・黄仲昭）『〔弘治〕八閩通志』」として引用するのが最も早いものではなかろうか。それに次のようにいう。

  李閎祖、字守約、（福建）光澤人。第嘉定辛未（四年1211）進士、調靜江府臨桂（縣）〔主〕簿。提刑方信孺・曹〔漕〕使〔陳〕孔碩、咸咨以臺事、暇日詣學與諸生講解、士習丕變。辟古田〔令〕、改廣西帥〔幹〕。勤愼明恕、諸司輸薦改秩、未赴、卒。黃榦・李燔・張洽・陳淳、皆雅重之。（黃）榦嘗祭以文、極稱悼焉。

その後、蘇濬『廣西通志』（万暦二七年1599）24「名宦志・宋」(61b) や金鉷『廣西通志』（雍正十一年1733）65「名宦・宋」・謝啓昆『廣西通志』（嘉慶五年1800）245「宦績錄・宋」・胡虔『臨桂縣志』（嘉慶七年）26「宦績・宋」など、明・清代の方志もほぼ同文を載せている。金『志』以下の清代方志ではいずれも出自を『粵西文載』とするが、清・汪森『粵西文載』63「傳・名宦」は多く蘇濬『廣西通志』に拠っており、蘇『志』は黃『志』に拠っている。なお「曹使孔碩」は『縣志』が「漕使陳孔碩」に作るのが正しい。南溪山劉仙巖題名に「嘉定癸酉（六年1213）、先瑞慶節卅日、經略安撫管湛・提點刑獄方信孺・轉運判官陳孔碩」、隱山朝陽洞題名に「括蒼管湛營之、長樂陳孔碩名之……嘉定甲戌（七年）」、中隱山題名に「括蒼管定夫（湛の字）・莆陽方孚若・長樂陳膚仲（孔碩の字）、嘉定癸酉」とある。黃榦（1152-1221）をはじめ、李燔（1163?-1232）・陳淳（1159-1223）等はいずれも朱熹の弟子。黃榦「祭李守約文」（『勉齋集』39「祭文」）には朱子門下の俊賢にして自己の良友であったことを称え、官職名・年代等を示す具体的な記事は見えないが、おそらく「簿領之卑、又復馳逐于蠻烟。鞠躬盡力、輸忠納善。臺府交薦、斂衽稱賢。至于十室之聚、鳥言鼇面、尤不足以展布、撫摩經理、不遺餘力」とあるのが桂林時代を謂うものであろう。「蠻烟」にあって「十室之聚、鳥言鼇面」というのは少数民族の地「古田」縣令になった時のことをいうものではなかろうか。「古田」は宋の古県、明に古田県に改名、今の桂林市の西南。南宋・周去非（1135-1189）もかつて古県尉であった。その著『嶺外代答』（淳熙八年1181）の「蠻弩」・「河魚」等の条に見える。

これを補うものとして、黃『志』と蘇『志』の間に出た張鳴鳳『桂故』（万暦十七年1589）5「先政下」があり、それに「李閎祖、字守約、爲臨桂（縣）主簿、辟古田縣令、再辟廣西經幹。曾與方信孺遊伏波山」という。伏波山の同遊については同人『桂勝』1「伏波山」の「題名」(50a) に「方信孺・楊志（字存誠）・李閎祖、嘉定間同游」というのがそれであるが、「嘉定間同游」部分には誤脱があり、正しくは「嘉定六閏十七（六年閏九月十七日）同游」。石刻は伏波山（還珠洞内南壁上、高約2m）に現存している。また『粵西金石略』11・『桂林石刻（上）』(p263) にも著録する。

そのほか、方志には誤字が見られる。清・謝啓昆『廣西通志』20「職官表・宋」の「寧宗朝」に「李閎祖、字守納、光澤人、嘉定（1208-1224）中由臨桂簿改廣西經略安撫幹官」と見え、字が

異なるが、同一人物である。乳洞石刻の題名も嘉定十年である。名「守納」の「納」は誤りで、「約」が正しい。また、金鉷『廣西通志』51「秩官・宋」(24b)の「臨桂簿」(臨桂県主簿)は「李閎祖」に作るが、胡虔『臨桂縣志』23「秩官」(3b)に「李宏祖：嘉定間任」とする「宏」の「ウ」冠は「門」の誤り。いずれも同一人物である。なお、黄佐『廣西通志』には「辟古田、改廣西帥」というが、「古田」は県名であるから県令であることは想像がつくが、「廣西帥」は経略安撫使等の高官であり、当時は管湛であった。「古田」と「廣西帥」には誤字・脱字があって、『桂故』が「辟古田縣令、再辟廣西經幹」、謝啓昆『通志』が「廣西經略安撫幹官」という属官が正しいであろう。そうならば「古田」の後に「令」を、「廣西帥」の後に「幹」を脱字しているのではなかろうか。朱子門下の高弟でありながら、県尉・主簿・経幹といい、いずれも低い官職にとどまっていた。これは「馳逐」と関係があるかも知れない。

　乳洞石刻によれば、嘉定十年（1217）三月までは生存していたことが知られる。黄榦（1152-1221）が「祭文」を書いているから、嘉定十四年（1221）以前に卒していることは明らかであり、小伝に「諸司輪薦改秩、未赴、卒」・「終廣西經略安撫司幹官」というから、桂林で卒したらしく、そうならば、嘉定十年三月からあまり経たない時、十一年前後に卒していることになる。また「祭文」では「吾守約兄」・「吾兄」と称されているから、黄榦よりも年長であった可能性があり、そうならば嘉定十年では七十歳に近かったことになるが、この「兄」称は門下での関係をいうものであるかも知れない。

　乳洞石刻の末に「並用李守約韻」というから、李守約に「乳洞」・「靈巖」と題する詩があったようであるが、これも今日に伝わっていない。ただし、方信孺の二首は同じ次韻であり、李守約の詩は一首であった可能性もある。李守約の名は次の題名にも同遊者として見えており、方信孺とはしばしば唱和し、親しく交遊していた。今回も乳洞に同遊していた。それは次に掲げる現存石刻「方信孺等題名」につぶさである。

19 〔存〕南宋・嘉定十年（1217）方信孺等題名

　中洞、洞内。洞口からみて左の壁、高さ2ｍ。「12：范成大等題名」と並んでその手前に在る。民国・林半覚『廣西石刻志稿』（手抄本）「宋李〔守〕約等題記」の末に「右刻在興安縣乳洞之中洞」。林氏は「守」字を脱す。「李守約」の名は石刻の第一行に見え、「方孚若」つまり方信孺の名が末に置かれているから、方信孺の撰書であろう。今、「方信孺等題名」と呼んでおく。内容は同遊者の姓名の列記と年月である。

　今日、巨幅の「范成大等題名」がほぼ完全な形で残っているのに対して「方信孺等題名」は完膚無きまでに表面全体が鑿で削られている。筆者はその中に「必全」等いくかの文字があることは知っていたが、五度目の調査によってそれが林氏のいう「宋李〔守〕約等題記」であることが始めてわかった。林氏は字径とともに全文を録しているから、民国期までは完全な形で存在していたであろう。そうならば文革期に破壊されたのであろうか。しかし、中洞にはその隣に在る「范成大等題名」をはじめ、宗教的な内容を記した宋代の石刻など、他にも多くのものがほぼ無傷のまま残っており、また下洞には洞内の中央に方信孺の題詩がほとんど完全な形で現存している。いっぽう約4ｍもの高い位置に在る「06：唐・韋瓘題『遊三乳洞』詩」等のように、梯子を用意しなければ手のとどかないものでも、同じく鑿で表面が破壊されているものは多い。いかなる目的で、また何に拠って取捨選択されて破壊されたのか。ちなみに、後述するように11体現存する石佛はすべて頭部が無く、一説によれば文革期に破壊されたというが、石刻にいたっては石佛の前に在ってかつ明らかに宗教的内容を示していることが容易にわかるものであっても、中洞・下洞のいずれも、破壊を免れている。

【資料】
録文：
1）清・張運昭『興安縣志』（道光十四年1834）13「金石」「乳洞題名」（張本と略称）
2）民国・林半覚『廣西石刻志稿』（手抄本）「宋李〔守〕約等題記」（林本と略称）

【現状】

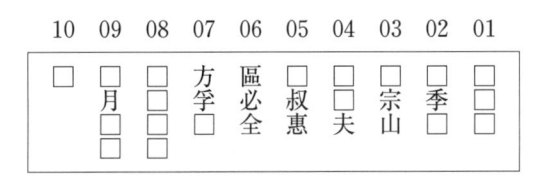

10	09	08	07	06	05	04	03	02	01
□	□	□	方	區	□	□	□	□	□
月	□	孚	必	叔	□	宗	季	□
□	□	□	全	惠	夫	山	□	□

撰者方信孺、書者方信孺、刻者未詳。石面磨平、外格有り、縦書き、右行。縦60cm、横170cm、楷書、字径8cm。林本に「真書徑二寸」、また林半覚『廣西歴代碑目』（民国手抄本）「宋李〔守〕

中国乳洞巖石刻の研究

19：南宋・方信孺等題名（1/2）

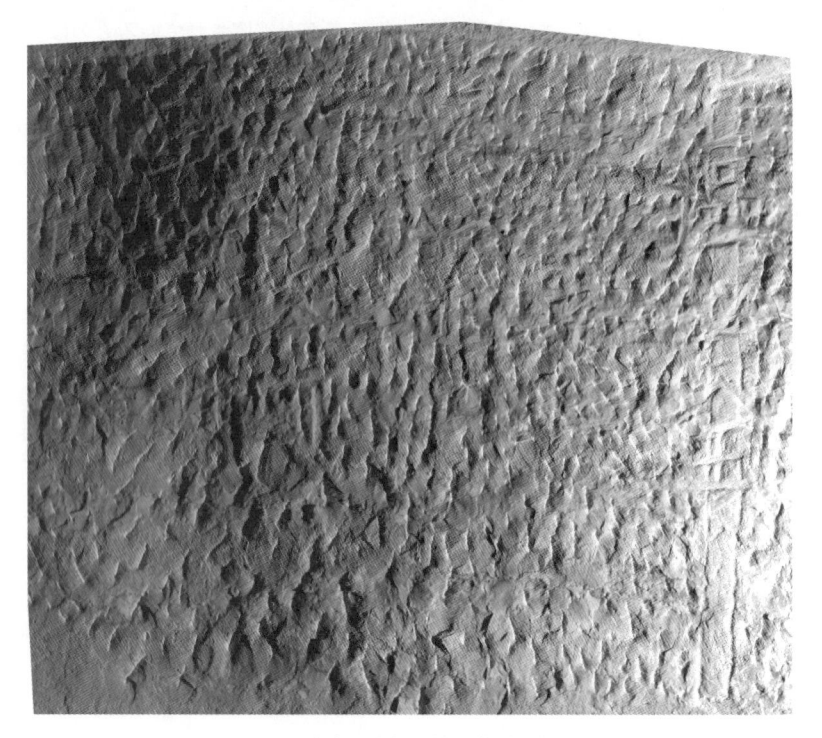

19：南宋・方信孺等題名（2/2）

約等題記」にも「嘉定丁丑年刻、真書、徑二寸」というが、少なくとも01〜07までは「二寸」よりも大きく、三寸に近い。書は末に署名されている方信孺の作であろう。

【釈文・校勘】

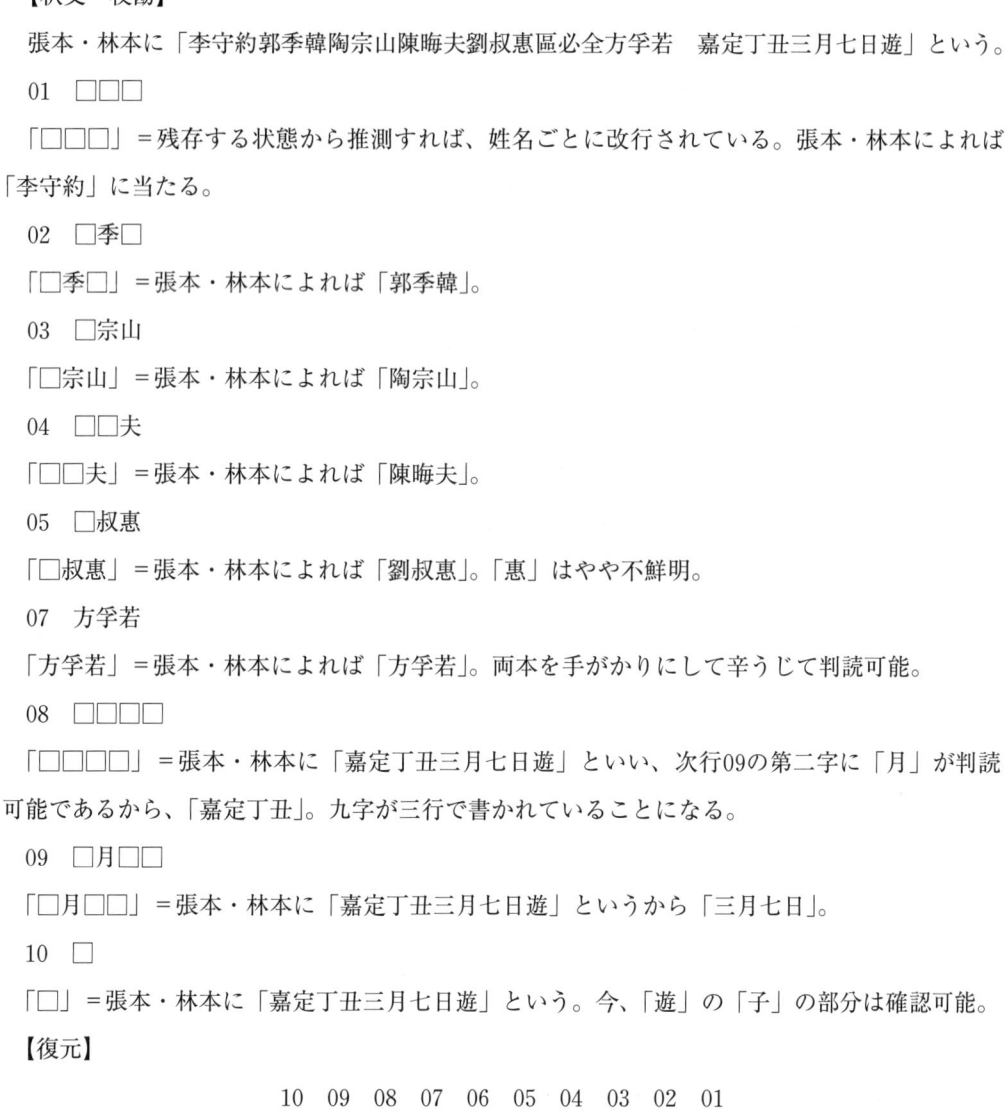

張本・林本に「李守約郭季韓陶宗山陳晦夫劉叔惠區必全方孚若　嘉定丁丑三月七日遊」という。

01　□□□

「□□□」＝残存する状態から推測すれば、姓名ごとに改行されている。張本・林本によれば「李守約」に当たる。

02　□季□

「□季□」＝張本・林本によれば「郭季韓」。

03　□宗山

「□宗山」＝張本・林本によれば「陶宗山」。

04　□□夫

「□□夫」＝張本・林本によれば「陳晦夫」。

05　□叔惠

「□叔惠」＝張本・林本によれば「劉叔惠」。「惠」はやや不鮮明。

07　方孚若

「方孚若」＝張本・林本によれば「方孚若」。両本を手がかりにして辛うじて判読可能。

08　□□□□

「□□□□」＝張本・林本に「嘉定丁丑三月七日遊」といい、次行09の第二字に「月」が判読可能であるから、「嘉定丁丑」。九字が三行で書かれていることになる。

09　□月□□

「□月□□」＝張本・林本に「嘉定丁丑三月七日遊」というから「三月七日」。

10　□

「□」＝張本・林本に「嘉定丁丑三月七日遊」という。今、「遊」の「子」の部分は確認可能。

【復元】

10	09	08	07	06	05	04	03	02	01
遊	三月七日	嘉定丁丑	方孚若	區必全	劉叔惠	陳晦夫	陶宗山	郭季韓	李守約

【解読】

李守約（名は閌祖）・郭季韓・陶宗山（名は崇）・陳晦夫・劉叔惠・區必全・方孚若（名は信孺）、嘉定丁丑（十年1217）三月七日遊。

李守約、名は閎祖。林半覺『廣西石刻志稿』・『廣西歷代碑目』はいずれも題名では「李約」に作っているが、録文では「李守約」に作っており、「約」が名で「守約」が字と解しているようにもとれるが、単なる脱字に過ぎない。方孚若、名は信孺。李守約との関係については前の「18：嘉定十年（1217）方信孺作『乳洞』詩」を参照。方信孺詩の末にも「嘉定丁丑三月七日」という。同時期の作。

陶崇の事跡の補佚

石刻にいう「李守約」・「方孚若」がいずれも字であるように「陶宗山」もそうであり、名は崇（?-1226?）であろう。『宋人傳記資料索引』（p2674）に「陶崇：字宗山、号激齋、全州陽朔人。嘉泰二年進士。理宗在潛宅時、崇爲講讀官、及即位、被召、首陳保業・謹微・愼獨・持久之說、與史彌遠不合、以寶謨閣學士出知信州。寶慶二年卒、諡文肅、有『激齋文集』」といい、新編『全宋詩（55）』2870「陶崇」（p34271）に「字宗山、号激齋、陽朔（今屬廣西）人。寧宗嘉泰二年（一二〇二）進士。嘉定五年（一二一二）、爲樂昌尉（『宋會要輯稿』兵二〇之一六）。十二年、除禮兵部架閣文字（同上書選舉二一之一六）。累遷將作少監（『南宋館閣續錄』卷九）。因忤時相、出知信州（『宋史翼』卷二二）。有『激齋文集』、已佚」として詩二首を収め、『中國文學家大辭典・宋代卷』（2004年）の「陶崇」（p771）にも「字宗山、号激齋、陽朔（今屬廣西）人。嘉泰二年進士。嘉定五年、爲樂昌尉。十二年、除禮兵部架閣文字。十四年、除秘書省正字……」としてほぼ『全宋詩（55）』小傳を襲う。乳洞石刻に見える「陶宗山」と同一人物と認めてよい。「嘉泰二年進士」等については早く同時代人洪咨夔（1176-1236）「陶同年崇詩卷跋」（『平齋文集』）に「某與宗山同（嘉泰二年）壬戌進士、（嘉定十七年1224）甲申冬（八月に理宗即位）同除秘書郎、泝之江上、投分日密。乙酉（寶慶元年）秋、某去脩門、未幾、宗山亦去。時上方鄉用舊學、何落落獨爾耶」と見える。ただ、出身地につて陽朔とするのが定説になっているようであるが、「全州」とする説もあり、明・黄佐『廣西通志』44「人物傳・名宦」（20a）に次のようにいう。

　　陶崇：字宗山、荊湖全州人。少聰敏、十歲賦「筆山」詩、有驚人句。登嘉泰二年（1202）進
　　士第、歷仕兩廣、召試館職。慕柳子厚（宗元）爲文、嘗撰「宋鐃歌鼓吹曲」及「楚詞七叙」、
　　以進于朝。理宗在潛宅、時公爲講讀官、龍飛被召、陳保業・謹微・愼獨・持久之說、又陳郡
　　縣修武備・厚民生・厲士氣之論、與時宰史彌遠忤、出知信州、終于任。有『激齋文集』。贈
　　特進、〔諡〕文肅。歷官行事、見『國史』。子（陶）夢訓典春陵・瑞陽兩郡、終監丞。

「陽朔」は南宋の廣南西路靜江府（桂林）南部の県（今の陽朔県）、「全州」は荊湖南路（今の湖南省にほぼ当たる）南部の州（今は広西に属す）であって全く異なる。したがって『索引』にいう「全州陽朔人」とは二つの地名であって明らかに誤りであり、全州ならば黄『志』がいうように「荊湖全州人」とするのが正しい。今日では「陽朔人」とするのが定説になっているようであるが、当地では全州の人とされており、墓等の存在と伝承から見て「全州」が正しいと思われる。

2、乳洞巖の石刻

これについては明・全州の人蔣冕（1463-1533）が詳しく考証している。その「辯」は先の『宋人傳記資料索引』等の資料に挙げられておらず、また『宋史』に見えない事が多く、貴重な史料と思われるので、長文になるが、ここに掲げておく。今、明・黄佐『〔嘉靖〕廣西通志』38「陵墓・桂林府」の「宋太監陶公墓、在全州昇平郷安道舗、俗呼爲陶學士墓、石翁仲・石獸尚存」（1b）下に收める「大學士蔣冕譔『陶學士墓辯』」による。清・謝啓昆『〔嘉慶〕廣西通志』238「勝蹟略・冢墓・全州」は「李志」によって「宋學士陶崇墓、在昇〔平〕郷安道市〔舗〕、〔石〕翁仲・石獸尚存」（19a）下に「明・蔣冕『陶澈齋墓稱呼辯』」を收めるが、若干文字に異同が見られる。「李志」は李紱纂修『廣西通志』（雍正二年1724）、今佚。清・金鉷『廣西通志』（雍正十一年1733）44「古蹟・全州」にも「宋學士陶崇墓、在昇郷安道市、翁仲・石獸尚存」というが、蔣冕「辯」を收めていない。

  郷先賢宋寶謨閣學士陶公崇、方理宗寶慶初元（1225）、以著作佐郎上「保業・愼獨・謹微・持久」四事、帝嘉納之、且曰"卿所陳四事、切於朕躬、朕當行之"、其略見於『宋史』。全文、元人修『宋史』、採於〔入〕「理宗本紀」、而不爲公立傳。其履歷治行、皆莫能詳。惟『郡志』謂："公字宗山、少聰敏、十歲賦「筆山」詩、有驚人句。登嘉泰二年（1202）進士第、歷仕兩廣、召試館職。慕柳子厚（宗元）爲文、嘗撰「宋鐃歌鼓吹曲」及「楚詞七叙」、以進于朝。理宗在潛邸、時公爲講讀官、龍飛被召（寶慶元年1225）、首陳「保業」等四事。及因論對、又陳「郡縣修武備・厚民生・厲士氣」之論、與時宰（史彌遠）忤、黜知信州、終於任。贈特進、諡文蕭、有『澈齋文集』、行於世。子（陶）夢訓典春陵・瑞陽兩郡、終監丞"。『郡志』又云："公歷官行事、見『國史』"、而竟莫詳公之所歷何官。

  〔今〕惟郡（全州）北洮村坊有覺苑寺、寶慶（1225-1227）以後題額、書公職銜甚備、曰："中大夫・右交殿修撰・崇政殿説書兼侍講寶謨閣學士・正奉大夫・知信州軍州事兼管内勸農營田使・（全州）清湘縣開國子食邑五百戸・賜紫金魚袋"。陶崇寺雖重建於元至大三年（1310）、而寺額猶是宋人〔所〕書〔者〕。其書公職銜、可信無疑。公墓在今〔昇郷〕安道舗〔市〕北〔路傍〕、石翁仲〔・石獸〕尚存、蓋當時賜葬。郷人稱爲"陶學士墓"、或稱"陶太〔大〕監墓"、二説皆是也。而成化（1465-1487）中、修『（全）州志』（今佚）者（呉伯璋）乃云："陶太〔大〕監墓、俗呼爲陶學士墓"、則不考之過也。

  公嘗爲秘書省著作佐郎。省有監、有少監、爲長貳。公或由著作佐郎歷貳而長、或雖爲省屬而入、遂以省之官長尊稱之（謝本は「或雖……稱之」を缺く）、故當時有"大監"之稱。後又進寶謨閣學士、尋知信州、故當時又稱公爲"學士"也。〔則公之墓稱"學士"或稱"大監"、無不可者。〕自唐宋至元、凡官秘書崇文諸監者、類有太〔大〕監・少監之稱、或止以〔姓〕加於官名之上、曰"某監"、如知章稱"賀監"、誠齋爲"楊監"、故周文忠公必大詩有「楊監全勝賀監家」之句、虞文靖公集有「〔送〕宋誠甫太〔大〕監祀天妃」、又有「爲歐陽原功少監題

177

宋好古竹」二詩、此其尤著者。至我朝始專以太［大］監・少監名内臣長貳、今内府二十四監皆然。外臣雖有國子・欽天・上林苑諸監、而〔其長貳則〕不〔復〕以太［大］監・少監稱之矣。蓋前代所稱"大監"之"大"、讀爲如字、而今代所稱"大"讀爲"泰［太］"。『州志』豈習聞今代所稱、遂誤以前代所稱者混而〔爲一〕、無［不］〔復分〕別耶。郷人閲『州志』、概以爲疑、因漫筆爲疏、其略于［如］右。

抑公官至侍從、方以舊學爲時君所寵任、乃以忠言讜議、見忤時宰、出補外郡。齋志以没、則其平生持守之正，亦可概見、不獨文藻〔之〕逸發而已。惜其言行無所於考、不能得其詳也。宋人（南宋・余元一？）『（全州）清湘（縣）志』謂"公殁［没］於［在］理宗朝（1225-1264）"。所忤「時宰」、豈史彌遠（1164-1233）耶、抑丁大全・賈似道［韓侂冑］耶。

蔣冕（1463-1533）の見た『郡志』にいう「時宰」について、黄佐『廣西通志』（嘉靖四年1525）44「人物傳・名宦」では「史彌遠」と明記しているから、蔣冕「辯」はそれ以前の撰であろう。「丁大全（1191-1263）・賈似道（1213-1275）」を謝本は「韓侂冑」（1152-1207）に作っているが、いずれも「時宰」の時期がやや外れる。史彌遠は理宗を擁立して宰相の地位を守り、朝政を專擅した。『宋人傳記資料索引』が卒年を「寶慶二年」（1226）とするのは、理宗即位の翌年に当たる。即位後、史彌遠と対立したのはほぼ間違いなく、地方に出されて幾ばくもなく卒したかどうかは未詳であるが、それが近いであろう。定説では諡号を「激齋」に作っているが、「激」は「澈」の誤字ではなかろうか。

蔣冕の記録する全州の題額・墓名等からみて桂林陽朔の人ではなく、全州清湘県の人であることに間違いない。全州は興安県に北に隣接する。今、乳洞石刻によって陶崇が嘉定十年に興安県にいたことは確かであり、その前後に服喪あるいは他の理由によって帰省していた可能性がある。『宋會要輯稿』によれば、嘉定五年（1212）に陶崇は「樂昌尉」になっている。「樂昌」は広南東路韶州の県であり、方信孺は嘉定三年から五年まで知韶州であったから、陶崇はそのころ方信孺の知遇を得ており、方信孺の部下として郷里に近い静江府に移った可能性は十分考えられる。少なくともこの石刻によって嘉定十年に桂林にいたことは確かであり、「嘉定五年、爲樂昌尉。十二年、除禮兵部架閣文字」の間の事として補遺することができる。

他の同遊者については未詳であるが、いずれも名ではなく、字であろう。

20 〔存〕南宋・嘉定十三年（1220）林士玠等題名

　下洞、洞口、向かって右の石壁、大書「上清三洞」石刻の右上、高さ約3mのところ。なぜか民国・林半覚『廣西石刻志稿』（手抄本）・『廣西歴代碑目』（手抄本）には録されていない。
【現状】

06	05	04	03	02	01
日	辰	嘉	潁	士	永
全	上	定	田	玠	嘉
來	巳	庚	臨	汝	林

20：南宋・林士玠等題名

　撰書者林士玠あるいは田臨、刻者未詳。石面磨平、縦40cm、横110cm、外格有り。縦書き、右行、楷書、字径13cm。
【解読】
　永嘉（の人）林士玠、汝潁（の人）田臨、嘉定庚辰（十三年1220）上巳日（三月三日）同來。
　林士玠・田臨については未詳。「士玠」・「臨」は字ではなく、名であろう。

21 〔?〕南宋・嘉定十五年（1222）劉克莊作「題乳洞」詩

民国・林半覚『廣西石刻志稿』（手抄本）に「宋劉克莊題乳洞詩」を録して「右刻在興安縣〔乳洞〕之上洞」という。詩題に「乳洞」とあり、また「興安縣」の「上洞」というから、「縣」の下に「乳洞」を脱字しているであろう。林氏の記録によれば民国期までは存在していたはずであるが、『桂林文物』（1980年）をはじめ、それ以後の資料にも見えない。今回、存在を確認することはできなかった。

【資料】

録文：

1）清・汪森『粤西詩載』22「七言絶句」劉克莊「乳洞」
2）清・謝啓昆『廣西通志』96「山川略」3「乳洞」「劉克莊詩」
3）清・賜硯堂本『後村先生大全集』（四部叢刊本）6「詩」(12a)「乳洞」
4）民国・林半覚『廣西石刻志稿』（手抄本）「宋劉克莊題乳洞詩」
5）今・北京大学古文献研究所『全宋詩』(58) 3039「劉克莊六」(p36223)

清・謝啓昆『廣西通志』96「山川略」3「桂林府」3「興安縣」の「乳洞」の条に「劉克莊詩」として録すが、同書「金石略」には未収。『全宋詩』は『後村居士集』に拠る。石刻の現状は不明であるが、諸本間に文字の異同はない。なお、林半覚『廣西石刻志稿』所収「宋劉克莊題乳洞詩」末の按語に「『後村文藁』五十巻、『集』中有『水月洞』・『伏波巌』・『龍隠洞』諸詩、此『乳洞』詩未載」というが、四部叢刊本『後村先生大全集』・鉄琴銅剣楼旧蔵宋刻『後村居士集』にはこの詩を収めている。

【復元】

今、断句・改行して示しておく。

01　千峰夢裏尚崔嵬、不記青鞋走幾廻。
03　天恐錦嚢猶欠闕、又添乳洞入詩來。

撰書者劉克莊、刻者未詳。林本に「行書、徑二寸許」。また林半覚『廣西歴代碑目』（民国手抄本）「宋劉克莊題乳洞詩」にも著録するが、「行書、徑二寸」として「許」を缺く。

劉克莊と桂林

劉克莊（1187-1269）、字は潜夫、号は後村、嘉定十四年（1221）に広南西路経略安撫使胡槻の属官である準備差遣となって桂林に約一年間滞在した。胡槻、字は伯圓。明・張鳴鳳『桂故』5「先政下」の伝に詳しい。劉克莊は南宋の著名な詩人で多くの作を今日に遺しており（新編『全宋詩』(58)』3033〜3081）、桂林についても林氏の挙げる「水月洞」・「伏波巌」・「龍隠洞」の他に、

「來至桂州葉（任道）潛仲以詩相迎次韻」・「游水東諸洞次同韻二首」・「春日二首」・「訾家洲二首」・「舜廟」・「湘南樓」・「上巳與二客游水月洞分韻得事字」・「出城二絶」・「三月十四日陪帥卿出游」・「癸水亭觀荷花」・「栖霞洞」・「五月二十七日游諸洞」・「泛西湖」・「慈氏閣」・「脩然亭」・「辰山」・「千人觀」・「曽公巖」・「八桂堂呈葉潛仲」・「題胡仲威文藁」・「中秋湘南樓」・「榕溪閣」・「再游栖霞洞」・「劉仙巖」・「琴潭」・「辰山道人」・「榕溪隱者」・「玄山觀」・「禊亭」・「簪帯亭」・「程公巖」等々がある。詩題が示すように名所旧跡を詠んだものが多く、古代桂林研究にとって貴重な史料を提供している。たとえば「訾家洲」詩に「來訪唐時事、荒洲暮靄青。……今人輕古迹、此地少曾經」、「斷碑莫怪千廻讀、今代何人筆力同」といい、「玄山觀」詩に「宋之問別墅」と自注しているように、柳宗元・宋之問等、唐人の遺跡を探訪している。自注も貴重であり、史料性を高めている。また、中には「炎關」詩に「亦名嚴關」、「湘南樓」詩では「殘錢・老酒、桂州方言」という自注があり、当時の桂林の文化・風俗・方言等に関する資料としても貴重である。

　桂林での作品数について『桂林旅游大典』（p603）「著名人物」に「以詩紀游達30余處、作詩76首」、『桂林市志』（1997年）中冊「山水志・山水詩文題詠」（p1248）に「劉克莊遍遊桂林山水、作詩七十四首」といって注目する。「題乳洞」詩にも自ら「天恐錦囊猶欠闕、又添乳洞入詩來」といっているように、名勝・遺跡を訪ねては詩を書かないではいられなかったらしい。桂林およびその道中で作った詩に限っていえば、その数はすでに范成大を大きく上回っている。ちなみに『粵西詩載』・『粵西文載』に収める詩文の数を比較すれば、劉克莊の作は65首・5篇、范成大の作は40首・13篇。しかも桂林の滞在期間は劉克莊は約一年、范成大は約二年であった。両者の職務に忙閑の差はあったはずであり、一概に比較はできないが、劉詩が豊富な資料を提供するものであることは確かである。劉克莊と桂林は一つの研究テーマになろう。

　かくも多作であり、しかも大半が名勝・旧跡を詠んだものであるにも関わらず、劉克莊の作は范成大ほどには知られていない。それにはいくつかの理由が考えられる。まず、石刻としては今日ほとんど伝わっていない。『桂林旅游大典』に「除與葉任道等4人的七星巖題名、無一處為其個人題刻」という。『桂林石刻（上）』（1981年）を検べれば、今日では、七星巖内の摩崖石刻「葉任道潛仲・陳次賈・劉潛夫・曹晉伯、嘉定壬午（十五年1222）夏五廿一、同游龍隱諸洞、至栖霞、薄暮冲雨而歸」（「宋・葉任道劉潛夫等四人七星巖題名」）の一件が知られるのみである。しかもこれは題名であって題詩ではない。次に職位が考えられる。范成大は知静江府という当地の最高長官として赴任しており、職務上主催あるいは参加した行事も多く、それらを記念した自作の多くを刻石させているが、劉克莊は当時はまだ若く、かつ知府の属官であったために自作を容易に刻石できなかったということが考えられる。しかし宋代において桂林では職位・身分に関係なく、民間の観光客までもが自作の詩文・題名を刻石するようになる。唐代で石刻をのこしたものはおよそ高級官僚であったが、石刻作者の底辺の拡大が宋代に始まる特徴の一つでもある。じつはこの

ような刻石の氾濫こそが劉克荘にとって容認できないことであったらしい。たとえば劉克荘の「伏波巖」詩に「惜哉題識多、蒼玉半鑱毀。安得巨靈鑿、永削崖谷恥」と詠み、「龍隱洞」詩に「我來欲題名、腕弱墨不食。摩挲狄李碑、文字尚簡質。今人未知貴、後代始寶惜」、「上巳與二客游（今の象鼻山）水月洞分韻得事字」詩に「滌崖去惡詩、捫石認缺字」というのは、桂林で目睹した官民遊覧者の自作の濫刻に対して自粛をよびかけるもの、今日の言葉でいえば環境破壊の警告を発するものである。当時においてこのような発言は極めて珍しいのではなかろうか。既にそうならば劉克荘は自ら刻石を慎んでいたはずである。「龍隱洞」詩に「我來欲題名」というのもただ「腕弱墨不食」だけが理由ではないかも知れない。かれには自ら憚るところがあった。明・張鳴鳳『桂勝』は当時見られた石刻を可能な限り記録したものであるが、その中に「龍隱山」の題詩は見えない。また、七星巖の石刻にあっても「葉任道潛仲・陳次賈・劉潛夫・曹晉伯、嘉定壬午夏五廿一、同游龍隱諸洞」というように、自作の詩を刻すことはせず、ただ同遊者として並記されているだけである。この題名でも「劉潛夫」は中間に置かれているから、題刻させたのは劉克荘ではなく、恐らくかれの上司であった葉任道であろう。このような中にあって真に劉克荘の「題乳洞詩」石刻が存在したのであれば、それは極めて貴重な資料であり、文物である。今日それを発見することはできなかったが、林半覚は「行書、徑二寸許」といって書体・字径まで記録しているから、信憑性が高く、たしかに最近まで、少なくとも民国期までは存在したであろう。しかし先に掲げた范成大「題乳洞詩」も上洞に刻されていたというが、これも見当たらない。上洞に在ったという多くの石刻は崩落によって破壊されてたということも考えられるが、民国以後にそのような大崩落があったとも思われない。劉詩に限らず、上洞石刻の存否は筆者にとって未だに謎である。

22 〔存〕南宋・端平二年（1235）趙必益等題名

下洞、洞口、向かって右の石壁、張孝祥の大書「上清三天」石刻の右、高さ約2m。
【現状】

05	04	03	02	01
湯雨生至	日同遊	乙未九	蔡安國	趙必益

22：南宋・趙必益等題名

撰書者蔡安國あるいは趙必益、刻者未詳。石面磨平、縦40cm、横80cm。縦書き、右行、楷書、字徑10cm、今人書丹。

【解読】

　　趙必益・蔡安國、（端平二年1235）乙未九日、同遊。湯雨生至。

趙必益等の事跡の補佚

石刻には趙必益・蔡安国および湯雨生の三人の名が記されている。官職等の詳細は不明であるが、趙必益については、明・張鳴鳳『桂勝』7「龍隱山」をはじめ、『粤西金石略』11（24a）・『桂林石刻（上）』（p282）に「曾仝・洪友成・朱鉅・朱鑑・潘瀾・劉天成・趙必益・（趙）必矩、嘉定丙子（九年1216）十月朔、同遊龍隱」と見える。この石刻は桂林七星公園内にある龍隱洞の東壁下（1m〜50cm）にあったが、今日では浸食が激しく、ほとんど判読不可能。今、この題名によって嘉定九年（1216）前後に桂林にいたことが知られるから、「乙未」の歳とは端平二年乙未

（1235）であろう。「必矩」は「趙必益」の弟あるいは従兄弟であるに違いない。嘉定九年（1216）から端平二年（1235）までは約二十年間も隔たりがあり、兄弟ともに桂林に赴任していたとは考えにくいから、地元桂林の人ではなかろうか。なお、龍隠洞石刻に見える「曾全」は『湖南通志』（光緒十一年1885）134「選舉・進士」の「乾道五年己丑（1169）鄭僑榜」に「曾同：（永州）祁陽人」（17b）、「洪友成」は『江西通志』（光緒七年1881）161「職官表・宋」に「洪友成：科貫具『列傳』、朝請即知瑞州、紹定三年（1230）任」（2b）、同書161「列傳」に「洪友成：字士源、樂平人、宰興國邑、……得衡（州）改瑞（州）」と見える人物と同一であろうか。

　蔡安国については、清・趙之謙『江西通志』（光緒七年1881）22「選舉表・宋」に「寶慶二年丙戌（1226）王會龍榜」として「蔡安國：瑞州人」（43b）と見える。時代が極めて近いから同一人物である可能性が高い。湯雨生については未詳。新編『興安縣志』（p484）に「洞壁間歴代石刻甚多、主要有……楊思書・李景亭・方信孺・湯雨生等人的題名題詩」という「湯雨生」はこれを指す。この石刻の最後の一行「湯雨生至」は後に追刻されたものではなかろうか。前四行全体は毎行三字であるが、この行だけが一句四字になって前四行と形式が合わないだけでなく、また05行の後の余白と01行前の余白も合わない。01行前には十分な余白があり、その幅は04行の後、つまり05行にほぼ相当する。05「湯雨生至」は恐らく原刻の末尾の余白を利用して、前の趙・蔡に後れてこの地に来た友人・湯雨生が追刻したものであり、したがって同時の刻ではなかろう。また、追刻であるから、「湯雨生等人的題名」とするよりも「趙必益等」とするのがよかろう。

23 〔存〕南宋・淳祐四年（1244）謝逵作「遊乳洞」詩

　下洞、洞口外、右壁、地上1ｍ。民国・林半覚『廣西石刻志稿』は「宋謝逵題詩」の末の按語に「右刻在興安縣乳洞之中洞」というが、「下洞」に現存する。これに限らず、林氏『志稿』の録文には誤字脱字が多い。『桂林旅游資源』（p696）「摩崖石刻」の「乳洞摩崖石刻」には四句を録しており、「淳祐四年（1244）廣西經略兼知静江府謝逵詩句"洞以乳名雲液湧、泉遇〔迂〕石出水晶寒"・"熟謂地靈鍾秀異、美哉風物見興安"、詩書倶佳」と評す。

【資料】

録文：

　1）清・謝啓昆『廣西通志』96「山川略・乳洞」（3a）（謝本と略称）

　2）清・張運昭『興安縣志』2「輿地・乳洞」（20b）（張本と略称）

　3）民国・林半覚『廣西石刻志稿』（手抄本）「宋謝逵題詩」（林本と略称）

　4）今・北京大学『全宋詩（62）』3265「謝逵」（p38920）（全本と略称）

　謝本は96「山川略・乳洞」に「宋淳祐甲辰三月中澣前廣西帥守謝逵奉詔經略同客張景東馮雲從男公闡公閬來遊乳洞紀事詩」として収めるが、同書「金石略」には録していないから、石刻の存在を知らなかったらしい。張本は13「金石」の「乳洞題名」に「淳祐甲辰三月中浣〔澣〕前廣西帥守謝逵奉詔經過〔略〕同客張景東馮雲從男公闡公閬來遊乳巖〔洞〕因用湘館壁間韻紀事寄呈彭令尹」といい、「詩見乳洞」と注して同書2「輿地」の「乳洞」に録す。全本は「清謝啓昆嘉慶『廣西通志』巻九六」に拠って謝逵詩一首を収めるのみであり、現存石刻あるいはその拓本に拠っていないために誤字・脱字が多い。また林本でも「淳祐甲辰三月中浣〔澣〕前廣西帥守謝逵奉詔經過〔略〕同客張景東馮雲從男公〔闡公閬〕来遊〔游〕乳岩〔洞〕因用湘舘壁間韻〔紀〕室〔事〕〔寄〕呈彭令尹。真書徑三寸」といって序の部分を引くのみで詩を録していない。また詩は清・汪森『粤西詩載』にも漏収。

拓本：

　1）『北京圖書館藏中國歴代石刻拓本匯編（44）南宋』（p102）「乳洞詩刻」（北京本と略称）

　2）『中國西南地區歴代石刻匯編（10）廣西桂林巻』（p101）「謝逵題乳洞詩」（桂林本と略称）

北京本には「顧953」とあり、清・顧廣昕（字は千里、1766-1835）の旧蔵。北京本は縮印されているためにかなり見にくいが、そもそも拓本の状態が良くなく、今日の原石と較べても不鮮明の部分が多い。同様に桂林本も縮印されているが北京本よりも更に小さく、これによって判読することは困難である。原刻はほぼ完全な状態で残っている。

【現状】

26	25	24	23	22	21	20	19	18	17	16	15	14	13	12	11	10	09	08	07	06	05	04	03	02	01
興安	哉風物見	鍾秀異美	孰謂地霊	竿立玉竿	幕竹韻鳴	染翠開油	晶寒山容	迂石出水	雲液湧泉	鞍洞以乳名	籃輿勝繡	潯酣小小	尋幽天氣	彭令尹	寄呈	壁間韻紀事	洞因用湘館	公閭来遊乳	雲従男公閭	張景東馮	詔經略同客	謝逵奉	廣西帥守	月中澣前	淳祐甲辰三

撰者謝逵、書者謝逵、刻者未詳。石面磨平、縦54cm、横250cm。外格（上下の界格）有り、縦36cm、横240cm。縦書き、右行、行書、字径4〜7cm。林本に「真書径三寸」、林半覚『廣西歴代碑目』（民国手抄本）「宋謝逵題詩」に「淳祐甲辰年刻、真書三寸」、北京本に「拓片高46厘米、寬204厘米」、桂林本に「高37厘米、寬221厘米。行書、字径7厘米」というが、いずれも正確ではない。

【校勘】

02　月中澣前

「澣」＝張本・林本は「浣」、異体字。

05　詔經略同客

「略」＝張本・林本は誤って「過」に作る。

07　雲従男公閭

「閭」＝謝本・全本は「閭」、張本は「單」部分を「卑」に作る。林本はこの字及び次の二字を脱す。現存石刻では「閭」字に読める。

08　公閭来遊乳

「公閭」＝林本は二字を脱す。

「遊」＝全本・林本は「游」に作る。異体字。

09　洞因用湘館

「洞」＝張本は誤って「厳」に、林本も誤って「岩」に作る。「岩」は「厳」の異体字。

「因」＝謝本・全本は「因……韻」を欠く。

「館」＝林本は「舘」に作る。異体字。

10　壁間韻紀事

「紀事」＝林本は誤って「事室」に作る。

11　寄呈

「寄呈」＝林本は「寄」を脱字。謝本・全本は「寄」から「尹」までを欠く。

18　迂石出水

「迂」＝謝本・全本は誤って「紆」に作る。同音（yu1）による誤り。『桂林旅游資源』（p696）

2、乳洞巌の石刻

23：南宋・謝逵作「遊乳洞」詩（1/4）

23：南宋・謝逵作「遊乳洞」詩（2/4）

中国乳洞巌石刻の研究

23：南宋・謝逵作「遊乳洞」詩（3/4）

23：南宋・謝逵作「遊乳洞」詩（4/4）

はこの部分の二句を引くが、「迀」を「遇」(yu4)に誤る。

 24 鍾秀異美

「秀」＝現石ではやや不鮮明。

 25 哉風物見

「風」＝現石ではやや不鮮明。

【復元】

省略。

【解読】

 淳祐甲辰（四年1244）三月中澣（中旬）、前廣西帥守（安撫使）謝遹（字は叔達）奉詔經略（経略使）、同客張景東・馮雲從・男（馮）公闈・（馮）公闡來遊乳洞、因用「湘館壁間」韻（"寒"）紀事、寄呈彭令尹（興安県令）。

  尋幽天氣得晴酣、小小籃輿勝繡鞍。

  洞以乳名雲液湧、泉迀石出水晶寒。

  山容染翠開油幕、竹韻鳴竽立玉竿。

  孰謂地靈鍾秀異、美哉風物見興安。

 用韻している詩「湘館壁間」は「彭令尹」の作ではなかろうか。「令尹」は県令の別称。

謝遹の事跡の補正

 石刻には「前廣西帥守謝遹奉詔經略」とその「客」おそらく安撫経略使謝遹の幕客であった「張景東」・「馮雲從」およびその子の馮「公闈」・馮「公闡」と「彭令尹」興安県令彭某、六人の名が見えるが、いずれも史書には載っておらず、その事跡等はほとんど知られていない。張景東・馮雲從等については未詳であるが、謝遹については補逸・訂正すべき点が多い。

 謝遹について、新編『全宋詩（62）』3265「謝遹」(p38920)は清・謝啓昆『〔嘉慶〕廣西通志』・『粤西金石略』に拠って詩を拾遺し、小伝には「字叔達、邵武（今屬福建）人（『粤西金石略』巻一二「謝遹題名」）。理宗淳祐元年（一二四一）知靜江府（清嘉慶『廣西通志』巻二一）」というのみ。『中国文学家辞典・宋代巻』には見えない。

 今、乳洞石刻によれば、謝遹の字は叔達。また、桂林七星山栖霞洞内の石刻に「淳祐辛丑（元年1241）六月廿一日、昭武謝遹叔達・金華劉泳清叔・臨川羅愚季能遊」とある。この「謝遹」と乳洞石刻に見える「謝遹」とは地点と時間が近いことによって同一人物であると判断してよい。出身地は福建「昭武」。「昭武」は邵武の古名。乳洞石刻に「淳祐甲辰三月中澣、前廣西帥守謝遹奉詔經略」とあり、『全宋詩（62）』が拠る清・謝啓昆『廣西通志』21「職官表九・宋五」に「謝遹：淳祐元年知靜江府、二年再任。蔡范：淳祐四年知靜江府」というが、早くは明・黄佐『廣西通志』7「秩官表」の「宋・知靜江府」に「謝遹：淳祐元年以朝請大夫直宝謨閣任主管經略安撫

使、二年除直敷文閣、再任。蔡范：淳祐四年……」という。乳洞石刻にいう「淳祐甲辰」は四年であり、淳祐四年三月中旬に「前廣西帥守謝遠」というから、乳洞の題詩は他の官に遷る道中で名勝乳洞に遊んで作ったもの思われる。謝遠は淳祐元年に知静江府・主管広南西路経略安撫使となり、二年に再任、四年（1244）三月に離任して蔡范と交代した。

それ以前のことについては、南宋・史能之『〔咸淳〕毘陵志』8「秩官」に「謝遠：嘉熙元年（1237）十一月、二年正月除湖南提刑」、『宋詩紀事續補』2に「許晟大、嘉熙四年爲湖南提點刑獄」と見える。これによれば、謝遠は嘉熙二年（1238）正月に湖南提点刑獄となり、嘉熙四年に交代している。その後、知静江府に遷っているわけである。

今、『宋人傳記資料索引（五）』（1988年増訂）に「南宋制撫年表/62」・「宋詩紀事補遺70/2下」によって「謝遠：字叔達、福建昭武人。淳祐元年累官知江寧府」（p4105）というが、「知江寧府」は「知静江府」の誤りではなかろうか。同書が「南宋制撫年表/62」下に注して「云知静江」というのが正しいように思われる。ただし謝遠は淳祐四年に桂林を去っているから、「元祐元年」の「元」が「四」の誤字で「知江寧府」に遷った可能性もある。

また、『宋人傳記資料索引補編（三）』（1994年）「謝遠」（p1932）に『〔道光〕福建通志』に拠って「長溪人、淳熙二年詹騤榜進士、爲永康尉、遷賀州教授」（『福建通志』149/11）、「建安人、紹興十五年劉章榜進士」（『福建通志』148/30）というが、出身地が異なり、紹興十五年（1145）あるいは淳熙二年（1175）と淳祐元年（1241）では半世紀以上も隔たりがあるから同一人物ではない。『福建通志』の記載に誤りがなければ、南宋において「謝遠」という同姓同名の進士出身者が三人もいたことになり、これも俄には信じがたい。少なくとも「長溪人」の「謝遠」は「謝達」の誤りであろう。ちなみに『宋人傳記資料索引（五）』に「謝教授墓誌銘」によって「謝達（1124-1184）：字景安、福州長溪人。初官永康尉、移賀州學教授。淳熙十一年卒、年六十一」（p4107）という。「遠」と「達」が字形が近いために方志が誤っているのではなかろうか。この他にも『〔正徳〕建昌府志』13「名宦・宋」に「謝遠：叔達、邵武人。嘉定中、南豊令」（12a）というのも同様の誤りをおかしているが、この場合は「達」ではなく「遠」が正しい。また、同書12「秩官・宋・南豊縣」で「嘉寧」の「縣令」に「謝達」（18b）の名が見えるが、これも「謝遠」の誤りであろう。なお、「嘉寧」という年号は宋代には無く、秩官表は「……淳熙（1175-1189）・嘉寧・寶慶（1125-1127）……」の順で記されているから、「寧」は「定」の誤りであり、13「名宦」にいう「嘉定中」（1208-1224）が正しい。

以上をまとめれば、謝遠、字は叔達、福建邵武県の人。嘉定（1208-1224）中に建昌軍南豊県令、嘉熙二年（1238）に湖南提点刑獄に除せられて四年に交代し、淳祐元年（1241）に朝請大夫（従五品上）・直宝謨閣となって知静江府・主管広南西路経略安撫使に遷り、二年に直敷文閣となって知静江府・主管広西経略安撫使に再任、四年三月に桂林を去る。あるいはこの時、知江寧府に遷っ

たのかも知れない。

　先の栖霞洞石刻に見える同遊者について補説しておく。「(婺州)金華劉泳清叔」は未詳。「(撫州)臨川羅愚季能」は、中隱山石刻にも「臨川羅愚、淳祐辛丑（元年1241）中伏日、約……觀稼西郊」と見える。新編『全宋詩(54)』2851「羅愚」に「字季能、號北林、撫州崇仁（今屬江西）人、點子。……理宗嘉定間爲廣南西路轉運使（清雍正『廣西通志』卷五一）。卒年五十七」、また『中國文學家辭典・宋代卷』(p562)「羅愚」には「初字端誠、劉宰爲更字日季能（『漫塘集』卷一九「羅季能字序」）、號北林、崇仁（今屬江西）人、點子。……嘉熙間、爲廣南西路轉運使。卒年五十七」といい、さらに『宋代路分長官通考（中）』の「羅愚」(p1159)は『江西通志』151（光緒七年1881）「小傳」に「羅愚：字季能、號北林、點子。遷湖南憲、改廣西運判」(36a)とあるのによって廣南西路轉運判官とし、その期間について、根拠は不明であるが、咸淳五年（1269）から七年とする。七星岩等の桂林石刻に見える「羅愚」と同一人物と見て間違いない。「臨川」は江西撫州の縣名あるいは水名、崇仁縣は臨川水の上流、臨江縣の西南。そうならば、理宗「淳祐辛丑（元年1241）」に桂林にいたことは確かであり、「嘉定間」（1208-1224）あるいは度宗「咸淳」（1265-1274）は誤りであり、「嘉熙間」（1237-1240）についてもすでに赴任していた可能性は高いが、正確ではない。ちなみに清・謝啓昆『廣西通志』21「職官表九・宋五」に「謹案『金志』宋秩官次序錯亂……茲以『宋史』列傳可考者、編次如右。其以運副・運判雜列于廣南西路轉運使官内、仍統稱轉運使、而無所分別者、附列于左」として挙げる中に「羅愚：字季能、江西（撫州）崇仁人」と見え、新編『全宋詩』が拠った「雍正『廣西通志』」とは謝『志』が錯誤が多いと指摘している『金（鈺）志』である。『全宋詩』がそれに拠って「理宗嘉定間……」という「嘉定」は「理宗」でなく、寧宗の年號。なお、『〔光緒〕江西通志』151「列傳・撫州府」には「羅愚：字季能、號北林、點子。以遺澤補官、除籍田令、遷湖南憲、創雄楚軍以弭寇、改廣西運判、除鹽法害民者。(羅)愚行誼純固、政術循良。生平召除之命十有五、而辭者十有一」(36a)という。また『〔隆慶〕臨江府志』5「縣令・宋」(16b)にも「新淦」縣令に羅愚の名が見える。同一人物ではなかろうか。

24 〔佚〕南宋・淳祐九年（1249）李曽伯書 "噴雷"

下洞、洞口。林半覚『廣西石刻志稿』や『桂林旅游資源』に具体的な記録があり、『桂林文物』（1980年）「乳洞石刻」には「張孝祥・范成大・李曾伯等人的題名書榜、是書法藝術較好的作品」「南宋末年李曾伯到此、將先祖的命名分刻三洞岩口」（p125）とまでいうから、最近まで洞口に存在していたと思われる。前掲の「08：李邦彦『三洞記』」（建炎三年1129）に「其下者、巉巖軒豁、嵌竇如磨鑴、源泉渾深、絲石磴而下、依山循流、走石噴激、𡶦然雷震、響溢羣谷。意者蒼鱗頭角、蠢縮淵潛、欲奮而不得騁。因命之曰："噴雷"」。下洞を噴雷洞と改名したから、下洞に刻されていたはずであり、今回それを発見することはできなかったが、同人の書による上洞の石刻「飛霞」は断片ではあるが現存している。もし下洞のものも現存していれば、位置・大きさからいっても、容易に見つけられるはずであるが、文革期に破壊されたのであろうか。上洞の石刻断片のように登山道の石段等として利用されている可能性もある。詳しくは上洞の「26：李曽伯書"飛霞"」。

【資料】

　録文：

1）清・陸増祥『八瓊室金石補正』119（27b）「噴雷二大字」（陸本と略称）
2）民国・林半覚『廣西石刻志稿』（手抄本）「宋李邦彦題字」（林本と略称）
3）今・劉濤等『桂林旅游資源』（p696）「乳洞摩崖石刻」（劉本と略称）

【釈文・校勘】

```
      02  01
     ┌──────┐
     │ 雷  噴 │
     └──────┘
```

撰者李邦彦、書者李曽伯、刻者僧妙全（？）。陸本に「高二尺五寸、廣四尺九寸、二字、字徑一尺八寸六七分。旁款前後各一行、字徑二寸許、均正書」とあり、最も詳しい。林本は「宋李邦彦三洞記」の後に「又題：飛霞・駐雲・噴雷。真書徑一尺五寸」といい、林半覚『廣西歴代碑目』（民国手抄本）にも同文が見える。劉本に「真書、各高73cm、寛1.6m、大字徑60cm、爲大理石鑲嵌」という。字徑について林本の記載とかなりの差があるが、劉本は石刻の大きさも記録しており、字徑ともに陸本の記録に近い。高73cm・幅160cmならば横書き。後掲する上洞の題榜「飛霞」は残存しており、それも横列二字、右行。残碑「飛霞」は大理石の石板（厚さ約12cm）であり、「爲大理石鑲嵌」ではない。なお「大理石」は石灰岩の一種。

01 「噴」

「噴」＝陸本に「旁款前後各一行、字徑二寸許、均正書」という。これによれば「噴雷二大字」の他に、前後にそれぞれ一行の款識があったらしい。陸本の録文は次のように作っている。

噴雷
　　　建炎己酉丞相河内李公名後百二十年□□孫曾伯帥桂書刻諸石僧妙全識

陸本にいう「旁款」とは録文「噴雷」の後に改行して示されている「建炎……妙全識」まで一行計三十一字の款識を指すであろう。今、残存する上洞「飛霞」にも「飛」大字の右上に小字「建炎己」がある。「旁款前後各一行」というのは「噴雷」の前と後に一行ずつあったことを謂うであろう。つまり録文で一行三十一字で示されている「款」は石刻上では二行に分かれていたらしい。しかし、どこで分かれていたのか、陸本には示されていない。改行箇所を考える前に、まず缺佚二字「□□」を解読しておく必要がある。後考するように「丞相河内李公」は李邦彦であり、「孫曾伯」はその五世孫である李曾伯のことであるから、缺佚二字には「五世」の二字が入ると考えられる。つまり原文は「五世孫曾伯」となる。そこで一行三十一字は、意味上では「建炎己酉……曾伯帥桂、書刻諸石」と「僧妙全識」の二文に大きく切ることができる。しかしそうすれば、前文は二十七字となり、縦が六尺近く（款「字徑二寸許」、2寸×27字＝54寸）になってしまい、「高二尺五寸」であるから、「一行」では収まりきらなくなる。そこで逆に「高二尺五寸」に収まり、文意も適当である箇所を求めれば、「……百二十年」と「五世孫曾伯……」の間、つまり一行三十一字の中間が適当である。ちなみに前文は十六字で三尺を越えるが（2寸×16字＝32寸）、残存する石刻「飛霞」中の「建炎己」三字は各5.5cm前後であり、しかも字間がほとんどない。それにしても80cmを越えてしまい（5.5×16＝88）、劉本にいう「高73cm」に合わないが、「旁款前後各一行」を信じるならば、この中間である箇所を越えれば、前後のいずれかが二行になってしまう。また、「□□孫曾伯」という缺字の存在もそこが行中に当たるのではなく、行頭であったことを想像させる。一般的にいって破損・磨滅等は石板の上下左右の端部分に多く見られる。

【復元】

陸本にいう「旁款前後各一行」の缺字を補って示せば、恐らく次のようなものであった。

```
     04      03      02      01
┌─────────────────────────────────┐
│ 五    書    　    建            │
│ 世    刻    雷    炎            │
│ 孫    諸    （    己            │
│ 曾    石    大    酉            │
│ 伯    僧    書    丞            │
│ 帥    妙    ）    相            │
│ 桂    全          河            │
│ 書    識    噴    内            │
│ 刻                （    李      │
│ 諸                大    公      │
│ 石                書    名      │
│ 僧                ）    後      │
│ 妙                      百      │
│ 全                      二      │
│ 識                      十      │
│                         年      │
└─────────────────────────────────┘
```

中国乳洞巖石刻の研究

【解読】

　噴雷（題榜）

　　建炎己酉（三年1129）、丞相河内李公（邦彦）名（三洞）、後百二十年（淳祐九年1249）、五世孫（李）曾伯帥桂（知靜江府）、書刻諸石。僧妙全識。

三洞名の題榜と李曾伯の桂林在任

清・陸増祥『八瓊室金石補正』の録文「噴雷二大字」は貴重な史料であり、陸氏はそれに基づいて次のような考証を加えている。

　　右刻當在粤西而不見於（清・謝啓昆）『粤西金石略』、漏也。「建炎己酉後百二十年」乃淳祐九年己酉也。臨桂（縣）"龍隠巖"・"隠山"・"伏波巖"等處、均有其題名、自淳祐庚戌（十年1250）迄景定庚申（元年1260）、凡五刻。攷『宋史』（420）本傳、李曾伯以淳祐九年知靜江府・廣西經略安撫使兼廣西轉運使。此題正其初至之時也。又按『明統志』、乳洞在興安縣南十里、洞有三、上曰"飛霞"、中曰"駐雲"、下曰"噴雷"。然則此刻蓋在興安（縣）、不審"飛霞"・"駐雲"亦有題字否。興安有李邦彦「三洞記」、未得拓本。此所稱「丞相河内李公」者、即邦彦也。「三洞記」云：「其下者巉巖軒豁……因命之曰："噴雷"」、見（謝啓昆）『廣西通志』「金石略」。

林半覚『廣西石刻志稿』が「宋李邦彦三洞記」の後に「又題：飛霞……。真書徑一尺五寸」といい、その直後にある按語に「右刻在興安縣西南十里乳洞。按『宋史』、李邦彦、字士美、河南人、建炎初……」というのは、「三洞記」と同じくまた「飛霞」等三洞名の題榜も命名者である李邦彦（？-1130）の書であると見なしていたような印象を与えるが、『桂林文物』には「南宋末年李曾伯到此、將先祖的命名分刻三洞岩口」といい、さらに『桂林旅游資源』には「北宋建炎三年（1129）、"浪子宰相"と称された李邦彦が乳洞に来到し、三洞に命名したが、120年後の南宋・淳祐九年（1249）、其の五世孫の李曾伯が廣南西路経略兼転運使・知靜江府事と為り、此の地に来て先祖の為に"飛霞"・"駐雲"・"噴雷"という三洞命名の石刻を書刻した」、つまり李曾伯（1198-1268）が三洞名を書して刻せしめたという。その根拠は明らかにされていないが、今、上洞の題榜「飛霞」の残碑には「建炎己〔酉歳〕」とあり、また陸増祥の録文によれば「建炎己酉丞相河内李公名後百二十年□□孫曾伯帥桂書刻諸石僧妙全識」という「旁款前後各一行」があった。『桂林文物』等が李曾伯の書刻とするのも当時存在していた原碑あるいはその拓本に拠るものであろう。今、上洞の「飛霞」石板の断碑三片が残存するが、その断面は鋭利であって磨滅・浸食がほとんどなく、かつて石段に適した大きさと形に整えて砕かれているから、恐らく最近破壊されたのであって、『桂林文物』は完全な形のものを見ている可能性が高い。李曾伯と李邦彦との関係については、桂林市内の龍隠巖（今の桂林石刻博物館桂海碑林）に現存する石刻に「河内李曾伯長孺……以淳祐庚戌（十年1250）二月中澣（中旬）來游。……曾伯因爲先世遺墨拂塵」とあ

り、李曽伯は先祖李邦彦の遺墨を懐かしみ、また桂林で死去した李邦彦の棺を霊川県の大雄寺に遷葬して祠堂を建てている。詳しくは前掲の「08：李邦彦『三洞記』」。当時、李邦彦による三洞の命名は洞口にあった李邦彦「三洞記」碑とともに広く知られていたが、洞名を示す題榜の類はまだなかった。なお、桂林の西山（今の西山公園内）にある石刻「千山觀」の末に「歷陽張孝祥書、河内李曾伯鐫」というから、李曽伯は李邦彦以外にも先人の榜書を刻石せしめている。張孝祥（1132-1169）は乾道元年（1165）の広西経略安撫使。今、乳洞の下洞口には張孝祥の題榜「上清三洞」がある。

李曽伯（1198-1268）の事跡について、清・陸増祥は『宋史』420本伝を引いているが、本伝ではなぜかほとんど年代が省かれている。いっぽう「本紀」にもかなりの記事があり、年代がかなり明確になる。今、桂林での在任に関する部分を中心にして本伝と「理宗本紀」によって年表を作ってみる。〔　〕は「本紀」のみに、［　］は本伝のみに、他は共通して見られる記事。

〔淳祐九年（1249）〕
　　　　　［以舊職知靜江府・廣西經略安撫使兼廣西轉運使。陳守邊之宜五事。］
〔淳祐十年（1250）三月庚寅（24日）〕
　　　　　徽猷閣學士・京湖安撫制置使・知江陵府［兼湖廣總領兼京湖屯田使。進龍圖閣學士。］
〔寶祐元年（1253）六月辛亥（4日）〕
　　　　　端明學殿士［兼夔路策應大使］、〔職任依舊。〕
〔寶祐二年（1254）六月甲寅（13日）〕
　　　　　資政殿學士、〔依舊節制四川〕［制置四川邊面、與執政恩例］。
〔　　〃　　閏六月壬午（27日）〕
　　　　　四川宣撫使〔兼京湖制置大使、進司夔路、〕特賜同進士出身。
〔寶祐四年（1256）四月癸未（22日）〕
　　　　　資政殿大學士・［知福州兼］福建安撫使。
　　　　　［辭免、以大學士提舉洞霄宮。］
〔寶祐五年（1257）正月丁亥（1日）〕
　　　　　［起爲］〔荊〕湖南〔路〕安撫大使兼知潭州。
〔　　〃　　十一月丙辰（5日）〕
　　　　　兼節制廣南、〔任責邊防。〕
〔　　〃　　十二月壬午（2日）〕
　　　　　〔依舊資政殿學士・湖南安撫大使兼廣南制置使、〕移司靜江府。
〔寶祐六年（1258）正月癸酉（3日）〕
　　　　　〔罷廣西經略、以廣南制置大使兼知靜江府。其經略司官屬、改充制司官屬。〕

〔　〃　　　五月丁巳（8日）〕

〔言"廣西多荒田、明懼増賦不耕、乞許耕者復三年租、後兩年減其租之半、守令勸墾闢多者賞之"、奏可。〕

〔　〃　　　十二月辛丑（26日）〕

〔詔李曾伯城築關隘、訓練民兵峒丁、申嚴防遏。

開慶元年（1259）〔正月乙巳（1日）〕

觀文殿學士、〔以諫議大夫沈炎等論罷。〕

〔景定元年（1260）五月壬申（5日）〕

〔落職解官、坐嶺南閉城自守、不能備禦。〕

〔　〃　　　八月壬戌（27日）〕

〔削二秩。〕

景定五年（1264）〔四月己巳（25日）〕

〔以觀文殿學士〕〔起〕知慶元府兼沿海制置使。

李曾伯は桂林で多く詩を作っており、それは新編『全宋詩（62）』（3243〜3251）に収めるが、その一部は石刻として現存している。それら及び桂林に残る題名石刻等に拠れば、李曾伯は淳祐九年（1249）に知静江府・広西経略安撫使兼広西転運使として着任し、十年夏に知江陵府に遷り、諸官を歴任した後、宝祐六年（1258）に再び知静江府・広南制置大使として着任、景定元年（1260）夏まで在任していた。つまり李曾伯の桂林在職は二期に亘るものであった。「噴雷」等の李曾伯書刻は、それに「建炎己酉（1129）丞相河内李公名、後百二十年、五世孫曾伯帥桂書刻諸石」というから、淳祐九年己酉歳（1249）の作、つまりその初期の在任中のことになる。その後、淳祐十年夏に桂林から江陵に赴任している。その正確な時間は、桂林の西山にある石刻に「河内李曾伯長孺……淳祐庚戌四月十日」というから、少なくとも「淳祐庚戌」十年「四月十日」までは桂林におり、浯渓の題名（『八瓊室金石補正』93「浯渓題刻五十段」1a）に「河内李曾伯自桂易荊來觀……淳祐子庚戌夏五（月）十有四日」というから、同年五月十四日に湖南省永州北部の祁陽県浯渓まで北上している。したがって四月下旬には桂林を離れているはずである。李曾伯の詩「庚戌赴荊閫舟過湘江」はその道中での作。『宋史』にいう「淳祐十年三月庚寅（24日）」は恐らく発令の日。『宋代路分長官通考（中）』（2003年）は「按：曾伯知江陵府在淳祐十年三月」（p1119）として淳祐十一年（1251）から咸淳四年（1268）を空白にするが、李曾伯に「壬子夏江陵寄聞人松庵」詩があるから、「壬子」淳祐十二年まで知江陵府であった。第二期については、華景洞に現存する李曾伯撰文の石刻に「寶祐戊午（六年1258）、朝廷合二廣創制閫、命（李）曾伯再牧、防南鄙也。……開慶己未（元年1259）」といい、伏波山に現存する李曾伯撰書の石刻に「覃懷李曾伯長孺、以淳祐己酉（九年1249）來牧是邦、越十年、再開制閫、屢至此洞……景定庚申（元年1260）首夏二日謹識」

とある。清・謝啓昆『廣西通志』227「金石略十三」は「開慶紀功磨崖」(華景洞石刻)の案語(5b)に「『宋史』曾伯前以淳祐九年知靜江府・廣西經略安撫使兼廣西轉運使、後爲湖南安撫大使兼知潭州兼節度［制］廣南、移治靜江、開慶元年進觀文殿學士、以諫議大夫沈炎等論罷。此云"寶祐戊午、朝廷合二廣創制閫、命曾伯再牧、防南鄙"、與『史』合」というが、引く所の『宋史』は本伝であって「節度［制］廣南」は「理宗紀」によれば宝祐五年のことであり、「寶祐戊午（六年）」と合わない。「合二廣創制閫」とは、「本紀」にいう「寶祐六年正月癸酉：罷廣西經略、以廣南制置大使兼知靜江府」、つまり広南東路と広南西路の経略安撫使を廃して広南制置大使で統合したことをいうのではなかろうか。また、本伝の記載は「開慶元年」に制置使を罷免されたようにも取れるが、伏波山石刻によれば李曽伯は景定元年四月までは「制閫」として桂林にいたことは確かであり、龍隱巌の石刻に「閫中朱禩孫以景定庚申（元年）帥嶺右」とあるから、「本紀」に「景定元年五月壬申、落職解官」というように、元年五月に朱禩孫と交代したものと思われる。「帥嶺右」というのは、李曽伯の「落職解官」とともに広南制置大使司が広南西路経略使の旧に復したからであろう。『宋史』45「神宗紀」の「景定五年六月甲寅」に「加授……朱禩孫右文殿修撰・知靜江府・廣西經略使」とあり、謝啓昆が「『史』誤爲"五年"也」(11a)というのは正しい。

25 〔佚〕南宋・淳祐九年（1249）李曾伯書 "駐雲"

前掲の「08：李邦彦『三洞記』」(建炎三年1129) に「中洞、倚層崖之腹、幽曠而虚明、俯仰上下、雲氣出没、若靠煙之狀、泠風襲肌、襟裳濕濡、洒然無塵、坌濁惡之想。因命之曰："駐雲"」。『桂林文物』(1980年) に「南宋末年李曾伯到此、將先祖的命名分刻三洞岩口」(p125) というから、中洞の洞口周辺に在ったらしいが、発見することができなかった。

【資料】
　録文：
1）清・陸増祥『八瓊室金石補正』119（27b）「噴雷二大字」(陸本と略称)
2）民國・林半覚『廣西石刻志稿』(手抄本)「宋李邦彦題字」(林本と略称)
3）今・劉濤等『桂林旅游資源』(p696)「乳洞摩崖石刻」(劉本と略称)

【復元】
先の下洞「噴雷」で掲げた陸本の録文と次に見る上洞「飛霞」の残碑は形式がほぼ同じであることによって、中洞の題榜も「旁款前後各一行」があったものと思われる。今その例にならって復元しておく。

```
    04      03   02   01
┌─────────────────────────┐
│ 五              建     │
│ 世         駐   炎     │
│ 孫              己     │
│ 曾              酉     │
│ 伯   雲         丞     │
│ 帥  （大        相     │
│ 桂   書）       河     │
│ 書              内     │
│ 刻  （大        李     │
│ 諸   書）       公     │
│ 石              名     │
│ 僧              後     │
│ 妙              百     │
│ 全              二     │
│ 識              十     │
│                 年     │
└─────────────────────────┘
```

林本に「真書、徑一尺五寸」、劉本に「真書、各高73cm、寛1.6m、大字徑60cm、爲大理石鑲嵌」。題榜「駐雲」大二字、楷書、横列、右行。旁款前後各一行、楷書、縦書き、右行、字徑6cm。

26 〔存〕南宋・淳祐九年（1249）李曾伯書"飛霞"

　前掲の「08：李邦彦『三洞記』」（建炎三年1129）に「上焉者、嶔岑峭崒、據危阻深。泉石之秀、爲二洞冠。石作五色、横亘其上、如飛梁、如華旌、有騫騰之勢、遂以"飛霞"名之」。『桂林文物』（1980年）に「南宋末年李曾伯到此、將先祖的命名分刻三洞岩口」（p125）というから、上洞の洞口周辺に在ったらしいが、現在では洞口から北に約10m余の登山道に放置されている。今回発見したのは「飛霞」と書刻されていると思われる石板の一部、計三つの砕片である。それらの断碑は上洞へ通じる登山道上、左に折れる当たりの岩壁下にあって他の石片にまじって敷かれているから、石板は小さく破壊されて石段の資材として利用されたものと思われる。下洞から上洞へ通じる石段は、新編『興安縣志』（p486）「旅游開發」に「1987年成立旅游局後、……。補建了興安至乳洞巖的公路及乳洞巖中一洞至三洞的石級路」というから、最近敷かれたものであるらしい。その時に砕かれて使用されたのではなかろうか。すでに文革期に破壊されていた可能性もあるが、今残存する三片の断面は鋭利であって表面よりも白く鮮やかであるから、比較的新しく、またその内、二片はほぼ方形に近く裁断されており、人工的に整えられているようである。このような形ながら現存しているということは、他の断片も石段あるいは洞口の壁等に利用されていて現存している可能性が高い。下洞・中洞の題榜「噴雷」・「駐雲」石碑についても同様のことが考えられる。

【資料】
　録文：
　1）清・陸増祥『八瓊室金石補正』119（27b）「噴雷二大字」（陸本と略称）
　2）民国・林半覚『廣西石刻志稿』（手抄本）「宋李邦彦題字」（林本と略称）
　3）今・劉濤等『桂林旅游資源』（p696）「乳洞摩崖石刻」（劉本と略称）

　明・黄佐『廣西通志』12「山川志」1「興安」「乳洞」（33b）に「宋・李邦彦名其洞、下曰"噴雷"、中曰"駐雲"、上曰"飛霞"、且自爲之『記』」というが、清・謝啓昆『廣西通志』229「金石略十五・待訪目録」は『名勝志』を引いて「宋・李邦彦名上層曰"飛霞洞"」といい、引用されている『名勝志』である明・曹学佺『廣西名勝志』2「桂林府・興安縣」（9a）には「宋・李邦彦名之曰"飛霞洞"」という。「上層」と「之」の違いがあるものの、いずれも上洞しか記していない。あるいは拠った資料に脱字があったのではなかろうか。たとえば清・黄海『興安縣志』（乾隆五年1740）1「山川」には「北［乳］洞在縣西南十里、上中下三洞、宋李邦彦名其」の後に十字分の空格があり、つづいて「曰飛霞」とあるが、空格は黄本に見える「洞下曰噴雷中曰駐雲上」十字に相当する。

中国乳洞巌石刻の研究

【現状】

林本に「真書、徑一尺五寸」、劉本に「真書、各高73cm、寛1.6m、大字径60cm、爲大理石鑲嵌」。今回発見した残碑は大理石の石板で、以下の三つの砕片である。したがって「爲大理石鑲嵌」ではないが、「07：北宋・政和三年（1113）楊書思題名」のように岩壁の間に石板が嵌め込まれる形で存在していた可能性はある。「大理石」は鍾乳洞を形成している石灰岩の一種。残碑の石板も結晶質の石灰岩で白色で肌理が細かい。そのために「大理石」と呼んでいるのではなかろうか。

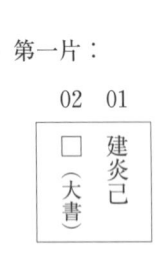

第一片：

02	01
□	建炎己（大書）

26："飛霞"砕片（01）

縦22cm、横52cm、厚さ13cm。01は楷書、字径6cm。

第二片：

03	02	01
朱宗□	石匠	□（大書）

26："飛霞"砕片（02）

縦36cm、横40cm、厚さ12cm。楷書、字径、02は3cm、03は2.5cm～1.5cm。

2、乳洞巌の石刻

第三片：

01
□
（大書）

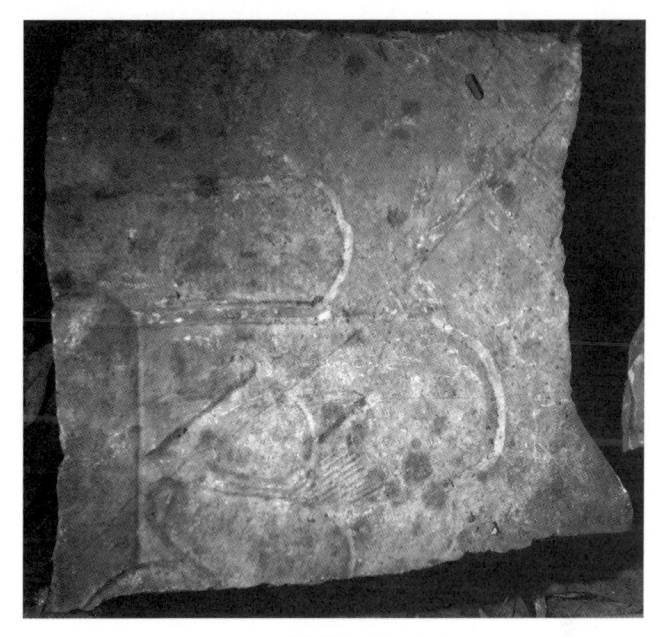

26："飛霞"砕片（03）

縦40cm、横44cm、厚さ10〜12cm。

今、断碑三片をつなぎ合わせてみれば、縦40cm以上、横136cm（52+40+44）以上あり、縦は第三片01が「雨」冠の右上のみであるから、原碑の約半分である。そこで欠けている部分を補って推測すれば、原碑は劉本にいう「高73cm、幅160cm、大字径60cm」に近くなる。石面磨平、題榜二大字、楷書、横書き、右行。旁款は縦書き、楷書、字径6cm。

【釈文】

第一片：

01　建炎己

「己」＝下半分を缺くが、「建炎」という年号の下にあるから干支をいう「己」。建炎年間は元年丁未から三年己酉までであるから、「己」の下は「酉」。これは李邦彦「三洞記」に「建炎三年閏八月十八日責授建寧軍節度副使懐川李邦彦記」という、乳洞を訪れた年に当たる。下洞にあったはずである題榜「噴雷」二大字について陸本によれば「旁款前後各一行」があり、「建炎己酉丞相河内李公名後百二十年……」という款識であったというのに符合する。「建炎」の字は李邦彦の撰書「三洞記」（拓本）の「建炎」字に酷似している。

02　□（大書）

「□」＝大字の一部。「乙」に似ており、文字の右上部に当たる位置にあるから、三洞の題榜「噴雷」・「駐雲」・「飛霞」の六字の中で「飛」に最も近い。また、この残碑が上洞「飛霞」の近くに在ったこともそれを裏づける。中洞・下洞からは相当の距離があって急勾配の山道であり、

かつ石板は相当の重量がある。わざわざ上洞の近くに運ぶ理由もない。

第二片：

01　□（大書）

「□」＝大字の一部。「噴雷」・「駐雲」・「飛霞」の六字のうち、「飛」字の左上部分に最も近い。また、第一画は左から右に向かってやや高く上がっており、第一片の横上がりの筆勢とつながる。さらに第二片と第一片の双鉤の幅（字の太さ）は共に約9cmである。いっぽう第三片の字は「雨」冠の右上であり、第一画「一」は右上がりではない。第一片は「飛」字の右上、第二片は「飛」字の左上に当たると考えて間違いなかろう。

03　朱宗□□

「朱宗□□」＝前三字は姓名であり、「宗」の下は「伯」あるいは「佾」等に似ている。末字は「辶」偏の字であり、部分的に「造」・「遊」等の字に似ている。前に「石匠」とあるから、「造」ではなかろうか。

第三片：

01　□（大書）

「□」＝大字の一部。「雨」冠の右半分であることは明らかであり、下洞「噴雷」・中洞「駐雲」・上洞「飛霞」の「雷」・「雲」・「霞」の一部である。上洞の近くに在った点、その近くに「飛」字をもつ砕片もあったことから、「霞」字であると思われる。

【復元】

06　05　04　03　02　01
五世孫曾伯帥桂書刻諸石僧妙全識　霞（大書）　朱宗伯造　石匠　飛（大書）　建炎己酉丞相河内李公名後百二十年

【解読】

今、文意の通るように、行を移して記す。

　　飛　霞

　　　建炎己酉（三年1129）、丞相河内李公（邦彦）名（三洞）、後百二十年（淳祐九年1249）、五世

2、乳洞巖の石刻

　孫（李）曾伯帥桂（知靜江府）、書刻諸石。僧妙全識。

　石匠朱宗伯造。

「石匠朱宗伯造」について

26："飛霞"碎片（02）部分

石碑の中間、「飛」と「霞」の間に刻されている「朱宗伯」は「石匠」の姓名であると思われるが、不可解な点が多い。「宗伯」二字は「朱」に比べて小さいから、名であろう。「宗伯」の下字はやや大きく、前にある姓「朱」とほぼ同じ大きさであるが、鮮明ではない。「宗伯」は名でなくて字であって下字が名である可能性もあるが、その前に「石匠」とあるから、「造」ではなかろうか。この二行六字は書・刻ともに旁款と比べてかなり粗く稚拙である。朱氏は刻工ではなく、石材の切り出しや研磨などを行った石工なのであろうか。姓名の下に「刻」あるいは「刊」といわずに「造」とあるのはそのためではなかろうか。しかし仮に刻工であるとしても、それらの職人は一般には最末に附記されるものである。そうならば、石工が自分の名を恐らく勝手に刻して残そうとしたのではなかろうか。今、「飛霞」の前後にはすでに款識が記されており、先の考証と復元が正しいならば、二行は前行十六字・後行十五字であって碑石の上から下に至っており、いわば余白の無い状態であった。そこで前後の旁款を避けて「飛霞」二字の中間に余白を求めて刻されたと見ることもできよう。珍しい例である。ちなみに陸本には「石匠朱宗伯造」あるいはそれに相当する文字は録されていない。三枚の石碑のうち、「飛霞」の一枚にのみ刻されていたのではなかろうか。

　今日、洞口に向かって右手（北）に在る"飛霞寺"の名はこの洞名に由来する。ただし清初に董田村の名士侯氏によって再建、改名されたもの。旧名は明真寺。

2、乳洞巖の石刻

27 〔存〕南宋・宝祐元年（1253）王慈敬作「建橋等記」

下洞、洞内の奥。向かって左側の壁に沿った道を約80m入った、高さ約2mのところ。民国・林半覚『廣西石刻志稿』および『廣西歴代碑目』にも録されていない。これに限らず、王慈敬等の作と思われる佛教関係の石刻はいずれも見つけやすい所に在り且つ判読が容易であるにも関わらず、林氏はそれらをすべて録してない。宗教関係の石刻は割愛したようにも思われるが、後述するように一方で「宋石佛」の存在は記録している。なぜ王慈敬等の宗教石刻を録していないのか、理由は不明である。

【資料】

拓本：

1）『中國西南地區歴代石刻匯編（五）廣西省博物館卷』（p25）「建廟記」（広西本と略称）
広西本は末にある跋文が不鮮明。現石は全体にわたってかなり鮮明。

【現状】

15	14	13	12	11	10	09	08	07	06	05	04	03	02	01
至心略記	白水山人	必全	安主藏沙門	比丘宗傑可	陽當代焚修	元癸丑歲□	作時寶祐改	侯徽之年兄	慈敬同高陵	佛泉開山王	善坊鳳翔庵	路郎奢村積	龍母臺龍田	此洞龍門橋

27：南宋・王慈敬作「建橋等記」

撰者王慈敬、書者至心、刻者未詳。広西本に「拓片長40厘米、寬88厘米。行書、王慈敬撰」。石面磨平、縦50cm、横90cm。縦書き、右行、楷書、字径5cm。14・15二行の識語は13「全」の

下、字径3cm。広西本は「行書」とするが、楷書に近いのではなかろうか。

【釈文】

09　元癸丑歳□

「□」＝現石は右約2/3が破損。広西本および次に「陽」字があることによって「重」と判読可能。

【復元】

省略。

【解読】

　　此洞"龍門橋"・"龍母臺"・"龍田路"、郎奢村積善坊鳳翔庵佛泉開山王慈敬（?-?）同高陵侯徽之年兄（?-?）作。時寶祐改元癸丑歳（1253）重陽（九月九日）。當代焚修比丘宗傑可（?-?）・安主藏（?-?）・沙門必全（?-?）。白水山人至心（?-?）略記。

「至心」には上洞に向かう途中の岩上に石刻「28：登山口題記」の作がある。

王慈敬による乳洞の道場化

　　この石刻は下洞内に王慈敬が侯徽之と共に龍門橋・龍母台・龍田路などを作り、道場として整備したことを記している。広西本は「建廟記」と題す。「廟」とは「龍母臺」を指しているように思われるが、廟とは限らないであろう。今、仮に「建橋等記」とよんでおく。

　　「郎奢村・積善坊」は未詳。一般には大きな行政単位「州」・「縣」から示していくであろうが、ここでは「村」という小さな行政単位から始めている。それは上位の行政単位は自明であるからであろう。そうならば南宋時代の興安県にあった村坊の名。その下の「鳳翔庵・佛泉開山」は王慈敬の自号。上洞の洞口外に宝祐元年（1253）王慈敬「上清眞境」詩が刻されており、それにも「鳳翔庵・慈敬王山人」とあり、また中洞内に刻されている宝祐二年（1254）王慈敬「道場記」にも「佛泉王慈敬」と見える。「焚修」は焚香修行のこと、しばしば「當代住持焚修沙門～」等という。比丘の宗傑可・安主藏および沙門の必全については未詳。「19：南宋・嘉定十年（1217）方信孺等題名」に方信孺の同遊者として「區必全」の名が見えるが、関係無かろう。「高陵」（今の西安市の東北？）の人（あるいは号）である「侯徽之」、字「年兄」も未詳であるが、清初に至って洞前にあった寺院を移築しているのも同姓の「侯」氏であり、董田村に住んでいた。乾隆二三年（1758）曹秀光「乳洞記」に「舊有明貞［真］寺、久廢。今、侯氏移建」といい、また同人に「贈侯氏詩」二首がある。いずれも張運昭『興安縣志』（道光十四年1834）2「興地・乳洞」に収める。詳しくは「39：清・康熙三十八年（1699）葉星期作「冒雨遊龍蟠」詩」の「清代における乳洞の再興と董田村侯氏」。しかし董田村の侯氏は「山東陽信」（今の済南市の東北）人というから関係はないかも知れない。

　　この王慈敬「建橋等記」は同じく下洞内の奥に「西天傳佛心宗白衣大士道場」と刻した「道場

記」と関係がある。下洞「道場記」には作年は記されていないが、その筆跡は中洞にある宝祐二年（1254）の王慈敬「道場記」に酷似している。また、下洞の「道場記」は宝祐元年（1253）の王慈敬「建橋等記」の近くに刻されている。これらの点から見て、下洞の「道場記」も「建橋等記」と同年の宝祐元年に王慈敬によって作られたものと考えて間違いなかろう。そうならば先ず宝祐元年に下洞に道場が作られ、翌二年に中洞に道場が作られたわけである。下洞の「道場記」と「建橋等記」は洞内の最も奥にあり、「道場記」の前には今日でも薄桃色に塗られた衣をまとった「白衣大士」と思われる佛像とその脇侍の三体の石像が台座の上に在る。ただしこの石佛の作年については宋代と清代の二説があり、詳しくは後述する。洞内でもこのあたり、つまり最も奥が道場の中心であり、「龍門橋」・「龍母臺」・「龍田路」はそこに至るものとして整備されたのではなかろうか。「龍田路」は下洞の奥に見られる田の畦あるいは棚田の如くになっている部分を路として開いたものであろう。「龍門橋」は洞口の小渓に架けられたものかも知れない。「龍母臺」は、『桂林旅游大典』（1993年）「乳洞岩」にのみ言及があり、「下洞：……泉水自西壁涌出……溪南有龍母臺、深處有石乳凝成大小・深淺・高低不一的水池、列成梯田、稱龍田」（p202）という。たしかに小渓は洞内をほぼ西から東に流れているが、「渓南」がそのどこを指しているか不明である。小渓の南岸には「龍母臺」らしきものはない。今、洞内では二カ所が考えられる。一つは「道場記」の前の石佛のある所で、棚田の如き石段の上にあって一段と高くなっており、また周辺が岩に囲まれて小室（縦3m、横4m）のようになっている。もう一つは洞内の中央にある舞台のような島（縦14m、横6.5m）である。明らかにセメントが使用されており、最近造られたものには違いないが、本来同様のものがあって堅牢なものに整備されたのかも知れない。「龍門橋」・「龍母臺」・「龍田路」という列記の順序を考えれば、後者であるように思われる。その舞台のようなものの存在は清初の記録にも見える。乾隆十九年（1754）に乳洞を訪れた査礼の詩に「洞門敞而圓、鐘乳垂累百。左右兩徑通、中抱一泓碧。泓水生巨潭、潭光射千尺。冬夏不涸流、緑浄浮鮮鯽。二橋接芳壇、壇平堪布席。……洞尾石成田、仙蹟開阡陌」（『〔嘉慶〕廣西通志』96、『〔道光〕興安縣志』2）という。この詩は洞前から洞内の奥へ進む順で嘱目した景物を描く方法をとっている。ここで「芳壇」と表現されているものが南宋の「龍母臺」ではなかろうか。「芳壇」は洞内の「巨潭」にあって「二橋が接し」ており、その「二橋」は「左右兩徑」に繋がっているものであろう。今日でも洞内は洞口から左右の壁に沿って小道が通っており、その二道の間にある渓流の中心には舞台のようなものがあり、その左右には石橋があって小道と繋がっている。

　下洞と中洞の道場には構造上いくつかの共通点が認められる。まず、両洞とも洞の最深部に王慈敬の「道場記」が刻されている。次に、両洞とも「道場記」の横（左）に同じく王慈敬の作である讃佛の偈頌・「讃」が刻されている。この「記」・「讃」の前が道場の中心であって、恐らく今日と同じように石佛が置かれていたであろう。両洞口はいずれも東を向いており、本尊の石佛

は今日と同じように奥（西）を背にして洞口（東）を向いていたはずである。さらに注意すべきは、両洞にある「記」・「讃」が既存の石刻を無視して刻されているということである。下洞の最深部のもっとも目立つ所を占めている巨幅の「記」は「03：唐・盧貞題記」の真上に字径数倍もある大字で刻されており、また下洞の「讃」ともいえる王慈敬の題詩の横（左）には「02：唐・元繇題名」があり、左端がほとんどそれに重なるように接近して深く刻されている。盧貞・元繇の石刻は唐・会昌四年（844）のもので、王慈敬の時代からはすでに四百年を経ており、また浅く彫られていることもあって不鮮明ではあるが、しかしその題名は今日でも確認可能であり、王慈敬が当時その存在を知らずに刻したとは考えられない。また、中洞においても「32：南宋・趙孟蒨題名」の左に隣接して「33：南宋・王慈敬『道場記』」が刻されており、しかも「道場記」は字径15cmで、趙孟蒨の題名の二倍の大きさがある。王慈敬「道場記」は宝祐二年（1254）、趙孟蒨の題名の翌年の作である。下洞と上洞には「宝祐元年重陽」秋九月の作である王慈敬の「記」と「詩」が刻されており、中洞の王慈敬「道場記」は「宝祐二年上元日」の作であるから、少なくとも元年秋から二年正月まで王慈敬が乳洞にいたことは明らかであり、趙孟蒨が元年「季冬」十二月に乳洞を訪れ、中洞に題名を刻したことは知っているはずである。王慈敬が如何なる人物であったか未詳であるが、「鳳翔庵佛泉開山」・「鳳翔庵・慈敬王山人」というから、在家の佛教信者のようであり、いっぽう趙孟蒨は知南安軍の官職にあったことのある人物である。王慈敬は趙孟蒨の題名を磨滅させてはいないが、ほとんど無視して自作を刻しているといってよい。このように、王慈敬が前人の旧刻があるにも関わらず、それらをほとんど無視して自作を刻しているということは、最も適当な場所を選んで刻しているのであり、それはその位置が道場の中心として最も適当であったからに他ならない。つまり、王慈敬は道場として開くために最適の場を占拠しているわけである。上洞も同様に王慈敬によって道場化されたのではなかろうか。上洞にも王慈敬の「讃」の如き詩がある。ただしこれは洞外に刻されている。上洞の内部は下・中の二洞とは違ってかなり広いが、50mほど入った奥の石柱の前に、二洞と同じように、石の台座と石佛が洞口を向いて置かれている。その周辺に「道場記」は見当たらないが、石佛のある両壁の間は約20mあって隆起しており、また壁面も平坦でない。つまり、他の二洞の内部構造がかなり異なる。しかし、洞外には王慈敬作の讃があること、また洞内には石佛が置かれていたと推測されること、つまり下洞・中洞と基本的に同じ配置であることによって、王慈敬によって道場として開発されたものであることは想像に難くない。

　このようにして乳洞は、南宋・宝祐元年（1253）に至って、王慈敬らによって佛教を中心とした宗教的な道場として整備されていき、景勝地は遂に聖域化していった。その後、詳しくは後述するが、この地を訪れる官僚は極端に少なくなっていき、石刻もほとんど無くなっていく。乳洞の歴史は宝祐年間を境に変わったといってよい。

28 〔存〕南宋・宝祐元年（1253）至心「登山口題記」

　上洞へ登る道（石段）で、左に折れて中洞に通じる分岐点のやや上、向かって左手の岩上、石段から約1.5mの高さ。民国・林半覚『廣西石刻志稿』および『廣西歴代碑目』にも録されていないが、南宋の刻であること疑いない。

【現状】

　外に在ったために風雨による浸食が激しいが、次のように判読可能。

03	02	01
至心奉建	最是好行	向上一路

28：南宋・至心「登山口題記」

　撰者至心、書者至心、刻者未詳。石面不磨、縦40cm、横45cm、楷書、字径8cm。縦書き、右行。

【解読】

　向上一路、最是好行。至心（？-？）奉建。

　　至心等による上洞の整備

　この石刻は中洞の手前、左側に在り、「向上一路」というのはその上にある上洞への道を示している。今日、上洞まで石段が敷かれているが、これは新編『興安縣志』(p486)「旅游開發」に

「1987年成立旅游局後、……。補建了興安至乳洞巌的公路及乳洞巌中一洞至三洞的石級路」というから、最近敷かれたものであるらしいが、上洞に通じる石段は早くからあった。明・黄佐『廣西通志』12「山川志」1「興安」の「乳洞」(33b)に「(下洞)洞門左旋而上十歩餘、至"中洞"。……左有石道曲折、凡數百級、至"上洞"」という。さらに早くは「向上一路」の先である上洞の近くに「31：南宋・王慈敬作『上清眞境』詩」が刻されており、それに「斗轉飛雲路」というから、南宋からその地点までにはつづら折りの道があったはずであり、今日でも中洞口を出た左側に石刻「向上一路」があってそこから石刻「斗轉飛雲路」まで「一路」が左右に曲がって「斗轉」している。今の石段が最近補修されたものであることは、題榜「26：南宋・李曾伯書"飛霞"」の石材が粉砕されて石段に使用されていることからもわかるが、宋代の道筋は今日と基本的に同じであろう。この石刻は上洞へと通じる登山道を示す道しるべに当たる。

　作者は末に「至心奉建」という「至心」。南宋・宝祐元年(1253)王慈敬「建橋等記」の末に「白水山人至心略記」という「至心」と同一人物と考えて間違いなかろう。筆跡もよく似ている。この石刻の存在によって、王慈敬らが下洞・中洞内を道場として整備しただけでなく、上洞に通じる登山道も造営したことがわかる。そうならば上洞内もこの時、王慈敬らによって道場として整備されたのではなかろうか。上洞の洞口手前には宝祐元年(1253)王慈敬作「上清眞境」詩が刻されている。至心「登山口題記」も宝祐元年の作であろう。

2、乳洞巖の石刻

29 〔存〕南宋・宝祐元年（1253）王慈敬作「下洞道場記」

下洞、洞内。左壁に沿った道を約90m入った奥、高さ1.5mのところ。その前には祭壇があり、今、いずれも頭部を破壊された石佛3体と蓮華座がある。民国・林半覚『廣西石刻志稿』および『廣西歷代碑目』にも録されていない。

【現状】

06	05	04	03	02	01
道	大	白	心	傳	西
場	士	衣	宗	佛	天

29：南宋・王慈敬作「下洞道場記」

撰者王慈敬、書者王慈敬、刻者未詳。石面磨平、縦38cm、横110cm。縦書き、右行、行二字六行、楷書、字径12cm。今人書丹。

【解読】

西天傳佛心宗白衣大士道場。

白衣大士と西天伝佛心宗

「道場記」に作者は記されていないが、中洞にある宝祐二年（1254）の王慈敬「道場記」の筆跡と酷似していることから、同じく王慈敬の作であり、下洞の「道場記」の横（向かって左）に宝祐元年（1253）に王慈敬が橋・台・路を整備したことを記した「記」が刻されていることから、同じく宝祐元年の作であると推定される。

この「道場記」にいう「白衣大士」は宋・明の詩文にしばしば見える。明・李禎『剪燈餘話』「芙蓉屏記」に「每日於白衣大士前禮百餘拜、密訴心曲、雖隆寒盛暑弗替」、明・凌濛初『二刻拍

案驚奇』3 に「翰林道："小生見白衣大士出現、特來瞻禮"」。白衣大士は白衣観音ともよばれた。清・俞正燮『癸巳類稿』「『觀世音菩薩略傳略』跋」に「『(南宋) 咸淳臨安志』云："(五代) 晉・天福四年（939）、得奇木、刻觀音大士像。錢忠懿王夢見白衣人求治其居、王感悟、即其地建天竺看經院"。白衣本毘陀天女、而俗人名爲"白衣觀音"」。また、絵画でもしばしば題材となっていたらしい。周積寅・王鳳珠『中國歷代畫目大典』（江蘇教育出版社2002年）に南宋・法常「白衣觀音圖」(p751、p760)・「白衣觀音山水圖」(p759)、南宋・張月湖「白衣觀音圖」(p785)、南宋・佚名「白衣觀音圖」(p941、p951、p956) 等、多く著録している。著名な水墨画家・牧渓（?-1180）に「白衣觀音像」として伝えられる画があり、これについては鈴木敬『中國繪畫史（中之一）・圖版』（吉川弘文館1984年）に「出典の典據は何もないが白衣の勢至という考えがあったのかも知れない」(p67) という。ただ、これらの観音図の「白衣」はそれらがいずれも水墨画であることと関係があるかもしれない。これらの例によればすでに唐・五代から民間の信仰を集めていたようである。

そもそも白衣観音は『華嚴經』入法界品に見え、善財童子が訪れた補陀落山の清浄な山水景観の中が白衣観音の居処とされている。「道場記」のある岩場の右下からは瀧の如く泉が涌いて洞内を流れていて白衣観音の居処にふさわしい。また、王慈敬よりもやや早く「18：南宋・方信孺『乳洞』詩」にいう「鐵橋仍復借羅浮」・「未須海上求三島」等の句にも白衣観音の世界に通じるイメージがある。ちなみに「羅浮」は南海にある景勝地とされ、今の広東省増城縣東江の北岸にある梅花の名所でもある山と考えられている。さらに興味深いことに、「道場記」の前には石の蓮華座があり、その上には今は蓮華座の後にある、薄い桃色の袈裟をまとった佛像（頭部は破壊）が置かれていたと思われる。詳しくは後述。この石佛が「白衣大士」ではなかろうか。また、本尊というべきその石佛の前には脇侍がおり、その一つは同じく薄桃色の天衣をはおった児童らしきものが合掌している姿である。この石像は善財童子のようにも思われる。しかし広く文献に見える「白衣大士」とは白衣観音に限定する必要はなく、広く観世音菩薩をいうものと考えてよかろう。唐代から観音信仰は救世救済を願う庶民の間に急速に広まっていった。佛教学的には六観音・七観音あるいは三十三観音など、多くの観音に分けられるが、『西遊記』中の観音がそうであるように、庶民にあっては観世音といえば「白衣」をまとった「大士」菩薩としてイメージされていたのではなかろうか。ちなみに唐・范瓊「大悲觀音像」（設色）、唐・佚名「引路菩薩像」（設色）、唐・佚名「觀世音菩薩像」（設色）（『中國歷代畫目大典』p99、p119、p120）と称して伝わるものはいずれも白あるいは白色系で表現されている。

しかし、その前にある「西天傳佛心宗」とはいかなる意味であろう。「白衣大士」の前にあるからそれを形容していると思われる。「記」は二字ごとに改行してあり、「西天」・「白衣」・「大士」等は一行二字で一単語を成しているから、「傳佛心宗」も「佛心を傳える宗」ではなく、「傳佛の心宗」「佛を傳えし心宗」の意味であるように思われる。「心宗」とは一般的にはいわゆる禅宗の

ことである。そうならば少なくとも観音信仰には直接関係するものではなかろう。しかも「西天傳佛」とはインドから中国に佛教を伝来したことをいうから、これも観音とは無関係であろう。そうならば「西天傳佛心宗白衣大士」とはインドより佛教をもたらして禅宗の初祖とされる菩提達磨（？-536）のことであろうか。ちなみに「道場記」の前にある石佛は、結跏趺坐して膝の上で手を組んでおり、姿勢もやや前屈みである。つまり座禅を組んでいる姿に見える。いっぽう白衣観音の形象については『大日經疏』5に「戴天髪髻冠、襲純素衣、左手持開敷蓮華」とあり、現存の石像は頭部を失っているが、「左手持開敷蓮華」の造形ではない。この点は達磨のことである可能性の方を支持する。しかし達磨大師を「白衣大士」と呼ぶことがあったのであろうか。維摩居士が「白衣」を名乗ったように、「白衣」は出家僧侶が緇衣あるいは染衣であったのに対する呼称であり、本来は無位無冠の俗人・平民であることを表す。今日の達磨像は納衣の色を赤で表すのが一般である。現存石像の薄桃色は浸食剥落によるものであろうか。かりに達磨が「白衣」であったことが伝承の一つにあったとしても、一般に菩薩を意味する「大士」で称されることがあったのであろうか。達磨は「大師」を以て呼ばれるのが普通である。梁・武帝は「大師」と勅賜し、唐・代宗は"圓覚大師"と追賜している。

　このように「西天傳佛心宗白衣大士」とはいかなる意味なのか、またその題記の前にある石佛とはいかなる関係になるのか、不明の点は多い。佛教研究者のご教示を仰ぎたい。

中国乳洞巌石刻の研究

30 〔存〕南宋・宝祐元年（1253）王慈敬題下洞詩

下洞、洞内、左壁に沿って約70m入った奥、高さ1.5mのことろ。

【資料】

録文：

1）清・張運昭『興安縣志』2「輿地・乳洞」(21a)（張本と略称）

民国・林半覚『廣西石刻志稿』および『廣西歴代碑目』には録されていない。

【現状】

```
04   03   02   01
騰騰超古今  動靜俱無礙  動合聖賢心  靜爲天地本
```

30：南宋・王慈敬題下洞詩

撰者王慈敬、書者王慈敬、刻者未詳。縦書き、右行。縦30cm、横30cm、楷書、字径 5 cm。
【釈文】
01　靜爲天地本

「本」＝張本は「本」に改める。異体字。

02　動合聖賢心

「賢」＝張本は「賢」に改める。異体字。『集韻』に見える。

03　動靜倶無礙

「礙」＝張本は空格、誤って脱字したもの。

【解読】

　　靜爲天地本、動合聖賢心。

　　動靜倶無礙、騰騰超古今。

「失名『乳洞詩』」とその作者

　清・張運昭『興安縣志』はこの石刻を「失名『乳洞詩』」と題して載せている。本来、詩題は刻されておらず、乳洞に刻されているから仮にそのように呼んでいるにすぎない。また、毎句五言の四句から成り、一・二句が対句であり、偶数句末が「心」・「今」、つまり押韻されているから「詩」と見なしたのであろう。「乳洞詩」といいながら、内容はまったく景勝地乳洞とは関係がなく、極めて形而上学的で宗教的であり、近くに刻されている「西天傳佛心宗白衣大士道場」と関係があると思われる。事事無碍、諸相からの超越を説く点は、先に提起した観音と達磨の問題でいえば、観音信仰に因るものではなく、華厳宗あるいは禅宗の思想に近いであろう。佛教的修行から体得された真理・悟りの如きものであって、詩の形式を踏んでいるが、内容は偈頌に近い。

　この石刻の向かって左に「02：唐・元絲題名」があり、両者はほとんど接している。元絲の題名の内容は年月日と氏名であるため、一見すれば、この詩の作者・作年を記した自署のように思われる。しかし、字体・書風および刻入の深さから見て、また、この詩は右から書かれているが、「元絲題名」は左から書かれていることから見て、明らかに同一人物・同一時期の作ではない。清・張運昭『興安縣志』は「乳洞詩」を「失名」としながら康熙三八年（1699）葉星期題詩の後、乾隆一九年（1754）の作である査礼（1716-1783？）の詩の前に置いているから、清代初期の作と見なしているようである。葉星期・査礼については後の「清代における乳洞の再興と董田村侯氏」を参照。しかし清代より前の作であろう。まず、刻字の鮮明さからいえば、「元絲題名」よりも後のものであるが、洞の内外に明代の石刻はないから、宋人の作である可能性が高い。明代の乳洞については後述の「南宋以後の乳洞巌と明・袁袠『遊乳洞記』」。次に、筆跡は中洞にある「34：南宋・王慈敬題讃」に似ており、この「失名『乳洞詩』」の内容も王慈敬の「讃」と同じく宗教

的な色彩を帯びたものである。この詩には「賢」の異体字「賢」が使われているが、「31：王慈敬作『上清眞境』詩」でも同字が使われていることも挙げてよかろう。次に配置について、この石刻は下洞の奥にある「29：宝祐元年（1253）王慈敬『道場記』」に通じる道にあって「道場記」と石佛群の約5m手前に刻されており、中洞でも同じ配置になっている。つまり中洞の奥にある石佛の近く、向かって右壁上に「33：道場記」と「34：讃」が並んで刻されており、いずれも王慈敬の作である。このような点から見て、「失名『乳洞詩』」は王慈敬が乳洞内を道場として整備した時の作であり、中洞の「讃」に相当するもので、偈頌の一種と認めてよかろう。

31 〔存〕南宋・宝祐元年（1253）王慈敬作「上清眞境」詩

上洞、洞口外。洞口から約14m手前の登山道傍の岩上、高さ1.5mのところ。民国・林半覚『廣西石刻志稿』および『廣西歴代碑目』にも録されていない。

【現状】

10	09	08	07	06	05	04	03	02	01
普光功德山王佛	王山人砌題	鳳翔庵慈敬	集癸丑重陽	寶祐元年龍	意氣越天宮	身心超法界	迎賢入洞中	斗轉飛雲路	上清眞境

31：南宋・王慈敬作「上清眞境」詩

撰者王慈敬、書者王慈敬、刻者未詳。石面磨平、縦50cm、横90cm、縦書き、右行、楷書、字径8〜5cm。今人書丹、ただし誤字あり。

【釈文】

03　迎賢入洞中

「賢」＝「賢」の異体字。『集韻』に見える。

09　王山人砳題

「砳」＝今人による書丹は塗って「仕」に作っているが、「砳」の誤字。この石刻は洞口外に在ったために石面の浸食が進んでいて確かに刻字は不鮮明ではあるが、この文字の右偏には明らかに「刀」字があり、また左旁も「亻」ではなく、「石」のようである。「仕」の「士」は「七」に近い。「仕」は「刀」を見落としたために読み誤ったものであろう。また、「仕題」では意味もよくない。

【解読】
　　　　　上清眞境
　斗轉飛雲路、迎賢入洞中。
　　身心超法界、意氣越天宮。
　　　　寶祐元年龍集癸丑（1253）重陽（九月九日），
　　　鳳翔庵慈敬王山人砳題普光功德山王佛。

「上清眞境」とは乾道二年（1166）に張孝祥が下洞口に大書した"上清三洞"に始まる道教的名称であるが、款識にはまた「普光功德山王佛」と題されており、ここに乳洞における佛・道の融合が観察される。「普光功德山王佛」とは佛教の名号をもって乳洞のある山を神格化した呼称であろう。「鳳翔庵慈敬王山人」とは下洞の石刻「27：建橋等記」にいう「鳳翔庵佛泉開山王慈敬」のこと。

32 〔存〕南宋・宝祐元年（1253）趙孟薖等題名

　中洞、洞内奥。洞口から約20m入ったところにある祭壇に向かって右の壁上、高さ1.5mのところ、「道場記」（宝祐二年）の右隣。民国・林半覚『廣西石刻志稿』および『廣西歴代碑目』にも録されていない。

【現状】

04	03	02	01
季冬	遊宝祐改元	偕弟孟建来	清江趙孟薖

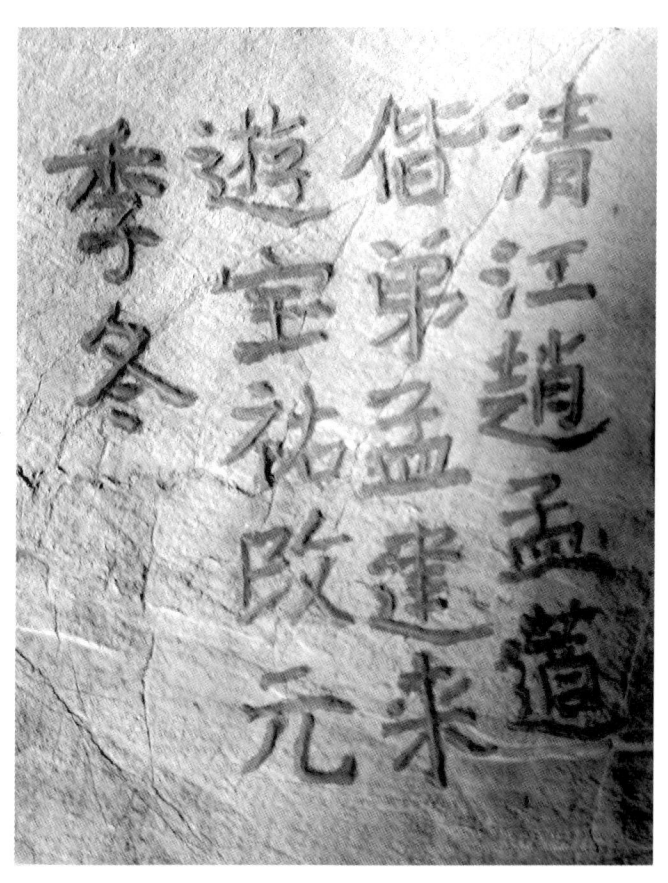

32：南宋・趙孟薖等題名

　撰者趙孟薖、書者趙孟薖、刻者未詳。石面不磨、縦45cm、横40cm。縦書き、右行、楷書、字径8cm。今人書丹。

【解読】

　清江（江西）趙孟薖（字は君啓）、偕弟孟建來遊、寶祐改元（1253）季冬（12月）。

趙孟薖の事跡の補佚

　『中国地方志宋代人物資料索引續編（3）』（2002年）（p1942）は清・趙之謙『江西通志』（光緒七

年1881）133等によって「趙孟蒍（菊山）」を、清・謝啓昆『廣西通志』（嘉慶六年1801）276によって「趙孟蒍（君啓）」を挙げている。字が異なるから、同姓同名の人物のようには思われないが、事跡には共通するところがある。

まず、趙孟蒍菊山については、『〔光緒〕江西通志』に11「職官表・宋」に「趙孟蒍：科貫具『南安府宦績録』、知建昌軍、景定（1260-1264）中任。據『建昌府志』補」（11b）、「趙孟蒍：科貫具『南安府宦績録』、知南安軍、咸淳（1265-1274）中。一作"淳熙中"（1174-1189）、誤」（20a）、そして133「宦績録・南安府」には「趙孟蒍：字菊山、宗室子。咸淳中〔一作「淳熙中」〕、知南安軍事、以廉勤爲政、以孝弟教民、其於學校尤加意焉。歐陽守道『南安學記』」（3b）という。「南安軍」は北宋太宗の時に大庾嶺のある南雄州と虔州の間に置かれ、明代には南安府と呼ばれた。

いっぽう趙孟蒍君啓については『〔嘉慶〕廣西通志』よりも早い記載として明・張鳴鳳『桂故』5「先政下」があり、それに次のようにいう。

　　趙孟蒍、字君啓。曾與陳鐸諸人遊中隱。『南安志』載「（趙）孟蒍知南安軍、有惠愛」。

後に清・汪森『粤西文載』67「人物小傳」に「趙孟蒍、字君啓。曾與陳鐸諸人遊龍〔中〕隱。『南安志』載孟蒍知南安軍、有惠愛」というのは『桂故』からの転載であり、また清・謝啓昆『廣西通志』276「列傳・流寓」に「趙孟蒍、字君啓。嘗與陳鐸諸人遊中隱。『南安志』稱其（趙孟蒍）知南安軍、有惠愛」というのも『桂故』あるいは『粤西文載』に拠るものであろう。今、『文載』は「龍隱」に作るが、「中隱」の誤り。「龍隱」は龍隱巖あるいは龍隱洞のこと、いずれも今の桂林七星公園内にある。「中隱」は桂林の西郊にある山、張鳴鳳『桂勝』3「中隱山」の「題名」に「陳鐸叔振・周子榮景仁・范得興民載・趙孟蒍君啓、淳祐辛亥（十一年1251）前立春二日同遊」という。『北京圖書館藏中國歷代石刻拓本匯編（44）』（p113）に拓本を収める。ただし『桂勝』のテキストの間に異同があり、四庫全書本・古学彙刊本は「趙孟蒍」に作るが、古学彙刊本を底本とし、万暦十八年何太庚刻本を参考にして校勘した斉治平・鍾夏校点本（広西人民出版社1988年）は「趙孟荻」に作る。「荻」は同音による「蒍」の誤字。これは乳洞に遊ぶ二年前の題名であり、乳洞石刻の「趙孟蒍」と中隱山石刻の「趙孟蒍君啓」は同一人物である。

今、中隱山石刻によれば趙孟蒍の字は明らかに「君啓」である。いっぽう『南安府志』によれば、同時代に字を菊山とする趙孟蒍がいたことになる。『江南通志』が「字菊山」とするのは誤りなのであろうか。それは「傳」の末尾に示されている出自「歐陽守道『南安學記』」にあったものであろう。そうならば『桂故』が『南安府志』に「趙孟蒍」の名が見えたために安易に同一人物と見なしてしまったのであろうか。ちなみに嘉靖十五年（1536）序刊本『南安府志』3「秩官表・宋・南安軍」に「咸淳：趙孟蒍。詳見『傳』」（9a）とあって同書28「宦蹟傳・宋」に「趙孟蒍、籍無考。淳熙中、知南安軍、以廉勤爲政、以孝弟教民、其於學校尤加意焉。其詳見『鼎剏

學記』」(8a)、伝末に「論曰："孟藹、籍無考"、意者宋宗室」(8a) という。『〔光緒〕江南通志』が「知南安軍事」の「咸淳中」を「一作"淳熙中"」というのはこのことであろう。『桂故』は万暦十七年（1589）の成立であるから、張鳴鳳が引く『南安志』はこの『〔嘉靖〕南安志』ではなかろうか。伝の文は張氏が引用して「孟藹知南安軍、有惠愛」というのと異なるが、要約したのであろう。あるいは趙某、字は菊山なる人物が別にいて淳熙中に知南安軍であったために、間違えられた可能性もある。

今、少なくとも乳洞石刻と中隠山石刻に見える「趙孟藹」は同一人物であり、これによって字を君啓といい、出身地が臨江軍「清江」（今の江西省清江市）であり、淳祐末・宝祐初の間に桂林に在ったこと、したがって南宋理宗朝の人であること、弟に趙孟建がいたことなどが知られる。趙孟藹が知建昌軍・知南安軍等を歴任した人物であれば、桂林にも相当の官吏として赴任して来ていたと思われるが、いかなる官職であったかは未詳。中隠山の石刻が淳祐十一年（1251）であり、乳洞の石刻は宝祐元年（1253）であるから、桂林から帰途北上した際に訪れたのであろう。

なお、中隠山石刻に見える「陳鐸叔振」は『江南通志』22「選舉表・宋」の「紹定五年壬辰（1232）徐元杰榜」に見える「陳鐸：(撫州) 臨川人」(48b) であろうか。「周子榮景仁」は屏風山の「淳祐丙午（六年1245）」の石刻に「盱江鄧應龍正父・周子榮景仁」、南渓山玄巖洞の「淳祐庚戌（十年1250）」の石刻に李曽伯の「賓佐」で「盱江周子榮……續至」と見える。出身地「盱江」は建昌府に在るから、『〔正德〕建昌府志』15「選舉・進士」に「淳祐元年徐儼夫榜」に見える「周子榮」(21b) と同一人物であり、さらに『〔隆慶〕臨江府』5「縣令・宋」に「清江」縣令として挙げる「周子榮」(15b)、『〔萬曆〕郴州志』2「秩官表・宋」に「寶祐四年（1256）：通判」にいう「周子榮：由奉議郎任」(20a) とも同一人物であろう。

33 〔存〕南宋・宝祐二年（1254）王慈敬作「中洞道場記」

中洞、洞内奥、約20m入った祭壇の向かって右の壁上、高さ約1.5mのところ、「34：宝祐二年（1254）題讃」の右、「32：宝祐元年趙孟邁等題名」の左。民国・林半覚『廣西石刻志稿』および『廣西歴代碑目』にも録されていない。

【現状】

07	06	05	04	03	02	01
佛泉王慈敬立	歳甲寅上元日	皆宝祐二年大	大智道場	文殊菩薩	千聖之祖	七佛之師

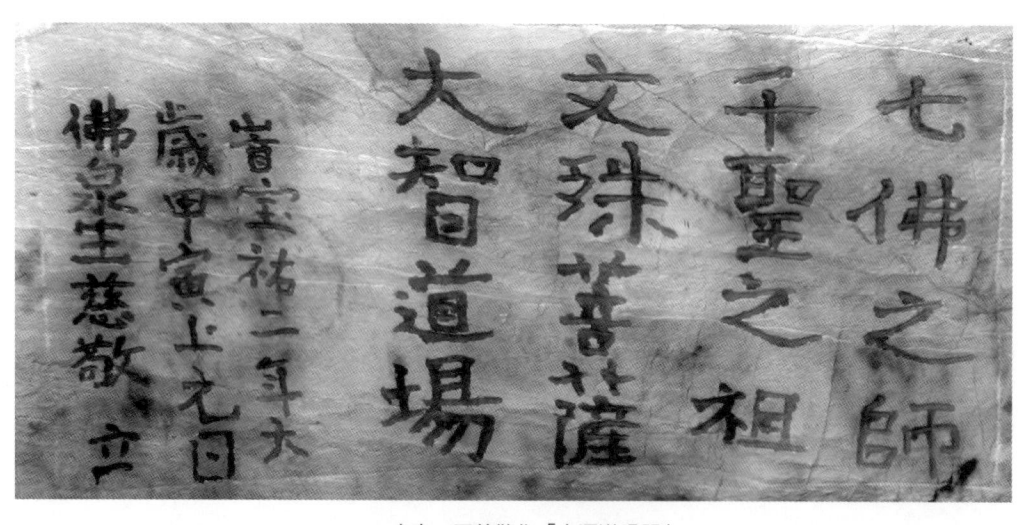

33：南宋・王慈敬作「中洞道場記」

撰者王慈敬、書者王慈敬、刻者未詳。縦60cm、横130cm。縦書き、右行、楷書、字径15cm、跋字径6cm。今人書丹。

【解読】

　　七佛之師・千聖之祖・文殊菩薩大智道場。

　　時寶祐二年（1254）大歳甲寅上元日（一月十五日）、佛泉王慈敬立。

この洞が「文殊菩薩大智道場」であったことは次の「讃」の内容からも明白であるが、「文殊菩薩」と「七佛之師・千聖之祖」がいかなる関係になるのか、よくわからない。「七佛」といえば釈迦牟尼佛が現れる前の"過去七佛"のことであろうか。そうならば、その「師」というのは

どういうことであろう。あるいは『法華經』序品に「往昔日月燈明佛未出家、時有八子、聞父出家成道、皆随隨之出家。時有一菩薩、名妙光、佛因之説『法華經』。佛入滅後八子皆以妙光爲師。妙光教化之、使次第成佛。其最後之佛名燃燈（釈迦の師）。其妙光即文殊也」とあり、これによれば、文殊は"八佛の師"ということになり、「七佛之師」ではない。また、「千聖」とは"（現劫の）千佛"のことであろうか。その「祖」とはどういうことであろうか。あるいは『華嚴經』菩薩住處品に「現有菩薩文殊師利、與其眷屬諸菩薩衆一萬人俱」ということ等を指すのであろうか。あるいは「七佛之師・千聖之祖」は「文殊菩薩」を修飾するものではなく、「七佛之師」・「千聖之祖」・「文殊菩薩」という並列の関係であって、三者をいうのであろう。佛学に昧く、専門家のご教示を仰ぎたい。

34 〔存〕南宋・宝祐二年（1254）王慈敬作「讃」

中洞、洞内奥。洞口から約20m入った左壁、高さ2mのところ。祭壇に向かって右の壁上、「33：王慈敬題道場記」の右。民国・林半覚『廣西石刻志稿』および『廣西歴代碑目』にも録されていない。

【現状】

09	08	07	06	05	04	03	02	01
碩入維摩丈室中	無邊獅子瑠璃座	禮名寶塔住虛空	現小王身遊國土	兜率陀天別有宮	蓮花藏界非无路	善財初見福田東	住在清涼弟幾峯	讃曰

撰者王慈敬、書者王慈敬、刻者未詳。外格あり、縦45cm、横115cm。縦書き、右行、楷書、字径6cm。

【釈文】

04 蓮花藏界非无路

「无」＝「無」の異体字。

09 碩入維摩丈室中

「碩」＝「顧」・「願」の異体字に似ている。文脈上、「願」の意であるからことは明らか。その俗字であろう。諸字書に見えない。

【解読】

　　　　讃曰

　住在清涼第幾峰、善財初見福田東。

　蓮花藏界非無路、兜率陀天別有宮。

　現小王身遊國土、禮名寶塔住虛空。

　無邊獅子瑠璃座、願入維摩丈室中。

文殊菩薩が清涼山に住していたことは『華嚴經』諸菩薩住処品に、善財童子が福城沙羅林で文殊の説法を聴いたことは『華嚴經』入法界品に、文殊が維摩を訪れて問答したことは『維摩經』文殊師利問疾品に見える。この「讃」の前には祭壇があって「傳教不二法門維摩詰大士聖相」・「註解華嚴合論經方山李長者聖像」という銘をもつ二石佛が置かれており、「讃」と関係がありそうである。詳しくは後述の「35：維摩詰像」・「36：李長者像」。

2、乳洞巖の石刻

34：南宋・王慈敬作「讃」（1/2）

34：南宋・王慈敬作「讃」（2/2）

下洞の祭壇の横に王慈敬の「道場記」と王慈敬の作と思われる偈頌の如き題詩があり、この「讚」も王慈敬の作であると思われる。また、その右にある王慈敬「道場記」は宝祐二年の作であるから、「讚」が王慈敬の作であるならば、「道場記」と同じ時期の作と考えられる。これは「道場記」に「文殊菩薩」とあり、「讚」の内容が文殊菩薩を讃えるものであることからも証明される。

35 〔存〕南宋・宝祐二年（1254）「維摩詰像」題記

中洞にある石像の左背下。洞内の造像の形状・位置等については後の「乳洞巖内に現存する石像」で詳述する。

【資料】
拓本：
1）『中國西南地區歷代石刻匯編（8）廣西省博物館巻』（p154）「造像記」（広西本と略称）

【現状】

01	02
詰大士聖相	傳教不二法門維摩

35：南宋・「維摩詰像」題記

縦25cm、横6cm、楷書、字径2cm、縦書き、左行。広西本に「清代刻。石在廣西興安縣乳洞。

拓片長35厘米、寬25厘米。楷書」。「清代刻」ではなく、南宋刻の可能性が高い。後述。

【解読】

傳教不二法門維摩詰大士聖相（像）

林半覺説"宋石佛像"と定説"康熙年間"

林半覺『廣西石刻志稿』（民國手抄本）の「宋石佛」に「宋石佛像六尊：右刻在興安縣西南乳洞」といい、また同人『廣西歴代碑目』（民國手抄本）の「興安」にも「宋石佛像六尊」という。しかし最近の調査・研究をふまえた『桂林旅游大典』（1993年）に「中洞、……有清康熙年間觀音雕像6尊」（p202）、『桂林旅游資源』（1999年）にも「中洞……洞内尚有清代康熙年間觀音雕像6尊」（p410）という。おそらくこの二者は同じ資料によるものであろう。康熙年間の彫像であるというのは、『中國西南地區歴代石刻匯編（6）廣西省博物館巻』（p167）に収める「康熙五十五年（1716）」の日付をもつ「40：馬世熙造像記」が洞内に在ったというのに合う。広西本つまり広西博物館がその所蔵拓本「維摩詰大士聖相」を「清代刻」とするのも同館所蔵拓本の馬「記」による推定ではなかろうか。しかし今回の調査では馬「記」の存在を確認することはできなかった。また「觀音雕像6尊」も現存する数に合わない。詳しくは後述するが、現存石像数は11体、そのうち中洞に在るものは4体。また、他の公的機関発表の資料の記録とも異同が見られるため、「6尊」が乳洞内のいずれの石像を指しているのか未詳であるが、林氏が「宋」の作であると鑑定したのは、現存する石佛像が「宝祐」の年号をもって南宋の作であることを示している王慈敬「道場記」等の石刻の前に在ることが主要な根拠となっているのではなかろうか。ただし、先にも指摘したように林氏はそれら王慈敬「道場記」等の石刻をいずれも録していない。

今、造像年代を乳洞の開発史の上で考えるならば、たしかに宋と清が挙げられる。先に見たように、乳洞巖が佛教道場として開発されるのは南宋・宝祐年間であり、その後は、後文の「南宋以後の乳洞巖と明・袁袠『遊乳洞記』」・「明・徐霞客の記録と隠山寺」・「清代における乳洞の再興と董田村侯氏」等で考察するところであるが、洞前にあった明真寺は明代中頃には荒廃してしまい、清代の初めの康熙・乾隆の間に董田村在住の名士侯氏によって再興される。したがって造像は清の初めに当たる康熙年間（1662-1723）か南宋の可能性が高いということになるが、中洞にある佛壇・「道場記」・「讚」等の関係から見れば、それらと同時期の作、つまり宝祐二年（1254）の造像である可能性の方が高いと判断せねばならない。

王慈敬「道場記」は下洞・中洞の奥の岩壁に刻されており、今その前にいずれも佛壇が在る。ここに佛壇というのは、大きな岩を加工した方形の平台とその上にある三段から成る石の蓮華坐とその上に載っているべき本尊さらにその前の左右の脇侍からなっている。「道場記」が南宋に刻されたのは明らかであり、それが刻されていたあたりが「道場」であった。一般的にいって、「道場記」はそのあたりを道場として開発したことを示すものであり、そこには具体的に何らか

の整備が施され、あるいは佛像等が設置されたはずである。かりに石佛「維摩詰大士聖相」題記が清代の刻である、つまり清代の造像であるならば、清代にあってその場所に佛像・台座等が造られたことになる。あるいはすでに南宋に佛像・台座等が造られていたが、その後それらが完全に破壊された、あるいは持ち去られたために清代になってから再び造像されたことも、あり得ないことではないが、一般的には考えにくい。「道場記」があり、道場として開発された以上何らかの佛像があってよい。石佛像は一体だけでなく、下洞の「道場記」の前には本尊と脇侍の三体、中洞にも本尊と脇侍の三体あるいは四体が現存している。あらためて造像されたのはその一部であることもあり得る。そこで「維摩詰大士聖相」題記をもつ脇侍が新たに造像された、つまり清代に造像されたものと考えることもできるが、この仮説は「記」等の内容の関係から見ても成立しがたい。

今、この石佛像に限っていえば、それには「傳教不二法門維摩詰大士聖相」と刻されており、中洞の「道場記」には「七佛之師・千聖之祖・文殊菩薩大智道場」とある。「七佛之師・千聖之祖」の意味は不明であるとしても、ここが文殊菩薩の大智を修行する道場として開発・整備されたことは確かである。しかし「道場記」の横に南宋の刻と思われる「讚」があり、それは『華嚴經』の「諸菩薩住処處品」・「入法界品」をふまえた「住在清凉第幾峰、善財初見福田東」の句に始まって最後に「無邊獅子瑠璃座、願入維摩丈室中」と結んでいる。これは『維摩經』の「文殊師利問疾品」に見える有名な場面、文殊菩薩が病気の維摩詰を見舞って問答を交わし、維摩詰がその「丈室」で"不二法門"を説いたという有名な話柄をふまえたものである。つまり「傳教不二法門維摩詰大士聖相」と刻されている維摩詰石像の存在はこの洞の「道場記」と「讚」の主旨に合致している。これらの「道場記」・「讚」の内容から見て、それが作られた当時、この洞には文殊菩薩や維摩詰の石像が在ってよい。また、その場所も「道場記」等の刻されている前が最も適当である。そこで「維摩詰大士聖相」石佛は王慈敬「道場記」が刻されたのと同時期の作、つまり南宋・宝祐年間の作という可能性が最も有力であると考える。

かりにそうならば、他の石佛像はどうなのか。同様に南宋の作と考えられないこともない。『桂林旅游大典』・『桂林旅游資源』は中洞内に「有清代康熙年間觀音雕像6尊」とするが、それは林氏のいう「宋石佛像六尊」と数の上で同じであるから、同じものを指しながら、ただ「康熙五十有五年」の銘の存在に拠って林氏が判定した制作年代「宋」を「清代康熙年間」に訂正したもののようにも思われる。そうならば林氏は中洞の石佛だけを指しているのであろうか。しかし今の中洞には4体しかない。いっぽう三洞全体では6体に止まらない。また、「康熙五十有五年」の銘をもつ石佛像は今日発見することができなかったが、その大きさは現存する他の石佛と同じようなものであったと推定されるから、そのような大きくて重量のあるもの（100kgを越す）を、しかも他の石佛は残してそれのみを他の地に運んだ、あるいは跡形無きまでに粉砕したというこ

とも考えにくい。ちなみに現存する他の石像はすべて頭部のみが破壊されているだけである。詳しくは後の考察「乳洞巖内に現存する石像」。さらにいえば、確かに「康熙五十有五年」の銘をもつ石佛像が存在していたならば、林氏もそれを知っていてよい。林氏がその存在を知っていたならば「宋石佛像」とは判断しなかったはずである。「康熙五十有五年」の石佛像が在ったことは、その拓本が存在していることから、疑う余地はない。しかし、たしかに中洞に存在していたのか、さらにいえば、中洞が誤りであるとしても、たしかに乳洞に存在していたのであろうか。三洞の造像についていずれの資料にも数量上明らかな誤りがあるだけに、『中國西南地區歷代石刻匯編（六）廣西省博物館卷』の記録もにわかには信じることができない。また、中洞「維摩詰像」題記と次に見る中洞「李長者像」題記の書体は似ているが、康熙年間の馬世熙「造像記」とは明らかに異なる。この点からも同時の作とは考えにくい。

　以上、乳洞の興廃の歴史および「道場記」・「讃」との内容と位置関係等から見て、「維摩詰像」は南宋の造像であり、中洞「道場記」・「讃」の刻された宝祐二年（1254）の造像である可能性が高い。

36 〔存〕南宋・宝祐二年(1254)「李長者像」題記

中洞にある石像の右側下。洞内の造像の形状・位置等については後に詳述する。
【現状】

```
  02      01
┌────────────┐
│註解華嚴合論經方山│
│李長者聖像      │
└────────────┘
```

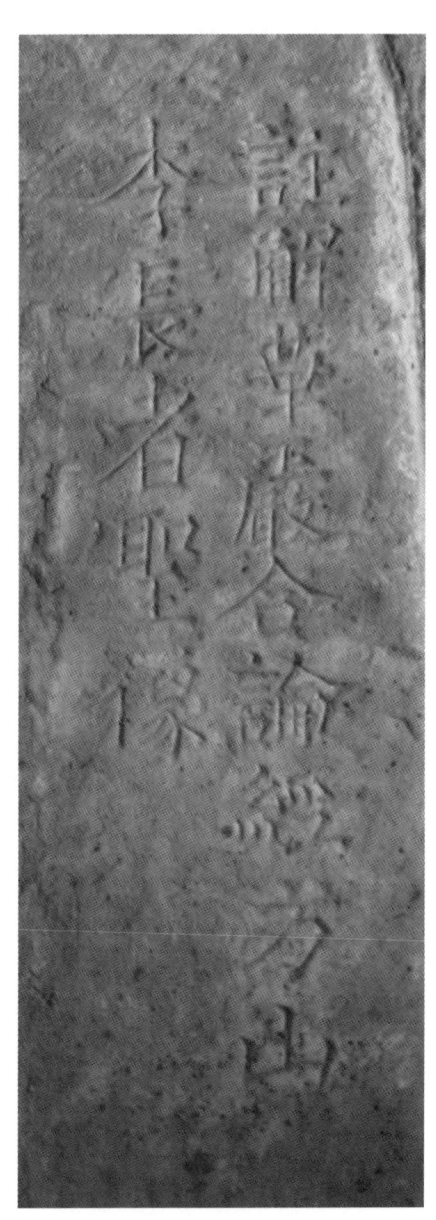

36：南宋・「李長者像」題記

縦25cm、横7cm、楷書、字径2～3cm、縦書き、右行。

【解読】

註解華嚴合論經、方山李長者（通玄）聖像。

李通玄『華嚴經合論』と乳洞の佛教

石刻にいう「方山李長者」とは唐・李通玄（635-730）のことである。その伝記資料に北宋・賛寧『宋高僧傳』22「宋魏府卯齋院圓通傳」附伝「李通玄」、元・念常『佛祖歴代通載』13「二十六・李長者華嚴合論」があり、それを補うものとして、ほとんど知られていないようであるが、石刻「唐李長者通玄行蹟記」・「（方山）昭化寺帖」がある。ともに清・陸耀遹『金石續編』（同治十三年1874）17に収める。「方山」は太原府陽曲縣の東北、盂縣の西南に在る山（北宋の寿陽縣）であり、李通玄が開元七年（719）に入山して『華嚴經』を研究し、示寂した地。代表的な著に『新華嚴經論』（あるいは『華嚴經論』）四〇巻がある。後の大中年間（847-859）に志寧によって経下に論が加えられて一二〇巻となり、北宋・乾徳五年（967）に恵研によって再度整理されて『華嚴經合論』と名づけられた。『宋高僧傳』に見える。また、石刻「唐李長者通玄行蹟記」（崇寧元年1102）では扁額に「華嚴論主顯教妙嚴長者」と題して「記」中に「著『論釋華嚴經』」といい、石刻「（方山）昭化寺帖」（崇寧二年）には「太原府壽陽縣方山昭化禅院、係李長者造『華嚴合論』之所」という。今、乳洞石刻にいう「註解華嚴合論經」とはそれらを指すように思われるが、そうならば「華嚴合論經」は「華嚴經合論」とあるべきであろう。また、「論」は註釈の類であるから「註解華嚴合論經」あるいは「註解華嚴經合論」というのも不自然である。乳洞石刻のこの部分には誤刻があるのではなかろうか。李通玄の撰著にはその他に『華嚴經決疑論』4巻・『會釋』1巻・『十門玄義』・『排科釋略』・『縁生解迷十明論』各1巻・『華嚴經決疑論音義』1巻・『華嚴經大意』1巻などがあった。『佛祖歴代通載』等に見える。『新華嚴經論』及びこれらの著によって総称して「註解華嚴」という、つまり『華嚴經』研究を謂うのではあろうが、「註解華嚴合論經」は「註解華嚴、合論經」、つまり「華嚴を註解し、論經を合す」という意味ならば通じても、「合論經」は「合經論」という順、つまり経を論の前に置くのが一般的であろう。あるいは「註解華嚴合論經」は「註解華嚴經合論」の誤りで、「註解華嚴經、合論」の意味ではなかろうか。佛教学からの教示を仰ぐ。

では、乳洞になぜ唐・李通玄の石像が乳洞巌に造られているのであろうか。宋代に入って華厳教学は再び盛んとなる。『華嚴』の研究者としては李通玄とほぼ同時代の盛唐・法蔵（643-712）あるいはやや後の中唐・澄観（738-839）が有名であるが、『宋高僧傳』22「李通玄」に「『華嚴經合論』、行於世、人所貴重焉」というから、北宋・乾徳五年（967）に至って『華嚴經合論』という形になった後に一定の歓迎を得たようである。「（方山）昭化寺帖」によれば、北宋・崇寧二年（1103）に"顯教妙嚴長者"の号が勅賜され、大いに顕彰されるに至る。しかし『宋高僧傳』28「宋杭州報恩寺永安傳」には「漢南國（呉越）王錢氏召報恩寺、署號禪師焉、乃以華嚴李『論』

爲會要、因將合經、募人雕板、印而施工」というから、すでに五代において華厳教学では李通玄『華嚴經論』が重視されていたらしい。後に明代になってからも文学史上著名な李贄が『華嚴經合論簡要』四巻を著し、また方澤も『華嚴經合論纂要』三巻を著している。この背景には宋代以来の李通玄『華嚴經論』の流行があるであろう。

　このような傾向はあるいは南方に始まったのではなかろうか。『華嚴經』と李通玄の『論』を合わせて一二〇巻とした唐・志寧は「閩越僧」であり、五代・永安が李通玄の『華嚴經論』を印行したのは杭州であり、『華嚴經合論』として世に送った北宋・惠研も「越僧」であるという。いずれも江南の地、杭州周辺である。偶然かも知れないが、李贄は晋江（福建省）の人、方澤は嘉善（浙江省）の人、これまた閩・越の地である。少なくとも宋に入ってから「越僧惠研」が「重更條理」して『華嚴經合論』を世に出したのは、越での永安の編による『合論』の旧書とその流行が背景にあったはずである。このように華厳宗では李通玄教学が南方で歓迎されていたらしい。

　これは南方の民間で実践佛教として李通玄教学が見直されていたことと関係があるのではなかろうか。鎌田茂雄『中国仏教史』（岩波書店1978年）に「李通玄の教学は仏光三昧観の実践を重視したために、高麗の知訥（1158-1210）や、日本の鎌倉時代の高弁（1173-1232）の教学に大きな影響を与えた」（p250）という。注目したいのは知訥・高弁の活躍がいずれも南宋に当たるということ、「仏光三昧観」の実践佛教であったことである。南宋に都は杭州に遷された。そこは『華嚴經合論』が早くから流行していた地である。その流行の背景には「仏光三昧観の実践」の重視という李通玄の華厳教学の特徴があり、おそらくそれは実践佛教として僧侶の間だけでなく、広く民間に浸透していったのであろう。

　そこで乳洞との関係に振り返れば、その地は南方に在り、王慈敬が乳洞に道場を開いたのも南宋である。また、上洞にある王慈敬の詩に「題普光功德山王佛」というのは、乳洞のある山を神格化したものであるが、佛光を広める功徳を讃えたものである。また、下洞にある王慈敬の作と思われる偈頌も事事無碍・事理無碍をいう華厳の宗旨に合致する。そうならば、李通玄の名を記して称えた石像は康熙の作でも清代の作でもないかも知れない。王慈敬等の作、つまり南宋の造像である可能性を否定することは難しいように思われる。そこで中洞「35：維摩詰像」と同じく、宝祐二年（1254）の作と考えておく。

　乳洞巌内に現存する石像

　乳洞巌内の造像について、公式に発表されている所と筆者の調査した所には、その数や「造像記」の存否においてかなりの齟齬があり、さらに制作年代をめぐっても早くから見解の相違が見られる。

　筆者の知るところで最も早い記録では、民国期に乳洞を調査している林半覚の説であり、『廣

西石刻志稿』の「宋石佛」で「宋石佛像六尊：右刻在興安縣西南乳洞」といい、また『廣西歴代碑目』の「興安」でも「宋石佛像六尊」という。しかし文革後の調査による『桂林旅游資源』(1999年) 下編4「古迹與建築」20「摩崖石刻」の「乳洞摩崖石刻」(p696) には「原有石刻29件・觀音等造像9尊、"文革"中石刻被毀10件、造像全毀」といい、同書下編1「地文景觀」9「洞穴」の「乳洞」(p410) には「中洞……洞内尚有清代康熙年間觀音雕像6尊」という。同書内の記載で数が合わないのは三洞全体と中洞の違いということが考えられるが、そうであるにしても「尚有」は現存していることを謂い、「全毀」は壊滅の意であって存在していないことになる。後者の記載は『桂林旅游大典』(1993年)「山水園林・興安景区」の「乳洞岩」にいう「中洞、……有清康熙年間觀音雕像6尊」(p202) と同じであるから、同じ資料であって、恐らく前者よりも旧い資料に基づいたものであろう。これによれば、乳洞巖内にはかつて観音等造像が9体あったが、文化大革命 (1966-1976) によってすべて破壊された。また、計9体の内、6体が中洞にあったとすれば、下・上の両洞にあったものは3体ということになるが、「6尊」は林氏がいう「宋石佛像六尊」と一致するから、恐らく安易にこれに拠ったものであり、「康熙年間」とするのは、先にも触れたように、恐らく「康熙五十五年」の銘をもつ「40：馬世熙造像記」の存在であり、いっぽう「宋」とするのは南宋「宝祐」の銘をもつ王慈敬「道場記」等との関係からの推測であろう。

　しかし筆者が調査したところでは、2004年12月末現在、下洞に造像4体、中洞に4体、上洞に3体、計11体の現存を確認しており、9体とするのが新しい調査によるものであるとしても、2体多いことになる。ただし、いずれも完全な形ではなく、すべて頭部が破壊されており、このことを「全毀」(「石像の全て（全体）が破壊」ではなく「9尊の全てが（一部）破損」) といっている可能性もある。それらは本来在ったと思われる位置にはなく、あるものは台座から落ち、あるものはやや離れた所に横たわっている。また、『中国西南地区歴代石刻匯編 (六) 広西省博物館巻』所収の乳洞石刻「造像記」(p167) によれば「康熙五十有五年 (1716)」の題記をもつ造像が中洞に在ったというが、この題記は筆者が調査した11体いずれにも見えないから、たしかに存在していた、あるいはいるならば、造像数は計12体となる。さらに、「中洞……有清代康熙年間觀音雕像6尊」を信じるならば、中洞に現存の4体の他に2体あったことになって計14体になり、その中の1体が「康熙五十有五年 (1716)」の題記をもつ造像だとしても、計13体が存在していたことになる。しかし、三洞の中で中洞が最も狭くて小さい。その中に最も多い6体もの造像があったというのは、にわかに信じ難い。中洞にあったという「6体」、あるいは「康熙」の造像があったという「中洞」の記載には誤りがありはしないか。

　これらがいつの作であるか、確定は困難であるが、石像の状態および頭部の破壊などから見て、いずれも文革 (1966-1976) 以前の造像であることは明らかであり、また康熙年間の題記をもつものが確かに乳洞にあったならば、多くが同じく清代のものであると推測される。ただし、三洞は

いずれも早く南宋において王慈敬らによって佛教と道教の融合した道場として開発されており、また下洞・中洞に現存する造像は王慈敬の刻した「道場記」の前に置かれているから、中には南宋のものがある可能性は否定できない。林半覚が「宋石佛像六尊」とする所以である。中でも、中洞の「維摩詰像」・「李長者像」は「道場記」・「讃」等の内容と深い関係が認められる。いずれにしても現存する11体の造像は文革以後の作ではないから、「原有……觀音等造像9尊」・「"文革"中……造像全毀」というのも、これらの現存造像を指しているはずであり、もと9体あったのではなく、またすべて破壊されたわけでも、喪失しているわけでもない。

このように公的な刊行資料の間に、また筆者の調査結果との間にも、かなりの相違が見られる。石像の制作年代については佛教美術史からの鑑定も必要であろう。そこで以下には三洞の現存像の状況を報告すると同時にそれぞれの石像の写真資料を提供しておき、専門家の教示を待ちたい。

下洞造像

現存する石像は計4体、その内の3体は洞内の最も奥の、向かってやや左、南宋・王慈敬の題記「西天傳佛心宗白衣大士道場」が刻されている岩壁の前約2mのところに在る。洞内は奥に行くほど高くなっており、このあたりが最深部で最も高い。他の1体は洞口の外、向かって右手前約10mの道端に放置されている。具体的な所在位置については図「乳洞巖"下洞"の構造」（p39）を参照。図中の▲が石像を示す。

下洞の石像に共通することは、4体とも鮮やかな塗装が施されていることである。他の二洞の造像7体は無塗装である、あるいは塗装が剥落している。下洞は今日でも近隣からの参拝者が絶えないようであるから、あるいは下洞の石像のみが塗りなおされたのかも知れない。4体はいずれも頭部が破壊されて残っていない。これは他の二洞の石像にも共通する。

下洞内に存する3体のうち1体は、高さ74cm（頭部を含まず、以下同様）、横幅65cm、最も大きく且つ最も精緻な坐像である。薄い桃色を帯びた袈裟をまとい、楕円形の舗誼（径60cm、厚さ10cm）の上に結跏趺坐して前に手を組んでおり、胸飾・瓔珞が見える。写真：下洞石像01。この洞の本尊と思われる。これが王慈敬の「道場記」にいう「西天傳佛心宗白衣大士」ではなかろうか。そうならば南宋・宝祐元年（1253）の造像である。その斜め前には正方形の石台（辺180cm、高さ20cm）があり、その中心には正方形の小さな台座（辺80cm、高さ18cm）があり、さらにその上には二段の円柱形の台座が載っている。本尊は本来この円柱台座の上に在ったものと思われる。下の一段（直径52cm、高さ23cm）は蕨手風あるいは雲気に似た唐草文様が施されており、上の一段（直径60cm、高さ21cm）は蓮華の花弁をかたどったものである。蓮華坐の石板の上面には坐像石佛をはめ込んで固定するためのものと思われる溝（径60cm、深さ2cm）が掘られている。

正方形の大石台座の前方、その左右の二つの角にはそれぞれ脇侍が配置されている。向かって

中国乳洞巌石刻の研究

下洞石像01 　　　　　　　　　　　　下洞石像02

下洞石像03 　　　　　　　　　　　　下洞石像04

　右の１体は、高さ83cm、台辺20cm、膝をついて跪坐し、桃色の衣裳の上に緑色の羽衣をまとい、胸の前で合掌している。写真：下洞石像02。若い脇侍であり、善財童子のようにも思われる。跪像の左側の１体は、高さ63cm、台辺23cm、破壊が激しく、肩から腰にかけて上部は残っておらず、全容は定かではないが、緑色の袈裟をはおった立像のようである。写真：下洞石像03。

洞口から外約10mにある石像1体は、高さ73cm、横幅45cm、やや前屈みの姿勢をとっており、衣装は黄色に塗られている。写真：下洞石像04。本来はこの位置に在ったのではないかも知れない。洞口外に在ったのであれば、一方にだけ在ったのではなく、左右対称に在った、つまり別に１体が左手に在ったことも考えられる。今、洞口に向かって左側、洞口手前約20mのところ、つまり右の黄装石像と対称的な位置に円錐形の石（径50～30cm、高さ32cm）があり、上部には平らな石（径32cm）がはめ込まれている。詳しくは「43：年代未詳・下洞口外台坐銘」。それは石椅子のようにも思われるが、もしこれが石像の台であるならば、右側にも同じようなものがあったかも知れない。

　中洞造像

　下洞と同じように石像は洞内の最も奥、南宋・王慈敬の題記「七佛之師千聖之祖文殊菩薩大智道場」の前に在り、祭壇も基本的に下洞と同様の形状である。『桂林旅游大典』・『桂林旅游資源』の記載を信じれば中洞内には「康熙年間観音雕像6体」があったらしいが、今日では４体しか存在しない。中洞の石像も頭部は破壊されているが、首以下の部分には下洞の造像のような極彩色の塗装は施されていない。ただし剥落したことは十分考えられる。

　洞内奥のやや高くなったところのほぼ中央に石造りの三段から成る祭壇がある。基底の台座は正方形（辺2.8m、高さ20cm）、その上の台座も正方形（辺63cm、高さ21cm）、さらにその上には円盤形の蓮華座（径60cm、高さ23cm）がある。その前方には円柱形の台座（径52cm、高24cm）があるが、これには蕨手風の唐草紋様が刻まれている。下洞では蕨手風紋様台座の上に蓮華弁座が載せられていたから、先の三段からなる台座の一部、つまり正方形の台座と蓮弁を刻んだ円柱形の台座の間にあったようにも思われる。つまり台座全体は今の三段ではなく、四段から成っていたのではなかろうか。しかし次に見る上洞にも方形座・蕨手座・蓮弁座があるが、同様の台座構成をとっていない。そうならば、下洞の台座は後人によって適当に積まれたものであることも考えられる。今、台座の後にある石佛は、高さ74cm、横65cm、袈裟・瓔珞等を身につけて楕円形の舗墊（径60cm、厚さ10cm）の上に結跏趺坐して前で手を組んでいる。写真：中洞石像01。衣装・装飾・坐法・姿態等、いずれも下洞の本尊に似ている。これも下洞の場合と同じく本来は前にある蓮華座の上に鎮坐していたもので、中洞の本尊であろう。中洞「道場記」では「文殊菩薩」を称えている。

　台座の前には左右に２体の石像が横たわっている。衣装・姿態は下洞の２脇侍とかなり異なる。向かって右の石像は高さ88cm、大袖の衣をまとい、四角い榻のようなものに腰掛けて前で手を組んでいる。本体の左下側面に「傳教不二法門維摩詰大士聖相」と刻されているから維摩居士の石像である。写真：中洞石像02。向かって左の石像も高さ88cm、同様に大袖の衣をまとい、榻のようなものに腰掛けて前やや下で手を組んでおり、本体の右下側面に「註解華嚴合論經方山李

中国乳洞巖石刻の研究

中洞石像01　　　　　　　　　　　　　　　　中洞石像02

長者聖像」と刻されている。写真：中洞石像03。「李長者」とは先に考察を加えたように『華嚴經』の研究で知られる唐・李通玄（635-730）のこと。さらにその前方に横たわっている1体は高さ72cm、大袖をまとい、前で手を組んでいるが、姿態・服装ともに維摩居士と李通玄の像とは異なる。まず、維摩居士と李通玄が坐像であるのに対してこの像は立像であり、小柄である。写真：中洞石像04。また、維摩と李通玄の2像ともに腹前で手を組んでいるが、手そのものは袖の中にあって見えないのに対して、この石像はそれよりもやや高い位置、胸前に在って手が見えており、一部が破損しているものの、合掌しているようである。さらに、服装にも特徴があり、維摩と李通玄の2像の衣装が長衿の納衣であるのに対してこの立像には長衿がなく、逆に首には木葉状の布を並べて綴った前垂れのようなものを着けている。これは前の3尊とは別格の像であり、脇侍と見なしてよい。しかし立像の脇侍が1体しかないというのは不自然ではなかろうか。本来は他に1体あったことも考えられる。そうならば『中国西南地区歴代石刻匯編（六）広西省博物館巻』（p167）に載せる「康熙五十有五年」の題記をもつ馬世熙の「造像記」がそれなのであろうか。また、『桂林旅游資源』（p410）に「中洞……有清代康熙年間觀音雕像6尊」というのも配置の上から見て不自然である。本尊の他には恐らくその前の左右に対で脇侍が配置されていたと考えられるが、6体であれば、そのような構成にはならない。「6尊」は「5尊」の誤りであろうか。いずれにしても、現存数より多いわけであるが、洞内には破壊された残骸らしきものは見当

2、乳洞巖の石刻

中洞石像03　　　　　　　　　　　　中洞石像04

たらない。運び出された可能性もあるが、常識的に考えてその可能性は極めて低い。石像は相当の重量（100kg以上）があり、大人三人で辛うじて動かせるものである。それを洞外に運び出すことは容易ではない。しかも洞外は急勾配で狭い山道が続いており、他に2体あったとしても、それほどの危険を冒して運び出す価値があった、つまり現存の4体とは異なるものであったとは思われない。やはり記載の誤りではなかろうか。

上洞造像

上洞内の様相は下・中の両洞とまったく異なる。洞口は狭いが中はかなり広く深く、奥にある石柱の前に祭壇と3体の石佛が現存する。

洞口から下って洞底を進むこと約40m、二つの鍾乳石の巨大な石柱（目周り約5m）が縦に列び、その奥にある痩せた石柱（径約1〜2m）の前に祭壇がある。本尊と思われる1体は高68cm、下洞・中洞の本尊と同様の袈裟をまとい、二段組の台座、つまり正方形の台座（辺60cm、高23cm）の上にある蓮華座（径65cm、高22cm）の上に結跏趺坐している。写真：上洞石像01。胸元に見える瓔珞は下洞・中洞の本尊のそれよりも複雑で大きく、豪華に見える。台座の構造や佛像の姿態・

239

中国乳洞巖石刻の研究

上洞石像01

2、乳洞巌の石刻

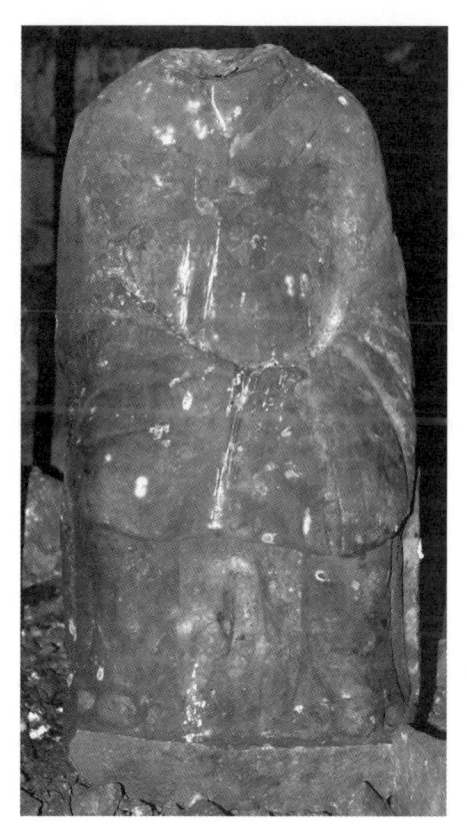

|上洞石像02|上洞石像03|

服装・装飾具は下洞・中洞の造像のそれに似ているが、袈裟・瑤珞および蓮華座の彫刻は最も精緻を極める。あるいは下洞・中洞のものも本来はこのように精緻であったかも知れない。少なくとも上洞の本尊は磨滅・浸食等が少なく、最も保存状態がよい。他の2体は台座の前の左右に在って倒れているが、本来は台座に鎮坐する本尊の脇侍であろう。ともに形状は中洞にある石像に似ており、大袖をまとって両手を前で組んで台に腰掛けた坐像であるが、向かって右のものは高85cm、やや左向きに手を組んでおり、向かって左のものは高さ95cm、逆にやや右寄りに手を組んでいる。写真：上洞石像02、写真：上洞石像03。現存の3体はいずれも頭部を欠損。台座の前、向かってやや右寄りに、蕨手風の唐草紋様が施された円柱形の台座（径46cm、高さ30cm）がある。先の二段組の台座の一部と同じで、正方座と蓮弁座の間にあったことも考えられるが、下洞・中洞とは違って蓮弁座の上には本尊が載っており、これが本来の姿ではないかと思われる。

なお、祭壇・石佛のあるあたりは広いホールを成しているが、上洞の最深部であるのではなく、その後には高く隆起した地帯（奥に向かって右側）と深い陥没（左側）があり、さらにそれを越えて進めば、龍宮のようなホールに出る。規模は祭壇のあるホールと較べて天井が低くて狭く小さい。祭壇の後は極めて危険であり、一般には祭壇のある大ホールで行き止まりになっていた、あ

るいは行き止まりと考えられていたのではなかろうか。

　石像はいずれもかなり古いもののように見受けられるが、いつの作であるかは佛教美術史家の研究に俟ちたい。『中國西南地區歷代石刻匯編（六）廣西省博物館巻』所収の題記によれば、康熙年間つまり清代の作であるが、それも三洞11体のすべてではないかも知れない。また、康熙の題記をもつ石佛の存在を今日確認することができないから、信憑性を欠く。ただ現時点で筆者が示めし得るのは、清代の作でなければ、南宋の作である可能性が高い、あるいは南宋の作も含まれているのではなかろうか、という推断である。林半覚も乳洞の石像について「宋石佛像六尊」という。林氏はその根拠を示していないが、「道場記」等と石像との位置関係、「道場記」等の内容と「維摩像」等の題記との関連性、乳洞巖と洞前寺院の興廃の歴史等から推測して、『桂林旅游大典』・『桂林旅游資源』の「清代康熙年間觀音雕像6尊」説よりも林氏説の方に与したい。

37 〔存〕南宋・宝祐二年（1254）項大受・趙立唱和詩「乳洞山遊」等四首

下洞の洞口前の右壁、張孝祥の大書「11：上清三洞」石刻の向かって右（外）、「22：趙必益等題名」の下、高さ約1mのところ。項大受と趙立による唱和詩四首が刻されており、かなり広い面を占めているから見つけやすいのであるが、清・張運昭『興安縣志』、民国・林半覚『廣西石刻志稿』をはじめ、最近の『桂林文物』・新編『興安縣志』等にも録されておらず、わずかに『桂林旅游大典』（p294）「文物古迹」の「乳洞石刻」に「宋刻中有張孝祥"上清三洞"題榜・范成大題詩題名・謝逵・趙立題詩等」と見えるのみである。

【資料】

録文：

1）新編『全宋詩（66）』33476「項大受」（p41391）（全宋本と略称）

2）新編『全宋詩（66）』33476「趙簾谿」（p41392）（全宋本と略称）

新編『全宋詩』は『北京圖書館藏中國歴代石刻拓本匯編（44）南宋』（p118）「乳洞唱和詩」によって作者を「趙簾谿」とするが、明らかに「簾」ではなく、「蔗」が正しい。また、それは趙立の号であるが、そのことを知らないために新編『全宋詩（64）』3391「趙立」（p40347）には収めず、別に「趙簾谿」を立てて収めている。

拓本：

1）『北京圖書館藏中國歴代石刻拓本匯編（44）南宋』（p118）「乳洞唱和詩」（北京本と略称）

北京本は早期の拓本であるために貴重であるが、不鮮明な個所があるためか、これに拠った全宋本の釈文には誤りが多い。

【現状】

24	23	22	21	20	19	18	17	16	15	14	13	12	11	10	09	08	07	06	05	04	03	02	01
福地此是上清天	昏鐘定□遲夜漏傳南中三	臨皆雀躍酬倡欲蟬聯坐久	辟穀今無術乘風擬學僊登	大受次韻奉和	衝天	餘酒更傳回□笑牛女虹氣直	玉立三穴自珠聯局外棊尤審杯	簪帶無遺賞尋盟乳洞仙萬山如	酌酒其樂無涯　立再得一律	七夕乞巧之時也乳洞山游作	泠清生活與賦拙何異圍棊	結茅採芝木利名盡委絶交書	玉磬傳空谷水色冰壺照碧虛便好	客亦能尋野處仙人何必好樓居石聲	得開過似得明珠三洞山行喜自如俗	蕉谿趙立次韻奉和	重遊未必歡如此石上聊將歲月書	清甚最宜深避暑蹔然臘喜共逃虛	□身蹔借小人服仙境寧嫌釋氏居	三洞相連等貫珠高秋登覽興何如	□賦一詩以紀歲月	時秋意已新俗塵頓洗西疇項大受	寶祐甲寅巧夕陪趙蕉谿游乳洞

243

中国乳洞巖石刻の研究

37：南宋・項大受・趙立唱和詩「乳洞山遊」等四首（2/2）

　この石刻は行書体を基本にして草書体を混えて書かれているため、録文は必ずしも書体に忠実なものではない。

　撰者趙立・項大受、書者項大受、刻者未詳。石面磨平、縦56cm、横130cm。縦書き、右行。行書、字径約４cm。磨滅している部分が若干あるが、ほぼ完全な形で現存している。今日、村民たちがこの広い石面を利用して護符を貼ったり、鶏の生き血を塗って祈祷しているのをしばしば見かけたが、あるいはこのような俗信は早くから行われており、そのことが幸いして石面が保護されて来たのではなかろうか。

【釈文・校勘】

01　寶祐甲寅巧夕陪趙蔗谿游乳洞

「寶」＝全宋本は「寶」に作る。異体字。

「蔗」＝北京本は題跋に「趙簾谿和」といって「簾」に作っており、全宋本はこれに拠っているが、08行にも見えるように、明らかに「竹」冠ではなく「艸」冠、またその下も「廉」ではな

37：南宋・項大受・趙立唱和詩「乳洞山遊」等四首（1/2）

く「庶」。趙蔗谿について詳しくは後述。

02　时秋意已新俗塵頓洗西疇項大受

「时」＝「時」の異体字。全宋本は「時」に改める。

「新」＝全宋本は闕字「□」に作る。行書体であるが、全宋本が拠る北京本でも判読は可能。

「大受」＝全宋本は「項」と同じ字径で扱っているが、本来は小字。しかし全宋本は13行を「自注」として小字で録文しているから、この二字も小字で録して整合をはかるべきであった。

03　□賦一詩以紀歲月

「□」＝全宋本は「謾」に作る。現存する原石の状態（以下、現石という）では左扁が不鮮明、右文は確かに「曼」に近い。

05　□身甃借小人服仙境寧嫌釋氏居

「□身」＝全宋本は「安得」に作るが、明らかに誤り。全宋本はこの行を「安得□借世人□、仙境寧嫌釋氏居」とするが、これでは対句を成さず、また平仄も合わない。第二字は「得」では

なくて「身」。句末に「服」があるのにも適う。上字は確かに「安」字にも似ているが、詩意を考えれば「官」が近い。

「蹔」＝全宋本は闕字「□」に作るが、現石では上が「斬」、下が「疋」のように読めるから、「暫」の異体字「蹔」字であろう。唐・顔元孫『干禄字書』に「蹔・暫：上通、下正」。「蹔借……」ならば下句の「寧嫌……」とも対句になる。

「小人」＝全宋本は「世人」に作るが、現石では明らかに「世」ではなく、「小」。

「服」＝全宋本は「□」に作るが、現石では明らかに「服」。

　06　清甚最宜深避暑跫然謄喜共逃虚

「清甚」＝全宋本は「□甚」に作るが、現石では上字は明らかに三水偏「氵」の字であり、また14行の「清」行書体に似ている。

「最宜」＝全宋本は「□宜」に作るが、現石では上字は明らかに「最」の異体字、「取」の「又」が「乙」。「輒」・「輙」の異の如し。

「暑」＝全宋本は「□」に作る。現石では上の「日」は不鮮明であるが、下は明らかに「者」であり、また上字に「避」とあるから、「暑」に相違ない。

「跫然」＝全宋本は「□然」に作るが、現石では上字の下は明らかに「足」であり、その上は「レ冂」に見える。下句に「謄喜」とあるから、喜ぶ様をいう「跫然」に違いない。

　07　重遊未必歡如此石上聊將歳月書

「歡」＝全宋本は「歓」に改める。異体字。

「如此」＝全宋本は「□□」に作る。現石ではこの文字は他と較べてやや小さく書かれているが、「如此」と判読可能である。

「將」＝全宋本は「得」に作る。この字は草書体で書かれているが、「得」の草書体は15行にあり、それと似ていない。ここでは「將」の草書体に近い。この句は03行に見える題中の「謾賦一詩以紀歳月」に相当する部分であり、「聊得歳月書」よりも「聊將歳月書」の方がよかろう。また、平仄から見てもここは仄声「得」よりも平声「將」の方がよい。

　08　蔗谿趙立次韻奉和

「蔗」＝全宋本は誤って「簾」に作る。

「立」＝文字はやや小さいが、現石では判読可能。02行の「項」の下の「大受」と同じく名であるために姓の下に小字で書かれたもの。全宋本は判読できなかったために人名を「趙簾谿」とする。

　09　得閒過似得明珠三洞山行喜自如俗

「得閒」＝全宋本は「等閒」に作る。「等閒」は熟語ではあるが、ここでは意味をなさず、また上字は「等」ではなく、下に出てくる「得」字に酷似している。

2、乳洞巖の石刻

10　客亦能尋野處仙人何必好樓居石聲

「亦」＝全宋本は「□」に作るが、現石では「亦」の行書体に近い。

「能」＝全宋本は「□」に作るが、現石では明らかに「能」。

「野」＝全宋本は「□」に作るが、現石では明らかに「野」。

13　七夕乞巧之時也乳洞山游作

「之」＝全宋本は「□」に作る。現石では字はやや小さいが明らかに「之」。全宋本はこの一句を項大受の第一首の末に移して小字に改め、「自注」とする。

14　泠清生活與賦拙何異圍棊

「泠」＝全宋本は「冷」に作る。現石では明らかに三水「氵」。「泠」と「冷」は通じるが、本来「冷」は上声、「泠」は平声「清」と同韻。したがって「泠清」の方がよい。

「棊」＝全宋本は「棋」に作る。異体字。以下同様。

15　酌酒其樂無涯　立再得一律

「立」＝全宋本は闕字が無く、「……無涯、再得……」と続けているが、現石には「涯」と「再」の間に小字で「ち」「一」を重ねた文字があり、書体も08行の「立」に似ている。これは北京本でも判読可能。したがって以下の二首の作者についても全宋本の理解は誤っている。つまりが項大受の詩とそれに唱和した趙立の詩ではなく、実際にはその逆である。

16　簪帶無遺賞尋盟乳洞仙萬山如

「簪」＝全宋本は「□」にする。しかし北京本でも「簪」らしき字は確認可能であり、また「簪」とその下字「帶」は唐・韓愈「送桂州嚴大夫」詩が「江[一作水]作青羅帶、山如碧玉簪」と使って以来、桂林の山水を形容する語として宋人にしばしば用いられて有名。たとえば張孝祥「水調歌頭・桂林集句」に「青羅帶・碧玉簪」、趙夔「桂林二十四岩洞歌」に「山琢玉簪攢萬疊、江分羅帶繞千尋」というのはいわば本歌取りであり、陳疇「水月洞題記」に「四望簪帶宛然」、また七星山栖霞洞の前に宋代に簪帶亭が築かれていたことは劉克莊「簪帶亭」詩に具さである。

18　餘酒更傳回□笑牛女虹氣直

「回□」＝全宋本は「回頭」に作る。現石は下字が磨滅して不鮮明。たしかに「頭」にも似ているが、左肩には「今」あるいは「个」があって「頷」や「籟」にも見える。「回頭笑牛女」ならば、「頭」は二字下の「牛」と同韻「尤」にして平仄も二四同になってしまい、また前句にも「尤」字が使われている。詩律としては好ましくないであろう。ここは山中に響く風籟・松籟のことではなかろうか。今、暫く闕字「□」で扱っておく。

20　大受次韻奉和

「大受」＝全宋本には見えない。全宋本はこの和詩を趙簾谿の作とする。現石には「次」の上に不鮮明ながら小字で「大受」があるから、項大受の作。北京本でも「大」は確認可能。

247

21　辟穀今無術乘風擬學僊登

「辟穀」＝全宋本は誤って「群雞」に作る。現石では明らかに「辟穀」であり、道術をいう熟語にして下の「無術」、さらに「乘風」・「學僊」にも符合する。また、「穀」は仄声であり、四字目の「無」平声とで二四不同になる。「雞」は平声。平仄律からみても適当ではない。恐らく後に「雀躍」が出てくるのに影響されて釈文したものであろう。ただし北京本によっても上字が「辟」であることは明らか。

23　昏鐘定□遲夜漏傳南中三

「□」＝全宋本も「□」にする。現石では磨滅しており、左下は「酌」のそれに似ているが、文意は佳くない。今、暫く闕字「□」としておく。

「三」＝全宋文は「□」にするが、現石では明らかに「三」。

24　福地此是上清天

「上」＝全宋本では「一」に作るが、現石では明らかに「上」。北京本でも判読可能。また、下に「清」があり、「上清」は道教用語であることからも推測は可能。かつて乾道二年（1166）に張孝祥が乳洞を「上清三洞」と命名しており、それは洞口に大書してある。この句はそれを意識したものであること疑いない。

【復元】

24	23	22	21	20	19	18	17	16	15	14	13	12	11	10	09	08	07	06	05	04	03	02	01
福地此是上清天	昏鐘定□遲夜漏傳南中三	臨皆雀躍酬倡欲蟬聯坐久	辟穀今無術乘風擬學僊登	大受次韻奉和	衝天	餘酒更傳回□笑牛女虹氣直	玉立三穴自珠聯局外碁尤審杯	簪帶無遺賞尋盟乳洞仙萬山如	酌酒其樂無涯立再得一律	泠清生活與賦拙何異圍棊	七夕乞巧之時也乳洞山游作	結茅採芝木利名盡委絶交書	玉磬傳空谷水色冰壺照碧虛便好	客亦能尋野處仙人何必好樓居石聲	得開過似得明珠三洞山行喜自如	蔗谿趙立次韻奉和	重遊未必歓如此石上聊將歳月書	清甚最宜深避暑登然臘喜共逃虛	官身暫借小人服仙境寧嫌釋氏居	三洞相連等貫珠高秋登覽興何如	謾賦一詩以紀歳月	時秋意已新俗塵頓洗西疇項大受	寶祐甲寅巧夕陪趙蔗谿游乳洞

【解読】

寶祐甲寅（二年1254）巧夕（初秋七月七日）、陪趙（号は）蔗谿（名は立）游乳洞。時秋意已新、俗塵頓洗。西疇（出身の）項（名は）大受謾賦一詩、以紀歳月。

三洞相連等貫珠、高秋登覽興何如。

官身暫借小人服、仙境寧嫌釋氏居。「官身」は趙立を謂う。

清甚最宜深避暑、登然臘喜共逃虛。

重遊未必歡如此、石上聊將歲月書。　以上、項大受の詩。
　　蔗谿趙立　次韻奉和：
得閒過似得明珠、三洞山行喜自如。
俗客亦能尋野處、仙人何必好樓居。　「俗客」は趙立、「仙人」は項大受を謂う。
石聲玉磬傳空谷、水色冰壺照碧虛。
便好結茅採芝木、利名盡委絶交書。　以上、趙立の和詩。
　　七夕乞巧之時（七月七日）也、乳洞山游作。冷清生活與賦拙何異。圍棊酌酒、其樂無涯。
　　（趙）立再得一律：
簪帶無遺賞、尋盟乳洞仙。
萬山如玉立、三穴自珠聯。
局外棊尤審、杯餘酒更傳。
回□笑牛女、虹氣直衝天。　以上、趙立の詩。
　　（項）大受次韻奉和：
辟穀今無術、乘風擬學僊。
登臨皆雀躍、酬倡欲蟬聯。
坐久昏鐘定、□遲夜漏傳。
南中三福地、此是上清天。　以上、項大受の和詩。

趙立の事跡の補正

　これら四首の詩は、「西疇」（四川省富順県西南？）出身の人で姓「項」、名「大受」なる人、恐らく乳洞巖に住していた道士と官人趙立が唱和したものである。北京本に「大受詩、趙簾谿和」といい、北京本（拓本）によって拾遺している新編『全宋詩（66）』33476「趙簾谿」が名を「簾谿」とするのは明らかな誤りであり、『全宋詩（64）』3391に別に「趙立」（p40347）を立て「字徳成、號蔗溪」とするのが正しい。また、『全宋詩（66）』33476「趙簾谿」は詩題を「次韻大受游乳洞譾賦」・「次韻大受冷清生活與賦拙何異」としている。つまり唱和詩計四首について大受の詩に趙が唱和し、再び大受が詩を詠んで趙がそれに唱和したと考えているのであるが、これも誤り。正しくは先ず項大受が七言詩を詠んで趙立がそれに唱和し、次に趙立が五言詩を詠んで項大受がそれに唱和したのである。『桂林文物』（1980年）「乳洞石刻」に「項西疇」（p125）とするのも正確ではない。「西疇」は項の出身地であり、これを号として称することは石刻中に項が趙立を「趙蔗谿」と呼んでいるように可能ではあるが、石刻には「項」の下に小字で「大受」と名が示されているから、「項大受」と称すべきである。

　新編『全宋詩』は作者ごとに小伝を付しているが、項大受および趙簾［蔗］谿については共に「理宗寶祐二年（一二五四）曾游居廣西興安乳洞。事見『北京圖書館藏中國歷代石刻拓本』。今録

中国乳洞巖石刻の研究

還珠洞趙立題名

二首」というのみである。しかしこれは恐らく名を「簾谿」と誤解したことによるものであり、趙蔗谿については少し補正すべき点がある。

「趙蔗谿」の名は立。08行に「蔗谿趙立」と見える。宋代に趙立なる人物は多い。今、『宋人傳記資料索引（４）』（1988年）によれば、『宋史』448に伝のある徐州趙立（1094-1130）の他に、南宋末に趙立（字徳修、重慶の人）と趙立（字徳成、号蔗谿）のいたことが知られる。この中で蔗谿趙立についてはほとんど分かっていない。『宋人傳記資料索引』は資料として『宋詩紀事補遺』72を挙げ、『宋人傳記資料索引補編（３）』（1994年）「趙立（字徳成）」（p1539）は『粤西金石略』13・『桂勝』１・『嘉慶廣西通志』226を挙げる。『嘉慶廣西通志』の巻「226」は「227」の誤りであり、同人謝啓昆の編である『粤西金石略』13と同一。また、明・張鳴鳳『桂勝』１も同じ石刻である。それは桂林伏波山還珠洞に現存する題名であり、それに「蔗谿趙立徳成、以寶祐甲寅（1254）閏六月十有一日、携家東歸、艤舟還珠洞、至二十一日遊遍諸巖洞、即行」という。写真「還珠洞趙立題名」を参照。厳密にいえば、「蔗」は異体字で、「广」の下が「恭」に似る。石刻は「金石略」に「行書、徑二寸」というのみであるが、『桂林石刻（上）』（p325）「宋・趙立還珠洞題名」に「高一尺五寸、寛二尺六寸、真徑二寸五分」という。ただし『桂林石刻（上）』が釈文して「蕨谿趙立……」に作る「蕨」は「蔗」の誤字。

いっぽう『全宋詩（64）』3391「趙立」（p40347）は「字徳成、號蔗溪。理宗寶祐間權知永州。事見清光緒『湖南通志』巻二七四」と解説して六首を収めるが、いずれも清・曾国荃『〔光緒〕

湖南通志』274「藝文・金石」の「宋趙帥幹游澹巖詩」によって拾遺したものであり、『宋人傳記資料索引』・『中国文学家大辞典・宋代巻』の「趙立」の項が資料として挙げる『宋詩紀事補遺』72もこれに拠る。『〔光緒〕湖南通志』所収の六首は、これより少し早い陸増祥『八瓊室金石補正』96「趙立詩」(31b) が拓本によって全文を録しており、それによれば石刻は計28行で最初の一行に「權府帥幹趙公題澹巖」とあって「山行」等の題をもつ詩を六首並記した後、最後の二行に「寶祐甲寅秋蔗溪趙立作」「住山元秀上石」という。録文の末にある陸増祥の按語に次のように考証する。

  "趙" 下一字、『省志』闕、『縣志』作 "㐃"、非。『府志』作 "立"、當不誤。廣西伏波岩有
  其題名、係是年閏六月所作。此詩（「山谷碑」）云："江湖老矣瀟湘過"、（「丹爐藥臼」）詩）云：
  "故郷心正切"、（「石井」詩）云："下浯溪"。盖自桂（桂林）回家、道經永州而題也。惜未得
  伏波岩拓本、一證其官職爲憾。史傳有趙立、徐州人、仕高宗朝、則別一人也。『縣志』以
  "住山"爲姪孫、殊謬。"縁崖"之"縁"、『通志』作"經"、……。

陸氏のいう「廣西伏波岩有其題名」とは、桂林伏波山還珠洞（洞内西北）に存する石刻「蔗谿趙立徳成、以寶祐甲寅閏六月十有一日、携家東歸、艤舟還珠洞、至二十一日遊遍諸巖洞、即行」であるが、謝啓昆『廣西通志』227「金石略」あるいは同人『粤西金石略』13 (1a) の録文に拠ったものと思われる。澹巖題詩と伏波巖題名に見える「趙立」は同一人物であって、陸氏の推考「自桂回家、道經永州而題」は正しい。今、乳洞石刻によってその説を補強することができる。これら三つの石刻はいずれも「寶祐甲寅」（二年1254）のものであり、今、次のような行程順に配することが可能である。

  「閏六月十有一日」、   静江府臨桂県、「携家東歸」。
  「閏六月二十一日」、   静江府臨桂県、題名於 "伏波巖"、「即行」。
  「七夕」七月七日、   静江府興安県 "乳洞"。
  「秋」、   永州零陵県 "澹巖"。
  「中秋明月」八月十五日、永州祁陽県 "浯溪"。

地理的関係をいえば、"乳洞" は "伏波巖" の北、漓江の上流にあり、"澹巖" は漓江と湘江の分水嶺を経て瀟江の中流にあり、"浯溪" はその北、湘江の下流にある。趙立は桂林を流れる漓江を遡って興安県に行き、そこから全州灌陽県・道州道県を経て永州に至り、瀟江・湘江に沿って北上し、ゆっくりと名勝旧跡を探訪しながら「携家東歸」しているのである。

趙立の官職名について、陸氏は「惜未得伏波岩拓本、一證其官職爲憾」というが、伏波巖の石刻には見えない。また、乳洞の石刻にもそれらしきものは記されていない。ただ澹巖石刻に「權府帥幹趙公」とあるのみである。『全宋詩 (64)』・『中国文学家大辞典・宋代巻』は「寶祐間權知永州」というが、上に見たように静江府から「携家東歸」する帰途で永州に立ち寄ったに過ぎな

いから、「權知永州」ではなかろう。そもそも「帥幹」とは安撫使司（帥）の属官で幹辦公事（幹）であり、「幹官」ともいった。北宋では「勾當公事」と呼ばれていたが、南宋・高宗（趙構）即位後、「勾」が「構」に音通するために避諱して「幹辦公事」に改名された。したがって「權知永州」ではない。また、南宋で永州は「府」に昇格していない。「府」とは静江府と考えてよかろう。

　次に号について、01行に項大受は「趙蔗谿」とよび、08行に「蔗谿趙立」と自称している。『宋人傳記資料索引（4）』・『全宋詩（64）』等も「號蔗溪」という。「蔗谿」は出身地を号としたものであろうが、今のどの地に当たるか未詳。「東歸」すべき「故郷」であるから、江南地方であったことも考えられる。『〔淳熙〕嚴州圖經』3の「淳安縣」に「蔗山」が見える。今の浙江省建徳市の西北。あるいは「東歸」は南宋の都・杭州を指しているであろうか。すでに指摘したように『全宋詩（66）』が「簾谿」に作るのは誤りであるが、『桂勝』1「伏波山」（50b）が伏波山の題名で「蘭谿趙立……」（古学彙刊本・四庫全書本・万暦刊本ともに同じ）に作る「蘭」も「蔗」の誤字である。また、『全宋詩（64）』は『〔光緒〕湖南通志』に録する澹巖石刻によって「蔗溪」に作るが、乳洞石刻では「蔗谿」に作ってあり、伏波山石刻でも「蔗谿」に作る。「谿」と「溪」は通じるが、現存する石刻によって実際には「谿」を用いていたことが知られる。

　伏波山に現存する趙立の題名石刻は楷書であるが、乳洞の石刻は行書であり、書体が異なる。伏波山石刻が趙立の書であることは石刻の内容から見て疑いないが、乳洞のそれは項大受の書ではなかろうか。乳洞石刻には四首とその序があるが、いずれも同じ筆跡であり、一人の手に出るものである。同一人物の書であるならば、書者は項大受であろう。詩および序によれば、項大受は乳洞に寄寓していた道士であり、官人趙立が「携家東歸」する途次、乳洞を訪ねてきたので、趙立に相伴して遊洞し、詩を賦している。後にその時の唱和詩を乳洞に留まっていた項大受が書して上石したのではなかろうか。

38 〔存〕南宋・咸淳七年（1271）曾子良等題名

下洞、洞口、向かって右の壁上、約1mのところ。石刻「23：淳祐四年（1244）謝遠題詩」の真下。民国・林半覚『廣西石刻志稿』および『廣西歴代碑目』にも録されていない。

【現状】

06	05	04	03	02	01
應番侍	来得之	良鄧陞	望曾子	年六月	咸淳七

38：南宋・曾子良等題名

撰書者曾子良あるいは鄧陞、刻者未詳。石面磨平、縦30cm、横90cm。縦書き、右行、楷書、字径12cm、6cm。今人書丹。

【解読】

咸淳七年（1271）六月望（15日）、曾子良・鄧陞來得之、應番侍。

曾子良とその「番侍」

曾子良（1224-1286?）、字は仲材、また亦陶、宋末元初に生きて『易雜説』・『中庸大學語孟解』・『廣崇類稿』・『咸淳類稿』等（今佚）を撰した学者・文士として知られた。事跡は元・劉壎『隱居通議』15、元・趙景良『忠義集』6、清・万斯同『宋季忠義録』16等に見え、それらによれば南宋の著名な古文家曾鞏（1019-1083）の族裔、元に入ってから憲僉を薦授されるが赴かず、後人に"忠義"をもって称された。この石刻は曾子良の早期の足跡を示す史料として貴重である。『宋季忠義録』16に「登咸淳戊辰（四年1268）第、調興安尉、遷淳安令。與郡守一言不合、奉母歸養」（4a）、趙之謙『江西通志』（光緒七年1881）23「選舉表・宋」の「咸淳四年戊辰陳文龍榜」に

「曾子良：金谿人、淳安令」(22b)、151「列傳・撫州府」に「曾子良：金谿人。……登咸淳第、奉母歸養」(39a)、沈翼機『浙江通志』(乾隆元年1736) 156「名宦」に「曾子良：『嚴陵志』"臨川人。咸淳末、知淳安縣"」(6b) というから、咸淳四年(1268)進士登第、咸淳五年あるいは六年に興安県尉となり、咸淳末(1274)に淳安県令となっている。乳洞石刻は興安県尉であった時のものである。なお、『忠義集』7に収める「挽知臨府兼浙西制置使曾公淵子」四首にいう「曾淵子」は景炎二年(1277)に広西宣諭使となっている。

「番侍」とは交替で警備・護衛等に当たることであろう。『新唐書』50「兵志」に「凡當宿衞者番上。……故時府人目番上宿衞者曰侍官」という。県尉曽子良らはここ乳洞周辺で元軍の侵入に備えて宿営していたのではなかろうか。華景洞に現存する李曽伯「開慶紀功磨崖」(清・謝啓昆『廣西通志』227「金石略」5b)に具に報告されているように、開慶元年(1259)に元軍が桂林まで侵攻して応戦したことがあり、また鸚鵡山に現存する石刻「靜江府修築城池記(額)」(咸淳七年1271)によれば、防備を強化すべく、知府胡穎は咸淳五年頃から府城の修理を開始して七年に完成させている。曽子良が「番侍」しいているのもその年である。

当時、乳洞は桂林へと通ずる要衝であったと思われる。盧貞・元晦・范成大・王正功等々、唐・宋の大官が赴任・帰還の際して乳洞を訪れているが、それはここが景勝地であったからだけではなく、靈渠を使わずに陸路で興安県城から桂林へ向かうための必経の地であったからである。靈渠を夾んで北は嚴関が、南は乳洞が、いわば桂林への咽喉であり、そこで県尉曽子良らはここの守備に当たったものと思われる。

明代の乳洞巖

南宋以後の乳洞巖と明・袁袠「遊乳洞記」

　乳洞巖に現存する宋代石刻は、どうもこの咸淳年間のものが最後であり、以後の南宋および元・明の石刻は見当たらない。また、方志等にも元・明のものは著録されていないようである。しかし清初までの約400年もの間、乳洞は全く知られなくなり、訪れる人がなくなったわけではない。たとえば明代に袁袠「遊乳洞記」(『粤西文叢』20「記」)・俞安期「遊興安乳洞三首」(『粤西詩叢』12「五言律詩」)の作がある。袁袠(1502-1547)は嘉靖年間(1522-1566)に提督廣西学校官として桂林に来ている。俞安期は『桂勝』・『桂故』(万暦十八年1590)の著者として知られる張鳴鳳(1529?-1595)と桂林で久しく交遊して詩を多く残しており、それらによれば交遊の時期は万暦二十二年(1594)である。また、その約40年後、崇禎十年(1637)には旅行家として著名な徐霞客(1587-1641)が乳洞を訪れている。ただし徐霞客の記録はあまり詳細ではない。

　このように文献資料によれば、元明の間にあっては、訪れる人はいたものの、宋代のようには多くなく、また明の中晩期に集中している。つまり南宋末から明代(1368-1643)の中期まで、約三百年間の空白がある。その中で注目すべきものが袁袠「遊乳洞記」であり、この「記」は俞安期の詩と違って当時の乳洞岩の状況をつぶさに伝えていると同時に、明の中期以後に乳洞が再び広く知られる契機となったものであるようにも思われる。まず、俞安期「遊興安乳洞三首」の方を示しておけば、それは以下の通りである。

　　其一（下洞）：
　斷磧藏沙渚、飛梁渡澗門。履田分石畛、探水溯雲根。
　凍雨垂空結、春雷殷地奔。將無異人隱、紫氣擁朝昏。

　　其二（中洞）：
　雲扉中自劃、雷劍下長聞。入戶坪堪宅、穿崖道屢分。
　石床平覆雪、玉柱遠支雲。蘚壁紛題墨、玄龍錯繡紋。

　　其三（上洞）：
　遠叩三重戶、如登十三樓。燎過翻蟄燕、履墮犯潛虯。
　雪乳浮沙積、霞紋抱石流。花源津可問、隔水見平疇。

　それぞれ下洞"噴雷"・中洞"駐雲"・上洞"飛霞"の三洞を詠んでいることは、「其一」に「春雷……」、「其二」に「雲扉……」、「其三」に「霞紋……」という表現からわかる。当時、洞口には南宋・建炎三年(1129)李邦彦が命名して後に五世孫の李曽伯が書した「噴雷」・「駐雲」・「飛霞」が刻されていたはずであり、俞安期の三首はその三洞名を意識して詠んだものである。「其

「一」にいう下洞の「飛梁」は李邦彦隷書"玉谿橋"のそれであろう。「其二」中洞についていう「題墨」「玄龍」とは范成大の題名であろうか。范成大題名は中洞内の中心にあって横長で最も大きな面積を占めている。兪安期の詩句は華麗ではあるが、地理的な記録性を欠く。韻文と散文の表現法の相違にもよるであろう。

いっぽう袁袠「遊乳洞記」は散文であり、全文は次の通りである。今、大きく二段に分けることができる。今、『袁永之集』（嘉靖二六年1547、伝経堂蔵版）15に収めるものに拠る。

　　　　余既試士興安（縣）、問山水之可游者、得"乳洞"。出城西南十里、路多榛莽。至洞口、有清溪・石梁（玉谿橋）。洞有三：下曰"噴雷"、中曰"駐雲"、上曰"飛霞"。"下洞"有泉、流石壁間、匯而爲溪、觸石湍激有聲。洞門軒敞、其中虛明、夏涼而冬温。其下、石如田塍、溝塍如鑿。左旋至"中洞"、烟霧冥濛、有石柱三及石室・石牀。復左旋百歩、至"上洞"。入門平曠、水淺可渉。石乳玲瓏、有五色石、横亘其上。秉炬深入、石愈怪奇。三洞、蓋宋李邦彦名也。有碑記（「三洞記」）及張孝祥大書"上清三洞"、皆在"下洞"口。"上洞"有范成大詩刻、遍讀之、小飲"下洞"而歸。

　　　　夫桂（桂林府）多巖洞、然"三洞"並豁、亦足奇矣。興安（縣）土風簡朴、氓不知遊、而"三洞"者竟不能闢、見賞名流、如范（成大）・張（孝祥）・李（邦彦）諸公、將山發靈、因人益顯歟。譬之士、苟有奇偉瑰瑋、雖在退壤、必能振奮、施其聲光、鵲起穎露。欲自閟匿、不可得也。余於茲遊、重有感焉。七月二十九日記。

同文は『粤西文載』20「記」にも収め、また『古今圖書集成』171「方輿彙編・職方典」1405「桂林府部・藝文」や張運昭『〔道光〕興安縣志』2「輿地」の「乳洞」にも引くが、誤脱が多い。

袁「記」によって明代の乳洞の状況をかなり知ることができる。まず、後段によれば、当時すでに、「氓不知遊」、当地の人を含み、ほとんど訪れる者がなかったようである。それは「范（成大）・張（孝祥）・李（邦彦）諸公」ら宋代の「名流」以来のことであり、「因人益顯」つまり作者は自ら彼らに継ぐ発見者であると言わんばかりである。「將山發靈、因人益顯」は唐・独孤及（726-779）に始まる説。その「慧山寺新泉記」に「夫物不自美、因人美之」、「馬退茅亭記」に「夫美不自美、因人而彰」。また、「桂多巖洞、然"三洞"並豁、亦足奇矣」という乳洞の評価、および「苟有奇偉瑰瑋、雖在退壤、必能振奮」などというような観点は、范成大『桂海虞衡志』の「志巖洞」に示す所に極めて近く、「余於茲游、重有感焉」、作者は士大夫として南宋初に訪れた文豪范成大に継ぐ乳洞の美の発見者であり、顕彰者であるという口吻である。逆にいえば、南宋以後、明代中期まで訪れる士大夫も殆どいなく、その美を知る者はなかった。現に兪安期・徐霞客らが訪れるのは袁袠以後のことである。

次に、袁袠「遊乳洞記」の前段には三洞の当時の状態がつぶさに描写され記録されており、この文を読む限り、後段全体および前段の最初と最後の部分は明らかに自己の体験による記述であ

るから、その中間を含む前段の全文、つまり三洞の記述も、自己の体験による記録であるように思われる。しかし、どうもそうではなさそうである。じつは前段は明代の方志等に記載する所とよく似ている。袁袠が実際に乳洞を訪ねていることは確かであるが、「記」の前段は全く作者の独創ではなく、つまり作者自身の目睹した状態を記録したのではなく、当時見られた方志等の資料に多く拠って書かれているように思われる。

乳洞に関する明清間の方志の記載とその関係

明・清の間における方志等の歴史地理書の類に乳洞巖の記載は多く、また記載内容も異なっていて詳細になっているように思われる。一般的にいって、時代が下るにしたがって詩文・記等の資料が増えてゆき、その結果、記載は詳細になる、あるいは補正され、あるいは新たな調査によって改編されるものであるが、乳洞の記載についてはそうではない。では、乳洞はどのように記載されているのか。結論をいえば、乳洞を記載する史料は筆者の知り得たものでも十余種あるが、まず、それらは内容上大きく次の三つの系統に分けることができる。次に、それらはあるものを踏襲している、転載しているに過ぎない。これは明・清の間に資料が増えていないこと、訪れる人が少なくなったことを告げている。以下、まずその系統の中でより古いものから示す。

A：明・李賢『大明一統志』（天順五年1461）83「山川」（7b）

乳洞：在興安県西南一十里。洞有三、〔宋・李邦彦名其洞、〕上曰"飛霞"、中曰"駐雲"、下曰"噴雷"。"下洞"〔有〕泉流石壁間、田墾溝塍如鑿。"中洞"有三石柱及石室・石床。左盤〔旋〕至"上洞"。行八十歩、得平地、有五色石、横亘其上。

これとほぼ同じ記載が後の清代の方志、具体的には金鉷『廣西通志』（雍正十一年1733）13「山川・興安縣」・黄海『興安縣志』（乾隆五年1740）1「山川」（15b）に見える。これらの記載は以下に見る他の明・清の方志等の記載と明らかに異なっており、一系統として立てることができる。たとえば『明統志』の約六十年後の明方志・黄佐『廣西通志』の記載は『明統志』よりもかなり詳細になっているが、清初の『廣西通志』・『興安縣志』はそれに拠らず、明らかに『明統志』を襲っている。

B：明・黄佐『廣西通志』（嘉靖四年1525）12「山川志」1「興安」（33b）

乳洞：在縣西南十里、有上・中・下三洞。其中虛明、夏涼・冬温。（下洞）内有龍田如鑿稜、曾有紆曲、水溢不涸。洞之奥、有清泉噴出、沿石壁左流成溪、窈然深黒、觸石湍激有聲。洞門（下洞口）左旋而上十歩餘、〔疊石爲臺、〕至"中洞"。地勢爽塏、内有田數畦、左有三石如柱、旁有隙〔路〕可通、入石室。又承"下洞"水氣蒸潤、常有煙霧旋擁。左有石道曲折、凡數百級、至"上洞"。入門平曠、有淺水可渉。秉炬而入、石乳玲瓏、有五色石、横亘其上。行數〔百〕歩、有石高十餘丈、色亦五彩、又有石床・石室、千態萬状、深入愈奇。宋・李邦彦名其洞、下曰"噴雷"、中曰"駐雲"、上曰"飛霞"、且自爲之「記」。乾道

間、張孝祥大書曰："上清三洞"、范成大亦有詩刻、洞前有明真寺藏塔院。李邦彦又書"玉豁［谿］橋"三字。

これとほぼ同じ記載が約百年後の明・曹学佺『廣西名勝志』（天啓六年1626？）2「桂林府・興安縣」（9a）「乳洞」や蘇濬『廣西通志』（万暦二七年1599）4「山川志・興安縣」（21b）「乳洞」・『古今圖書集成』171「方輿彙編・職方典」1399「桂林府部・山川考」にも見える。『大明一統志』（1461年）と黄佐『廣西通志』（1525年）の前に宣徳間（1426-1435）陳璉『桂林郡志』とそれを増補重刻した景泰元年（1450）呉恵『重刊桂林府郡誌』があるが、巻十「山」・巻十四「興安縣」部分は残存していない。可能性として『大明一統志』・黄佐『廣西通志』はそれを参考にしていることも考えられる。なお、清・張運昭『興安縣志』（道光十四年1834）2「輿地・山」（18b）には『紫溪集』から「洞左旋而上十歩餘、至"中洞"。地勢爽塏、內有田數畝、旁有隙可通、入石室。又承"下洞"水氣蒸潤、常有煙霧旋擁。行數百歩、有石高數十丈、色亦五綵」を引いているが、この文はすべて黄佐『廣西通志』に見える。『紫溪集』は広西参政として『廣西通志』の纂修に当たった蘇濬（1541-1599、字は君禹、号は紫渓）の著。蘇濬『廣西通志』の記載は前志である黄佐『廣西通志』に拠ったに過ぎない。また、同文は清・汪森『粤西文載』13「山川志・興安縣」の「乳洞」に見え、末に小字夾注で「紫溪集」として出自を示している。張運昭『興安縣志』はこれからの転載であろう。

しかし清代にあっても謝啓昆『廣西通志』に至ってかなり記載内容が変わってくる。

C：清・謝啓昆『廣西通志』（嘉慶六年1801）96「山川略」3「桂林府・興安府」（2a）

「乳洞」の条に「金志」つまり清・金鉷『廣西通志』（雍正十一年1733）にいう「在縣西南十里」の六字を引いた後で次のようにいう。

〔有〕上・中・下三洞。〔"下洞"軒敞虛明、〕有泉凝碧、自洞中沿石壁流出、窈然深黑、〔噴激有聲。〕水上有龍田、溝塍如鏧。每稜中常滿貯、水未嘗竭。洞外有盤石。登山至"中洞"、雲氣常霏、衣袂清冷。〔內有石柱・石室・石牀。〕自"中洞"左盤至"上洞"、入門却下十歩至平處、秉炬入、石乳玲瓏、有五色石、横亘其上、如飛霞。有淺水、揭厲可行。山中亦多石果。好事者［宋・李邦彦］名其下洞曰"噴雪［雷］"、中曰"駐雲"、上曰"飛霞"。此洞與"栖霞"（今の七星公園栖霞洞）相甲乙。（出自）『方輿勝覽』。

文はやや短いが、上の二種とは異なった記載が見られる。これとほぼ同じ記載が清・張運昭『興安縣志』（道光十四年1834）2「輿地・山」（18a）に見える。ただし若干補足されている。

なぜ清初の『廣西通志』（1733年）・『興安縣志』（1740年）と後の『廣西通志』（1801年）・『興安縣志』（1834年）の記載がかくも異なっているかといえば、それは前者と後者には基になっている史料があり、それが異なっているからである。前者の使っている史料は先に述べたように『大明一統志』であるが、後者の史料はいずれも末尾に『方輿勝覽』という注記があるように、南宋・祝

穆『方輿勝覧』(嘉熙三年1239)である。ただし謝『通志』と張『縣志』の引く所および今日伝わる宋本との間に若干出入りがあり、それぞれ異本に拠っているものと思われる。張『縣志』はより宋本『方輿勝覧』に近い。今、〔 〕で補足した。

　この中で一定の紙幅をもって紹介しているものとしては『方輿勝覧』の記載が最も早く、謝啓昆に至って初めてそれが引用されたことが知られる。それにはいくつか理由が考えられる。その一つとして、清初の『通志』・『縣志』編纂の段階では『方輿勝覧』中に乳洞の記載があることがまだ知られていなかったということが、まず考えられる。謝啓昆『廣西通志』等の引用する文はたしかに宋本『方輿勝覧』38「靜江府・山川」に載っているが、じつは「乳洞」の記載は他の景勝地のように大字で項目が立てられているのではなく、「虚秀洞」の条の末に小字で付録されており、別に「乳洞」という条が設けられているわけではない。謝啓昆はこの小字で書かれた記載を発見し、これをより古い記録として、旧志である金鉷『廣西通志』の記載と入れ換えた、つまり一新したのである。『大清一統志』(嘉慶重修一統志)461「桂林府」の「山川」(16b)の「乳洞」条にも『方輿勝覧』と『大明一統志』を節録しており、そこで謝啓昆は『大清一統志』に拠って『方輿勝覧』の記載を知った可能性もあるが、『清統志』にはわずか数十字しか引かれておらず、ほぼ全文を引いたのは謝啓昆が最初である。以後の方志はこれによって変わり、道光・張運昭『興安縣志』の記載は旧志である黄海『興安縣志』あるいは金鉷『通志』ではなく、謝啓昆『通志』に拠ることとなった。

　その他に注目されるのが明・袁袠「遊乳洞記」である。袁「記」においても他の史料との深い関係が認められる。「記」の内容は袁袠個人の体験による記録と考えるのが一般的な理解である。そうならば後人が袁「記」に拠っていることが考えられる。次に、この点をその内容と成立の前後関係によって明らかにしたい。今、最も早い『方輿勝覧』を基にして、明の『大明一統志』と黄佐『廣西通志』の文および袁袠「遊乳洞記」に見られる、対応する部分を配して対照してみれば、次の表のような関係になる。なお、文中での順序は必ずしも同じではなく、対応する内容に従って並べ替えている部分が若干ある。表中の下線は袁袠「遊乳洞記」と同じ或いは極めて近い表現を示す。

『方輿勝覧』	『大明一統志』	明・黄佐『廣西通志』	明・袁袠「遊乳洞記」
以上所紀皆附郭可日渉者、餘外邑岩洞尚多。 興安之乳洞：	乳洞： 在興安県西南一十里。	在　　縣西南十里、	出　　城西南十里、 路多榛莽。 至洞口、有清溪・石梁。
上・中・下三洞、	洞有三、	有上・中・下三洞。 其中虚明、夏涼冬温。	洞有三。 洞門軒敞、 其中虚明、夏涼而冬温。

有泉凝碧、	下洞　泉	曾有紆曲、水溢不涸。洞之奧、有清泉噴出、	下洞有泉、
自洞中沿石壁流出、窈然深黒。	流石壁間、	沿石壁左流成溪、窈然深黒、	流石壁間、
水上有龍田、溝塍如鑿。	田壟溝塍如鑿。	内有龍田如鑿稜、	其下、石如田壟、溝塍如鑿。
毎稜中常滿貯、水未嘗竭。			
水至洞門、			匯而爲溪、
觸石噴激須洞。洞外有盤、		觸石湍激有聲。	觸石湍激有聲。
		洞門左旋而上十步餘、	左旋
登山至中洞、	中洞	至中洞。烟霧冥濛、地勢爽塏	至中洞、
		内有田數畦、	
門有三石柱、及石室石床。	有三石柱及石室石床。	左有三石如柱、	有石柱三及石室石牀。
		旁有隙可通入石室。又承下洞水氣蒸潤、常有煙霧旋擁。	
雲氣常霏、衣袂清冷。			
自中洞左盤	左盤	左有石道曲折、凡數百級、	復　左旋百步、
至上洞、入門却下入十歩至平處、	至上洞。行八十歩、得平地、	至上洞入門平曠、	至上洞。入門平曠、
秉炬入、石乳玲瓏、		秉炬而入、石乳玲瓏、	秉炬深入、石乳玲瓏、
有五色石、橫亘其上、如飛霞。	有五色石、橫亘其上。	有五色石、橫亘其上。	有五色石、橫亘其上。
有淺水、揭厲可行。		有淺水可涉。行數歩、有石高十餘丈、色亦五彩、又有石床石室、千態萬狀、深入愈奇。	水淺可涉。
			石愈怪奇。
水中亦多石果。好事者名其上洞曰噴雷、中曰駐雲、	上曰飛霞、中曰駐雲、	宋李邦彦名其洞、下曰噴雷、中曰駐雲、	蓋宋李邦彦名也。下曰噴雷、中曰駐雲、

下曰飛霞。	下曰噴雷。	上曰飛霞、	上曰飛霞。
此洞與"栖霞"相甲乙。		且自爲之記。	有碑記

　先の三系統にあって、『大明一統志』の記載は最も簡略であり、その内容は、「在興安県西南一十里」の一句を除いて、ほとんど『方輿勝覧』中に見える。これは両者の深い関係を告げている。『明統志』は先行の史料に拠って三洞の特徴を要領よくまとめたものと考えてよく、その史料は『方輿勝覧』、少なくともA系統に属するものである。時間的関係を見れば、陳璉『桂林郡志』・呉恵『重刊桂林府郡誌』であることも考えられるが、そうであるにしても、『桂林郡志』等もA系統に拠っているはずである。

　次に、明・袁袠「遊乳洞記」にも先行の史料と同じ部分が相当あり、全くの独創であるとは言いがたい。中でも最も近いのがB系統＝黄佐『廣西通志』であり、90％近くが同じである。袁袠（1502-1547）は『明史』287「文苑傳」の「蔡羽等」に簡単な伝があり、それに「舉嘉靖五年（1526）進士、改庶吉士。張璁惡之、出爲刑部主事、累遷廣西督學僉事。兩廣自韓雍後、監司謁督府、率庭跪、袠獨長揖。無何、謝病歸」という。また、明・黄佐『廣西通志』に伝はないが、やや後の蘇濬『廣西通志』（万暦二十七年1599）25「名宦志」（42b）には伝があり、それに「呉縣人。嘉靖間（1522-1566）、以僉事督學廣西」という。袁「記」の冒頭に「余既試士興安」というのは広西督学僉事となった時のことである。史書はその年を示していないが、龍隠巖（洞内中央やや左、上約4m）の石刻（約1m×約1m、隷書）に「嘉靖壬寅歳三月既望、……姑蘇袁袠都指揮僉事……」と見えるから、嘉靖二一年（1542）には桂林に赴任している。また袁袠「游桂林諸山記」に「余到桂林者、旬日即下蒼梧、病瘴癘、還省、上章乞骸骨、不報。臥病四閱月、乃七月二十……。二十五日將赴全州」というのは同年のことであり、興安県は全州の南に在るから、その「七月二十九日」に乳洞に立ち寄ったのではなかろうか。いっぽう黄佐『廣西通志』は嘉靖四年（1525）修・十一年（1532）刻であるから、袁「記」は黄『志』よりもややおそく、約十年後に書かれていることになる。黄『志』と袁「記」の内容は極めてよく似ているが、時間の前後関係からみれば、黄『志』が前、袁「記」が後である。したがって袁「記」は黄『志』に拠っている可能性が高い。ただし袁「記」には黄『志』にはないが黄『志』よりも更に早い『大明一統志』（天順五年1461）と類似している表現や語彙等が認められる。たとえば「流石壁間」・「溝塍如鑿」がそうである。したがって『大明一統志』をも参考にしていると考えねばならない。そもそも『明統志』は『方輿勝覧』系と深い関係にあり、おそらくそれに基づいた要約であろう。そこで『方輿勝覧』との関係も考えられるわけであるが、「流石壁間」の一句は『方輿勝覧』・黄佐『通志』には見えず、『明統志』にのみ見えるから、『方輿勝覧』ではなく、やはり『明統志』を参考にしていると考えるべきである。

(38) 袁裘等龍隠巖題名

　しかし『方輿勝覧』にも基づいている史料がある。先に「13：淳熙二年（1175）范成大作『題乳洞』詩」の「范成大『桂海虞衡志』の佚文」で考証したように、宋本『方輿勝覧』に見える乳洞の記載は『桂海虞衡志』の足本三巻本からの引用であった。謝啓昆『廣西通志』は旧志の使っていない新史料として『方輿勝覧』の記載を最も古いものとして引用しているが、じつはそれは范成大『桂海虞衡志』に拠るものである。つまり宋・明・清の方志等歴史地理書に乳洞に関する多くの記載があり、それらは大きく三つの系統に分かれるが、いずれも源流をたどれば范成大『桂海虞衡志』に始まるものであった。袁裘「游桂林諸山記」には「余嘗讀范文穆公成大評桂山之奇爲天下第一。初未之信、薄言觀者、乃知非虚夸也」というから、范成大『桂海虞衡志』を読んでいることは確かであるが、それは三巻本ではなく、今本と同じ一巻本ではなかろうか。今本は成立年代の明白なもので『古今説海』（嘉靖二三年1544）まで遡れることから三巻本は嘉靖年間以前に知られなくなったであろうとするのが今日の通説である。

　以上、考察してきた諸本の関係を表にまとめて示す。

	A系統	B系統	C系統
南宋			范成大『桂海虞衡志』 （淳熙二年1175） 祝　穆『方輿勝覧』 （嘉熙三年1239）
明	李　賢『大明一統志』 （天順五年1461）	黄　佐『廣西通志』 （嘉靖四年1525） 袁　袠「遊乳洞記」 （嘉靖二一年1542） 蘇　濬『廣西通志』 （万暦二七年1599） 曹学佺『廣西名勝志』 （天啓六年1626？）	
清	金　鉷『廣西通志』 （雍正十一年1733） 黄　海『興安縣志』 （乾隆五年1740）		謝啓昆『廣西通志』 （嘉慶六年1801） 張運昭『興安縣志』 （道光十四年1834）

明・徐霞客の記録と隠山寺

　袁袠（1502-1547）の後、崇禎十年（1637）四月に徐霞客（1587-1641）が乳洞を訪れている。徐霞客は旅行家あるいは探検家・地理学者として知られ、中国南部の巖洞を踏破して多くの詳細な記録をのこしているが、乳洞に関する記録は極めて簡単である。その褚紹唐・呉應寿整理『徐霞客游記』3上「粤西日記」1（上海古籍出版社1980年）に次のようにいう。

　　二十二日：〔東行二里……。西二里抵"興安南門"。出城、西三里抵"三里橋"、橋跨"靈渠"。……則去箔放舟焉。〕宿"隱山寺"。

　　二十三日：晨起大雨、飯後少歇。〔橋西有"金鼎山"、……。又三里爲"蘇一坪"、東有岐可達"乳洞"。予先西趨"嚴關"。……返由"蘇一坪"東南一里、遡"靈渠"東北上、一溪東自"乳洞"夾注爲"清水"、乃東渡"靈渠"。四里、過"大巖堰"。度堰東石橋、轉入山南、小石山分岐立路口、洞岈然南向。遂西向隨溪入、二里至"董田"巨村。洞即在其北［南］一里、日暮不及登。乃趨東山入"隱山寺"。〕出歩寺後、見門向有洞、其門高懸、水由下出、西與"乳洞"北流之水合、從西北山腋破壁而出大巖堰焉。時日色尚高、亟縛炬從寺右入洞、攀石崖而上、其石峭削、圮側下垂、淵壁若裂、水不甚湧而渾、探其暗處、水石粗混、無可着足、出而返寺、濯足于崖外合流處、晩餐而臥。

　　二十四日：晨起雨下止、飯后以火炬數枚、僧負而導之。一里、至"董田"、又北［南］一

里、至"乳巖"下洞・中洞・上洞。雨中返寺午飯。雨愈大、遂止不行。
　　二十五日：天色霽甚、晨餐後仍向東行。一里、出山口、……。
　『徐霞客游記』には多くのテキストがあるが、褚等整理本は季会明鈔本（崇禎十五年1642）と徐鎮刻本（乾隆四十一年1776）を底本にして多くのテキストに拠って校勘しており、信頼するに足る。整理本では〔　〕で乾隆本に有って季本に缺けている部分を示している。この部分に関していえば、葉廷甲校勘本（嘉慶十三年1808）に拠った丁文江編本（商務印書館、民国十七飧1928)年）には文字の異同もあるが、遺漏が多い。
　『遊記』にいう「"董田"巨村」とは、興安県城の西南6キロに"董田"という村名が今日あること、また"嚴關"・"靈渠"等の位置関係がほぼ同じであることから見て今日の"董田村"に間違いない。新編『興安縣志』（2002年）「地理・行政區劃」は1990年の郷鎮行政村自然村を示しており、「護城郷」の行政村に「董田村」があり、その自然村に「……・茅坪・六冲・筧水坪・董田・……」（p36）と見える。乳洞は「茅坪」の西南、「董田」の南に位置する。また、「宿"隠山寺"」・「趨東山入"隠山寺"」という徐霞客が拠点としていた「隠山寺」も今日廃墟となっているが存在している。E：110°37′27.2″、N：25°35′14.3″。隠山寺は明清の方志には見えないが、今回（2006年3月）その存在を知って調査した。董田村長老の話によれば、董田村の東北の山下に"家廟"があって、かつて"隠山寺"と呼ばれていたという。廃寺を探し当てたところ、境内には石碑（縦90cm、横61cm）が完全な形で残っており、それは光緒三一年（1905）立石、董田村侯氏の「合族公議」による隠山寺とその田業の管理運営に関する禁約を記したもので、第一行に「今隠山寺之福神」と見える。ここがかつて隠山寺であったことを証明するものとして、また当時の地名等および村落・寺院の管理運営等、さらに当時の俗語・俗字を知る貴重な史料でもあり、以下に写真とともに釈文・断句して掲げておく。広西民族研究所『廣西少数民族地區石刻碑文集』（1982年）に未収。隠山寺の境内は東西約12m、南北約15m、北半分に平屋の舎坊があり、南向き、東西の壁に門があり、南半分は瓦磚を積んだ塀で囲まれており、石碑は屋外の真南にある塀の中央に埋め込まれている。隠山寺は東西に延びる低い山を背にして建てられており、その山は徐『記』にいう「東山」であろう。「東山」は普通名詞で、「隠山」が固有名詞ではなかろうか。いずれにしても董田村の東北にあるから「東」をもって呼ばれているのであろう。その真後ろの山根に巖洞があるが、高さ最大約3m、横約10m、乳洞巖とは比較にならない小規模なものであり、ただ一部深さ数mの岩場が10m続いている。その様子は徐霞客は「出歩寺後、見門向有洞、其門高懸、水由下出、西與"乳洞"北流之水合……水石粗混、無可着足」と記録している所と合う。
　このように確かに「董田」・「隠山寺」は存在するが、しかし『遊記』にいう「乳洞」の位置は実際と合わない。今、徐本・季本は「"董田"巨村。洞即在其北一里」・「一里至"董田"、又北一

2、乳洞巖の石刻

38：興安縣董田村"隱山寺"址（1）

38：興安縣董田村"隱山寺"址（2）

中国乳洞巌石刻の研究

38：興安縣董田村"隱山寺"禁約碑

> 嘗聞：莫爲之前、雖美弗彰；莫爲之後、雖盛弗傳。今隱山寺之福神、神霊
> 之顕應、原先輩建院宇、設香田、尤其後人之相敬弗替焉。然創造效自
> 先人而善、因尤資後輩。原先年、寺内香田、出息無幾。公議管理、蓄積多
> 載、復増新業。奈族衆人繁、賢愚不齊、恐紊亂規模。合族公議章程、並新
> 置田業、刊列于后。一議：寺内公擧正直管理、毎歳清單不得虚開數目、
> 以免侵蝕。如有不遵、公議填出。　一議：寺内僧人、誠心奉神、看守寺院、
> 不許停留面生・歹人。一經査出、公仝稟官究治。　一議：佛山嚴禁樹木、
> 無論内外人等、不得私行坎伐。如有不遵、公議重罰。　一議：寺内須宜
> 潔浄。凡汚穢之物以及柴草石灰、不許推積寺内。褻瀆・神聖、各宜自便、
> 以免公論。凡前田畝、原碑載明、復置山岩口大水路半辺田一号、大架
> 圷犀水田一号、堰口塘田二号、高村門口楓木樹脚田一号、猪肚子田
> 一号、小江礄田一号、上水路田一号、新磋辺田一号、冬水田上茶盤圷
> 田一号、社塘辺長田一号、又堰辺鬮田一号、共田大小一十二号。
> 其粮税、賣主完納。
> 　大清光緒參拾壹年（1905）十月廿四日、合族公議立。　執事人　成元　世昌
> 　　　　　　　　　　　　　　　　　　　　　　　　　　　　　　　良癸　永榮

里、至"乳巖"」に作るが、葉本は「"菫田"巨邨。洞即在其北一里」・「西二里、至"乳巖"」に作っており、整合しない。いずれにしても「洞」とは前にいう「乳洞」を指すはずであり、「其北」とは「菫田巨村」の北を指すはずである。また「乳巖」とは「乳洞」のことで、今日でも"乳洞"あるいは"乳洞巖"とよばれている。「乳巖」は「洞」字を脱しているが、あるいは原文は「乳洞巖」であって、「乳洞」も「巖」字を脱しているのではなかろうか。徐氏の記載によれば、乳洞巖は菫田村の北一里に在ることになるが、今、乳洞巖は菫田村の南にあり、乳洞巖の南には幾重もの山が連なっている。また、記載の位置関係は「出歩寺後、見門向有洞、其門高懸、水由下出、西與"乳洞"北流之水合」とも矛盾する。今日でも乳洞巖から小渓"霊水"がほぼ北に向かって流れ、隱山寺の西で合流して「清水」に注いでいる。乳洞は菫田村の「北一里」ではなく、その逆であり、明らかに「北」は「南」の誤りである。さらにいえば、葉本「西二里、至"乳巖"」と季本「一里至"菫田"、又北一里、至"乳巖"」にも脱字があろう。この起点は「晨起雨下止、飯后以火炬數枚、僧負而導之」というから宿泊していた隱山寺であり、それと乳洞巖との位置関係を考えれば、本来は「西一里至"菫田"、又南一里至"乳巖"」ではなかったろうか。

今、『遊記』によれば、徐氏は松明を準備して「僧」に案内させて乳洞巖を訪ねている。しかし乳洞巖についての記載は極めて簡単であり、ただ「下洞・中洞・上洞」の三つがあったことしか記されていない。この六文字に対して、隱山寺の後（北）数歩の間にある小さな巖洞については約百字も費やして記録している。乳洞では「晨起雨下止、飯后以火炬數枚、僧負而導之。……雨中返寺午飯」というから午前中を費やしているのであり、乳洞は寺から二里の距離にあり、一

時間もかけずに行けたはずであるから、三洞を探訪する時間は十分あったはずである。それにも関わらず、洞内外の状況についての記載がこのように簡単であり、内容も三洞の構成をいう「下洞・中洞・上洞」の六文字しかないというのは不可解である。あるいはこの部分には今日伝存するテキストにかなりの遺漏があるのであろうか。

次に注意したいのが、乳洞の前にあった明真寺の興廃である。明・黄佐『廣西通志』（嘉靖四年1525）12「山川志」1「興安」の「乳洞」に「洞前有明眞寺藏塔院」とあるから、明代には明真寺が建てられていた。詳しくは後の「39：康熙三十八年（1699）葉星期題詩」で考察を加えるが、乾隆二三年（1758）の曹秀光「乳洞記」に「舊有明貞［真］寺、久廢。今、侯氏移建」という。清・張運昭『〔道光〕興安縣志』13「勝蹟・寺觀」(21a) に「明真寺：在縣西南十里乳洞前」というのは旧志を踏襲したものであり、"明真寺"は清初に侯氏によって"飛霞寺"に改名され、今日に至っている。では、徐霞客が「至"乳〔洞〕巖"下洞・中洞・上洞。雨中返寺午飯」という「寺」は明真寺なのであろうか。『游記』の文脈からは、「宿"隱山寺"」・「趨東山入"隱山寺"」という、徐氏が宿泊した隠山寺であるように思われる。「返寺午飯」の「寺」が明真寺であるならば、始めて出てくる寺名であるからその名を記すはずである。また、明真寺は明の方志にいうように「(乳)洞前」にあったから、乳洞とは離れておらず、ちなみに今の明真寺は洞口から約50mの距離にあり、大きな変化はなかったはずであるから、明真寺から乳洞に行くのに「返寺午飯」後の午後の時間で十分であり、雨天であっても洞内では濡れることもない。そうであるにも関わらず、乳洞の記載はあまりに簡単である。たとえば、徐霞客はその数日後に桂林城に入り、そこでは半月を要して范成大「復水月洞銘」の拓本を入手しているが、乳洞にも范成大の題詩と題名があり、しかも水月洞のそれよりも大きく、かつ乳洞の題名は洞内に刻されているために今日に至ってもほとんど毀損・剥落が見られない。テキストに遺漏がないとすれば、徐霞客はその存在を知らなかったようであるが、それは中洞内の中心に在って、しかも縦80cm、横280cm、字径15cmの巨幅であって、中洞内で最も目を引くものであり、実際に訪れたならば見落とすはずはない。

次に、「返寺午飯」の「寺」が隠山寺であるならば、そしてかりに伝本に遺漏があったとしても、徐氏が訪れた明・崇禎十年（1637）以前に乳洞巖前の明真寺はすでに廃墟になっていたことが知られる。記録によれば、徐氏は乳洞からわずか二里の近距離にある隠山寺に宿泊し、隠山寺の僧に照明を準備させて道案内をさせており、しかも雨の中を急いで隠山寺に返って昼食をとっている。かりに明真寺が在ったならばそのような必要はない。すでに明真寺は存在していなかった、あるいは廃墟になっていたと考えざるを得ない。徐氏よりも一世紀近くも早く乳洞を訪れている、先に挙げた兪安期「遊興安乳洞三首」や袁袠「遊乳洞記」にも乳洞にあったはずの寺についての言及がまったくないばかりか、袁「記」には「有碑記及張孝祥大書"上清三洞"、皆在

2、乳洞巌の石刻

"下洞"口。"上洞"有范成大詩刻、遍讀之、小飲"下洞"而歸」という。つまり「小飲」休憩を下洞でとっているのである。洞前に寺があれば普通はそこで頂戴するであろう。そうならば徐氏が訪れる約100年前、すでに嘉靖年間（1522-1566）以前に明真寺は廃墟となっていたのではなかろうか。袁「記」は嘉靖二一年（1542）の作であり、「洞前有明眞寺藏塔院」という黄佐『廣西通志』は嘉靖四年（1525）の纂である。しかし多くの方志がそうであるように、黄『志』も旧志を転載している可能性が高い。明真寺の興廃は乳洞の荒廃と直接関係する。恐らく明代中期にはかつて乳洞の前にあった明真寺は廃墟となっており、唐宋の官僚が盛んに訪れた景勝地としての名声や南宋の王慈敬等が開発した宗教的聖地としての活況はすでに失われていた。袁袠「遊乳洞記」はそのような中で景勝地としての乳洞を再発見したものと言える。

39 〔？〕清・康熙三十八年（1699）葉星期作「冒雨遊龍蟠」詩

『中國西南地區歷代石刻匯編（6）廣西省博物館卷』所収の拓本影印「葉星期題詩」（p157）に「清康熙三十八年（公元1699年）刻。在廣西興安縣下洞。拓片長40厘米、寬85厘米」という。今日、下洞にそのような石刻の存在を確認することはできない。ただ、洞口の向かって右（北）の壁上、高さ約2.5mのところ、四大字「上清三洞」（楷書、横書き、横340cm、縦70cm、字徑60cm）の真上に壁面を長方形に削平した跡（縦45cm、横95cm）があり、大きさは当該石刻に近いが、拓片の方が小さいこと、また拓片には見られる石面の亀裂のようなものがないこと、さらに、文字らしきものの痕跡がないこと等から判断してそれである可能性は極めて低い。刻字されていたならば、全体的に浸食風化が激しくて判読は不可能な状態であるとはいえ、所収の拓本がかりに民国期のものであるとしても、文字の痕跡は今日でも確認できるはずである。ちなみに『中國西南地區歷代石刻匯編（4）廣西省博物館卷』の「前言」によれば所蔵の拓本は「不少是本世紀三十年代至五十年代拓印的」（p1）という。また、民国・林半覚『廣西石刻志稿』・『廣西歷代碑目』にも録されていない。しかし詩には確かに乳洞のことが詠まれているから、乳洞に刻されていたはずである。

【資料】

録文：

1）清・張運昭『興安縣志』2「興地・乳洞」（20b）「國朝知縣葉星期『冒雨遊龍蟠詩』」（張本と略称）

拓本：

1）『中國西南地區歷代石刻匯編（6）廣西省博物館卷』（p157）「葉星期題詩」（広西本と略称）

【現状】

今、広西本によって釈文を試みるが、広西本もすでに剥落が甚だしい。

14	13	12	11	10	09	08	07	06	05	04	03	02	01
康熙□□□月□日□	知興安縣事舜水葉星期□可	流了□潘	本来寬□□通幽□風	終日歡古今人自促□地	□飱陳説四時景相期	殘歸来謀斗酒□□進	相與極談笑猶言興未	二三□氏子少長俱琅玕	不辨雲□裏惟知肌□寒	坤藏色相□鏨表奇觀	扣鳴□先聞擊□湍乾	籃輿乘興發隨□到龍□	□□□遊龍蟠□

2、乳洞巖の石刻

　撰者葉星期、書者葉星期、刻者未詳。縱40cm、横85cm、行書、字徑3cm、縱書き、右行。廣西本に「拓片長40厘米、寬85厘米。行書、葉星期撰」。字徑は示されていないが、拓片縱40cmで一行9字～10字であることから求めれば、3cm余であろう。

【釈文・校勘】

　01　□□□□□□遊龍蟠□

「□□」＝張本は「冒雨遊龍蟠」詩と題しているから、「遊龍蟠」の前には「冒雨」の二字があるであろう。廣西本によれば冒頭の二字が「冒雨」のようにも見える。

「龍蟠□」＝張本は「冒雨遊龍蟠」詩と題しており、廣西本でも「龍蟠」の後に一字あり、「詩」のように見えないでもない。

　02　籃輿乘興發隨□到龍□□

「隨□」＝張本は「隨輿」に作る。

「龍□□」＝張本は「龍蟠未」。「龍」は廣西本でかろうじて判読可能。

　03　扣鳴□□先聞擊□湍乾

「鳴□□」＝張本は「鳴鐘石」。

「□」＝張本は「鼓」。

　04　坤藏色相□鏨表奇觀

「□」＝張本は「巖」。

　05　不辨雲□裏惟知肌□寒

「雲□」＝張本は「雲煙」。

「肌□」＝張本は「肌骨」。

　06　二三□氏子少長倶琅玕

「□」＝張本は「侯」。廣西本では「何」のように見えるが、乾隆二三年（1758）曹秀光「乳洞記」に「舊有明貞〔真〕寺、久廢。今、侯氏移建」といい、また同人に「贈侯氏詩」二首があるから、「侯」字であろう。

　08　殘歸来謀斗酒□□進

「□□」＝張本は「隨意」。廣西本では線が細いが、そのように読めないこともない。

　09　□飱陳説四時景相期

「□」＝張本は「盤」。

　10　終日歡古今人自促□地

「□」＝張本は「天」。

　11　本来寛□□通幽□風

「□□」＝張本は「從此」。廣西本では「此」字の右は判読可能。

「幽□風」＝張本は「幽隠流」に作るが、広西本では次行の冒頭が「流」字であること判読可能であり、誤り。また張本はこの前後を「從此通幽隠、流風羨了潘」に作るが、「流風」は熟語の上から見ても「風流」でなければならない。張本の「流風」は誤って「風流」を転倒したもの。

12　流了□潘

「流」＝張本は「羨」に作るが、「了」の上字は広西本では明らかに「流」。張本ではこの前後に混乱が見られる。

「□」＝張本はこの前後を「流風羨了潘」に作るが、広西本では「了」と「潘」の間に明らかに一字ある。すでに「流風」は「風流」の誤りであるから、「羨」字も「了」と「潘」の間にあったものを転倒したのであろう。

13　知興安縣事舜水葉星期□可

「知興安縣事舜水葉星期」＝張本に「國朝知縣葉星期『冒雨遊龍蟠詩』」という。

14　康熙□□□□月□日□

「□□」＝広西本で「康熙」の下は「己卯」のようにも見える。康熙「己卯」は三十八年。広西本の按語に「清康熙三十八年（公元1699年）刻」というのはこれによるものではなかろうか。

【復元】

14	13	12	11	10	09	08	07	06	05	04	03	02	01
康熙己卯□□月□日□	知興安縣事舜水葉星期□可	流了羨潘	本来寛從此通幽隠風	終日歓古今人自促天地	盤飧陳説四時景相進	殘歸来謀斗酒隨意	相與極談笑猶言興未	二三侯氏子少長俱琅玕	不辨雲煙裏惟知肌骨寒	坤藏色相巖壑表奇觀	扣鳴鐘石先聞擊鼓湍乾	籃輿乘興發隨輿到龍蟠未	冒雨□□□□□遊龍蟠詩

【解読】

　　　冒雨□□□□□遊龍蟠詩

　　籃輿乘興發、隨輿到龍蟠。

　　未扣鳴鐘石、先聞擊鼓湍。

　　乾坤藏色相、巖壑表奇觀。

　　不辨雲煙裏、惟知肌骨寒。

　　二三侯氏子、少長俱琅玕。

　　相與極談笑、猶言興未殘。

　　　　歸來謀斗酒、隨意進盤飱。
　　　　陳説四時景、相期終日歡。
　　　　古今人自促、天地本來寬。
　　　　從此通幽隱、風流了羡潘。
　　　　　　知興安縣事舜水葉星期□可、康熙己卯（三十八年1699）□□月□日□

作者葉星期について

　石刻にいう作者「葉星期」は葉燮、字は星期と同一人物であろうか。葉燮は長篇の文学論文「原詩」を著して比較的有名である。『清史稿』484（28b）・錢儀吉『碑傳集』95（2a）・李元度『國朝先正事略』38（5a）等によれば、葉燮（1627-1702）は字は星期、号は巳畦・横山・独巖・二葉居、江蘇呉江人、浙江嘉善籍。康熙九年進士、江蘇宝應知縣と為り、十四年に弾劾されて罷免。後に呉縣横山に居り、四方の名勝を遊覧した。著に『巳畦詩文集』十巻・『巳畦集』二十二巻・『巳畦詩集殘餘』一巻・附『午夢堂詩鈔』四巻（康熙二十五年1686序）がある。

　まず、"星期"という字あるいは名は比較的珍しいものであるが、これが共通すること、また、時代的にも近いことによって、同一人物であるように思われる。諸資料の伝記は晩年の事跡については詳細ではないが、もし同一人物であれば、石刻はそれを補う貴重な史料となろう。しかし同一人物であると認定するには幾つかの問題がある。まず、石刻に「舜水葉星期□可」という「舜水」は、恐らく我が国に亡命した明・朱舜水（名は之瑜）の号で知られる地の舜水、清の浙江紹興府余姚縣にあった。ちなみに清・謝啓昆『廣西通志』41「職官表」29「國朝」6の「康熙三十七年」の「知縣」に「葉星期：浙江餘姚人、興安知縣」という。余姚縣と嘉善縣は同じく浙江にあっても異なる地である。ちなみに余姚は杭州湾の南にあり、嘉善は湾を隔てて北にある。また、「葉星期□可」の「星期」が名、「□可」が字を示すように思われる。「知興安縣事」を冠して自署している点からみても名を示すのが通例であろうし、『通志』が「知縣」で記すのも通例では名である。しかし葉燮は字が星期である。かりに石刻の「星期」が字であるならば、「□可」は号とも考えられるが、葉燮の号でそれに相当するものは知られていない。さらに、葉燮は康熙三七年には七三歳であるから、致仕の年齢を超えており、なお在職しているということは、特別の官職あるいは特別の地域ならばあり得ないことではないが、「知興安縣事」という地方官であるから、一般的には考えにくい。このような点からは同一人物とは認めるには躊躇せざるを得ない。

清代における乳洞の再興と董田村侯氏

　葉星期の題詩は乳洞巖のある山が清代において「龍蟠」と呼ばれていたことを示す貴重な史料である。南宋末以後、乳洞巖の石刻の数量は激減して皆無に近くなるが、その地の名声が消え、訪れる人が全くいなくなったのでないことは、先に挙げた明の袁裘「遊乳洞記」・兪安期の詩・

徐霞客の「記」やこの葉星期の題詩によって明らかである。謝啓昆『廣西通志』は清・嘉慶初の編であって記載はそれ以前の事に止まるが、その三〇数年後に成った張運昭『興安縣志』(道光十四年1834) 2「輿地・乳洞」(20b～22b) には、康熙三十八年 (1699) 知縣の葉星期題詩の後に、知縣の徐錫礼「遊乳洞詩」、おそらく乾隆十九年 (1754) の作である査礼 (1716-1783？) の詩 (また謝啓昆『廣西通志』96「山川略・乳洞」に収める)、乾隆二十三年 (1758) の作である監察御史曹秀光「乳洞記」・「贈侯氏」二首、乾隆五一年 (1786) 興安知縣の劉瀚「遊乳洞巖下洞詩」、乾隆間に帰省し隠居した興安縣人の李時沛 (1730-1807) の作で劉詩と同題の「遊乳洞巖下洞詩」などを収めており、清代でも官吏・文士らが訪れていたこと、しかも清初の康熙・乾隆の間に集中していることが知られる。査礼は謝啓昆『廣西通志』253「宦績録」13「國朝」に伝があり、また桂林普陀山麓寿佛寺洞外に題詩石刻 (乾隆十九年1754) や桂林虞山南麓に題詩石刻 (乾隆十九年) が現存する。また、査礼「復修靈渠記」(唐兆民『靈渠文獻粹編』1982年、p231) によれば乾隆一九年 (1754) に乳洞の北西にある靈渠の修復を視察しているから、その時に乳洞に立ち寄ったものと思われる。劉瀚 (一に翰) は張運昭『〔道光〕興安縣志』15「宦績」(12b) に伝があり、それによれば福建省同安縣人。李時沛は同書17「人物」(4a) の「傳」・13「勝蹟・寺院」の「楊柳田庵」によれば、字は雨亭、興安縣界首人、塩城・無錫・睢寧等の知縣を歴任。ただ、それらの詩文は『〔道光〕興安縣志』13「金石」に載っていないから、拓本の伝わっている葉星期詩を除いて、多くが刻石されてはいなかったであろう。実際に石刻の存在は確認できない。その原因としては、洞内がすでに宗教的な道場として利用されていたこと、また来訪する者は主に縣令であって唐宋のように大官名人でなくなっていること、さらに先に考察を加えたようにすでに明代の中期には洞前の明真寺は廃墟となっており、乳洞およびその周辺は荒廃していたと思われることなどが挙げられよう。

　しかし清代に入って再び乳洞の詩文の作が増えるようになる。それらは興安縣の知事あるいは出身者というように興安縣に縁のある人が主であり、また清初に集中している。おそらく彼らが乳洞を訪れたのは、清初における董田村在住の名士侯氏による寺院再建が直接的な原因であろう。清・乾隆二三年 (1758) の曹秀光「乳洞記」に「舊有明貞〔真〕寺、久廢。今、侯氏移建、小宇額曰"飛霞"。釋氏海容居之、海容性恬適、真山林中人」という。また、これよりも半世紀以上早い康熙三十八年 (1699) 葉星期「冒雨遊龍蟠詩」に「二三侯氏子、少長倶琅玕」という「侯氏」も曹秀光「乳洞記」にいう「侯氏」であろう。これらに拠って、明代に乳洞前に在って荒廃していた明真寺は清初に至って侯氏によって移建され、飛霞寺と改名されたことが知られる。

　今回、乳洞の周辺、道冠村・董田村・毛坪村で取材調査を試みたが、董田村の長老から乳洞の北に位置する董田村は全て"侯"姓であるという興味深い話を聞くことが出来た。ちなみに張運昭『〔道光〕興安縣志』17「耆壽」には清・嘉慶年間 (1796-1820) まで生きた侯裕陽・侯克正・

侯裕楫を載せているが、いずれも「董田人」である。それによれば、侯裕楫（94歳）は嘉慶二年（1797）恩賜登士郎、侯裕陽（101歳）は嘉慶一四年（1809）に恩賜登仕郎、一六年（1811）に欽加七品、いずれも清の康熙年間（1662-1722）の生まれであるから、葉詩にいう「二三侯氏子、少長倶琅玕」や曹記にいう「今、侯氏移建」とは彼らを指す、あるいは含むものである。史載によれば、この董田村侯氏の来歴はさらに古く、その祖を北宋に遡ることができる。黄海修・蔣若淵纂『興安縣志』（乾隆五年1740）8「寓賢・宋」に「侯珉：字時舉、先山東陽信人、宋進士、歴官禮部侍郎、不阿權相、元祐間以黨籍避禍來粤、寓興〔安〕之東郷董田村、多行善事、州里徳之。嘗渡黄河、覆溺幾殆、忽遇七仙女浣布、以布浮水爲橋、翼之而登。自是、行善益力。殁葬仙人橋南山。今子孫毎年行叩謝七仙禮」（また『〔道光〕興安縣志』17「耆壽」）という。董田村侯氏にはこのような伝承があった、あるいは『族譜』・『家譜』のようなものが伝わっていたのであろう。嶺南地域における明清の土官土司が始遷祖を北の漢人に求め、多くが「山東青州益都縣」を原籍としていることは、河原正博『漢民族華南発達史研究』（吉川弘文館1984年）「広西左・右江流域酋領の始遷祖」・谷口房男「広西土官の族譜と関連資料」（『東洋大学文学部紀要』51、1997年）等、早くから指摘されている。「先山東陽信人」というのはそれと何らかの関係があるように思われる。ただし興安県は唐宋のいわゆる羈縻州県ではなかったし、また董田村の侯氏が代々当地の土官土司であったことも知られていない。また、最近の研究によれば「ここに示した族譜などは、多くが始遷祖の原籍を『山東青州府益都県』としている。こうした傾向は、清末以降に一般化したものと思われる」（谷口論文p49）という。董田村侯氏も始遷祖を「山東」とするが、おそくとも乾隆以前・清初に始まっており、しかも「陽信人」としているから、清末以降の傾向と必ずしも同じではない。始遷祖と「山東」との関係は、明清の土官土司に限らず、広西の『族譜』の形成として改めて考えてみる必要があろう。しかし侯氏が早くから当地の大族名家であったことは確かである。図版を参照。今、董田村の中心に当たるところに"侯氏宗祠"が建てられており、その中に「宋禮部侍郎侯始祖侯珉」や「誥封奉大夫九世祖侯經科」等の位牌が安置されている。『縣志』の「侯珉」条の記載を信じれば、董田村侯氏の始祖とされている侯珉は北宋・徽宗が全国に下詔した、宋史のいわゆる"元祐黨籍"（崇寧四年1105）に在ったためにこの地に逃れてきた。今、桂林龍隠巌内に石刻「元祐党籍碑」（慶元四年1198重刻）が現存しており、文武三〇九人の中で「侯」姓の者は「侯顧道」一人しかいないから、董田村侯氏の一族は侯顧道の子孫ということになる。清・陸心源『元祐黨人傳』5（3）によれば「崇寧三年入黨籍、五年令吏部注在外差遣」であるが、『縣志』には「山東陽信人、宋進士、歴官禮部侍郎」という。先祖・族望を遠きに求めるのは古今の常であり、名人名家に求めるのは人情として理解できるが、歴史上有名な罪人簿「元祐党籍」に名の載っている者に求めるのは一般的には考えにくい。ただし元祐党はすでに南宋・高宗に至って名誉回復を果たしていた。あるいは董田侯氏にはそのような『族譜』類が伝わってい

興安縣董田村侯氏宗祠（1）

て侯封公の進士登第を機として侯氏始祖の伝承が世に出てきたとは考えられないであろうか。そうならば、侯顧道については今日ほとんど知られておらず、この一条は貴重な史料である。また、『〔道光〕興安縣志』10「職官」によれば、「國朝・康熙」の「興安縣知縣」に「侯封公：山東陽信人、進士、（康熙）三十年（1691）」と見える。曹秀光「乳洞記」（乾隆二三年1758）よりも約半世紀前のことであるから、曹「記」に「今、侯氏移建」という「侯氏」はその子孫であろう。そうならば康熙三十八年（1699）葉星期「冒雨遊龍蟠詩」に「二三侯氏子、少長倶琅玕」という「侯氏子」も侯封公と関係があるかも知れない。興安県知事であったという侯封公も『〔道光〕興安縣志』にいう「侯珉：字時舉、光［先］山東陽信人」と出身地が同じであるから関係があるように思われる。「侯封公：山東陽信人」というのは「侯珉：……光［先］山東陽信人」と同じで、祖籍をいう。真偽のほどは不明であるが、董田村の侯氏からは侯封公のような進士が出ており、また恩賜される人士を多く輩出している。いずれにしても辺鄙の地に住する一般庶民の家庭環境ではない。

　このように乳洞を訪れた当地の官僚が口々に功績を称えている侯氏は董田村の有力者であった。清の初めに侯氏は明代から荒廃していた乳洞前の明真寺を、おそらく私財をなげうって、移建再興し、"飛霞寺"と改名した。当時の住持は海容である。しかし侯氏は寺院の再建にとどまらず、その境内にある乳洞の内外をも再整備したであろう。乳洞の復興には侯氏の貢献が大であった。しかし整備は三洞に及ぶものではなく、下洞を中心にしたもののようである。

宋禮部侍郎始祖
妣考
侯
門 公
裴 諱
氏 珉
一 字
品 時
夫 舉
人 光
　 祿
老 大
太 夫
婆 公
之
靈
位

興安縣董田村侯氏宗祠（２）

清初の詩文に見える乳洞の記述には一つの特徴がある。それは乳洞の三洞のうち、下洞・噴雷洞の記述が中心になっているということである。劉瀚と李時沛の詩がともに「遊乳洞巖下洞」と題されているようにすでに下洞に限ったものであり、また曹秀光「乳洞記」に「余愛"噴雷洞"之勝」といい、葉星期の詩も下洞に刻されていて内容の中心も下洞およびその周辺の描写にある。下洞はたしかに景勝であるが、上洞も明・黃佐『廣西通志』12「乳洞」(33b)「至"上洞"。入門〔却下〕平曠、有淺水可涉。秉炬而入、石乳玲瓏、有五色石、橫亘其上。行數歩、有石高十餘丈、色亦五彩、又有石床・石室、千態萬狀、深入愈奇」というように、比類のない神秘的な空間であった。しかし清代では上洞に言及するものが少ない。たとえば曹秀光「乳洞記」に「下曰"噴雷"、中曰"駐雲"、上曰"飛霞"。數年來土無演而崩墜、巨石封洞中、猿猱矯捷、於此爲穴、余不能復至矣」といって以下に詳しく紹介する所は主に下洞である。三洞名の紹介の後にいう「巨石封洞中、猿猱矯捷、於此爲穴」は三洞の全てについてではなく、最後に挙げている上洞のみについていうものではなかろうか。現状から見ても下洞・中洞は「巨石封洞中」ではない。それを想像せしめる、狭い洞口になっているのは上洞のみである。上洞口は両側に巨大な岩があって洞口が狭く高くなっており、その岩は崩墜したものであるようにも思われる。しかし、南宋・祝穆『方輿勝覽』（嘉熙三年1239）38「靜江府・山川」に「乳洞：……自"中洞"左盤至"上洞"、入門却下入〔八〕十歩至平處、秉炬入」（『桂海虞衡志』の佚文）というから、宋代でも洞口は高い位置にあり、そこから岩石磊磊たる急勾配の崖を30～40m下って行くという形勢は今日でも同じある。したがって南宋以後に大きな崩落があって洞口が封鎖されたとは思われない。洞口周辺の状態は清代以前から基本的に変わっていないのではなかろうか。ただし、たしかに上洞口前には巨石が崩落しており、またその内部にも崩落したような形跡が認められる。洞口から約80m入った地点は急に隆起しており、その奥には累々と岩石が重なっている地帯があり、今日でも他の二洞と較べて洞内を進むのは危険である。また、三洞内にはそれぞれ数体の石像が最深部に置かれて道場として使われていたことが知られるが、上洞では隆起した危険な地帯の手前、洞口から50mの当たりに石佛が置かれている、つまり洞内の前部分が道場になっている。崩落したのが明清の間なのかどうかはさだかでないが、清初に在って少なくとも「猿猱矯捷、於此爲穴、余不能復至矣」、猿など野獣の栖みかとなっていて危険であると認識されていたことは確かである。野獣の巣窟と化しているほど荒廃していたということは、すでに清代では上洞に入る人はほとんどいなかったはずである。清初の詩が下洞を中心にしたものであるのはそのためであろう。

40 〔？〕清・康熙五十五年（1716）馬世熙「造像記」

『中國西南地區歴代石刻匯編（六）廣西省博物館巻』所収の拓本「造像記」（p167）に「康熙五十二年（公元1713）刻。石在廣西興安縣乳洞中洞」という。中洞に石像は4体現存しており、先に考察したように、いくつかのものにはその側面に題記があるが、この「造像記」に該当する石刻は発見することができなかった。

【資料】

拓本：

1）『中國西南地區歴代石刻匯編（六）廣西省博物館巻』（p167）「造像記」（広西本と略称）

【現状】

今、広西本による。

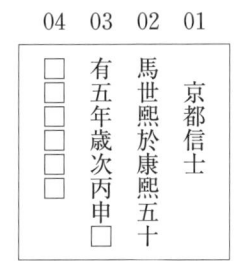

```
04  03  02  01
□   有   馬   京
□   五   世   都
□   年   熙   信
□   歳   於   士
□   次   康
□   丙   熙
    申   五
    □   十
```

撰者馬世熙、書者馬世熙（？）・刻者未詳。広西本に「拓片長20厘米、寛10厘米。行書、馬世熙撰」。広西本を見る限り、「行書」ではなく、真書である。縦書き、右行。字径は広西本には記されていないが、「拓片長20厘米」と影印の比率から見て約2cmであろうか。

【校勘】

03　有五年歳次丙申□

「有五」＝広西本に「五十二年」とするが、「五十有五」を「五十有二」に誤ったもの。拓本では「二」か「五」あるいは「三」にも似ているが、下の文字は「歳次丙申」と読めるから、康熙五十年代の「丙申」、つまり五十五年。したがって「二」ではなく、「五」が正しい。

【解読】

　京都信士馬世熙、於康熙五十有五年歳次丙申（1716）□□□□□。

末尾の闕字部分には月日と「供養」「造像」のような語が入るであろう。

広西省博物館による乳洞石刻の収蔵について

乳洞には今日でも少なくとも三〇点にも及ぶ多くの、しかも唐宋時代に集中した石刻が現存し

ており、それらは比較的容易に発見できる。中国国内で乳洞石刻の拓本を最も多く所蔵しているのは恐らく広西省博物館（広西壮族自治区博物館）であり、『中國西南地區歷代石刻匯編（四～八）廣西省博物館巻』が最も多く収録しているであろう。同書（四）「前言」によれば同館には「珍藏廣西石刻拓本一千四百多種」されており、「以唐・宋的較集中」（p1）であるという。『廣西省博物館巻』は第四冊から第八冊の計五冊、所収の拓本を試算してみれば計約900点ある。また同「前言」には、広西地域においても桂林に石刻が多いことを具体的な山・岩を挙げて示した上で「其他諸如全州的湘山・興安的乳洞、永福的百壽岩……等等風景名勝地、都是摩崖石刻的薈萃之地」というから、桂林の他に乳洞には広西全域の中でも比較的多くの石刻が存在しているという認識があったことは確かである。しかし実際に収録されている乳洞石刻は唐・韋瓘「遊三乳洞記［詩］」、南宋・李邦彦「三洞記」、南宋・王慈敬「建橋等記」、清・葉星期「冒雨遊龍蟠」詩および「維摩詰聖相」の「造像記」と清・馬世熙「造像記」のわずか6点に過ぎない。これはなぜなのか。「前言」に選定の基準・方針のようなものは明記されていない。

　同書収録の乳洞石刻6点の中で韋瓘「遊三乳洞記［詩］」・李邦彦「三洞記」の2点は時代・内容ともに貴重であることは確かであるが、他にも貴重なものが多いにも関わらず、なぜ馬世熙「造像記」を収録しているのか。どうもそれはその石刻が貴重であるからではなく、単に乳洞石刻の収蔵が少なかったからに過ぎないのではなかろうか。馬世熙「造像記」石刻は清代の、しかも氏名・年代のみを記した、わずかに二〇数字の20cm×10cmの小品であって、史料として見ても、また文学・芸術的側面から見ても、さほど価値があるものとは思われない。あるいは石刻がすでに現存しないために貴重視されたのであろうか。中洞に石像は4体現存しているが、同書「造像記」の説明「石在廣西興安縣乳洞中洞」を信じれば、中洞石像は今の4体とは別にもう1体あったことになり、さらに『桂林旅游大典』（p202）・『桂林旅游資源』（p410）に「中洞……有清代康熙年間觀音雕像6尊」というのを信じれば、造像は現存の4体の他に2体あったわけであり、そこでこの「造像記」はその中の1体にあったことが考えられる。しかし4体はいずれも頭部が破壊されているだけであって今日に至っても現存しているから、他の2体のみが跡形もなく粉砕されてしまったとは考えにくい。また、その2体のみが運び出されたということも、あり得ないことではないが、常識的には考えにくい。あるいは「中洞」というのは記憶か転記の誤りであって、下洞か上洞であるということも考えられるが、その二洞に現存する石像で広西本にいうような「造像記」をもつものはない。また、「前言」には「有的甚至全然不存了、只能借助于拓本保留部分歴史風貌」（p1）と、同書の拓本の利用価値についていう。たしかに収録されている李邦彦「三洞記」は現存していないが、韋瓘「遊三乳洞記［詩］」は現存しているから、破壊されて現存していないために価値を認めて収録したというのでもなさそうである。収録6点中、3点は詩文の作品であり、「造像記」は佛像の題記であって内容・形式の上から類を異にするが、

宗教的な石刻の代表として収録された、あるいは分類に配慮した選定であるとも思えない。乳洞の石佛はすべて頭部が破壊されているが、石刻に限っては、どういうわけか宗教的な内容のものはほとんど無傷で残っており、文人官僚の作は多くが破壊されている。しかも無傷の宗教的石刻は9点もあり、そのうち7点はいずれもこの「造像記」より500年も早い南宋のもの、他の2点「造"維摩詰像"記」・「造"李長者像"記」もその可能性が高い。そのような中にあってなぜ馬世熙「造像記」を選定収録しているのか。このような収録数とその内容を考えれば、廣西省博物館には乳洞石刻が多いという認識がありながらその拓本がほとんど収蔵されていないこと、さらには乳洞石刻そのものがほとんど調査されていないことを告げているように思われてならない。

41 〔存〕清・乾隆二十四年（1759）題榜「龍□」

下洞口、南宋・張孝祥書榜「上清三洞」四大字の真上。林半覚『廣西石刻志稿』をはじめ今日に至る資料に見えない。

【現状】

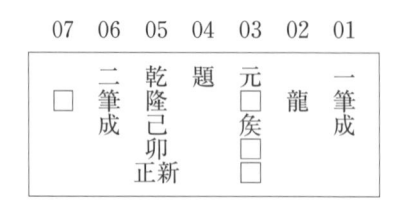

07	06	05	04	03	02	01
二筆成 □	乾隆己卯正新	題 □	元 □ □	□矣 □	龍	一筆成

41：清・乾隆二十四年題榜「龍□」

縦65cm、横75cm、石面磨平、右行。02・07は各一大字、双勾草書、字径18〜28cm；01および03〜05は行書、字径2cm。

2、乳洞巖の石刻

【釈文】

浸食が相当進んでいるために、また本来刻字が浅くて文字も小さいために、判読困難。

03　元□矣□□

「□矣」＝上字は「峰」の異体字「峯」に近い。その下は全体的には「戻」に似ているが、上部は「勹」、その下は「矢」であるから、「侯」の異体字「矦」であろう。

「□□」＝上字は「之」に似る。下字は左は明らかに「王」、右は「示」「卞」に近いから、「珍」の異体字「珎」ではなかろうか。

05　乾隆己卯新正

「新正」＝この二字のみ横書き。

07　□

「□」＝判読不能。02「龍」に対応する双勾草書の一大字であるはずである。そこで前掲の「清・康熙三十八年（1699）葉星期作『冒雨遊龍蟠』詩」に見える「龍蟠」の「蟠」が考えられるが、そのような複雑な字ではない。

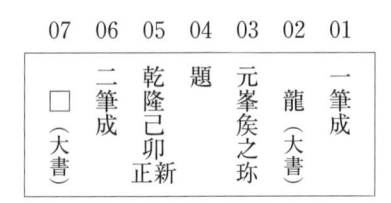

【復元】

07	06	05	04	03	02	01
□（大書）	二筆成	乾隆己卯正新	題	元峯矦之珎	龍（大書）	一筆成

【解読】

　　一筆成：＂龍＂。

　　元峰侯之珍（？）、題乾隆己卯（二十四年1759）新正（正月）。

　　二筆成：＂□＂。

「元峰侯之珍」の意味は不明。下行に「題」があるから、上行は人名であるように解せられる。しかしそうならば、姓は「元」なのか、「侯」なのか。「元」ならば「峰侯」・「之珍」は名・字あるいは号、「侯」ならば「元峰」は出身地あるいは号で、「之珍」は名ということになろう。「侯」は董田村の名士の姓であるから、その一族であろうか。しかし、いずれであるにしても「之珍」は名あるいは字としてやや不自然である。釈文には誤りがあるかも知れない。

42 〔存〕民国三六年（1947）林半覚等題名

下洞、洞内、向かって右道の奥約30mにある石柱上、高さ約1.5mのところ。「05：元晦題記」の真下。

【現状】

04	03	02	01
崖林半覺誌	過此留三日得唐代摩	月與劉子保虛訪碑	中華民國卅六年十一

撰者林半覚、書者林半覚、刻者劉保虚。石面磨平、外格有り、縦68cm、横28cm、行書、字径6cm。縦書き、右行。

【解読】

　　中華民國卅六年（1947）十一月、與劉子保虛（？-？）訪碑過此、留三日、得唐代摩崖。林半覺（1907-1983）誌。

「劉子保虛」は未詳。1940年に馬相伯（1840-1939）を記念して桂林畳彩山風洞に肖像が造られ、落款に「林樂義績、劉保虛鐫」とあり、これについて「絵像人林樂義（美術家・建築師）、興安劉保虛刻石」（『桂林名人網』の「馬相伯在桂林」）であるという。同一人物と考えて間違いなかろう。劉保虚は興安県の人、刻石を善くした。『興安縣志』（2002年）「文物調査」（p545）によれば、民国三六年に広西省文献委員会が県内の文物古跡の調査を行っているが、林・劉はそのメンバーだっ

42:民国三六年林半覚等題名

たのではなかろうか。

林半覚と広西石刻の調査

　乳洞巖の中で唐代石刻はこの石柱の上に集中している。筆者の調査によれば、少なくとも趙某題詩・元晦題記・韋瓘題詩の3点がある。この唐代石刻群を最初に発見したのは林半覚であろう。林半覚は乳洞石刻を含む広西石刻の調査・整理の上で多大な貢献をなした。

　広西石刻の本格的な調査と研究は先ず明・張鳴鳳（1528?-1595）に始まったといってよかろう。その著『桂勝』（万暦十七年1589）は当時桂林城周辺に存在していた石刻の拓本を可能な限り収集して判読・録文して若干の考証を加えたもので、それまでになかった桂林石刻の一大資料集である。その中には破壊・浸食されて今日見ることのできないものも少なくない。ただ、残念ながら範囲は桂林城内およびその周辺に限られている。次に挙げなければならないのは、その約二百年後の嘉慶六年（1801）に刻刊された謝啓昆（1737-1802）『粤西金石略』十五巻（同人『廣西通志』の「金石略」）である。該書の胡虔「粤西金石略敍」に「明・萬暦中、制府劉公繼文嘗令人齎楮墨、拓崖壑之文、以貽張羽王（鳴鳳の字）、爲作『桂勝』。距今一百九十年而（謝）公繼之、且統粤西金石之全、畢登于書、可謂盛乎」といって張鳴鳳の後に位置づけている。ただし『粤西金石略』は「粤西」と称しながら、『桂勝』と同じく桂林を中心としたものであり、『粤西金石略』15の末に「待訪目録」を加えて「謹案：粤西金石之文、著録者、得四百八十有三種。然崖谷棒莽中、搜討有所未及、又其石已亡而世或有拓本者、并存其目、以待後之君子」というように徹底していない。先の「11：乾道二年（1166）張孝祥楷書"上清三洞"」の項の考察「謝啓昆『粤西金石略』「待訪目録」とその調査に対する疑問」で述べたように、周辺地域のものは有名であって容易に見つけられるものであっても収録されていないものが意外と多い。また、考証については清・劉玉麐（1738-1797）の恩恵が大である。たとえば劉玉麐『桂林巖洞題刻記』について、『廣西通志』210「藝文略」は「"東峯"一冊、"龍隱巖"一冊、"南溪"一冊、所記二百一十六種、手拓者一百六十九種、間有考證」であったといい、実際に劉氏の「考證」は謝氏『金石略』に多く引かれている。謝氏『金石略』が単なる金石の著録でなく、多く考証を加えている点は劉氏の方法を継承するものであるといえる。また、張鳴鳳が石刻の存在地域によって整理していたのとは違って時代で配している点も「通志」としての大きな特徴となっている。数量において見れば、『桂林巖洞題刻記』三冊は「東峯（今の七星山）」・「龍隱巖」・「南溪」の三個所に限定したものであったが、すでに216件が収録されていた。『粤西金石略』はそれを基礎として桂林全体に拡大したものであり、収録する石刻は400余件に達する。その後は、楊翰『粤西得碑記』（光緒二年1876）のような詳細な調査報告の類も出たが、対象は唐宋の貴重な石刻に限定されており、著録する石刻の数は多くない。網羅的なものとしては呉徴鰲修・黄泌纂『臨桂縣志』（光緒三一年1905）の「金石志」五巻（20～24）がある。本書の性格上、地域は臨桂県に限定されているが、600件近くを収録して

いる。しかしその数十年後の林半覚に至って、数量の上ではるかにそれらを凌ぐ、約1800余種（一に1300余種）が収集された。かれの調査・収集と整理・基礎的研究によって、広西石刻をほぼ網羅してその全容がつかめるようになったと同時に日中戦争前に調査されているために、半世紀以上後の今日では破壊されて、あるいは喪失して知ることのできなくなった、貴重な資料を提供するものである。

林半覚の事跡については、管見によれば『林半覚遺作集』(1984年) 所収の林漢濤「林半覺略歴及篆刻藝術」および『桂林旅游大典』(1993年)「著名人物」(p688)、魏華齢「廣西石刻的"活字典"―林半覚」(『文史春秋』2002年5期) が最も詳細である。以下、それらに基づいて略歴を紹介しておく。なお、魏氏論文は林氏の功績を前半生（1940年以前）における金石篆刻の教学・創作と後半生における石刻の収集・整理に分けて紹介しているが、後者の記述はなお不十分の憾みがある。ちなみに林半覚の編著としては『廣西石刻志』しか取り上げられておらず、また『林半覚遺作集』も資料として使われていない。

林半覚 (1907-1983)、原名は林泉、字は半覚、号は天曉・白水・蒼松室主・覚齋主人・鉢園居士。広西壮族自治区の西北部に位置する融安県の人。字について黄嘗銘『篆刻年歴』（真微書屋出版社2001年）は「半璽」とする。今、「林半覺略歴及篆刻藝術」に従う。また、『桂林旅游大典』は生卒年を「1902—1983」とし、「林半覺略歴及篆刻藝術」等は「1907—1983」としていて矛盾するが、『林半覚遺作集』所収の落款に「一千九百七十九林半覚七十二歳」とあるから、生年は「1907」が正しい。広西省立第二師範学校を卒業の後、桂林美専の教官をつとめ、美術創作と美術教育に従事するかたわら、文字学・金石篆刻を教える。1940年から広西地方に現存する石刻資料の収集に着手し、44年に『廣西石刻志』を編成、46年9月9日から12日まで広西省政府主催の名義で桂林国立桂林師範学院にて広西石刻の展覧会を開催し、好評を得て後に邕州（今の南寧市）・梧州・広州でも行われた。拓印した広西石刻は1800余種（『大典』は「1300余」に作る）、その中から317種（そのうち桂林石刻は188種）を精選して展示。新中国成立 (1949) 後は、桂林市文物管理委員会専任委員・市文化局歴史文物顧問となり、『桂林山水』・『桂林山水詩選』・『桂林石刻』三冊等の編纂に参加。83年に死去。卒後、1984年に日本の友人瀬田保二によって賛交社から林半覚の篆刻作品を集めた『林半覚遺作集』が出版された。『桂林旅游大典』は出版年を「1985年」に誤る。正確には京都・賛交社出版、1984年12月、編者は瀬田保二・林漢濤（林半覚氏のご令息）。

編著として挙げられる『桂林石刻』は桂林市文物管理委員会編印『桂林石刻』三冊 (1981年)、『桂林山水』は桂林市文化局編著・1959年広西人民出版社出版のそれであろう。余国琨・劉英等合編・1979年漓江出版社出版による同名の書がある。『桂林山水詩選』は桂林市文物管理委員会選編・広西人民出版社1979年出版のそれであろう。後に『古代桂林山水志選』（漓江出版社1982年）として再版。

この他に、羅香林「唐代桂林磨崖佛像考」(商務印書館『唐代文化史研究』所収、1944年)にも言及があり、それによれば1940年に羅香林(1909-1978)は陳志良の旧友盛成中より林半覺を紹介され、林氏は羅香林の調査に同行している。それに「半覺治金石篆刻有年、方爲桂省府編纂粵西碑碣總志、凡碑刻拓本、皆由之彙集著録」(p77)というように、当時すでに「粵西碑碣總志」を編纂していたらしいが、これは「林半覺略歷及篆刻藝術」にいう「一九四〇年起受命訪拓廣西境内古碑以編輯『廣西石刻志』」であり、魏華齡「廣西石刻的"活字典"—林半覺」(p26)にも、1940年2月に広西省政府編訳室任編審に任ぜられて広西石刻展覽の開催と『廣西石刻志』編印の準備をしたという。「粵西碑碣總志」は開始当初の書名の可能性もあるが、恐らく粵西つまり広西省の碑碣等石刻全体の記載という普通名詞による表現であり、正式の書名は『廣西石刻志』であろう。今、桂林図書館に林半覚の民国手抄本『廣西石刻志稿』全七冊と『廣西歷代碑目』を蔵する。前者『廣西石刻志稿』は『廣西石刻志』の原稿であろう。後者は「廣西」の下に「歷代」二字を挿入し、「碣」・「目」を墨抹している、つまり本来の書題は「廣西碑碣目録」であった。旧名「廣西碑碣目録」は「粵西碑碣總志」との関係を想像させる。

『廣西歷代碑目』と『廣西石刻志稿』には内容上深い関係がある。たとえば、ともに乳洞石刻を著録しているが、盧貞・元晦等の唐代石刻は載っていない。乳洞で唐刻を発見したのは民国三六年(1947)であるから、両書はそれより前の編ということになる。さらに、『廣西歷代碑目』は石刻の題名と刻年および書体・字径を記す簡単な書式であり、いっぽう『廣西石刻志稿』は録文の他に書体・字径や所在地を記しているから、『廣西石刻志稿』を基礎資料として『廣西歷代碑目』に整理されたもののように思われる。たとえば『廣西石刻志稿』の「宋劉克莊題乳洞詩」の録文の末に「行書、徑二寸許」というが、『廣西歷代碑目』の同題「宋劉克莊題乳洞詩」では「行書、徑二寸」となっており、「許」字を缺く。この例は他にも多い。「許」字は後に加えられたのではなく、省かれたものと理解すべきであろう。この点から見ても年代の順は『廣西石刻志稿』が先であり、『廣西歷代碑目』が後であろう。『桂林旅游大典』によれば、『廣西石刻志』は1944年に編成されたという。『廣西歷代碑目』はそれを資料として1946年の"廣西石刻展覽"に間に合わせるように編輯されたのではなかろうか。今、桂林図書館には『廣西石刻志稿』・『廣西歷代碑目』の「民国手抄本」しか所蔵されていない。それらは果たして上梓され刊行されたのかどうか、さらにそもそも1944年に『廣西石刻志』として「編成」されたのかどうか。存在するならば、現在失われている石刻を多く含んでいるはずであるから、貴重な資料となるが、今日それを確認することはできない。あるいは1944年編成の『廣西石刻志』とは現存する『廣西石刻志稿』を指すのではなかろうか。また、林氏の収集した拓本1800余(一に1300余という)種も今どこにあるのか不明である。桂林石刻博物館(桂海碑林内)には収蔵されていないという。『中國西南地區歷代石刻匯編(4)廣西省博物館卷』の「前言」によれば、同館は「珍藏廣西石刻拓本一千四百

多種」しており、それらは「不少是本世紀三十年代至五十年代拓印的」であるというから、あるいはここに移管されたのであろうか。

　そのほか、広西石刻の大半を占める桂林石刻を整理・編纂した『桂林石刻志』があったらしい。今日、桂林石刻の基本資料としては清末までの1569件を集める桂林市文物管理委員会編印『桂林石刻』（1981年）三冊を挙げるべきであるが、その主編は林半覚・張益桂であり、「後記」に「尤其是林半覚先生、長期従事金石文物工作、頗有研究、在他編輯的『桂林石刻志』（稿本）中、約有一千二百件、……爲我們編輯這部『桂林石刻』、作出了貢献」（p467）という。『桂林石刻志』（稿本）は恐らく桂林図書館蔵の林半覚手抄本『桂林明清碑目略』等と関係がある。1961年の十五周年国慶節に桂林市文物管理委員会の主催によって"桂林石刻展覧"が開かれ、桂林石刻1500余件中の230余件が厳選の上、展示された。桂林図書館にその時の『桂林石刻展覧目録（稿本）』（油印本）が蔵されているが、これも林半覚『桂林石刻志』が基になっているはずである。桂林石刻博物館所蔵の拓本は一千余りあり（『桂海碑林』（1997年）「概況」p2）であり、『中國西南地區歴代石刻匯編（9〜13）廣西桂林巻』（1998年）は桂林博物館・桂林石刻博物館・桂林市文物工作隊・靖江王陵文管の所蔵する桂林市内外の拓本から約700件を選んで収録している（「前言」p3）。その中には桂林石刻展覧で使用されたものがあるのではなかろうか。そうならばその大半が林半覚収集のものであるかも知れない。ただしその拓本は広西全域に亘る1800余（一に1300余）種の中で桂林に所在する石刻のそれに過ぎない。

　誠に林半覚は桂林および広西の石刻研究の基礎を築いた人であり、魏氏の言葉を借りていえば「廣西石刻的"活字典"（広西石刻の"生き字引"）」であった。今、桂林石刻博物館に広西石刻研究中心（センター）が建設中であるが、林半覚の業績を顕彰すると同時に彼が収集した拓本を探し得て本館所蔵のものと共に公開されるならば、広西石刻の研究を大いに進展させ、桂林の石刻研究は以て中国の石刻研究をリードするものとなるであろう。広西石刻研究中心の早期の完成と石刻の公開が待ち望まれる。

43 〔存〕（年代未詳）下洞口外台座銘

　下洞口に向かって左手、洞口から約20m手前の雑木の間、霊水から約2m離れた南岸の上にある、円錐形あるいは蛸形に近い自然石を使って作った台座のようなもの（径は上40cm、下70cm、高さ32cm）の上。その石座の中心には円形の石板（径35cm厚さ10cmの）がはめ込まれており、椅子のようでもある。その自然石の東南部分、蛸の足のように分かれたものの一支の上面に、西から東に向かって、つまり洞口側から見る形で刻されている。

【現状】

01	金亀
02	思故

　撰者・書者・刻者未詳。石面磨平、縦9cm、横9cm、楷書、字径2.5cm。横書き、左行。

43：下洞口外台座銘（1）　　　　　43：下洞口外台座銘（2）

【解読】
　　金龜思故。
　「龜」は俗字「亀」が用いられている。この字体は今日中国で用いられている、一九五六年に公布された「漢字簡化方案」以来の簡体字で正字であるが、ほんらい俗字として伝わっていた可能性があり、この字が使われていることによって石刻を新中国に入ってからの作であるとは断定

できない。しかし刻字はかなり深くて鮮明であり、洞外にあって風雨にさらされていたにも関わらず、さほど浸食を受けていないことから見て比較的新しいものに違いない。今、劉復・李家瑞『宋元以來俗字譜』（民国一九年1930）をはじめ、今日の張涌泉『漢語俗字叢考』（中華書局2000年）・呉鋼『唐碑俗字録』（三秦出版社2004年）・黄征『敦煌俗字字典』（上海教育出版社2005年）等にも見えない。ただし乳洞に現存する石佛や多くの摩崖石刻等の状況が示しているように、文化大革命時代（1966-1976）に乳洞は"四旧"として破壊の対象にされていたようであるから、その時期を下ることはないであろう。

　この二字二行四文字の組み合わせは、意味を考えれば横書きで左から始めて「金亀思故」という構成で読むのが最も文意が通る。つまり「金龜、故を思う」と読むであろう。しかしその正確な意味はとらえにくい。「金龜」とは黄金で亀を象って鋳造した官印であり、漢代では皇太子・諸侯・宰相・大将軍等の高官が持ったが、唐代では五品官以上の内外官が佩びる飾り"魚袋"が武后朝に"龜袋"に改められ、皇太子・諸侯・宰相・大将軍等に相当する三品以上の高官が黄金製の亀袋を用いた。そこで一般には唐・李商隱「爲有」詩の「無端嫁得金龜壻、辜負香衾事早朝」を典故として「金龜壻」という熟語で使われる。ここでは金亀官印・金亀袋をもつほどの高官にまで出世することを意味するのではなかろうか。「思故」は故郷を思う意であろう。出世して高級官僚になっても故郷のことを忘れない、というような意味ならば、文革よりも更に前、新中国成立以前の作である可能性が高い。

おわりに

　本書の冒頭「はじめに」の「今日までの乳洞巖石刻の調査と記録」でも提起したが、中国広西壮族自治区桂林市轄興安県"乳洞巖"に現存する石刻は、民国期の林半覚等による調査以後、新中国建設後に本格的な調査と整理・研究が行われているようであるが、今日までの公的機関の発表する所には幾つかの異同が見られる。まず、現存総数についていえば、管見によれば、29件・19件・14件という三つの記載が見られる。29件と19件は文化大革命の以前と以後の調査時点の相異によるものであり、14件は誤字・誤算の可能性が考えられる。

　1）文化大革命（1966-1976）以前の現存総数「29件」説

　桂林市文物委員会編著（張益桂執筆）『桂林文物』（1980年）「興安・乳洞石刻」に「據統計、乳洞有唐宋摩崖二十九件。其中唐代會昌間廣州刺史盧貞・越州刺史元晦・桂管觀察使韋瓘以及元繇等人的題名題詩、具有訂証和補充史籍的重要作用」（p125）という。ただし「據統計、乳洞有唐宋摩崖二十九件」という表現は、唐と宋の二代のものしか無かった、あるいは他にもあったが唐・宋のもので29件あったという二通りの解釈が可能であるが、以下に挙げるように「原有石刻29件、觀音等造像9尊、"文革"中石刻被毀10件、造像全毀」「現存石刻19件、其中唐3件、宋15件、民国1件」という言い方では文化大革命以後の現存総数19件の中に民国1件（おそらく「民国三六年（1947）林半覚等題名」）が含まれているから、唐・宋に限定したものではない。少なくともそのように理解されている。そうならば「原有石刻29件」とは、唐刻4件（盧貞・元晦・韋瓘・元繇）・宋刻24件（29-4-1）・民国刻1件の計29件ということになる。

　しかし一般的にいって古代石刻の収蔵では下限を清末として民国期のものは対象としない。たとえば『桂林石刻』（1981年）三冊は清末までを対象として収録しており、『中國西南地區歴代石刻匯編（四）廣西省博物館巻』の「前言」にも「現藏石刻拓本、時代上至南朝、下迄清末」（p1）という。したがって「唐宋摩崖二十九件」というのも、唐・宋に限定したというよりも、清末までを範囲としていたはずであるが、結果として唐・宋のものしかなかった（と判断された）ために、そのような表現になったと考えられる。そうならば総数は30件（29+1）となる。

　2）文化大革命（1966-1976）以後の現存総数「19件」説

　その後の公的な発表によれば、総数は19件に激減している。桂林市政府文化研究中心・桂林市海外旅游総公司主編『桂林旅游大典』（1993年）「文物古迹」の「乳洞石刻」（p294）に「有石刻19件：唐3件、宋15件、民国1件」といい、桂林旅游資源編委会編『桂林旅游資源』（1999年）「摩

崖石刻」の「乳洞摩崖石刻」（p696）には「現存石刻19件、其中唐3件、宋15件、民国1件」であるが、「原有石刻29件、觀音等造像9尊、"文革"中石刻被毀10件、造像全毀」という。つまり、本来は計29件あったが、その内、10件が"文革"によって破壊され、19件しか現存していないということである。『桂林旅游資源』は国家旅游局の「中国旅游資源普査規範」によって進められたものであり、最も権威のある公式報告であるといえるが、それにいう現存石刻数はより早い『桂林旅游大典』と同じであるから、恐らく同一資料に基づいた記載であり、さらに70年代の存在数29件については『桂林文物』と同じであるから、これも同じ資料に基づいているであろう。しかし『桂林旅游大典』には「最早爲唐會昌四至五年（844～845）元繇・盧貞・元晦等人的3件題名」といいながら、『桂林旅游資源』には「最早的石刻爲唐會昌四年（844）盧貞的題名和同年桂管觀察使韋瓘［瑾］的『乳洞題詩』、前者……。還有會昌五年（845）桂州刺史元晦的楷書題名」という。つまり共に計19件・唐3件の説をとり、しかも文章もかなり似ていて襲用した、あるいは同一の資料に拠ったと思われるにも関わらず、唐3件の内訳については前者は元繇・盧貞・元晦を挙げ、後者は盧貞・韋瓘・元晦を挙げている。両者の説は盧貞・元晦の2件は共通するが、「元繇」・「韋瓘」が異なる。前者は「元繇」について「題名」といっており、後者は「韋瓘」について「乳洞題詩」というように明らかに異なる石刻である。また、『桂林旅游大典』は「乳洞巖」（p202）では「摩崖遍壁、著名的有廣州刺史盧貞・桂管觀察使元晦的題記、韋瓘『三乳洞詩』」というから、盧貞・元晦の他に韋瓘を加えた3件を挙げて元繇を挙げていない。つまりこの説は『桂林旅游資源』と同じであり、『桂林旅游大典』内には矛盾がある。いずれにしても三者の挙げる所によれば、「唐3件」ではなく、「唐4件」になってしまい、さらに総数も「19件」ではなく、「20件」に、あるいは「19件」に変わりがないならば、「宋15件」を「宋14件」に訂正せねばならなくなる。「宋15件」については両書ともそのすべてを挙げておらず、何を指すのか詳細は不明であるが、唐刻については元繇・盧貞・元晦・韋瓘は個別の石刻であるから、「唐3件」は明らかに誤りであり、「唐4件」とすべきである。

　3）文化大革命（1966-1976）以後の現存総数「14件」説

　この他、現存数を14件とするものがある。『桂林旅游大典』（1993年）は先に挙げたように「乳洞石刻」（p294）では現存総数を19件とするが、いっぽう同書「乳洞巖」（p202）では「乳洞唐宋時就是游覽勝地、摩崖遍壁、著名的有廣州刺史盧貞・桂管觀察使元晦的題記、韋瓘『三乳洞詩』、李邦彦『三洞記』、以及著名文学家張孝祥・范成大・謝遹・李曾伯等題名・題詩14件。乳洞有"勝絶南州"、"湘南第一洞"之譽」といって現存総数を14件とし、またやや後の桂林市地方志編纂委員会編『桂林市志』（1997年）中冊「山水志」の「興安縣」（p1264）にも類似の記載があって「乳洞自唐宋時即爲游覽勝地、享有"勝絶南州"、"湘南第一洞"稱譽。今猶存唐代盧貞・元晦、宋代李邦彦・張孝祥・范成大・李曾伯等題刻14件」という。この14件説は二書の表現が酷似して

いることから、同じ資料によるもの、あるいは『桂林市志』が『桂林旅游大典』に拠ったものであろう。「19件」説は『桂林旅游大典』(1993年) の後の『桂林旅游資源』(1999年) に見られるから、文革後から1993年の間に29件から14件に激減し、その後、19件に増加している、つまり新たに5件が発見されたということも考えられる。しかし「19件」説もすでに『桂林旅游大典』に見られるから、新発見による追加ではない。

今、「14件」説は「19件」説および今日の現存数からあまりにかけ離れており、「14」は何らかの原因による誤りであろう。まず、容易に考えられるのが転載上の誤記の可能性である。両書の算用数字の表記はいずれも漢数字ではなく、アラビア数字が用いられている。アラビア数字「9」の筆記体と「4」は極めてよく似ている。そこで「9」を誤って「4」に作ってしまったことが考えられる。後の『桂林市志』の関連部分の表記は『桂林旅游大典』の前後を入れ替えて文章を整えたものであり、安易にそれを襲用したもののように思われる。別の可能性としては『桂林文物』の記載との関係がある。『桂林文物』はもと「二十九件」あったといいながら、実際に挙げている所を試みに数えてみれば14件になる。これらの石刻が当時知られていたものであることは確かである。「14件」説はこれによった、あるいは『桂林文物』の挙げる14件のものは当時その拓本が実際にあってそれに拠ったということも考えられる。しかし『桂林文物』と『桂林旅游大典』の「乳洞巌」の挙げる所は必ずしも一致しない。たとえば『桂林文物』の挙げる14件の中には唐刻元繇題名があり、『桂林旅游大典』の「乳洞巌」にはそれが見えない。ただし『桂林旅游大典』の「乳洞巌」には10件しか挙げられていない、つまり14件の全部を示しているわけではない。したがってこれによって断定することはできないが、『桂林文物』が挙げている例を数え上げてその後の総数とするのは執筆者の態度としては考えにくい。また、当時の所蔵拓本によったのであるならば、「19件」説こそその可能性が高い。速断はできないが、誤記の可能性の方が高いと見るべきであろう。

今回の筆者の調査と考証によれば、19件説・14件説とも明らかに誤りであり、29件説もその可能性が高い。筆者の最終調査は2004年12月末に行っており、上掲の諸資料がいう「現存」の時点よりも数年から数十年後に当たる最も新しいデータであり、その間に失われているものがあることは十分予想されるが、筆者の調査結果では総数は逆に増えている。現存を確認できたものが31件で、19件・14件の倍近くに達する。この数は文革以前の29件よりも多く、更にかつて存在していた可能性のあるものを含めば40件以上にも及ぶ。今、本書で扱った乳洞石刻を考証してきた作年の順に配して他書所収の石刻との対比の一覧表を作って示し、それを基にして総括を加える。

「表」中の記号・略称について説明しておく。筆者の「調査」によって現存が確認されたものは●、確認できなかったものの中で拓本が存在しているものは◎、文献資料に石刻の録文が記載されているものは○、文献資料に石刻の存在が記録されているものは△、ただ文献資料で刻石さ

乳洞巖石刻一覧表

石刻＼資料	調査	謝	縣	林	物	典	資	志	拓	詩文
現存総数（17を除く）	31				29	14	19	19	—	—
01 唐・大和八年（834）僧元約題名	●									×
02 唐・会昌四年（844）元縣題名	●				△		△	△		×
03 唐・会昌四年（844）盧貞題記	●			○	△		△	△		
04 唐・会昌五年（845）趙□「題乳洞」詩	●									×
05 唐・会昌五年（845）元晦題記	●				○	△	△	△		×
06 唐・大中二年（848）韋瓘「遊乳洞」詩	●				△	△	△	△	◎	×
07 宋・政和三年（1113）楊書思題記	●			○	○		△	△	◎	×
08 宋・建炎三年（1129）李邦彦「三洞記」	◎	○	○	○	△	△		○	◎	○
09 宋・建炎三年（1129）李邦彦書"玉谿橋"	○			○	○					—
10 宋・紹興三年（1133）前（？）中洞口題記	●									×
11 宋・乾道二年（1166）張孝祥「上清三洞」	●		○	○		△	○	○		—
12 宋・淳熙二年（1175）范成大等中洞題名	●		○	○	△	△	△	△		×
13 宋・淳熙二年（1175）范成大「乳洞」詩	○			○						○
14 宋・淳熙二年（1175）范成大等上洞題名	△	(10の題名中)								×
15 宋・淳熙三年（1176）李景亨等題名	△						△	△		×
16 宋・淳熙四年（1177）常演「桂林巖記」	?		?							×
17 宋・嘉泰二年（1202）王正功「留題乳洞」	●	(龍隠巖に現存)							◎	
18 宋・嘉定十年（1217）方信孺題詩二首	●				△			△		×
19 宋・嘉定十年（1217）方信孺等題名	●		○	○						×
20 宋・嘉定十三年（1220）林士珷等題名	●									×
21 宋・嘉定十五年（1222）劉克荘「題乳洞」	○			○						○
22 宋・端平二年（1235）趙必益等題名	●							△		×
23 宋・淳祐四年（1244）謝遽「遊乳洞」詩	●		○	○	△	△	△		◎	○
24 宋・淳祐九年（1249）李曽伯書"噴雷"	○		○	○	△	△	○			
25 宋・淳祐九年（1249）李曽伯書"駐雲"	○		○	○	△	△	○			
26 宋・淳祐九年（1249）李曽伯書"飛霞"	●		○	○	△	△	○			—
27 宋・宝祐元年（1253）王慈敬「建橋等記」	●								◎	×
28 宋・宝祐元年（1253）至心「登山口題記」	●									×
29 宋・宝祐元年（1253）王慈敬「下洞道場記」	●									×
30 宋・宝祐元年（1253）王慈敬題下洞詩	●			○						×
31 宋・宝祐元年（1253）王慈敬「上清眞境」	●			△						×
32 宋・宝祐元年（1253）趙孟蒭等題名	●									×
33 宋・宝祐二年（1254）王慈敬「中洞道場記」	●									×
34 宋・宝祐二年（1254）王慈敬題讚	●									×
35 宋・宝祐二年（1254）「維摩詰像」題記	●								◎	×
36 宋・宝祐二年（1254）「李長者像」題記	●									×
37 宋・宝祐二年（1254）趙立・項大受唱和詩	●				△		△		◎	○
38 宋・咸淳七年（1271）曾子良等題名	●									×
39 清・康熙三十八年（1699）葉星期題詩	◎								◎	×
40 清・康熙五十五年（1716）馬世熙「造像記」	◎								◎	
41 清・乾隆二十四年（1759）題榜「龍□」	●									
42 民国三六年（1947）林半覚等題名	●									
43 年代未詳　下洞口外台座銘	●									
総計（17を除く）	42	1	11	12	14	10	7	11	11	9	5

れた可能性のみが知られるものは？で示す。「資料」の略称について、謝啓昆『〔嘉慶〕廣西通志』金石略（『粤西金石略』）は「謝」、張運昭『〔道光〕興安縣志』は「縣」、林半覚『廣西石刻志稿』は「林」、張益桂『桂林文物』は「物」、桂林市政府文化研究中心『桂林旅游大典』は「典」（p203）・「典」（p294）、劉濤等『桂林旅游資源』は「資」、興安県地方志編纂委員会『興安縣志』は「志」、『北京圖書館藏中國歴代石刻拓本匯編』・『中國西南地區歴代石刻匯編・廣東省博物館巻』・『中國西南地區歴代石刻匯編・廣西桂林巻』は「拓」、新旧の『全唐詩』・『全唐文』・『全宋詩』・『全宋文』や別集などの詩文集を「詩文」で示す。『全唐文新編』・『全唐文補遺』・『全唐文補編』・『全宋文』は題名の類も収録しているので、この表でも対象にした。それらの中に収録されているものは○、未収録のものは×で示す。ただし、表中の17「南宋・嘉泰二年（1202）王正功作『留題乳洞』詩」は、興安県乳洞巖ではなく、桂林龍隠巖に現存するものであり、乳洞に存在する石刻の総数からは除外する。その他、各資料についての詳細は本書「はじめに」の「今日までの乳洞巖石刻の調査と記録」を参照されたい。

　以下、表に基づいて今回の調査と研究で得た知見をまとめておく。

　01　唐代石刻の数の訂正
　最近の公式発表では乳洞に現存している唐代石刻は3件と考えられているが、5件あるいは6件に修正すべきである。先に指摘したように『桂林旅游大典』・『桂林旅游資源』ともに現存総数「19件」のうち「唐代3件」としながら、『大典』（p294）には「元絲・盧貞・元晦等3件」を挙げ、いっぽう『資源』（p696）に「盧貞……韋灌［瓘］……元晦」を挙げており、石刻内容が一致していない。二書の後に出ている新編『興安縣志』（2002年）の「乳洞岩」（p484）には「有唐代廣州刺史盧貞・越州刺史元晦題記・元絲題名・桂管觀察使韋瓘的"三乳洞詩"」といって4件を挙げている、つまり1件増えているが、これは『桂林文物』（1980年）「興安・乳洞石刻」（p124）と同じであり、これに拠ったことも考えられる。このように唐刻の内訳に齟齬が見られるが、いずれにしても現存するものは3件あるいは4件ではない。筆者の調査・考証で確認できた現存数は6件であり、そのうち2件（01「元約」・04「趙□」）は新発見のものである。

　なお、『桂林旅游資源』の末に付録の一覧表「桂林市十二縣文物保護単位」の「四、石刻及其他」に掲げる「乳洞石刻」の条（p842）では「時代」を「宋—民國」とするが、同書の「乳洞摩崖石刻」（p696）にも「唐代4件」といい、実際に6件もの唐刻が存在しているから、「宋」を「唐」に改めて「唐—民國」と訂正すべきである。

　02　宋代石刻の数の訂正
　従来、公式発表では乳洞に現存している宋代石刻は15件と考えられているが、筆者の調査と考証によれば、その倍近く、少なくとも23件はある。ただし『桂林旅游資源』（p696）には「原有石刻29件・觀音等造像9尊、"文革"中石刻被毀10件、造像全毀」というから、現存数19件（29-10）の

中には造像記は含まれていない可能性がある。そこで「35：南宋・宝祐二年（1254）中洞『維摩詰像』題記」・「36：南宋・宝祐二年（1254）中洞『李長者像』題記」を除外すれば、21件（23-2）となる。しかし21件の内容は『桂林旅游大典』・『桂林旅游資源』等が15件としてその一部を挙げている所と相違があり、「15：李景亭等三人題名」および「24：李曾伯書 "噴雷"」・「25：李曾伯書 "駐雲"」の計3件はいずれも筆者の今回発見できなかったものである。そこで、これらの石刻が今日でも確かに存在しているのであれば、宋刻現存数は24件（21＋3）となる。『桂林文物』によれば文革以前には宋刻は24件（29-唐4-民国1）が存在していたと推定されるから、奇しくも一致する。

03　現存石刻の総数の訂正

したがって現存総数も定説とはかなり違ってくる。今回筆者が確認できた現存石刻の総数は造像記2件を含めば31件となり、『桂林旅游資源』等のいう現存総数19件をはるかに越える。ただし現存数19件（29-10）の中には造像記は含まれていない可能性があり、そうならば29件（31-2）となって「原有石刻29件」と一致するが、その内容は少なくとも筆者新発見の唐刻が2件と未発見の宋刻が3件があってかなり相違する。そこで定説の現存総数19件の中で、少なくもと「15：李景亭等三人題名」および「24：李曾伯書 "噴雷"」・「25：李曾伯書 "駐雲"」の計3件がいずれも筆者が発見できなかっただけであって現存しているならば、現存数は34件（31＋3）となり、さらに拓本が存在している「39：清・康熙三十八年葉星期題詩」・「40：清・康熙五十五年馬世熙『造像記』」も現存しているならば36件となる。

では、定説となっている現存総数19件とは何を指すのであろうか。「19件」説は多くの書に見えるが、いずれもその全容を示しておらず、また挙げる所は必ずしも同じではない。しかし各書が一部挙げる所を総合して見ればその全容がほぼ推測される。今、『桂林文物』から『興安縣志』までの書に挙げる所から推定した「定説乳洞巖石刻現存総数「19件」の推定表」を示す。表中「推定」の「●」で示したものが推定される石刻である。

『桂林文物』は「29件」といっており、他書の「19件」説とは異なるが、その挙げている所はほとんど同じである。ただ『桂林文物』のみが挙げているのは「……王慈敬・項西疇等人的題詩」（p125）という王慈敬題詩であり、それは王慈敬の落款をもつ「31：南宋・宝祐元年（1253）王慈敬『上清眞境』詩」に比定される。『桂林旅游大典』（p294）には「有石刻19件：唐3件、宋15件、民国1件。有題名・題榜・題詩・記事・偈語等」というから19件には「偈語」も含まれているわけであり、「王慈敬題詩」がそれに当たるであろう。今、それらを時代別に分ければ、唐4件・宋13件・民国1件の計18件になり、「唐3件、宋15件、民国1件」の「19件」に極めて近い。先にも触れたように、唐刻は同じ「19件」「唐3件」説をとる『桂林旅游大典』と『桂林旅游』とで異なっており、また『桂林旅游大典』内でも矛盾しているが、4件と見なさなければならない。

おわりに

定説乳洞巖石刻現存総数「19件」の推定表

石刻	資料 現存総数（17を除く）	調査 31	物 29	典 14	19	資 19	志	推定 19
01	唐・大和八年（834）僧元約題名	●			△			
02	唐・会昌四年（844）元緜題名	●	△		△	△		●
03	唐・会昌四年（844）盧貞題記	●	○	△	△	△		●
04	唐・会昌五年（845）趙□作「題全義乳洞」詩	●						
05	唐・会昌五年（845）元晦題記	●	○	△	△	△	△	●
06	唐・大中二年（848）韋瓘作「遊乳洞」詩	●	△	△		△		●	4
07	北宋・政和三年（1113）楊書思記	●			△	△		
08	南宋・建炎三年（1129）李邦彦作「三洞記」	◎	△	△		○		
09	南宋・建炎三年（1129）李邦彦隷書"玉谿橋"	○						
10	南宋・紹興三年（1133）以前（?）中洞口題記	●						
11	南宋・乾道二年（1166）張孝祥楷書"上清三洞"	●	△	△	△	○	○	●
12	南宋・淳熙二年（1175）范成大等中洞題名	●	△	△	△	△	△	
13	南宋・淳熙二年（1175）范成大作「興安乳洞」詩	○						
14	南宋・淳熙二年（1175）范成大等上洞題名	△	(10の題名中)					
15	南宋・淳熙三年（1176）李景亭等題名	△				△	△	●
16	南宋・淳熙四年（1177）常演作「桂林巖記」	?						?
17	南宋・嘉泰二年（1202）王正功作「留題乳洞」詩	●				（龍隠巖に現存）		
18	南宋・嘉定十年（1217）方信孺作「乳洞」等詩二首	●	△			△		●
19	南宋・嘉定十年（1217）方信孺等題名	●						
20	南宋・嘉定十三年（1220）林士玿等題名	●						
21	南宋・嘉定十五年（1222）劉克荘作「題乳洞」詩	○						
22	南宋・端平二年（1235）趙必益等題名	●				△		●
23	南宋・淳祐四年（1244）謝遠作「遊乳洞」詩	●	△	△	△			●
24	南宋・淳祐九年（1249）李曽伯書"噴雷"	○	△	△		○		●
25	南宋・淳祐九年（1249）李曽伯書"駐雲"	○	△	△		○		●
26	南宋・淳祐九年（1249）李曽伯書"飛霞"	●	△	△		○		●
27	南宋・宝祐元年（1253）王慈敬作「建橋等記」	●						
28	南宋・宝祐元年（1253）至心作「登山口題記」	●						
29	南宋・宝祐元年（1253）王慈敬作下洞「道場記」	●						
30	南宋・宝祐元年（1253）王慈敬題下洞詩	●						
31	南宋・宝祐元年（1253）王慈敬作「上清眞境」詩	●	△					●
32	南宋・宝祐元年（1253）趙孟藚等題名	●						
33	南宋・宝祐二年（1254）王慈敬作中洞「道場記」	●						
34	南宋・宝祐二年（1254）王慈敬題讃	●						
35	南宋・宝祐二年（1254）中洞「維摩詰像」題記	●						
36	南宋・宝祐二年（1254）中洞「李長者像」題記	●						
37	南宋・宝祐二年（1254）趙立・項大受唱和詩	●	△		△			●	13
38	南宋・咸淳七年（1271）曾子良等題名	●							(14)
39	清・康熙三十八年（1699）葉星期題詩	◎						
40	清・康熙五十五年（1716）馬世熙「造像記」	◎						
41	清・乾隆二十四年（1759）題榜「龍□」	●						
42	民国三六年（1947）林半覚等題名	●						●	1
43	年代未詳　　　下洞口外台座銘	●						

ちなみにそれは『興安縣志』が挙げる唐刻4件と同じ内容である。そこで総数19件と整合させるならば、「宋15件」は「宋14件」に修正される。次に宋刻については、各書の挙げる所を網羅すれば13件になり、全体の総数も18件であって定説よりも1件少ないが、『桂林旅游資源』に「淳熙三年（1176）李景亨等三人題名、河内常璜双勾行書石刻、54字、首次提出乳洞爲"湘南第一洞"的題名」（p696）というのを一件と見なすか、「淳熙三年（1176）李景亨等三人題名」と「河内常璜双勾行書石刻」の二件と見なして後者を「16：南宋・淳熙四年（1177）常演作『桂林巌記』」に比定するならば、宋14件になる。このように「19件」の内容はほぼ推定される。

ただしこれにはいくつか疑問な点もある。定説「19件」によれば石刻は唐・宋・民国のものであって清刻は知られていないようであるが、「39：清・康熙三十八年葉星期題詩」・「40：清・康熙五十五年馬世熙『造像記』」は今日拓本によってその存在が知られる。しかしこれらの清刻が乳洞に在ったというのは『中國西南地區歷代石刻匯編（六）廣西省博物館卷』であって現在その痕跡も見当たらず、存在が確認できない。次に、王慈敬等の題刻が「19件」にほとんど入っていない。『桂林旅游大典』（p294）に「有石刻19件：唐3件、宋15件、民国1件。有題名・題榜・題詩・記事・偈語等。最早爲唐……元絳・盧貞・元晦……。宋刻中有張孝祥……范成大……謝逵・趙立題詩等。其他多爲道家之作，可証明當年此洞道教人士活動狀況」というのを見れば、道家の作の存在が多数知られていたようであるが、ほとんど現存していない。王慈敬等の佛教に関するものを「道家之作」と理解したのではなかろうか。かりにそうであるにしても、「19件」の内容説明では「偈語」をいうから、佛教関係の作も入っているはずであるが、他書との対照から推定される「19件」の中に多くはない。もし「道家之作」と見なされた佛教関係の題刻を入れるならば19件を遙かに越すはずである。「19件」説では最初から対象とされていないのであろうか。

04　現存造像の総数の訂正

筆者の調査では、乳洞の石像は2004年12月末現在の時点で、下洞に4体（洞内3体＋洞外1体）、中洞に4体、上洞に3体、計11体の現存を確認している。『桂林旅游大典』（p202）に「中洞、……有康熙間觀音雕像6尊」、『桂林市志（中）』（p1264）に「中洞……洞内尚有清代康熙年間觀音雕像6尊」、『桂林旅游資源』（p410）に「中洞……洞内尚有清代康熙年間觀音雕像6尊」として6体の現存をいうが、いっぽう同書『桂林旅游資源』（p696）に「原有石刻29件・觀音等造像9尊、"文革"中石刻被毀10件、造像全毀」という。これは二重の意味で正しくない。まず、「造像全毀」とは「原有……造像9尊」という文脈では、造像9体がすべて破壊されて消滅したように解釈可能であるが、壊滅したわけではなく、いずれも頭部のみが破壊されて失われているに過ぎない。したがって「尚有」である。次に、造像の「原有」も明らかに「9尊」ではなく、また「中洞……尚有……6尊」でもない。現存するものが11体であるから、「原有」も11体あるいはそれ以上あったはずである。また、「中洞……尚有……6尊」といって下・上二洞の造像を示していな

いのは存在していない、あるいは壊滅したように理解すべきであるが、下洞に4体、上洞に3体の現存を確認している。ただし、中洞には今回発見できなかったが、「40：清・康熙五十五年（1716）馬世熙『造像記』」をもつものがあったとすれば、本来は4体ではなかった。そこで「中洞……6尊」が正しいとすれば、最近までは少なくとも13体（4＋6＋3）が存在していたことになる。しかし下洞・中洞は3～4体であるのになぜ中洞にのみ6体もあったのか。中洞は三洞の中で最も狭小である。また「40：馬世熙『造像記』」をもつ造像は今日確認することはできず、洞外に運び去られた可能性も極めて少ない。このような理由によって中洞石像6体説は信憑性を欠く。

当時、調査の結果、「観音等造像9尊」しか確認されていないのであれば、今回確認された11体の内2体が新発見の石像ということになる。しかしいずれも容易に発見できるも

石像数	下洞	中洞	上洞	計
『大典』・『市志』	?	6	?	6
『資源』（p410）	?	6	?	6
『資源』（p696）	9			9
筆者の調査結果	3＋1	4	3	11

のであり、実際に調査したのであれば、何らかの誤り、たとえば転書上の誤りなどが考えられる。また、「康熙年間觀音雕像6尊」の表現についても誤りがあり、本書では「康熙年間」ではなく南宋の作と推定したが、今それを措くとしても、「觀音雕像」は上中下三洞に各1体あって他は脇侍等である。したがって「観音等」と作っているのが好い。

05　旧存石刻の推定総数

石像題記を含む現存石刻の総数は31件（「乳洞巖石刻一覧表」の●）であるが、今回筆者が発見できなかったものも若干ある。それれは、すでに破壊されている、あるいは浸食されたり磨滅しているが拓本によって最近まで現存していたことが確認されるもの（◎）、民国・清・明の方志等の文献資料に録文があるもの（○）、文献資料に石刻の存在が記録されているもの（△）、さらに文献によって存在が推定されるもの（?）であり、それら加えれば乳洞巖には本来42件が存在していたと推定される。ただし、中にはなお検討を要するもの、たとえ拓本が存在するとはいってもそれが確かに乳洞巖でとられたものかどうか検証できないものもある。そこで以上に述べた所によって乳洞巖石刻の存在数をまとめれば次の表「乳洞巖石刻数」のようになる。

乳洞巖石刻数	唐	宋	元	明	清	民国	不明	計
従来の説：文命以前	4	24			1			29
従来の説：文革以後	3[4]	15[14?]			1			19
今回の調査と考証の結果●	6	22			1	1	1	31
拓本の存在　◎		1			2			3
録文の存在　○		5						5
文献の記録　△		2						2
文献による推定　?		1						1
文革以前に存在の可能性	6	31			3	1	1	42

乳洞巖石刻の成立と喪失

	石刻 / 時代	唐	北	南	元	明	清	民	革	今	場
01	唐・大和八年（834）僧元約題名	○	○	○	○	○	○	○	○	●	上
02	唐・会昌四年（844）元繇題名	○	○	○	○	○	○	○	○	●	下
03	唐・会昌四年（844）盧貞題記	○	○	○	○	○	○	○	○	●	下
04	唐・会昌五年（845）趙□作「題全義乳洞」詩	○	○	○	○	○	○	○	○	●	下
05	唐・会昌五年（845）元晦題記	○	○	○	○	○	○	○	○	●	下
06	唐・大中二年（848）韋瓘作「遊乳洞」詩	○	○	○	○	○	○	○	○	●	下
07	宋・政和三年（1113）楊書思題記		○	○	○	○	○	○	○	●	下
08	宋・建炎三年（1129）李邦彦「三洞記」			○	○	○	○	○	?	?	下
09	宋・建炎三年（1129）李邦彦隷書"玉谿橋"			○	○	○	○	○	?	?	下
10	宋・紹興三年（1133）以前（?）中洞口題記	?	?	○	○	○	○	○	○	●	中
11	宋・乾道二年（1166）張孝祥楷書"上清三洞"			○	○	○	○	○	○	●	下
12	宋・淳熙二年（1175）范成大等題名			○	○	○	○	○	○	●	中
13	宋・淳熙二年（1175）范成大作「興安乳洞」詩			○	○	○	○	○	?	?	上
14	宋・淳熙二年（1175）范成大等題名			?	?	?	?	?	?	?	上
15	宋・淳熙三年（1176）李景亨等題名			○	○	○	○	○	?	?	?
16	宋・淳熙四年（1177）常演作「桂林巖記」			?	?	?	?	?	?	?	?
17	宋・嘉泰二年（1202）王正功作「留題乳洞」詩（龍隠巖）			○	○	○	○	○	○	●	
18	宋・嘉定十年（1217）方信孺作「乳洞」等詩二首			○	○	○	○	○	○	●	下
19	宋・嘉定十年（1217）方信孺等題名			○	○	○	○	○	○	●	中
20	宋・嘉定十三年（1220）林士玠等題名			○	○	○	○	○	○	●	下
21	宋・嘉定十五年（1222）劉克荘作「題乳洞」詩			○	○	○	○	○	?	?	上
22	宋・端平二年（1235）趙必益等題名			○	○	○	○	○	○	●	下
23	宋・淳祐四年（1244）謝遠作「遊乳洞」詩			○	○	○	○	○	○	●	下
24	宋・淳祐九年（1249）李曽伯書"噴雷"			○	○	○	○	○	?	●	下
25	宋・淳祐九年（1249）李曽伯書"駐雲"			○	○	○	○	○	?	●	中
26	宋・淳祐九年（1249）李曽伯書"飛霞"			○	○	○	○	○	○	●	上
27	宋・宝祐元年（1253）王慈敬「建橋等記」			○	○	○	○	○	○	●	下
28	宋・宝祐元年（1253）至心「登山口題記」			○	○	○	○	○	○	●	中
29	宋・宝祐元年（1253）王慈敬作下洞「道場記」			○	○	○	○	○	○	●	下
30	宋・宝祐元年（1253）王慈敬題下洞詩			○	○	○	○	○	○	●	下
31	宋・宝祐元年（1253）王慈敬「上清眞境」詩			○	○	○	○	○	○	●	上
32	宋・宝祐元年（1253）趙孟蘬等題名			○	○	○	○	○	○	●	中
33	宋・宝祐二年（1254）王慈敬作中洞「道場記」			○	○	○	○	○	○	●	中
34	宋・宝祐二年（1254）王慈敬題讚			○	○	○	○	○	○	●	中
35	宋・宝祐二年（1254）「維摩詰像」題記			○	○	○	○	○	○	●	中
36	宋・宝祐二年（1254）「李長者像」題記			○	○	○	○	○	○	●	中
37	宋・宝祐二年（1254）趙立・項大受唱和詩			○	○	○	○	○	○	●	下
38	宋・咸淳七年（1271）曾子良等題名			○	○	○	○	○	○	●	下
39	清・康熙三十八年（1699）葉星期題詩						○	○	?	?	?
40	清・康熙五十五年（1716）馬世熙「造像記」						○	○	?	?	中
41	清・乾隆二十四年（1759）題榜「龍□」						○	○	○	●	下
42	民国三六年（1947）林半覚等題名							○	○	●	下
43	年代未詳　下洞口外台座銘						?	?	○	●	下

次に、これら乳洞巌石刻42件について題刻された年代および破壊等によって喪失した年代を示せば、次の表「乳洞巌石刻の成立と喪失」のようになる。ただし中には断定しがたいものがあり、それらは「？」で示した。「時代」の「北」は北宋、「南」は南宋、「民」は民国、「革」は文化大革命期を、「場」の「上」は三洞の上洞、「中」は中洞、「下」は下洞を示す。

06　『全唐詩』・『全唐文』・『全宋詩』・『全宋文』未収録作品の発見

最近陸続と出版されている『全唐詩補編』・『全唐文新編』・『全唐文補遺』・『全唐文補編』・『全宋詩』・『全宋詩訂補』・『全宋文』等は近年発見された石刻資料等によってかなりの作品を拾遺しているが、今回それらにも未収の作品を発見することができた。唐詩では「04：唐・会昌五年（845）趙□『題全義乳洞』詩」・「06：唐・大中二年（848）韋瓘『遊乳洞』詩」の二首、宋詩では「18：南宋・嘉定十年（1217）方信孺『乳洞』詩・『靈巖』詩二首」・「30：南宋・宝祐元年（1253）王慈敬題下洞詩」・「31：南宋・宝祐元年（1253）王慈敬『上清眞境』」・「34：南宋・宝祐二年（1254）王慈敬題讃」の五首、計七首に及ぶ。その内、「04」は当地の政府機関によって公刊されている資料にも見えないものであり、新発見である。ただし作年は明らかであるが、作者の名は未詳。「06」の作者韋瓘は『新唐書』に伝が立てられている著名人であるが、その詩は一首と残句（二句）しか伝わっておらず、乳洞石刻は真跡によるものであって極めて貴重である。また、宋詩においても「18」方信孺の題詩二首は著名人の佚詩として貴重である。文においては『全唐文新編』・『全唐文補遺』・『全唐文補編』・『全宋文』は「題記」・「題名」等も収録する編集方針をとっているが、唐代に限らず、乳洞巌石刻にその類は多い。宋代においても「07：北宋・政和三年（1113）楊書思題記」や「27：南宋・宝祐元年（1253）王慈敬建橋等記」等一連の題記および「38：南宋・咸淳七年（1271）曾子良等題名」は桂林史研究にとって一定の史料的価値を有する。

07　『全宋詩』・『全宋文』・別集の誤脱の補正

詩文の中には新編『全宋詩』・『全宋文』や宋人の別集等にすでに収められている作品もあるが、現存する乳洞石刻によって脱字・誤字等を相当数訂正することができた。中でも「23：南宋・淳祐四年（1244）謝達『遊乳洞』詩」・「37：南宋・宝祐二年（1254）趙立・項大受『乳洞山遊』唱和詩四首」が著しく、序を含めば百字を越える。拓本によって新編『全宋詩』に拾遺されているが、なお誤脱が多く、さらに後者に至っては誤読に止まらず、唱和の作者の混同、名・字・号の混同、また名と号の混同によって別に一人を立てる等の誤りがある。なお、いずれも『全宋詩訂補』（2005年）でも訂正されていない。

08　史書等の記載の訂正・補遺

乳洞石刻によって史書等に記載されている唐・宋の官僚の事跡を多く訂正し、また補遺することができた。中でも「02：元繇題名」・「03：盧貞題記」・「05：元晦題記」・「06：韋瓘題詩」・「12：范成大等題名」・「18：方信孺題詩」・「23：謝達題詩」・「37：趙立等唱和詩」などは極めて史料的

価値が高い。また、史書等に全く記録の見えない人物とその事跡をも明らかにすることができた。今これに基づいて「乳洞巖石刻関係人名索引」(計約160名)を作成して末に付録する。

09 乳洞巖の歴史的考察

1)晩唐における景勝地としての名声の定着

現存石刻を時代別に見れば、早くは唐代、しかも晩唐に集中している。地方官による題名・題詩は唐代に盛んとなるが、桂林の摩崖石刻もそうであり、故に清・葉昌熾『語石』は「桂林山水甲天下、唐宋士大夫度嶺南來、題名賦詩、摩崖殆遍」・「唐宋題名之淵藪、以桂林爲甲」という。しかし乳洞巖においては唐代にあっても晩唐の一時期に集中している。従来最も早いものは会昌四年(844)の「03：盧貞題記」とされてきたが、「02：元繇題名」はそれよりも一日早く、また今回それよりもさらに十年早い「01：唐・大和八年(834)僧元約題名」を発見した。これが現時点で最古のものである。それは僧侶のものであるが、官吏の作では会昌四年(845)から大中二年(848)にかけての、わずか四年間に集中している。この前後に訪れた官吏・文人もいるであろうが、この頃、その景勝は広く官僚にも知られるようになったらしい。また、可能性としては早くは宝暦元年(825)に桂管観察使として赴任して霊渠の整備を行った李渤や大中元年(847)に桂管鄭亜の幕下に来て「賽龍蟠山神文」を代作している李商隠も乳洞巖を訪れているかも知れない。霊渠・龍蟠山はいずれも興安県に在って乳洞巖から遠くない。いっぽう文献における乳洞巖の記載は多い。段公路『北戸録』(咸通十二年871後)・劉恂『嶺表録異』(昭宗時889-904)などがそうであるが、これらもいずれも晩唐の作であり、しかも会昌・大中年間よりも後の作である。この前後関係を考えれば、乳洞巖は会昌・大中の間における有名官僚の遊覧探訪によって広く知られる所となり、『北戸録』等に記載されるようになったと想像される。少なくとも盧貞・元晦らが訪れたのはこれらの書物によるものではない。韋瓘の題詩(大中二年848)に「嘗聞三乳洞」といい、また僧侶もすでに大和年間に遊んでいることから乳洞巖の景勝は早くから知られていたと想像されるが、韋瓘等がその景勝を知ったのはあるいは会昌年間の官僚たちによってではなかろうか。盧貞は白居易・劉禹錫ら当時の著名人と親しく交遊しており、また元晦もかつての宰相であり白居易の友人であった元稹の「姪」である。いずれにしてもこれらの大官・名人が訪れ、題詩題名等の石刻を残したことによって乳洞巖が景勝地として更に知名度を上げたことは確かである。

また、乳洞は単に景勝地として遊覧されただけでなく、唐宋においてはその地が桂州の近くにあり、かつ帰朝北上の経路に位置していたために、大官離任の送別に際してかつての部下たちが別れを惜しんでこの地でまで見送るのが慣例となっていた。つまり乳洞は最後の送別の地でもあった。

2)南宋末から明清の間における景勝の地から宗教的な道場への変化

おわりに

　現存が確認できた石刻を時代別に見れば、宋のものが圧倒的に多く、元・明のものは無く、唐・清のものが若干ある。このような石刻の多寡は乳洞巖の変化、開発と関係があろう。宋代の石刻では、南宋のものが多いが、その原因としては南渡したことによって華南へ大官が赴任することが多くなったこと、また石刻愛好の高まりなどが挙げられる。後世に影響を及ぼしたものとしては李邦彦・張孝祥・范成大らの大官を挙げなければならないが、中でも景勝地としての評価においては范成大の影響が甚大であった。范成大『桂海虞衡志』の「余嘗評桂山之奇、宜爲天下第一」という評価は今日に至るまで有名であるが、乳洞については「興安"石乳洞"最勝、余罷郡時過之。上・中・下三洞。此洞與"栖霞"相甲乙、他洞不及也」とまで賞賛し、三洞を詳細に紹介（佚文）すると同時に、自ら「興安乳洞有上中下三巖、妙絶南州」詩を詠み、その詩と題名を刻して残した。現にその後に書かれた周去非『嶺外代答』1「地理」の「靈巖」条や常演「桂林巖記」・袁袠「遊乳洞記」などではいずれも范成大の評価が意識されている。その後、多くの石刻が出現しているが、大半が王慈敬等佛教徒によるものであり、南宋の後、元・明を経て清初までの400年以上の間においては石刻が見られなくなる。この間、乳洞を訪れる官僚・文人がいなくなったわけではないが、極めて少なく、かつ刻石されることも少なかった。これは南宋・宝祐年間に王慈敬によって宗教的な道場として開発・整備されたことと関係があると思われる。唐・宋にはその石刻が題詩・遊記あるいは同遊の題名であるように景勝地として遊覧する者が多かったが、王慈敬によって洞内は宗教的な修行の場として開発され、聖域化されてゆき、かつてのような景勝の地としての存在ではなくなり、さらに明代の中期には洞前にあった寺院もすでに荒廃して宗教的機能も失われ、殆ど知られなくなった。その後、清初に在郷の名士侯氏によって復興されるが、訪れる人は新任の県令等に止まり、かつての勢いはなかった。

　乳洞の歴史は、中唐における官僚・僧侶による景勝地としての発見と遊覧、南宋における民間人による宗教的聖地としての開発と利用、清初における在郷の名士による再興という三期、さらには文化大革命による文物の破壊を加えて、大きく四つの時期に分けることができる。

11 乳洞巖石刻の特徴：洞内唐宋摩崖石刻

　乳洞巖の石刻は唐・宋の作が集中していることも特徴であるが、その形状においてもいくつかの特徴が認められる。そのほとんどが摩崖であり、しかも洞内に刻されているものが多い。「07：楊書思題記」・「08：李邦彦『三洞記』」等の碑刻、「24：李曽伯書"噴雷"」等の題榜、「35：維摩詰像題記」等の造像記を除けば、つまり90％近くのものが摩崖石刻である。さらに摩崖石刻の中にあっても90％以上が洞内に刻されている。厳密にいえば下洞の洞口は大きく広がっているために洞の内外の境界線を明確に引きがたく、洞口周辺としておくべきものが7件ある。いずれにして大半が洞内摩崖石刻であり、しかも唐代のもの6件はいずれも洞内にある。このような洞内への集中は、雲岡・龍門などに見られる石窟内の造像記を例外として、全国的に見ても極めて稀で

あろう。ちなみに摩崖石刻の数量は全国的に見て桂林市が最も多いが、桂林にあっても集中が見られるのは岩山の外部、鍾乳洞の場合でも洞口周辺にはあっても洞内に集中しているものは少ない。筆者の調査によれば、桂林で洞内摩崖石刻が最も多いのは恐らく龍隠巌（今の桂海碑林内）・伏波山還珠洞（今の伏波山公園内）・隠山北牖洞（今の西山公園内）であろうが、龍隠巌と還珠洞は厳密な意味では横長の壁面が凹んでいるに過ぎず、乳洞巌と同じような完全な洞穴ではなく、北牖洞のみがそれに近いドーム型の形状をしている。しかし北牖洞内にあっても石刻はせいぜい計20件に過ぎず、さらに唐刻に限定すれば3件あるに過ぎない。詳しくは拙著『桂林唐代石刻の研究』（白帝社2005年）。また、桂林以外では永州祁陽県の浯渓に相当の数の唐宋の摩崖石刻が存在していたことが知られており、石刻は浯渓周辺の岩山に集中しているが、筆者の調査によれば、存在する範囲は乳洞巌三洞およびその周辺の数十倍はあり、またその中には岩穴も存在して周辺に若干の石刻もあるが、乳洞のような規模の巌洞はなく、したがって存在の形態を異にする。ちなみに湖南省文物事業管理局・祁陽県浯渓文物管理処編『浯渓碑林』（湖南美術出版社1992年）によれば面積は56,000㎡、宋代石刻は失われたものを含めば200件近くあったという。そのほか、洞内に摩崖石刻が集中している例としては融州融水県の老君洞が有名であり、『融水苗族自治縣志』（三聯書店1998年）「地面文物」（p652）によればかつて150件あったというが、現存数は約30件、その内、宋刻が26件。筆者が調査したところでは、洞の形態は桂林の龍隠洞に似ているが、規模はやや大きく、面積は龍隠洞とその奥に在る龍隠巌を合わせたくらいであり、乳洞とは形態・面積ともに異なる。また、老君洞には唐刻は無い。乳洞巌には唐・宋の摩崖石刻が多いだけでなく、洞内に集中している点において特徴があり、稀少な存在である。

12　今後の課題：乳洞巌上洞再調査の必要

今回の調査・研究で確認できた乳洞巌石刻は31件であって今日の公式発表の説「19件」を遙かに凌ぎ、多くの新発見があった一方、文献上に記録に見えるが今回発見できなかった石刻も少なくない。中には記録の誤りもあり、また破壊されてすでに喪失しているものもあろう。これには組織的な再調査と研究が必要である。上洞・中洞の内外および上洞の洞口周辺は徹底した調査を行ったが、上洞の内部は今回十分な調査が行えなかった。その主要な原因は洞内の構造にある。上洞の内部は広くて起伏に富んで極めて危険であって暗黒で長距離に及ぶ。一説に総延長2km以上ともいうが人の通れるところは250mくらいであり、石刻があればその間である。いずれにしても、再調査には時間と経費を含む、相当の準備が必要であり、後日に期したい。

このように、乳洞巌は唐・宋の石刻が多い点において、また洞内摩崖石刻が多い点において、全国的に見ても稀であり、貴重な史料庫であるといえる。本書が試みたように、唐代の桂州の文史研究のみならず、唐宋研究、さらには中国石刻研究において資する所は大であろう。また、乳洞巌はそれら大量の石刻群の存在が証明しているように、唐以来、多くの官吏・文士・詩人が訪

おわりに

れた景勝の地であり、桂林の山水を「誠當爲天下第一」と評した范成大は乳洞を「與"栖霞"相甲乙、他洞不及也」とまで讃えている。今日、乳洞巖は県級文物保護単位の指定に止まっているが、文物・歴史・景観において省級は固より国家級にも相当するものがある。桂林市および興安県の関係部門には、この歴史文化財的意義を十分に理解され、徹底した調査と保護に努められんことを切に希望する。

主要参考文献

- 唐・段公路『北戸録』(咸通十二年 (871) 後)
- 唐・劉恂『嶺表録異』(昭宗時889-904)
- 唐・莫休符『桂林風土記』(光化二年899)
- 宋・李昉等『太平御覧』(太平興国八年983)
- 宋・楽史『太平寰宇記』(雍熙四年987?)
- 宋・范成大『桂海虞衡志』(淳熙二年1175)
- 宋・周去非『嶺外代答』(淳熙五年1178)
- 宋・祝穆『方輿勝覧』(嘉熙三年1239)
- 宋・佚名『寶刻類編』(宝慶初1225後)
- 明・李賢『大明一統志』(天順五年1461)
- 明・黄佐『廣西通志』(嘉靖四年1525)
- 明・張鳴鳳『桂故』(万暦十七年1589)
- 明・張鳴鳳『桂勝』(万暦十七年1589)
- 明・蘇濬『廣西通志』(万暦二七年1599)
- 明・曹学佺『廣西名勝志』(天啓六年1626後)
- 明・徐霞客『粤西遊日記』(崇禎十五年1642)
- 清・韓作棟『廣西輿圖』(康熙二四年1685)
- 清・顧祖禹『讀史方輿紀要(稿本)』(康熙三二年1693後)
- 清・汪森『粤西詩載』(康熙四四年1705)
- 清・汪森『粤西文載』(康熙四四年1705)
- 清・汪森『粤西叢載』(康熙四四年1705)
- 清・金鉷『廣西通志』(雍正十一年1733)
- 清・黄海『興安縣志』(乾隆五年1740刻)
- 清・謝啓昆『廣西通志』(嘉慶五年1800)
- 清・謝啓昆『粤西金石略』(嘉慶六年1801)
- 清・張運昭『興安縣志』(道光十四年1834)
- 清・勅撰『大清(嘉慶重修)一統志』(道光二二年1842)
- 清・陸増祥『八瓊室金石補正』(光緒初1875)
- 清・卞宝第『湖南通志』(光緒十一年1885)
- 清・沈秉成『廣西通志輯要』(光緒十五年1889)
- 清・呉徴鰲『臨桂縣志』(光緒三一年1905)
- 民国・林半覚『廣西石刻志稿』(民国手抄本、桂林図書館蔵)
- 民国・林半覚『廣西歴代碑目』(民国手抄本、桂林図書館蔵)
- 民国・林半覚『桂林明清碑目略』(民国手抄本、桂林図書館蔵)

- ●民国・広西統計局編『(選印廣西統計叢書之一) 古今廣西人名鑑』(杭州古籍書店影印1934年)
- ●民国・広西統計局編『(選印廣西統計叢書之二) 古今旅桂人名鑑』(杭州古籍書店影印1934年)
- ●今・桂林市文物管理委員会編印『桂林石刻』(1979年)
- ●今・桂林市文物管理委員会編著(張益桂執筆)『桂林文物』(広西人民出版社1980年)
- ●今・桂林市文物管理委員会編印『桂林石刻(上・中・下)』(1981年)
- ●今・莫傑『(廣西旅游叢書) 靈渠』(広西人民出版社1981年)
- ●今・唐兆民『靈渠文獻粹編』(中華書局1982年)
- ●今・広西民族研究所『廣西少数民族地區石刻碑文集』(広西人民出版社1982年)
- ●今・孔凡礼『范成大佚著輯存』(中華書局1983年)
- ●今・張剣霞『范成大研究』(台湾学生書局1985年)
- ●今・于北山『范成大年譜』(上海古籍出版社1987年)
- ●今・昌彼得等『宋人傳記資料索引(1-5)』(鼎文書局1988年増訂)
- ●今・北京図書館金石組『北京圖書館藏中國歴代石刻拓本匯編』(中州古籍出版社1989年)
- ●今・蒋太福・羅廷坤『(桂林攬勝叢書) 靈渠風光』(広西人民出版社1990年)
- ●今・周祖譔『中国文学家大辞典・唐五代巻』(中華書局1992年)
- ●今・張子模等『桂林文物古迹』(文物出版社1993年)
- ●今・曽有雲等『桂林旅游大典』(漓江出版社1993年)
- ●今・李国玲『宋人傳記資料索引補編(1-3)』(四川大学出版社1994年)
- ●今・呉鋼『全唐文補遺(1-7)』(三秦出版社1994年-2000年)
- ●今・桂林市地方志編纂委員会『桂林市(上・中・下)』(中華書局1997年)
- ●今・沈治宏・王蓉貴『中国地方志宋代人物資料索引(1-4)』(四川辞書出版社1997年)
- ●今・劉玲双『桂海碑林』(漓江出版社1997年)
- ●今・広西壮族自治区博物館『中國西南地區歴代石刻匯編(4-8) 廣西省博物館巻』(天津古籍出版社1998年)
- ●今・桂林博物館・桂林石刻博物館『中國西南地區歴代石刻匯編(9-13) 廣西桂林巻』(天津古籍出版社1998年)
- ●今・劉濤等『(中国旅游資源普査文献) 桂林旅游資源』(漓江出版社1999年)
- ●今・郁賢皓『唐刺史考全編』(安徽大学出版社2000年)
- ●今・周紹良『全唐文新編』(吉林文史出版社2000年)
- ●今・黄嘗銘『篆刻年歷』(台湾・真微書屋出版社2001年)
- ●今・王蓉貴・沈治宏『中国地方志宋代人物資料索引續編(1-4)』(四川辞書出版社2002年)
- ●今・興安縣地方志編纂委員会『興安縣志』(広西人民出版社2002年)
- ●今・魏華齢「廣西石刻的"活字典"—林半覺」(『文史春秋』2002年5期)
- ●今・戸崎哲彦「我対唐代桂州"靈川縣"的一点認識」(『桂林文化』28、2002年)
- ●今・苗潔・譚発勝「王正功与桂林」(黄家城主編『桂林歴史文化研究文集2』2003年所収)
- ●今・劉哲双「帥桂時期的范成大」(黄家城主編『桂林歴史文化研究文集2』2003年所収)
- ●今・唐健鈞「論范成大的書法」(黄家城主編『桂林歴史文化研究文集2』2003年所収)

●今・李之亮『宋代路分長官通考（上・中・下）』（巴蜀書社2003年）
●今・戸崎哲彦「成句"桂林山水甲天下"の出自と典拠について」（『島大言語文化』14、2003年）
●今・何華軍「廣西歴史石刻档案述略」（『廣西民族学院学報（哲学社会科学版）』25、2003年6期）
●今・戸崎哲彦「唐・元晦の詩文の拾遺と復元」（『島大言語文化』17、2004年）
●今・曽棗庄『中国文学家大辞典・宋代巻』（中華書局2004年）
●今・戸崎哲彦「唐・元晦事跡考略」（『島大言語文化』18、2005年）
●今・戸崎哲彦『桂林唐代石刻の研究』（白帝社2005年）
●今・陳尚君『全唐文補編（上・中・下）』（中華書局2005年）
●今・陳新等『全宋詩訂補』（大象出版社2005年）
●今・劉玲双『(桂林歴史文化叢書) 桂林石刻』（中央文献出版社2006年）
●今・曽棗荘等『全宋文（1-360)』（上海辞書出版社・安徽教育出版社2006年）
●今・戸崎哲彦「范成大『桂海虞衡志』第一篇「志巖洞」の復元」（『島大言語文化』21、2006年）

　その他、桂林に関する主要な文献は拙著『桂林唐代石刻の研究』（白帝社2005年）の「参考文献（桂林研究資料）」（p413-p425）に譲り、ここでは割愛する。

乳洞巖石刻関係人名索引

　本書に見える乳洞巖石刻に関係する人名をピンイン順に配した。乳洞巖石刻中に見える人名には●を、名は見えないがそれに関連する人名には○を冠した。名・字を区別して示すことを試みたが、その一方しか知られない場合が多く、名・字の区別は必ずしも正確ではない。なお、「維摩詰」・「白衣大士」等の類は省いた。

A

●安主藏（宝祐間）、字□□、比丘。[206]

B

●必　全（宝祐間）、沙門。[206]

C

●蔡安國（端平間）、字□□、瑞州人。[184]
●曹　攄（建炎間）、字□□。從事郎・興安縣令主管勸農公事。[105]
●曹禹功（建炎間）、字□□、郴州人。迪功郎・興安縣尉兼主簿。[105、107]
○曹秀光（乾隆間）、字□□。監察御史。[274、278]
○曹□□（嘉定間）、字晉伯。[181]
○查　禮（1716-1783？）、字恂叔、宛平人。乾隆年間、太平知府。[112、207、274]
●常　璜（淳熙間）、字□□、河内人。[148、149]
●常　演（淳熙間）、字□□、東魯人。興安縣令。[149]
○常　□（淳熙間）、字恭曾。[150]
●晁子莊（嘉泰間）、字□□、濟北人。王正功門下。[156]
○陳　策（1200-1274）、字次賈、号南墅、上虞人。嘉定間。[181]
○陳　鐸（淳祐・宝祐間）、字叔振、臨川人（？）。[221]
○陳孔碩（1151-1228）、字膚仲、号北山、長樂人。嘉定間、廣西轉運判官。[166、171]
●陳□□（嘉定間）、字晦夫。[175]
●陳□□（淳熙間）、字席珍。[130]
●陳□□（淳熙間）、字仲思（名は景周？）。經略使の僚屬。[130]

D

●鄧　陞（咸淳間）、字□□。[253]

F

○范　藻（淳熙間）、字德明、范成大の從兄范成象の子。乾道八年（172）進士。［132］
●范成大（1126-1193）、字至能、号石湖居士、呉縣人。乾道間、集英殿修撰・知静江府・廣南西路經略安撫使。［1、122、124、130、136、145、150、262］
○范成己（淳熙間）、字至一。范成大の弟。［132］
○范成績（紹熙間）、字至忠。范成大の弟。慶元元年（1195）朝請郎・建康府通判。［131］
○范成象（?-1180）、字至先。范成大の從兄。［132］
●范得輿（淳祐・宝祐間）、字民載。［220］
●范　若（淳熙間）、范成大の姪、范成己の子（？）。［131、135］
●范　莘（淳熙間）、范成大の長子、慶元元年（1195）承務郎。［131、135］
○范　葳（淳熙間）、范成大の從兄范成象の子。［132］
○范　茲（紹熙間）、范成大の次子、慶元元年（1195）承奉郎。［131］
○方崧卿（1135-1194）、字季申、方信孺の父。紹熙間、廣南西路轉運判官。［165］
●方信孺（1177-1222）、字孚若、号好庵・紫帽山人・詩境・宝謨公、莆田人。嘉定間、提点廣西刑獄・廣南西路転運判官。［160、163、173、178］
○方左廷（嘉定間）、字□□、方信孺の長子。［170］
○方左車（嘉定間）、字□□、方信孺の次子。［170］
●馮公闌（淳祐間）、字□□、馮雲從の子。［189］
●馮公闈（淳祐間）字□□、馮雲從の子。［189］
●馮雲從（淳祐間）、字□□。廣西経略安撫使謝逵の幕客。［189］

G

○龔　并（建炎間）、字□□。修職郎・權主簿。［105］
○管安昌（宝祐間）、字順甫、清湘人。廣南制置大使司幹辦公事。［108］
○管　湛（嘉定間）、字定夫、括蒼人。廣西經略安撫使。［166］
●郭□□（嘉定間）、字季韓。［175］
●國希文（政和間）、字□□、衡陽人。興安縣尉。［96、99］

H

○海　容（乾隆間）、僧。飛霞寺住持。［274］
○何　儔（建炎間）、字□□、湘郷人（？）。迪功郎・臨桂縣丞。［105］
○洪友成（嘉定間）、字士源。［183］
○侯顧道（元祐間）、字□□、吏部注在外差遣。［275］
○侯　珉（元祐間）、字時擧、山東陽信人、礼部侍郎。興安縣董田村侯氏の始遷祖。［275、277］
●侯徽之（宝祐間）、字年兄、高陵人、佛徒。［206］
○侯裕楣（嘉慶間）、字□□、興安縣董田村人、恩賜登仕郎。［275］
●皇甫中（淳熙間）、字子立。［149］

311

○黄　榦（1152-1221）、字直卿、号勉斎、閩縣人、朱熹高弟。[171]

K
○柯夢得（嘉定間）、字東海、号抱瓮翁、莆田人。方信孺の従事。[166]

L
●李邦彦（？-1130）、字士美、号浪子、諡和文、懷川人。建炎間、大丞相・責授建寧軍節度副使。
　　　　　[100、107、111、144、193]
●李曽伯（1198-1268）、字長孺、号可齋、河内覃懷人。淳祐間、知静江府・廣西経略安撫使。
　　　　　[107、122、170、192、194、198、199]
○李曽仕（淳祐間）、字教忠。曽伯の弟。[108、131]
○李　根（淳祐間）、曽伯の姪。[108]
●李閎祖（？-1218?）、字守約、号綱齋、光澤人。臨桂県主簿・古県令・廣西経略安撫司幹官。
　　　　　[170、176]
○李　杓（淳祐間）、曽伯の子。[108、131]
○李時沛（1730-1807）、字雨亭、興安縣界首人。[274]
●李通玄（635-730）、字□□、賜号顯教妙嚴長者。[232]
●李之有（嘉泰間）、字□□。王正功門下。[156]
○李子凝（紹熙・嘉定間）、字□□、莆田人。[165、170]
●李□□（淳熙間）、字景亭。[146]
●李□□（淳熙間）、字静翁。[130、147]
○李大正（淳熙間）、字正之。建安人。廣西提点坑冶鋳銭。[131]
○了　真（嘉定間）、永寧寺僧侶。[166]
●林林泉（1902-1983）、字半覚、号天曉、融安人。金石学者。[7、228、284、286]
●林士玠（嘉定間）、字□□、永嘉人。[179]
○林□□（淳熙間）、字行甫。[127]
●劉保虚（民国期）、字□□、興安縣人。[284]
○劉　瀚（乾隆間）、字□□。興安知縣。[21、274]
●劉克莊（1187-1269）、字潜夫、号後村居士、諡文定、莆田人。嘉定間、胡槻の幕属。[163、180]
○劉天成（嘉定間）、字□□。[183]
○劉　泳（淳祐間）、字清叔、金華人。[191]
○劉玉麐（1738-1797）、字又徐、号春浦・甓齋、宝應人。[285]
●劉□□（嘉定間）、字叔惠。[175]
○劉□□（淳熙間）、字景仁。[146、147]
●劉□□（淳熙間）、字慶長。[130]
○陸　游（1125-1210）、字務觀、号放翁、山陰人。[163]
●盧　貞（778?-848?）、字子蒙（？）、范陽人。會昌間、廣州刺史、河南府尹。[59、61]

●盧　縫（會昌間）、字□□、盧貞の子。［61］
○盧　寅（會昌間）、字□□。盧貞の族子。潤州參軍事。［66］
○羅　愚（嘉熙・淳祐間）、字季能、臨川崇仁人。廣南西路轉運判官。［191］

M

●馬寧祖（淳熙間）、字奉先、関中人。［130］
●馬世熙（康熙間）、字□□。佛徒。［279］
○米　芾（1051-1107）、字元章、号海岳・南宮、太原人。熙寧中、臨桂縣尉。［164］
○苗時中（？-1091）、字子居、宿州人。熙寧中、廣西轉運副使。［106］
●妙　全（淳祐間）、僧。［192］

P

○潘景純（熙寧間）、字□□、嘉興人。知永州。［164］
○潘　瀾（嘉定間）、字□□。［183］
●彭□□（淳祐間）、字□□。興安縣令。［189］

Q

●區□□（嘉定間）、字必全。［175］

S

●施□□（淳熙間）、字進之。［130］

T

●譚□□（淳熙間）、字明卿。［130］
●湯雨生（端平間）、字□□。［184］
○陶　澄（建炎間）、字□□。李邦彥門生、進武副尉・前宜州堰江堡主管堡事。［105］
●陶　崇（？-1226?）、字宗山、号澂齋、謚文肅、全州清湘人。嘉定間、樂昌縣尉。［176］
●田　臨（嘉定間）、字□□、汝潁人。［179］

W

●王慈敬（宝祐間）、字□□、号鳳翔庵。佛徒。［123、205、211、214、217、222、224］
●王光祖（淳熙間）、字仲顗、睢陽人。知柳州。［130］
●王思勤（嘉泰間）、字□□、豫章人。王正功門下。［156、158］
○王謂之（淳熙間）、字文若、瑯琊人。挙子。［146］
●王正功（1133-1203）、字承甫、原名慎思、字有之、号約齋、四明人。嘉泰間、廣南西路提点刑獄。［1、153、156］
○王□□（淳熙間）、字叟登。［147］

313

●韋　　瓘（789-849？）、字茂弘、京兆万年人。大中間、桂管觀察使。[79、84、123]
●魏□□（淳熙間）、字景道。[130]
●魏□□（淳熙間）、字舜徒。[130]
○呉　　獵（1143-1213）、字德夫、号畏齋、諡文定、長沙人。乾道間、廣南西路轉運判官。[165]
●兀庵老人（淳熙間）。[149]

X

●西門賞（建炎間）、字□□。迪功郎・臨桂縣令。[105、107]
●項大受（宝祐間）、字□□、西疇人。道士。[243、249]
●謝　　逵（淳祐間）、字叔逹、昭武人。廣西経略安撫使・知静江府。[185、189]
○謝啓昆（1737-1802）、字蘊山、号蘇潭、南康人。嘉慶四年、廣西巡撫。[119]
●熊　　缶（政和間）、字□□、寧遠人。興安縣令。[96、99]
○徐弘祖（1587-1641）、字振之、号霞客。崇禎間。[21、263]
○徐□□（淳熙間）、字體仁。[146、147]

Y

●楊書思（政和間）、字□□、淮海人。朝奉郎・通判桂州軍州事。[93、98、147]
●楊□□（淳熙間）、字懋之。[130]
○楊　　志（嘉定間）、字存誠・崇甫、龍渓人。[171]
●楊□□（淳熙間）、字仲宣。全州の官吏。[129]
○葉任道（嘉定間）、字潜仲。[181]
●葉星期（康熙間）、字□□、舜水人。知興安縣。[270、273]
●游次公（乾道間）、字子明、号西池、建安人。知静江府范成大の幕僚。[130]
○兪安期（万暦間）、字羨長（原名策、字公臨）、呉江人。[255]
●元　　晦（801？-848？）、字□□、咸陽人。元稹の姪。會昌間、檢校左散騎常侍・桂州刺史。[58、75]
●元峰侯（乾隆間）、字之珍（？）[283]
●元　　繇（會昌間）、字□□、元晦の從弟。殿中侍御史内供奉、嶺南節度使盧貞の從事。[57、78]
●元　　約（大和間）、僧。[53]
○袁　　袠（1502-1547）、字永之、号胥臺山人、呉縣人。嘉靖間、廣西督學僉事。[255、261、269]

Z

○曾　　全（嘉定間）、字□□。[183]
●曾子良（1224-1286?）、字仲材・亦陶、号平山、金谿人。咸淳間、興安縣尉。[253]
○張　　栻（1133-1180）、字敬夫、号南軒、廣漢人。淳熙間、知静江府。[127、165]
●張景東（淳祐間）、字□□。廣西経略安撫使謝逹の幕客。[189]
○張鳴鳳（1529?-1595）、字羽王、号灕山人、臨桂人。万暦間、隠退。[120、285]

●張孝祥（1132-1169）、字安国、号于湖居士、歴陽人。乾道間、知静江府。［118、121、152］
○張自明（嘉定間）、字誠子、号丹霞子、建昌人。宜州教授。［164］
●趙必益（端平間）、字□□。［183］
○趙必矩（嘉定間）、字□□、必益の弟。［184］
●趙　立（宝祐間）、字德成、蔗谿人。權静江府帥幹。［243、249］
●趙孟薖（淳祐間）、字君啓、清江人。知南安軍。［219］
●趙孟建（淳祐間）、字□□、清江人。孟薖の弟。［219］
○趙善政（淳熙間）、字養民。廣南西路轉運判官。［131］
●趙□□（淳熙間）、字伯山。［130］
●趙　□（會昌間）、字□□。高州員外掾（？）。［68、73、123］
○鄭　丙（1121-1194）、字少融、長楽人。廣南西路提点刑獄。［131］
●鄭　郢（淳熙間）、字夢授。左迪功郎・静江府司法參軍。［130］
○支□□（淳熙間）、字耀卿。知全州。［129］
●至　心（宝祐間）、号白水山人。［206、209］
●周去非（1135-1189）、字直夫、永嘉人。淳熙間、廣南西路桂林通判。［130、140、143、151］
○周子榮（淳祐・宝祐間）、字景仁、盱江人、［221］
○周□□（淳熙間）、字道卿。［147］
○朱　鉅（嘉定間）、字□□。［183］
○朱　鑑（嘉定間）、字子明。［183］
●朱宗伯（淳祐間）、石匠。［203］
●諸葛□（淳熙間）、字叔時、金華人。獄掾。［130］
●祝大任（淳熙間）、字元将、呉人。知賀州。［129］
●宗傑可（宝祐間）、字□□。比丘。［206］

戸崎　哲彦（とさきてつひこ）

1953年12月、鳥取県生まれ。京都大学大学院文学研究科博士後期課程修了（中国文学専攻）、滋賀大学経済学部教授を経て現在島根大学法文学部教授。著書に『唐代中期の文学と思想』・『柳宗元在永州』・『柳宗元永州山水游記考』・『当代中国語小辞典』・『桂林唐代石刻の研究』等。

＊本書は独立行政法人日本学術振興会平成18年度科学研究費補助金（研究成果公開促進費）による刊行である。

中国乳洞巖石刻の研究

2007年2月26日　初版発行

著　者　戸崎哲彦
発行者　佐藤康夫
発行所　株式会社　白帝社
　　　　〒171-0014　東京都豊島区池袋2-65-1
　　　　ＴＥＬ 03-3986-3271　ＦＡＸ 03-3986-3272
　　　　http://www.hakuteisha.co.jp
印刷　富士リプロ　製本　カナメブックス

Ⓒ2007年　戸崎哲彦　　Printed in Japan　　ISBN978-4-89174-855-5